역사를 한 권으로
가뿐하게!

사뿐

중학 역사 ②-2

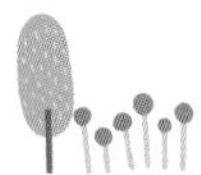

정답과 해설은 EBS 중학사이트(mid.ebs.co.kr)에서 다운로드 받으실 수 있습니다.

교재 내용 문의 교재 내용 문의는 EBS 중학사이트 (mid.ebs.co.kr)의 교재 Q&A 서비스를 활용하시기 바랍니다.	**교재 정오표 공지** 발행 이후 발견된 정오 사항을 EBS 중학사이트 정오표 코너에서 알려 드립니다. 교재학습자료 → 교재 → 교재 정오표	**교재 정정 신청** 공지된 정오 내용 외에 발견된 정오 사항이 있다면 EBS 중학사이트를 통해 알려 주세요. 교재학습자료 → 교재 → 교재 선택 → 교재 Q&A

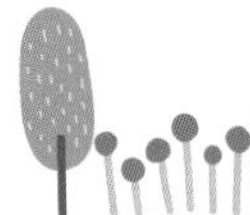

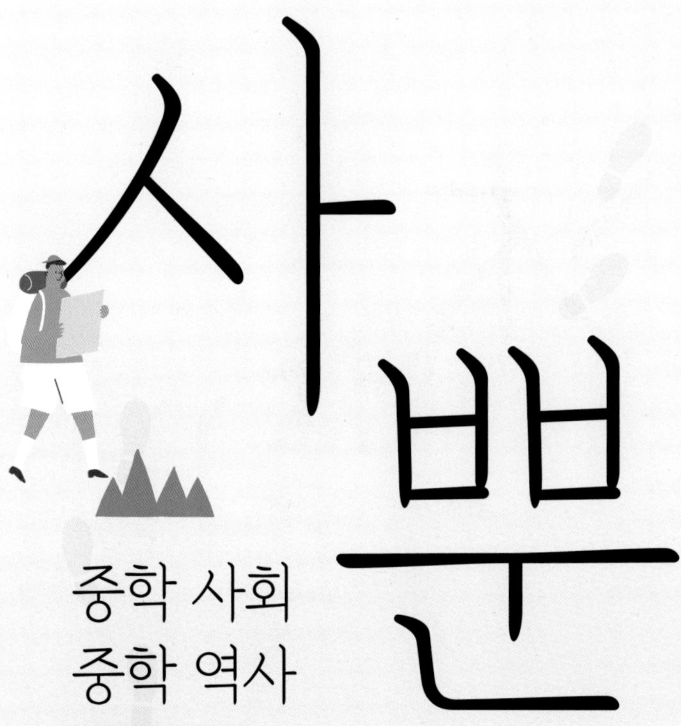

사회를 한 권으로
가뿐하게!

중학 사회

①-1

②-1

①-2

②-2

중학 역사

①-1

②-1

①-2

②-2

역사를 한권으로
가뿐하게!
사뿐

이 책의 **사용설명서**

이 책을 알차게 이용할 수 있는 방법을 소개합니다.
어떻게 공부할지 사용설명서를 잘 읽어 보고 교재를 활용해 보세요.

02 사회 변화와 농민 봉기

학습 내용 들여다보기

■ 상평통보

물건을 사고파는 일이 늘어나면서 상평통보가 널리 사용되었다. 이에 따라 상품의 매매뿐만 아니라, 품삯의 지불이나 세금·지대 납부 등에도 동전이 사용되었다.

■ 공명첩

이름 쓰는 곳

1. 경제의 변화와 신분제의 동요

(1) 경제의 변화

① 농업의 발달

- 모내기법 전국 확대: 노동력 절감, 생산량 증다
- 광작과 상품 작물 재배(인삼, 면화, 담배, 채소
- 양반 지주층과 일부 농민에게 토지 집중, 대다

② 상품 화폐 경제의 발달 자료 2

- 상업의 발달: 대동법 시행으로 공인 등장, 사
  부상과 대상인 활동
- 수공업: 국가 주도 수공업 쇠퇴 → 민간 수공
  판매)

사용법 01 학습 내용 정리

중단원의 핵심 내용을 구조화하여 체계적으로 정리하였습니다. 배경 지식을 풍부하게 갖출 수 있도록 해 주는 '학습 내용 들여다보기'와 시험에 자주 나오는 자료, '용어 알기'코너를 통해 핵심 개념을 완벽하게 학습하세요.

기본 문제

간단 체크

1 빈칸에 들어갈 말을 쓰시오.

(1) 조선 후기 (　　　　)이/가 전국적으로 확대되어 노동력이 절감되고 농업 생산량이 증가하였다.
(2) 대동법의 시행으로 왕실과 관청에 필요한 물품을 구매해 주는 (　　　　)이/가 등장하였다.
(3) 상공업 발달에 따라 18세기 이후 동전인 (　　　　)이/가 전국적 유통되었다.

1 (가)의 실시로 인한 영향으

(가) 은/는 법씨 … 도 자란 후에 논에 옮겨 … 실시 기간에 논에 물이 … 시설이 반드시 필요하였

① 노동력이 절감되었다.
② 농업 생산력이 증가하
③ 쌀과 보리의 이모작이
④ 대다수의 농민이 땅을
⑤ 1인당 경작 면적이 증

사용법 02 간단 체크

학습 내용 정리에서 공부한 개념을 간단 체크를 통해 체계적이고 효율적으로 정리하세요.

사용법 03 기본 문제

중단원의 핵심 개념을 기본 문제를 통해 저검할 수 있도록 구성하였습니다. 학습 내용 정리에서 공부한 개념을 확실하게 이해하는 코너로 활용하세요.

실전 문제

1 조선 초기 사림에 대한 설명으로 옳지 않은 것은?

① 세조의 집권 이후 정권을 장악하였다.
② 지방에서 유학 연구와 교육에 힘썼다.
③ 주로 3사에 배치되어 훈구를 견제하였다.
④ 훈구 세력과 대립하면서 사화를 겪었다.
⑤ 조선 건국에 반대한 사대부의 학풍을 계승하였다.

★중요★ 4 (가) 인물에 대한 설명으로

인물 카드

① 사병을 혁파하였다.

사용법 04 실전 문제

중단원의 핵심 개념을 실전 문제를 통해 확인할 수 있도록 구성하였습니다. 학습 내용 정리와 기본 문제를 통해 학습한 내용을 바탕으로 실전에 적용해 보는 코너로 활용하세요.

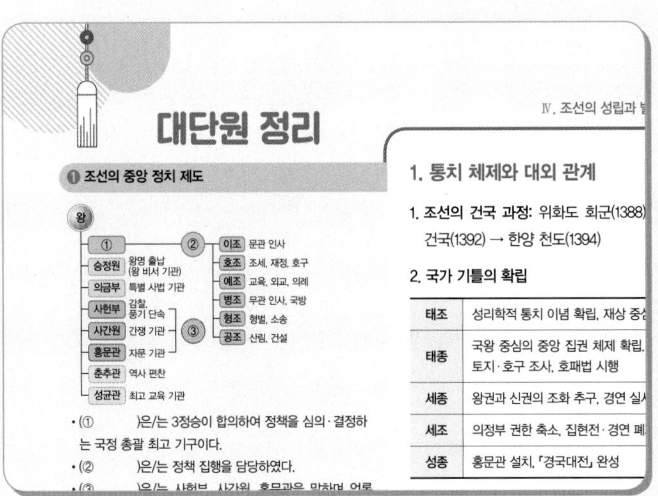

사용법 05 대단원 정리

단원별 핵심 내용을 표와 자료로 일목요연하게 정리한 코너입니다. 빈칸의 핵심 개념을 채워가면서 주요 개념을 좀 더 확실하게 익히는 코너로 활용하세요.

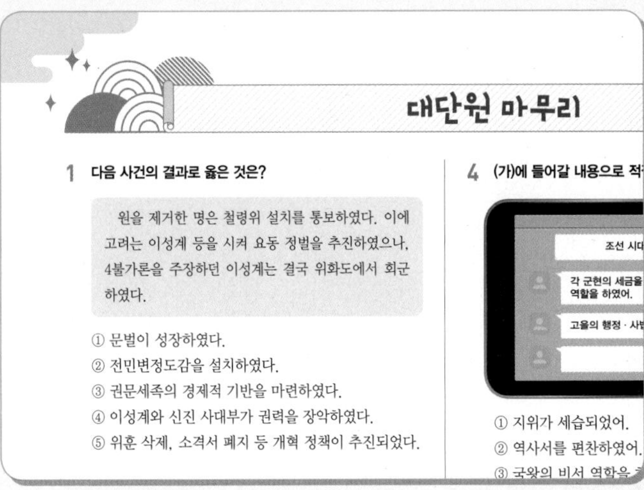

사용법 06 대단원 마무리

대단원의 핵심 문제를 엄선하여 구성한 코너입니다. 선다형, 서술형 등 다양하고 풍부한 유형의 문제를 풀어 보면서 학교 시험에 대비하는 코너로 활용하세요.

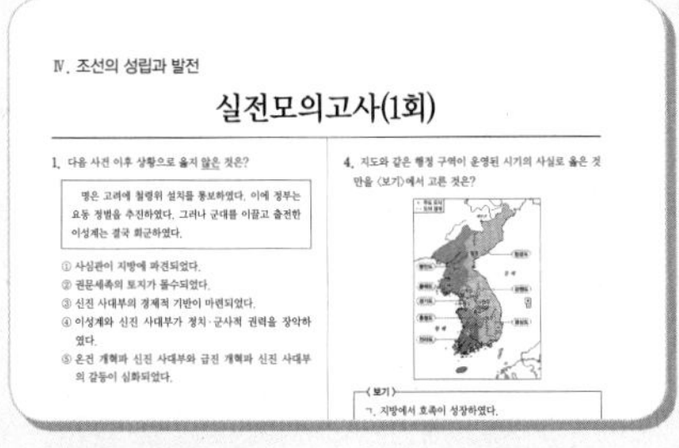

사용법 07 실전모의고사

학교에서 치러지는 시험지의 형식에 맞춰 실전 감각을 익힐 수 있게 구성한 코너입니다. 다양한 유형의 문제로 시험에 대한 막연한 두려움을 날려 보세요.

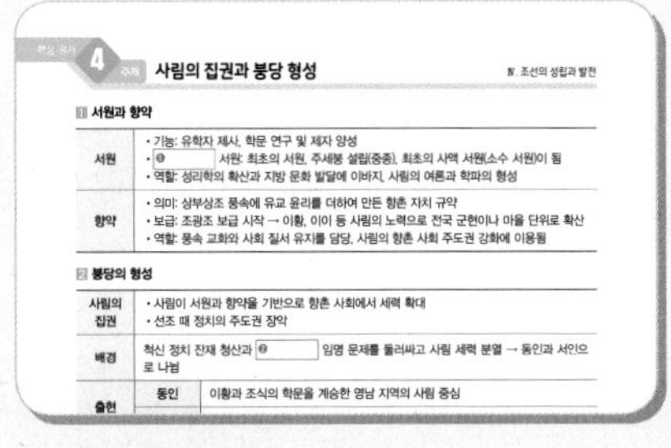

사용법 08 가뿐한 핵심 평가

중단원별 핵심 내용을 한눈에 살펴볼 수 있도록 구성한 코너입니다. 시험 전 최종 점검용 핸드북으로도 활용하세요.

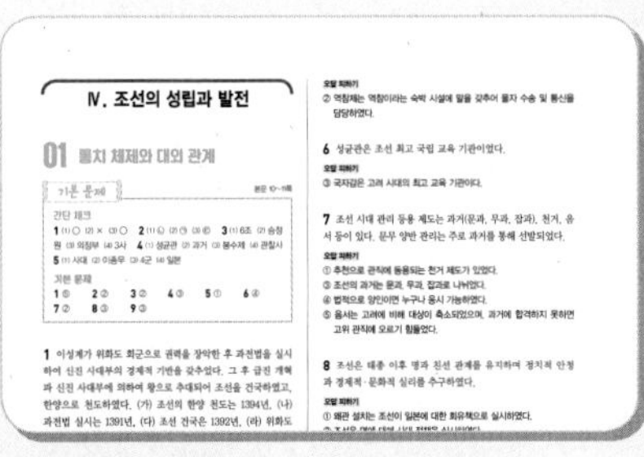

사용법 09 정답과 해설

모든 문항에 풍부한 해설을 곁들여 학습한 내용을 보완할 수 있도록 구성하였습니다. 오답을 피하는 방법도 자세하게 설명되어 있으니 꼭 짚고 넘어가세요!

이 책의 차례

IV 조선의 성립과 발전

V 조선 사회의 변동

VI 근현대 사회의 전개

IV

조선의 성립과 발전

01 통치 체제와 대외 관계

학습 내용 들여다보기

■ 의정부 서사제와 6조 직계제

6조 직계제는 6조가 의정부를 거치지 않고 직접 업무를 왕에게 보고한 후 집행하는 체제이다. 태종과 세조가 강력한 왕권을 행사하기 위해 실시하였다. 반면, 세종 때는 유능한 재상을 등용해 국가 업무를 담당하게 하는 의정부 서사제를 실시하였다.

■ 호패법

▲ 호패

태종은 호패법을 시행하여 16세 이상의 남자에게 호패를 가지고 다니게 하였다. 호패에는 신분 증명을 위해 착용자의 신분이나 직역, 거주지 등 인적 사항이 적혀 있었다. 호패법의 실시로 조선은 호구를 파악하여 이를 기반으로 조세 징수와 군역 부과를 정확히 할 수 있었다.

1. 조선의 건국과 국가 기틀 확립

(1) 조선의 건국 과정

① 배경: 위화도 회군(1388)으로 이성계 등 신흥 무인 세력과 신진 사대부가 정치적 실권 장악 → 토지 제도 개혁(과전법 실시)

② 건국: 정도전 등 급진 개혁파 신진 사대부가 정몽주 등 일부 온건 개혁파 신진 사대부 제거 → 이성계를 왕으로 추대하여 조선 건국(1392) 자료 1

(2) 국가 기틀의 확립

태조	국호 제정, 경복궁 건설, 한양으로 천도, 정도전 등용(재상 중심의 정치)
태종	국왕 중심의 중앙 집권 체제 확립, 사병 혁파, 6조 중심의 정치 제도 → 왕권 강화, 토지·호구 조사, 호패법 시행
세종	왕권과 신권의 조화 추구, 경연 실시, 집현전 설치(학문·정책 연구)
세조	정변을 일으키고 왕위에 오름 → 의정부 권한 축소, 집현전을 없애고 경연 폐지, 직전법 실시
성종	홍문관 설치(경연 활성화), 『경국대전』 완성(유교 중심의 중앙 집권적 통치 체제 마련)

2. 통치 체제의 정비

(1) 중앙 정치 제도 자료 2

의정부	국정을 총괄하는 최고 기구, 3정승이 합의하여 정책 심의·결정
6조	정책 집행 담당
3사	사헌부(관리 감찰), 사간원(간쟁), 홍문관(국왕 자문) → 언론 기능 담당, 권력의 독점과 부정 방지 (간쟁: 왕이 잘못된 일을 고치고 바른 정치를 하도록 일깨우는 것을 말해.)
기타	승정원(국왕 비서 기구), 의금부(국왕 직속 사법 기구), 춘추관(역사서 편찬·보관), 성균관(최고 교육 기관), 한성부(수도의 행정과 치안 담당)

(2) 지방 행정 조직 자료 3

① 지방 행정 구역: 전국을 8도로 나누고 그 아래 부·목·군·현 설치 (→ 8도: 수령을 지휘·감독하였어.)

② 지방관 파견: 각 도에 관찰사 파견, 대부분의 군현에 수령 파견 (→ 수령: 행정·사법·군사권을 가졌어.)

③ 향리: 6방으로 나뉘어 수령 보좌, 행정 실무 담당

④ 유향소: 지방 자치 기구, 수령 보좌 및 향리 감찰, 백성 교화, 유교 질서 보급

용어 알기

- **과전법** 경기 지역의 토지에 한하여 전·현직 관료에게 수조권(토지의 세금을 거둘 수 있는 권리)을 주는 제도
- **직전법** 현직 관리에게만 토지의 수조권을 주는 제도
- **사병** 개인이 사사로이 거느리는 병사나 부대
- **경연** 임금이 신하와 더불어 유교 경전과 역사 등 학문을 연마하고 국정을 협의하던 자리

자료 1 유교 이념에 따라 세워진 도시, 한양

▲ 「도성도」

서울은 경복궁을 중심으로 왼쪽에 종묘, 오른쪽에 사직단을 세웠다. 또한 한양의 도성을 둘러싼 4개의 큰 문에도 유교 덕목의 이름이 붙었다.

자료 2 조선의 중앙 정치 조직

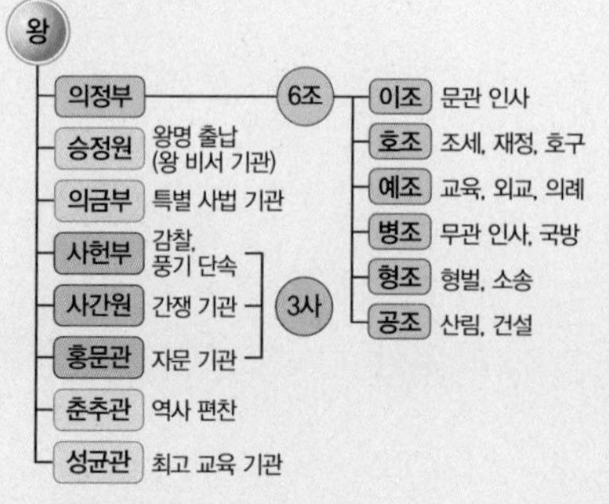

조선은 의정부를 국정을 총괄하는 최고 기구로 두고, 그 아래 실무 기관인 6조를 두었다. 또한 사헌부, 사간원, 홍문관의 3사를 두어 권력 독점과 관리의 부정을 막고자 하였다.

자료 3 조선의 지방 행정 조직

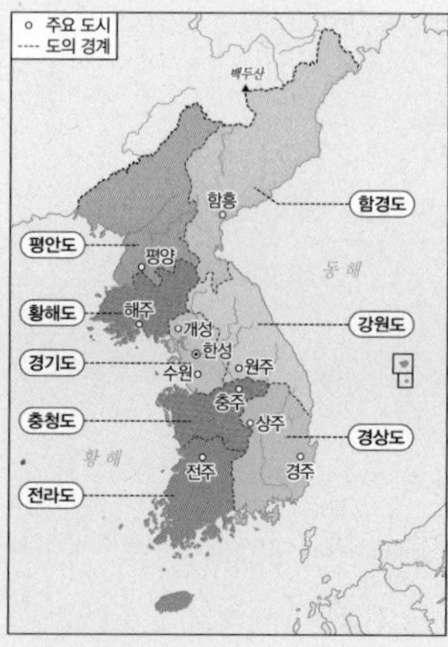

조선은 지방을 효율적으로 다스리기 위해 전국을 8도로 나누고 그 아래에 부·목·군·현을 두었으며, 대부분의 군현에 수령을 파견하여 중앙 집권을 강화하였다.

(3) **군사와 교통·통신 제도**

① 군사 제도: 양인 남자가 일정 기간 군사 훈련을 받거나 국방 비용 부담

- 중앙군: 5위 설치 → 궁궐과 한양 수비
- 지방군: 각 도에 병영(병마절도사 파견)과 수영(수군절도사 파견) 설치

② 교통·통신 제도: 봉수제(위급한 상황 전달), 역참·원(물자 수송 및 통신), 조운 제도(세금으로 거둔 곡식을 물길을 통해 운송)

→ 밤에는 횃불, 낮에는 연기를 올려 급한 소식을 전하던 통신 제도야.

(4) **교육 제도**

① 서당: 초보적 유학 교육 실시

② 4부 학당(서울)과 향교(지방): 본격적인 유학 교육

③ 성균관: 최고 교육 기관

(5) **관리 선발 제도** 자료 4

① 과거: 문과(문관 선발), 무과(무관 선발), 잡과(기술관 선발) 실시, 원칙적으로 양인이면 누구나 응시 가능

② 천거: 관리 등의 추천을 받아 간단한 시험을 치른 후 관직에 등용하는 제도

③ 음서: 고려에 비해 대상 축소, 음서 출신은 고위 관리로 승진하기 어려움

→ 과거 응시 자격은 천민을 제외하고는 특별한 제한은 없었지만, 시험 준비에는 많은 비용이 들었기 때문에 일반 백성이 과거에 합격하기란 쉽지 않았어.

3. 조선 전기의 대외 관계 자료 5

(1) **사대 정책**

① 태조: 정도전을 중심으로 요동 정벌 추진 → 일시적 갈등 관계 형성

② 태종 이후: 명과 친선 관계 유지 → 정치적 안정과 경제적·문화적 실리 추구

③ 형식: 조공과 책봉의 형식

→ 조선은 해마다 명에 사신을 보내 말, 인삼 등의 토산품을 조공품으로 보내고, 명으로부터 약재, 서적 등의 답례품을 받았어.

(2) **교린 정책**

	여진	일본
강경책	4군·6진 지역 개척(세종) 자료 6	쓰시마섬 정벌(세종)
회유책	국경 지역에 무역소 설치 → 제한적 교역 허용, 귀화한 여진의 지배층에게 관직과 토지 하사	3포(제포, 부산포, 염포) 개방 → 제한적 교역 허용, 왜관 설치

(3) **그 밖의 교류**

① 류큐(오키나와), 시암(태국), 자와(인도네시아) 등 여러 지역과도 교류

② 각 지역들의 토산품을 조선의 문방구, 불경, 유교 경전 등과 교역

학습 내용 들여다보기

■ 수령이 하는 일 (수령칠사)

1. 농업과 양잠을 발전시킨다.
2. 가호와 인구를 늘린다.
3. 학교를 일으킨다.
4. 군사 관련 업무를 잘 다스린다.
5. 세금과 부역을 균등하게 부과한다.
6. 소송을 간명하고 공정하게 한다.
7. 향리의 교활하고 간사한 행동을 그치게 한다.

–『경국대전』–

■ 향리

조선에서 지방 관아의 행정 조직은 이·호·예·병·형·공의 6방으로 나뉘어졌고, 행정 실무는 6방 향리들에게 분담되었다. 고려의 향리는 각 지방의 실질적인 지배자였던 데 비해 조선의 향리는 위상이 격하되어 각 지방 관아의 행정 실무자에 머물게 되었다. 대대로 향촌에 거주하여 지역 사정에 밝았던 향리들은 수령을 보좌하며 행정 실무를 처리하였다.

■『경국대전』

조선 왕조 통치의 기틀이 되는 기본 법전으로 6조의 역할에 맞추어 6전으로 구성되었다. 『경국대전』은 통치 체제와 관련된 내용뿐 아니라 백성들의 일상생활에 관한 규범까지 서술하고 있다. 세조 때 편찬이 시작되어 성종 때 완성 반포되었다.

용어 알기

- **책봉** 중국 황제가 주변 여러 나라의 군주나 통치자에게 관직을 수여하여 군신 관계를 맺는 것
- **조공** 주변국의 국왕이나 사절이 중국 황제를 알현하여 토산물 등을 바치고 답례품을 받아 오는 일종의 공무역

자료 4 **조선의 과거 제도**

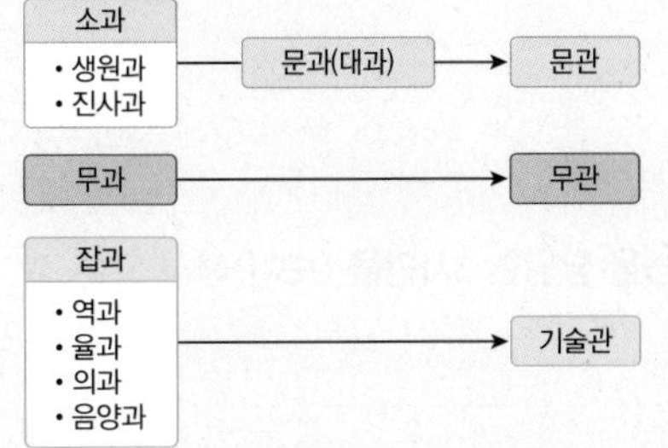

조선의 인재 등용 방식에는 과거, 천거, 음서가 있었는데 주로 과거를 통해 인재를 선발하였다. 문과와 무과, 잡과를 실시하였는데 문과에는 주로 양반이, 무과에는 양반뿐 아니라 향리, 상민 등이 응시하였다. 잡과에는 주로 중인이 응시하였다.

자료 5 **조선 전기의 대외 관계**

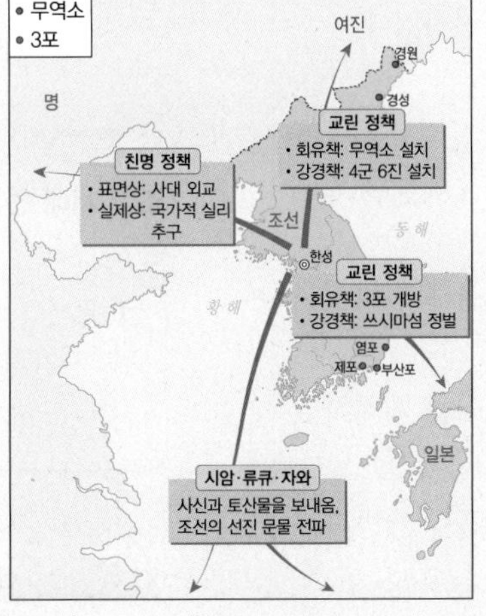

사대는 중국, 교린은 일본 및 여진에 대한 외교 정책으로, 세력이 강하고 큰 나라를 받들어 섬기고(事大), 이웃 나라와 대등한 입장에서 사귀어(交隣) 국가의 안정을 도모한다는 조선 개국 이래의 외교 방침이다.

자료 6 **4군 6진의 설치**

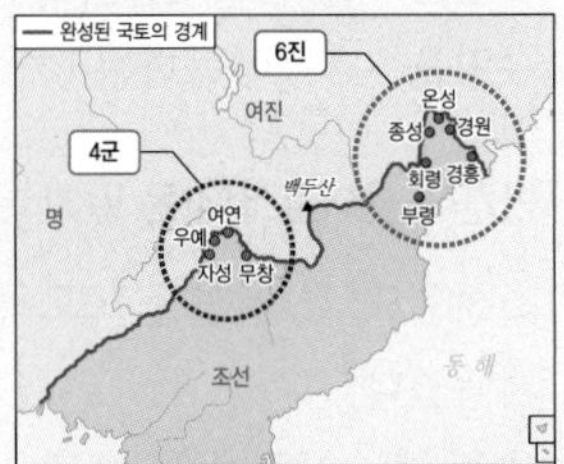

세종은 압록강 지역에 최윤덕을 파견하여 4군 지역을 개척하고 두만강 지역에 김종서를 파견하여 6진 지역을 개척해 영토를 확장하였다.

기본 문제

간단 체크

1 다음 설명이 맞으면 ○표, 틀리면 ×표 하시오.

(1) 이성계는 위화도 회군을 계기로 권력을 장악하였다. (   )

(2) 과전법의 실시로 권문세족의 경제적 기반을 마련하였다. (   )

(3) 급진 개혁파 신진 사대부는 이성계를 왕으로 추대하여 건국에 이바지하였다. (   )

2 왕과 업적을 바르게 연결하시오.

(1) 태종 • 　　• ㉠ 집현전 설치

(2) 세종 • 　　• ㉡ 사병 혁파, 호패법 실시

(3) 성종 • 　　• ㉢ 홍문관 설치, 경국대전 완성

3 다음에서 설명하는 중앙 정치 기구를 〈보기〉에서 골라 쓰시오.

보기

의정부, 6조, 3사, 승정원

(1) 주요 행정 실무를 담당하였다. (   )

(2) 국왕의 비서 기구 역할을 하였다. (   )

(3) 3정승이 합의하여 국정을 총괄하였다. (   )

(4) 권력의 독점과 부정을 막는 언론 기능을 담당하였다. (   )

4 빈칸에 들어갈 말을 쓰시오.

(1) 조선의 최고 교육 기관인 (   )은/는 높은 수준의 유학 교육을 실시하였다.

(2) 조선은 주로 (   )을/를 통해 관리를 선발하고, 이는 문과, 무과, 잡과로 나뉜다.

(3) 조선은 낮에는 연기, 저녁에는 횃불을 통해 위급한 상황을 알리는 (   )을/를 정비하였다.

(4) 조선은 대부분의 군현에 수령을 파견하였고, 각 도에는 수령을 지휘·감독하는 (   )을/를 파견하였다.

5 빈칸에 들어갈 알맞은 말에 ○표 하시오.

(1) 조선은 명과 친선을 도모하여 (사대, 교린) 정책을 실시하였다.

(2) 세종 때 (김종서, 이종무)를 보내 쓰시마섬을 토벌하도록 하였다.

(3) 세종 때 최윤덕을 파견하여 (4군, 6진) 지역을 개척하였다.

(4) 조선은 (여진, 일본)에 대한 회유책으로 3포를 개방하여 거류 및 제한된 무역을 허용하였다.

1 조선이 건국되기까지의 과정을 순서대로 바르게 나열한 것은?

(가) 한양으로 천도하였다.
(나) 토지 제도를 개혁하여 과전법을 실시하였다.
(다) 이성계를 왕으로 추대하여 조선을 건국하였다.
(라) 이성계가 위화도에서 회군하여 권력을 잡았다.

① (가) – (나) – (다) – (라)
② (나) – (가) – (다) – (라)
③ (다) – (라) – (나) – (가)
④ (라) – (나) – (가) – (다)
⑤ (라) – (나) – (다) – (가)

2 다음에 해당하는 왕으로 옳은 것은?

• 국왕 중심의 정치 강화
• 호구 조사를 실시하여 호패법 실시
• 공신과 왕족이 다스린 사병을 혁파하여 군사권 장악

① 태조 　② 태종 　③ 세종
④ 세조 　⑤ 성종

★ 중요 ★

3 조선 시대 언론 기능을 담당한 3사만을 〈보기〉에서 고른 것은?

보기

ㄱ. 사간원 　ㄴ. 사헌부 　ㄷ. 승정원
ㄹ. 성균관 　ㅁ. 의금부 　ㅂ. 홍문관

① ㄱ, ㄴ, ㄷ 　② ㄱ, ㄴ, ㅂ 　③ ㄴ, ㄷ, ㄹ
④ ㄴ, ㄷ, ㅁ 　⑤ ㄷ, ㄹ, ㅂ

4 조선의 지방 행정 조직에 대한 설명으로 옳지 않은 것은?

① 전국을 8도로 나누었다.
② 대부분의 군현에 수령을 파견하였다.
③ 북쪽 국경 지역에 양계를 설치하였다.
④ 조선의 향리는 고려의 향리보다 지위가 낮았다.
⑤ 관찰사를 파견하여 수령을 지휘·감독하도록 하였다.

5 (가), (나)에 해당하는 제도가 옳게 짝지어진 것은?

> (가) 국경 지대에서 발생한 위급한 상황을 횃불과 연기를 올려 급한 소식을 전하던 통신 제도이다.
> (나) 세금으로 거둔 곡식을 물길을 통해 운송하는 제도이다.

	(가)	(나)
①	봉수제	조운 제도
②	봉수제	역참제
③	역참제	봉수제
④	역참제	조운 제도
⑤	조운 제도	역참제

6 다음에서 설명하는 교육 기관으로 옳은 것은?

> 조선의 최고 국립 교육 기관으로 소과 합격자 및 양반 자제들이 입학할 수 있었다.

① 서당 ② 향교 ③ 국자감
④ 성균관 ⑤ 4부 학당

7 조선의 관리 등용 제도에 대한 설명으로 옳은 것은?

① 추천으로는 관직에 등용될 수 없었다.
② 관리는 주로 과거를 통해 선발되었다.
③ 과거의 종류에는 문과, 무과, 승과가 있었다.
④ 법적으로 양반만이 과거에 응시할 수 있었다.
⑤ 고려 시대보다 음서 제도의 대상이 확대되었다.

★ 중요 ★

8 조선 전기 명과의 관계에 대한 설명으로 옳은 것은?

① 왜관을 설치하였다.
② 교린 정책을 실시하였다.
③ 명에 사신을 파견하고 조공을 바쳤다.
④ 경원과 경성 등에 무역소를 설치하였다.
⑤ 조선 건국부터 친선 관계를 유지하였다.

9 조선의 여진에 대한 외교 정책으로 적절한 것만을 〈보기〉에서 고른 것은?

> 보기
> ㄱ. 3포 개방　　ㄴ. 무역소 설치
> ㄷ. 4군 6진 설치　　ㄹ. 쓰시마섬 정벌

① ㄱ, ㄴ ② ㄱ, ㄷ ③ ㄴ, ㄷ
④ ㄴ, ㄹ ⑤ ㄷ, ㄹ

실전 문제

1 **다음 사건이 일어난 시기를 연표에서 옳게 고른 것은?**

• 집현전 설치　　　• 훈민정음 반포

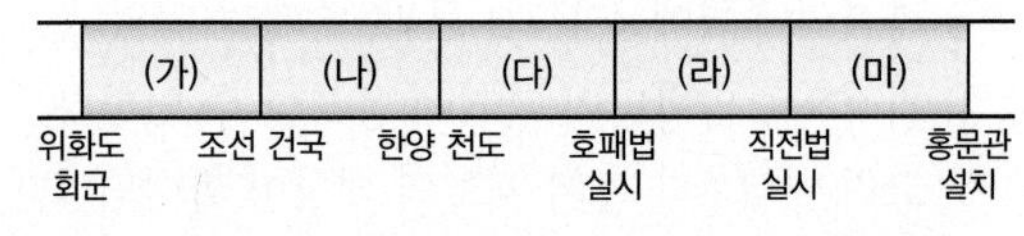

① (가)　② (나)　③ (다)　④ (라)　⑤ (마)

★ 중요 ★

2 **(가) 왕에 대한 설명으로 옳은 것은?**

이 법전은 세조 때 편찬이 시작되어 [(가)] 때 완성된 조선 왕조 통치의 기틀이 되는 기본 법전이다. 통치 체계와 관련된 내용뿐 아니라 유교를 사상적 바탕으로 하여 백성들의 일상생활에 관한 규범까지 서술하고 있다.

① 홍문관을 설치하였다.
② 집현전을 폐지하였다.
③ 전시과를 실시하였다.
④ 한양으로 천도하였다.
⑤ 위화도 회군을 단행하였다.

3 **(가), (나)에서 설명하는 정치 기구를 옳게 짝지은 것은?**

(가) 조선 시대 정책 집행을 담당하는 실무 기구
(나) 조선 시대 최고 통치 기구로 3정승의 합의를 통해 정책 결정

	(가)	(나)
①	6조	의정부
②	6조	승정원
③	승정원	의정부
④	의정부	6조
⑤	의정부	승정원

4 **조선의 중앙 정치 기구와 그 역할의 연결이 옳지 않은 것은?**

① 춘추관 – 역사서를 편찬하였다.
② 의금부 – 3사 중 하나로 관리 감찰을 실시하였다.
③ 사간원 – 국왕이 바른 정치를 할 수 있도록 간언한다.
④ 홍문관 – 서적과 문서를 관리하고, 왕의 자문에 응한다.
⑤ 성균관 – 국가 최고 교육 기관으로 유학 교육을 실시하였다.

5 **지도에 나타난 지방 행정 조직에 대한 설명으로 옳은 것은?**

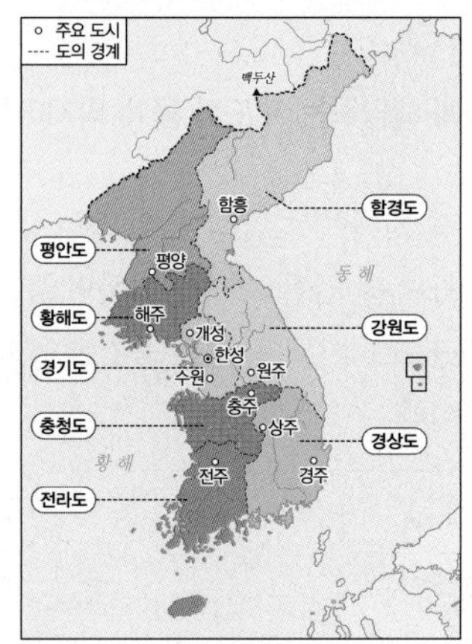

① 각 도에 안찰사를 파견하였다.
② 도 아래 부·목·군·현을 두었다.
③ 지방 중심지에 5소경을 설치하였다.
④ 수령이 파견되지 않은 속현이 주현보다 많았다.
⑤ 지방 세력을 견제하기 위해 사심관 제도를 시행하였다.

6 **조선의 통치 제도에 대한 설명으로 옳지 않은 것은?**

① 과거 제도 – 원칙적으로 양인이면 응시 가능하였다.
② 교통 제도 – 물자 수송과 통신을 위해 역참을 설치하였다.
③ 군사 제도 – 중앙군에 5위를 설치하여 궁궐과 수도를 수비하게 하였다.
④ 통신 제도 – 봉수제를 정비하여 국경 지대의 위급한 상황을 전달하였다.
⑤ 교육 제도 – 수도에 국자감과 4부 학당이 설치되어 유학 교육을 실시하였다.

★ 중요 ★

7 **(가), (나), (다) 국가와 조선의 관계로 옳은 것은?**

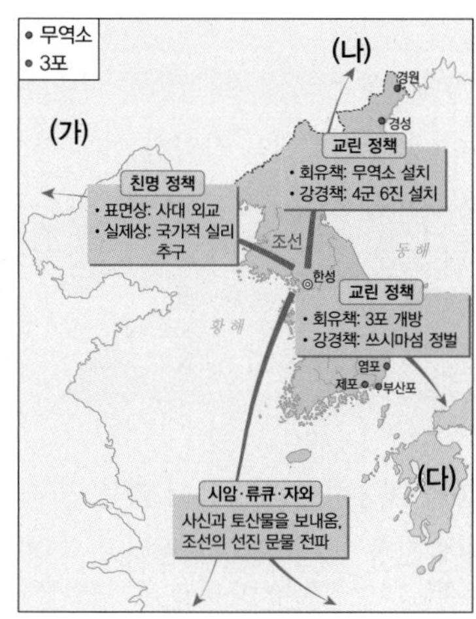

▲ 15세기 조선의 대외 관계

① (가) – 3포를 개방하여 제한적 교역을 허용하였다.
② (가) – 국경 지역에 무역소를 설치하여 무역을 허용하였다.
③ (나) – 조선의 요동 정벌 추진으로 갈등 관계를 형성하였다.
④ (다) – 정기적으로 조공 사신을 보냈다.
⑤ (나), (다) – 강경책과 회유책을 병행하는 교린 정책을 실시하였다.

8 **지도에 표시된 지역에 대한 설명으로 옳지 않은 것은?**

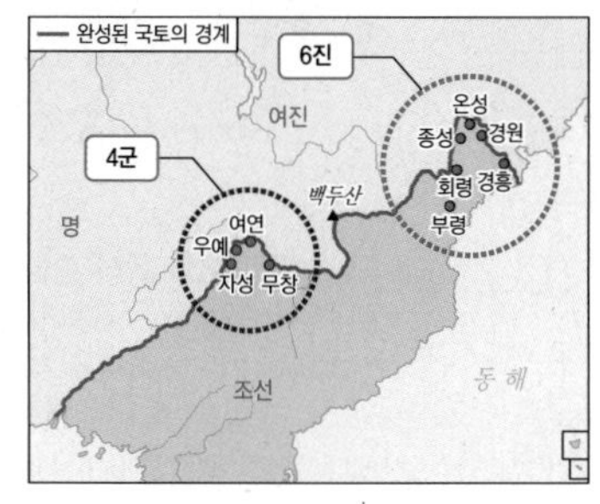

① 세종 시기에 개척되었다.
② 6진 지역은 김종서가 개척하였다.
③ 4군 지역은 최윤덕이 개척하였다.
④ 일본을 정벌하기 위해 설치하였다.
⑤ 압록강과 두만강 지역으로 영토를 확장하였다.

서술형 문제

1 **다음을 읽고 물음에 답하시오.**

> [(가)] 은/는 정치를 토론하고 모든 관리를 감찰하고 풍속을 바로잡고 억울한 사정을 풀어 주며 옳지 아니한 행위나 거짓된 행동을 단속하는 등의 일을 담당한다. …… [(나)] 은/는 임금의 결함을 간언하고 관리들의 잘못을 규탄하는 일을 담당한다. …… [(다)] 은/는 왕궁 서고에 보관된 도서를 관리하고 임금의 물음에 응한다. – 「경국대전」 –

(1) (가)~(다)에 들어갈 알맞은 용어를 쓰시오.
(가) (　　　　), (나) (　　　　), (다) (　　　　)

(2) (1)을 설치한 목적을 서술하시오.

2 **다음을 읽고 물음에 답하시오.**

> 칙서를 받들고 북경에서 돌아오니, 임금이 왕세자와 백관을 거느리고 모화관으로 나아가서 칙서를 맞이하였다. 칙서에 이르기를, "표를 보고 모두 알았노라. 금·은이 이미 본국(조선)에서 나지 않는다고 하니 이제부터 조공 물품은 다만 토산물로써 성의를 다할 것이다."라고 하였다. – 「세종실록」 –

(1) 조선의 외교 정책과 관련하여 사료와 관련된 나라와 조선의 외교 정책을 쓰시오.
(　　　　　　　　)

(2) 조선이 이와 같은 외교 정책을 실시한 이유를 서술하시오.

02 사림 세력과 정치 변화

학습 내용 들여다보기

■ 「조의제문」

중국 초의 항우가 어린 의제를 죽이고 왕위에 오른 사실을 비판한 김종직의 글이다. 훈구 세력은 이 글이 세조의 왕위 찬탈을 비난한 것이라고 주장하였다.

1. 사림의 등장

(1) 훈구 세력

① 세조의 집권을 도운 공신 세력이 정치적 실권을 장악한 이후 형성

② 주요 관직을 독점, 많은 토지와 노비를 소유

③ 왕실과 혼인 관계를 맺으며 권력 독점

→ 예종과 성종의 장인이었던 한명회가 대표적이야.

④ 중앙 집권 체제 강조

(2) 사림 세력 자료 1

① 고려 말 정몽주, 길재 등의 학통을 계승하여 지방에서 학문 연구와 교육에 힘씀

② 성종 때 본격적으로 중앙 정계에 진출 → 주로 3사 관리로 임명되어 훈구 세력 견제

→ 훈구 세력의 핵심인 한명회는 예종, 성종을 거쳐 두 차례나 왕의 장인이 되어 막강한 권력을 누렸어. 성종은 왕권을 강화하기 위해 훈구 세력 견제가 필요하였고 이에 사림을 등용하였어.

③ 향촌 자치와 왕도 정치 추구

→ 훈구 세력과 사림 세력의 대립 과정에서 사림 세력이 화를 입은 사건이야.

(3) 사화 발생

① **무오사화(연산군)**: 훈구 세력이 사초에 실린 「조의제문」을 문제 삼아 사림 공격

② **갑자사화(연산군)**: 연산군의 친어머니 폐위와 관련 있는 훈구·사림 제거

③ **중종반정(1506)**: 훈구 세력이 연산군을 몰아내고 중종을 왕으로 세움

④ **조광조의 개혁 정치** 자료 2

- 배경: 중종이 훈구 세력 견제를 위해 조광조 등 사림 등용
- 왕도 정치의 이상 강조
- 현량과 시행·소격서 폐지·위훈 삭제 주장, 『소학』과 향약 보급 노력

⑤ **기묘사화(중종)**: 조광조의 급진적인 개혁에 대한 훈구 세력의 반발 및 중종의 부담으로 조광조를 비롯한 사림 세력 제거

⑥ **을사사화(명종)**: 명종 때 외척 세력 간의 대립으로 많은 사림 피해

→ 거짓 위(僞), 공로 훈(勳). 거짓 공로를 없앤다는 뜻이야. 조광조를 비롯한 사림 세력은 중종이 왕위에 오를 때 부당하게 공신이 된 사람들의 자격을 빼앗아야 한다고 주장했어. 공신 중에는 훈구 세력이 많아 그들의 반발을 샀어.

용어 알기

- **왕도 정치** 왕이 도덕과 의리를 바탕으로 하는 정치
- **반정** 왕을 폐위시키고 새로 왕을 세우는 일
- **현량과** 학문과 덕행이 뛰어나고 어진 사람을 추천을 통해 관리로 선발하는 제도
- **소격서** 도교의 제사를 맡아 보던 관청

자료 1 사림의 계보

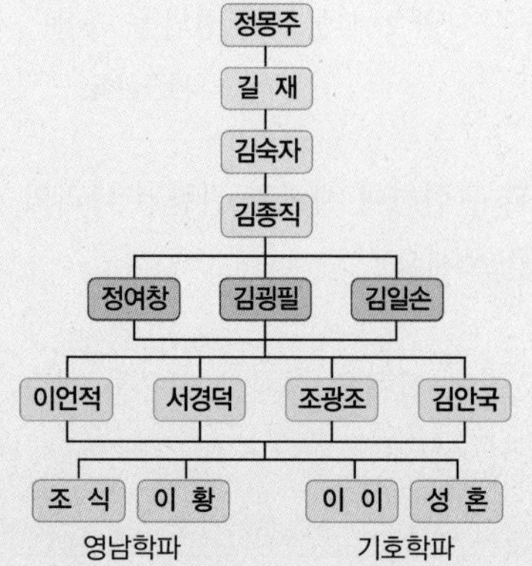

사림은 고려 말 온건 개혁파 신진 사대부인 정몽주와 길재의 학통을 계승하였다. 성종이 훈구 세력 견제를 위해 김종직 등 영남 출신 사림을 대거 등용하면서 사림이 중앙 정계로 진출하게 된다.

자료 2 조광조의 개혁 정치

- 과거의 격식은 조종조에서도 각각 달랐으니, 경서를 강독하기도 하고 아니기도 하였습니다. 지금 거론되는 천거를 통해 (관리를) 뽑는 일은 놀랄 일이 아닙니다. 처음에 천거로 하면 덕행이 있는 자가 빠지지 않을 것이오, (그 다음에) 책문으로 시험하면 그의 재주와 행동을 볼 수 있으니, 지극히 좋은 방법입니다.
- 반정 때 공이 있었다면 기록되어야 하겠으나, 이들은 공도 없는데 기록되었습니다. 부당하게 공신이 된 자들의 거짓 공훈을 찾아 공신 자격을 박탈하고 노비와 토지를 몰수하여 올바름을 세워야 합니다.

– 『중종실록』 –

조광조는 학문이 뛰어난 인재를 추천하여 과거를 치르지 않고 등용하는 현량과를 실시하고, 부당하게 공신이 된 사람들의 거짓 공훈을 삭제해야 하다고 주장하였다. 이러한 조광조의 개혁 정치는 훈구 세력의 거센 반발을 받았고, 그의 급진적인 개혁에 부담을 느낀 중종이 훈구 세력과 손을 잡고 조광조 등 사림 세력을 제거하였다(기묘사화).

자료 3 서원의 구조 및 기능

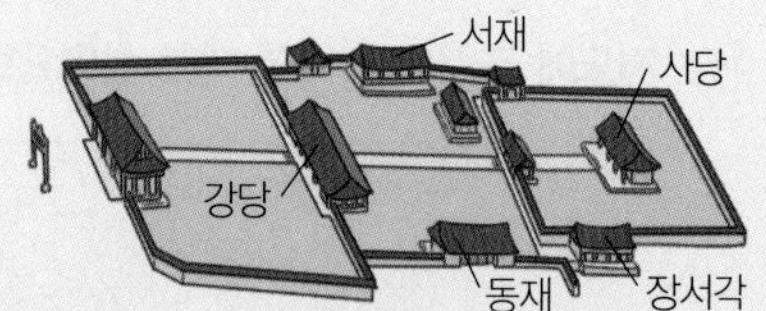

서원은 공자 및 성현에 대한 제사와 유생의 교육, 지방민의 교화를 위해 설립되었다. 서원은 가장 윗부분에 덕망 높은 유학자의 학문을 기리기 위해 사당을 만들어 제사를 지냈다. 또한 학생을 가르치는 강당을 만들었으며, 양쪽으로 학생들의 기숙사 시설, 책을 인쇄하는 장소 등을 지어 지방 양반 자제에게 유교 교육을 실시하였다. 사림 세력은 서원을 기반으로 향촌에서의 입지를 강화하고 학파를 형성하였다.

2. 사림의 집권과 붕당의 형성

(1) 서원의 발달 자료 3

① 기능: 유학자 제사, 학문 연구 및 제자 양성

② 백운동 서원: 최초의 서원, 중종 때 주세붕이 설립, 이황의 건의로 최초의 사액 서원(소수 서원)이 됨

③ 역할

- 성리학의 확산과 지방 문화 발달에 이바지
- 사림의 여론과 학파의 형성
  → 붕당의 근거지가 되기도 하였어.

(2) 향약의 보급 자료 4

① 의미: 상부상조 풍속에 유교 윤리를 더하여 만든 향촌 자치 규약

② 보급 과정

- 중종 때 조광조 등이 향약 보급 시작
- 16세기 후반 이황(예안 향약)과 이이(서원 향약, 해주 향약) 등 사림의 노력으로 전국 군현이나 마을 단위로 확산

③ 역할: 풍속 교화와 사회 질서 유지를 담당, 사림의 향촌 사회 주도권 강화

(3) 사림 세력의 집권과 붕당의 형성

① 사림의 집권

- 서원과 향약을 기반으로 향촌에서 사림의 세력 확대
- 선조 때 정치의 주도권 장악

② 붕당의 형성

- 배경: 척신 정치의 잔재 청산과 이조 전랑 임명 문제를 두고 갈등 심화
  → 3사의 관리를 추천할 수 있었고 자신의 후임자를 추천할 수 있었어.
- 붕당의 출현: 동인과 서인으로 나뉨 자료 5

동인	이황과 조식의 학문을 계승한 영남 지역의 사림 중심
서인	이이와 성혼의 학문을 계승한 경기·충청 지역의 사림 중심

- 붕당 정치의 전개: 동인과 서인이 상대 붕당의 입장을 존중하고 학문적 차이 인정, 상호 비판과 견제로 정치를 이끌어 나감

학습 내용 들여다보기

■ 사액 서원

국가로부터 현판을 받은 서원으로, 서적, 토지, 노비 등을 지원받고 부역과 세금을 면제받았다. 이러한 국가의 장려로 서원 설립이 증가하게 되었다.

■ 소수 서원

최초의 서원이자, 최초의 사액 서원이다. 본래는 백운동 서원이었는데, 명종으로부터 소수 서원이라는 현판을 하사받았다.

■ 여씨 향약

중국 북송 때 향촌을 교화·선도하기 위해 만들었던 자치 규약이다. 조선 중종 때 각 지방관에 의해 전국에 시행되었으며, 이후 이를 토대로 향약이 우리나라 실정에 맞게 만들어졌다.

용어 알기

- **사액** 조선 시대에 왕이 서원·절·사당 등에 이름을 지어 새긴 편액을 내리던 일
- **규약** 서로 협의해서 정한 규칙
- **척신 정치** 명종 때 외척에 의해 주도된 정치 형태
- **이조 전랑** 이조의 정랑과 좌랑을 함께 이르는 말. 3사의 관리 선발권을 가짐

자료 4 사림의 향약 보급

〈향약의 4대 덕목〉
- 덕업상권: 좋은 일은 서로 권한다.
- 과실상규: 잘못된 것은 서로 규제한다.
- 예속상교: 예의 바른 풍속으로 서로 교제한다.
- 환난상휼: 어려운 일은 서로 돕는다.

〈이황의 예안 향약 처벌 조항〉
- 극벌에 처할 죄: 부모에게 불손한 자, 형제가 서로 싸우는 자, 마을 어른을 욕보이는 자
- 중벌에 처할 죄: 이웃과 화합하지 않는 자, 염치없이 선비의 품위를 더럽힌 자, 마을의 규약을 어긴 자
- 하벌에 처할 죄: 회의에 늦은 자, 좌중에서 떠들썩하게 다투는 자, 자리를 마음대로 바꾸는 자

– 『퇴계선생문집』, 42권 –

향촌에는 본래 어려운 일이 있을 경우 이웃끼리 서로 돕는 풍속이 있었다. 사림은 이러한 풍속에 유교 윤리를 더하여 향약을 만들었다. 예안 향약의 처벌 조항에서는 부모에 대한 효, 형제 간 우애, 어른에 대한 공경 등 유교적 윤리를 위반한 사람을 극벌의 대상으로 삼고 있다. 사림은 성리학적 유교 윤리를 보급하여 지방민을 교화하고 통제하기 위해 각 고을의 실정에 맞게 향약을 보급하였다. 이로써 사림은 향촌에서 주도권을 강화해 나갔다.

자료 5 붕당의 형성

김효원이 과거에 장원으로 급제하여 (이조) 전랑의 물망에 올랐으나, 심의겸은 그가 윤원형의 문객이었다 하여 반대하였다. 그 후에 심충겸(심의겸의 동생)이 장원 급제하여 전랑으로 천거되었으나, 외척이라 하여 김효원이 반대하였다. 이에 양편 친지들이 각기 다른 주장을 내세우며 서로 배척하여 동인, 서인이라는 말이 여기에서 비롯하였다.

– 이긍익, 『연려실기술』 –

정국을 주도하게 된 사림은 척신 정치의 잔재 청산 문제를 둘러싸고 내부 갈등을 겪었다. 기성 사림은 잔재 청산에 소극적이었으나, 신진 사림은 잔재 청산을 적극 주장하였다. 이러한 갈등은 이조 전랑의 임명 문제를 둘러싸고 더욱 심해졌다. 결국 사림은 신진 사림 중심의 동인과 기성 사림 중심의 서인으로 나뉘어 붕당이 형성되었다.

기본 문제

간단 체크

1 다음 내용이 훈구 세력과 관련된 것이면 '훈', 사림 세력과 관련된 것이면 '사'라고 쓰시오.

(1) 주로 3사에 임명되어 관리의 부정 행위와 권력 독점을 비판하였다. ( )

(2) 조선 건국에 참여하지 않고 학문 연구에 힘쓰던 유학자들을 계승하였다. ( )

(3) 세조의 집권을 도운 공신 세력이 정치적 실권을 장악하여 형성한 세력이다. ( )

2 다음 사화와 관련된 내용을 바르게 연결하시오.

(1) 무오사화 • • ㉠ 김종직의 「조의제문」이 발단

(2) 갑자사화 • • ㉡ 명종 때 외척 간의 권력 다툼

(3) 기묘사화 • • ㉢ 연산군의 어머니인 폐비 윤씨 문제

(4) 을사사화 • • ㉣ 조광조의 급진적인 개혁 정치에 대한 반발

3 조광조에 대한 설명으로 맞으면 ○표, 틀리면 ×표 하시오.

(1) 소격서 폐지를 주장하였다. ( )

(2) 성종이 훈구 세력을 견제하기 위해 등용하였다. ( )

(3) 조광조의 급진적인 개혁은 사림의 불만을 불러일으켰다. ( )

(4) 현량과를 통해 학문과 덕행이 뛰어난 사람을 추천을 통해 관리로 선발하고자 하였다. ( )

4 빈칸에 들어갈 알맞은 말에 ○표 하시오.

(1) 최초의 서원은 (백운동 서원, 도산 서원)이다.

(2) (서원, 향약)은 유학자 제사, 학문 연구 및 제자 양성의 기능을 하였다.

(3) 향약은 상부상조 풍속에 (불교, 유교) 윤리를 더하여 만든 향촌 자치 규약이다.

(4) 사림은 이조 전랑의 임명 문제를 두고 동인과 서인으로 나뉘어 (사화, 붕당)을/를 형성하였다.

1 훈구 세력에 대한 설명으로 옳지 않은 것은?

① 세조가 왕이 되는 데 공을 세웠다.
② 일부는 왕실과 혼인 관계를 맺었다.
③ 향촌 자치와 왕도 정치의 실현을 주장하였다.
④ 중앙 고위 관직을 독점하여 정치적 실권을 장악하였다.
⑤ 국가로부터 많은 토지와 노비를 받아 막대한 재산을 소유하였다.

★ 중요 ★

2 다음에서 설명하는 조선 전기의 정치 세력으로 옳은 것은?

> 고려 말 조선의 건국에 협력하지 않고 지방에서 성리학 연구에 힘쓴 학자들을 계승하였으며, 성종 때 주로 3사에 배치되어 대거 중앙 정계에 진출하였다.

① 붕당 ② 사림 ③ 훈구
④ 신진 사대부 ⑤ 신흥 무인 세력

3 다음을 계기로 일어난 사건으로 옳은 것은?

> 중국 초의 항우가 어린 의제를 죽이고 왕위에 오른 사실을 비판한 김종직의 글을 보고 유자광을 비롯한 훈구 세력은 세조의 단종 폐위를 빗대어 비난한 것이라고 하면서 연산군을 부추겼다.

① 갑자사화 ② 기묘사화 ③ 무오사화
④ 중종반정 ⑤ 인조반정

4 **(가), (나) 시기 사이에 있었던 역사적 사실로 옳은 것은?**

> (가) 연산군이 폐비 윤씨의 폐위를 빌미로 사화를 일으켜 사림을 제거하였다.
> (나) 훈구 세력을 견제하기 위해 왕이 조광조 등 사림을 등용하였다.

① 사림이 동인과 서인으로 나뉘었다.
② 기묘사화가 일어나 사림 세력이 타격을 입었다.
③ 외척 간의 정치적 대립으로 을사사화가 발생하였다.
④ 사초의 조의제문이 빌미가 되어 무오사화가 일어났다.
⑤ 훈구 세력이 연산군을 몰아내고 중종을 왕으로 세웠다.

5 **밑줄 친 ㉠에 해당하는 것만을 〈보기〉에서 고른 것은?**

> 중종은 연산군의 폐정을 개혁하고 신진 사림 세력을 등용하였다. 그러나 ㉠ 사림 세력의 급진적인 개혁 정책은 훈구 세력의 반발을 불러일으켰고, 임금의 권위마저 압박하였다. 이에 훈구 세력은 조광조 일파를 반역 무리로 몰아가고, 중종도 이에 동조하였다.

보기

ㄱ. 위훈 삭제　　ㄴ. 호패법 실시
ㄷ. 직전법 실시　　ㄹ. 현량과 실시

① ㄱ, ㄴ　② ㄱ, ㄹ　③ ㄴ, ㄷ
④ ㄴ, ㄹ　⑤ ㄷ, ㄹ

6 **(가), (나)에 들어갈 말을 옳게 짝지은 것은?**

> 서원은 공자 및 성현에 대한 제사와 유생의 교육, 지방민의 교화를 위해 설립되었다. 최초의 서원은 중종 때 주세붕이 세운 (가) (이)다. 이 서원은 명종 때 이황의 건의로 나라에서 (나) (이)라는 현판을 받아 최초의 사액 서원이 되었다.

	(가)	(나)
①	도산 서원	소수 서원
②	도산 서원	백운동 서원
③	병산 서원	도산 서원
④	백운동 서원	소수 서원
⑤	백운동 서원	병산 서원

7 **다음 기본 덕목과 관련된 규약에 대한 설명으로 옳은 것은?**

> • 덕업상권　• 과실상규　• 예속상교　• 환난상휼

① 세금을 면제받았다.
② 훈구의 세력 기반이 되었다.
③ 선현에 대한 제사와 교육을 담당하였다.
④ 지방의 행정, 사법, 군사권을 장악하였다.
⑤ 풍속 교화와 사회 질서 유지를 담당하였다.

★ 중요 ★

8 **붕당에 대한 설명으로 옳지 않은 것은?**

① 동인은 이황과 조식의 학문을 따랐다.
② 서인은 이이와 성혼의 학문을 따랐다.
③ 훈구와 사림이 대립하면서 발생하였다.
④ 선조 때 붕당 내부의 의견 차이에 따라 나뉘었다.
⑤ 이조 전랑 임명 문제를 계기로 동인과 서인이 나뉘었다.

9 **(가)에 들어갈 용어로 적절한 것만을 〈보기〉에서 고른 것은?**

> 사림 세력은 계속된 사화로 중앙에서 큰 피해를 입었지만 (가) 을/를 통해 향촌에서 꾸준히 세력을 확대하여, 결국 선조 때는 국정을 장악할 수 있게 되었다.

보기

ㄱ. 서원　　ㄴ. 향약
ㄷ. 집현전　　ㄹ. 4부 학당

① ㄱ, ㄴ　② ㄱ, ㄷ　③ ㄴ, ㄷ
④ ㄴ, ㄹ　⑤ ㄷ, ㄹ

실전 문제

1 **조선 초기 사림에 대한 설명으로 옳지 <u>않은</u> 것은?**

① 세조의 집권 이후 정권을 장악하였다.
② 지방에서 유학 연구와 교육에 힘썼다.
③ 주로 3사에 배치되어 훈구를 견제하였다.
④ 훈구 세력과 대립하면서 사화를 겪었다.
⑤ 조선 건국에 반대한 사대부의 학풍을 계승하였다.

2 **(가)~(라)를 일어난 순서대로 옳게 나열한 것은?**

> (가) 명종 때 외척 간의 권력 다툼으로 사화가 발생하였다.
> (나) 김종직의 조의제문이 발단이 되어 사림들이 해를 입었다.
> (다) 연산군의 어머니인 폐비 윤씨 문제로 사림뿐만 아니라 훈구도 해를 입었다.
> (라) 조광조의 급진적인 개혁 정치에 대한 반발로 조광조 등 사림 세력이 제거되었다.

① (가) – (라) – (다) – (나)
② (나) – (가) – (다) – (라)
③ (나) – (다) – (라) – (가)
④ (다) – (라) – (나) – (가)
⑤ (라) – (나) – (가) – (다)

3 **다음 상황이 전개된 시기를 연표에서 옳게 고른 것은?**

> 한명회를 비롯한 훈구 세력이 비대해지자 왕은 이를 견제하고 왕권을 강화시키기 위해 사림을 등용하였다.

위화도 회군		호패법 실시		세종 즉위		중종반정		동서 분당		병자호란
	(가)		(나)		(다)		(라)		(마)	

① (가) ② (나) ③ (다) ④ (라) ⑤ (마)

★ 중요 ★

4 **(가) 인물에 대한 설명으로 옳은 것은?**

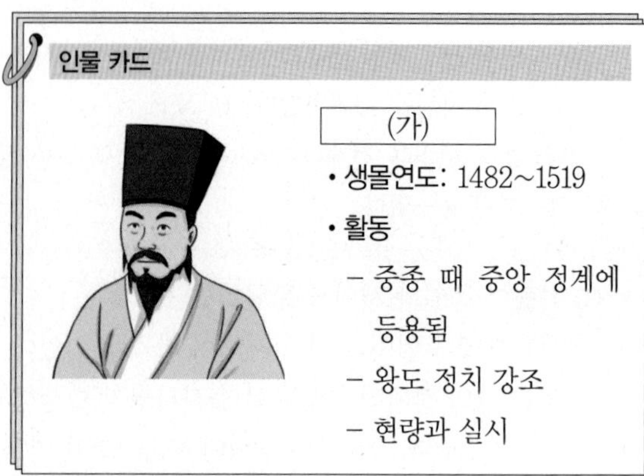

① 사병을 혁파하였다.
② 홍문관을 설치하였다.
③ 경국대전을 완성하였다.
④ 훈민정음을 창제하였다.
⑤ 위훈 삭제를 주장하였다.

5 **(가)에 대한 설명으로 적절한 것은?**

▲ 최초의 (가)

> (가) 은/는 선현에 대한 제사와 학문 연구를 담당하기 위해 설립되었다. 사림들은 이를 통해 향촌에서 지위를 강화하였으며, 사림의 여론과 학파를 형성하였다. 국가로부터 사액을 받아 많은 지원을 받기도 하였다.

① 주세붕이 처음 세웠다.
② 조선 최고 교육 기관이다.
③ 훈구 세력의 정치적 기반이 되었다.
④ 소과에 합격하면 입학 자격이 주어졌다.
⑤ 상부상조 풍속에서 유교 윤리를 더하여 만들었다.

6 **다음에 해당하는 규약에 대한 설명으로 옳은 것은?**

중종 때 조광조 등이 보급하기 시작하여 16세기 후반에는 사림의 노력에 힘입어 전국으로 확산되었다.

① 특정 학파를 형성하였다.
② 도교의 제사를 담당하였다.
③ 향촌에서 유학 교육을 실시하였다.
④ 덕망 높은 유학자의 제사를 지냈다.
⑤ 이이와 이황이 우리나라 실정에 맞게 시행하였다.

★ 중요 ★

7 **다음 사건의 결과로 옳은 것은?**

김효원이 …… (이조) 전랑의 물망에 올랐으나, 심의겸은 …… 반대하였다. 그 후에 심충겸(심의겸의 동생)이 …… 전랑으로 천거되었으나, …… 김효원이 반대하였다. 이에 양편 친지들이 각기 다른 주장을 내세우며 서로 배척하였다.

① 조의제문을 빌미로 사화가 발생하였다.
② 훈구 세력이 정치적 실권을 장악하였다.
③ 연산군이 쫓겨나고 중종이 왕위에 올랐다.
④ 성균관이 설치되어 유교 교육이 강화되었다.
⑤ 사림 내부의 갈등이 심화되어 동인과 서인으로 나뉘었다.

8 **(가), (나)에 해당하는 것이 옳게 짝지어진 것은?**

(가) 훈구 세력과 사림 세력의 대립 과정에서 벌어진 사건
(나) 정치적·학문적 입장에 따라 형성된 집단으로 사림 내부에서 갈등이 심화되어 형성

	(가)	(나)
①	사화	붕당
②	붕당	사화
③	붕당	예송
④	예송	사화
⑤	환국	붕당

서술형 문제

1 **다음을 보고 물음에 답하시오.**

(가) 세력은 세조의 집권을 도와 정권을 장악했고, (나) 세력은 지방에서 유학과 교육에 힘쓰다 특정 세력을 견제하려는 성종에 의해 등용되었다.

(1) (가)와 (나)에 해당하는 세력을 쓰시오.
(가) – ______________ (나) – ______________

(2) (가), (나)의 특징을 각각 서술하시오.

____

____

____

2 **밑줄 친 ㉠이 이루어진 배경을 서술하시오.**

사림은 주로 3사에 배치되어 훈구 세력의 권력 독점과 비리를 비판하였다. 이들은 여러 차례 사화를 겪으며 큰 피해를 보았다. 그러나 ㉠ <u>향촌 사회에서 꾸준하게 세력을 키웠고</u>, 이후 선조 때부터 정국을 주도하기 시작하였다.

____

____

____

03 문화의 발달과 사회 변화

학습 내용 들여다보기

■ 『용비어천가』

훈민정음으로 지은 최초의 문학 작품으로 조선 왕조의 정당성을 강조한 노래이다.

■ 『조선왕조실록』

조선 태조부터 철종까지 25대 472년간의 역사를 연월일에 따라 기록한 책으로 1997년 유네스코 세계 기록 유산으로 등재되었다. 국왕이 죽으면 춘추관에 실록청을 설치하여 자료를 모아 실록을 편찬하였다. 완성된 실록은 춘추관과 전국의 사고에 나누어 보관하였으며 국왕이라고 할지라도 함부로 실록의 내용을 보거나 수정할 수 없어, 사관들은 공정하고 객관적으로 기록할 수 있었다.

■ 『칠정산』

세종 때 한성(서울)을 기준으로 천체 운동을 계산하여 만든 독자적인 역법서이다. 내편과 외편으로 이루어져 있다. 원과 아라비아의 역법을 참조하였다.

■ 시간 측정 기구

▲ 자격루

▲ 앙부일구

자격루는 자동으로 시간을 알려 주는 장치를 갖춘 물시계이고, 앙부일구는 해의 그림자를 이용하여 시간을 표시하는 해시계이다.

용어 알기

- **의례** 행사를 치르는 일정한 법식
- **역법** 천체의 주기적 운행을 기준으로 하여 날짜와 시간을 정하는 방법

1. 훈민정음의 창제와 과학 기술의 발전

(1) 훈민정음의 창제 자료 1

① 배경: 한자는 배우기 어렵고 우리말과 달라 일반 백성이 사용하기 어려움

② 내용: 세종이 우리말을 28자의 소리글자로 훈민정음을 만들어 반포(1446)

③ 적용: 『용비어천가』 편찬, 유교 윤리서·병서·농서 등 간행, 하급 관리 선발 시 활용

④ 의의: 백성에게 국가 정책 전달이 쉬워짐, 민족 문화 발달에 기여, 국문학이 발전하는 계기가 됨, 백성이 자신의 생각과 감정을 쉽게 글로 표현할 수 있게 됨

(2) 편찬 사업 추진

구분	내용
법전	『경국대전』(세조~성종): 유교적 통치 체제의 완성
역사서	•『고려사』, 『고려사절요』: 고려 시대의 역사 정리 •『동국통감』: 고조선부터 고려 말까지의 역사 정리 •『조선왕조실록』: 태조~철종, 역대 왕의 통치 기록 정리
의례서	•『삼강행실도』(세종): 유교 윤리 보급 •『국조오례의』(성종): 국가 행사의 의례 정리
지도	「혼일강리역대국도지도」(태종): 현존하는 우리나라에서 가장 오래된 세계 지도 자료 2
지리서	『세종실록지리지』, 『동국여지승람』(성종)
농서	『농사직설』(세종): 우리나라의 실정에 맞는 농법 소개

(3) 과학 기술의 발달

① 천문과 역법의 발전
→ 조선은 농업 국가로 농사에 도움되는 과학 기술이 발달하였어. 따라서 날씨를 측정하고 예측할 수 있는 기구가 만들어지고, 천문학이 매우 중시되어 천문 관측 기구가 발명되었어.

- 천체 관측: 「천상열차분야지도」(별자리 관측 천문도를 돌에 새김), 혼천의·간의(천체 관측 기구), 『칠정산』(역법서)
- 시간 측정: 자격루(물시계), 앙부일구(해시계) 등

② 인쇄술의 발전: 계미자(태종), 갑인자(세종) 등 금속 활자 주조
→ 조선 시대에 금속 활자가 더욱 발전하면서 더 많은 책을 인쇄하여 보급할 수 있게 되었어. 특히 유교 윤리 관련 서적이 많이 간행되고 보급되면서 유교 윤리가 크게 확산되었어.

③ 의학의 발달 자료 3

- 『향약집성방』: 우리 풍토에 맞는 약재와 치료 방법 소개
- 『의방유취』: 의학 백과사전으로 조선의 의학 체계 마련

④ 화약 무기: 신기전, 화차 개발 → 여진, 왜구의 침입 시 활용

자료 1 훈민정음의 창제

(우리) 나라의 말씀이 중국과 달라 문자와 서로 통하지 않는다. 이런 이유로, 백성이 말하고자 하는 바가 있어도 마침내 제 뜻을 펴지 못하는 사람이 많다. 내 이를 가엾게 여겨 새로 스물여덟 글자를 만드니 모든 사람들이 쉽게 익혀 날마다 씀에 편안하게 할 따름이니라.
– 『훈민정음 해례본』 서문 –

훈민정음이란 '백성을 가르치는 바른 소리'라는 의미이다. 누구나 쉽게 배울 수 있고 과학적인 체계를 가진 문자였기 때문에 정책을 알리거나 유교적 생활 규범을 가르치는 데 효과적이었다.

자료 2 「혼일강리역대국도지도」

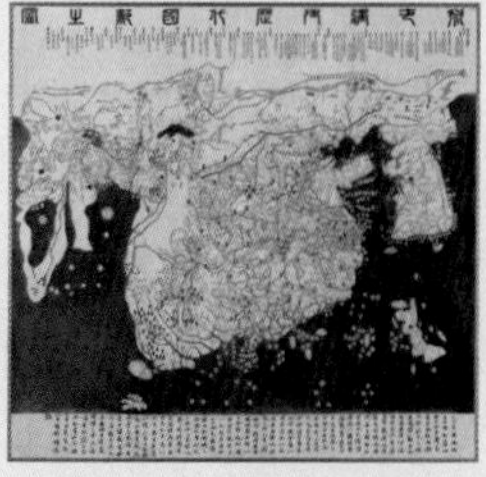

조선 태종 때 만들어진 세계 지도로, 서남아시아, 아프리카, 유럽까지 그려져 있다. 중국이 중앙에 그려져 있고 조선이 실제보다 크게 그려져 당시 조선 사대부들의 세계관을 엿볼 수 있다.

자료 3 조선의 환경에 맞는 농서와 의학서 편찬

- 농사는 천하의 큰 근본이다. (각 지역의) 풍토가 같지 않으므로 곡식을 심고 가꾸는 법도 각각 지역마다 적합한 방법이 있으니, 옛 농서들을 그대로 사용할 수 없다. –『농사직설』–
- 우리 땅에서 나는 약재들이 백성의 생명을 기르고 병을 치료하는 데 모자람이 없는데, 가까운 우리나라에서 나는 약은 소홀히 하고 먼 곳에서 오는 약만 찾는다. –『향약집성방』–

중국 중심에서 벗어나 조선의 독자적인 농서와 의학서 편찬을 위해 노력하였다.

2. 유교 윤리의 보급과 양반 문화 발달

(1) 유교 윤리 보급의 노력

① 국가의 노력: 성리학을 통치 이념으로 삼음, 윤리서 『삼강행실도』와 의례서 『국조오례의』 간행, 충신·효자·열녀 표창, 종묘 제례 실시 자료 4

② 향촌 사회의 노력: 서원과 향약을 통해 향촌 사회에 유교 윤리 확산 노력

- 윤리서 보급: 『소학』(유교 윤리 기본서), 『주자가례』(예법) 보급
- 족보 편찬: 종족 내부의 결속 강화와 양반 가문의 신분적 우위를 강조하기 위해 편찬
- 향약 보급: 지방에 향약이 보급되면서 지방민의 일상생활에 유교 윤리(성리학적 사회 질서) 확산, 양반이 향촌 사회를 주도하게 됨

(2) 유교 윤리 확산에 따른 신분제 강화

① 배경: 성리학에서 명분론 중시 → 사회 질서인 신분제 강화

② 조선의 신분제: 법제상 양인과 천인으로 구분되었으나, 점차 양인이 양반과 상민으로 엄격하게 구분된 4신분제가 정착됨

양반	과거를 통해 문무 관직 진출, 군역 면제 등 특권 누림
중인	기술관, 서리, 지방 향리 등
상민	대다수가 농민, 조세·공납·역의 의무
천민	대부분 노비

(3) 양반 중심의 문화 발달

그림	• 「몽유도원도」(안견), 「고사관수도」(강희안) • 사군자화 유행
공예 자료 5	• 분청사기: 고려 말~조선 전기 유행 • 백자: 16세기 이후 유행
음악	• 종묘 제례악: 세종, 궁중 음악 정리 • 『악학궤범』: 성종, 궁중 음악을 그림과 함께 설명한 책
문학	김시습 『금오신화』, 정철 「관동별곡」
건축	15세기 궁궐, 학교, 성문 등 건축 → 16세기 사림의 정계 진출 이후 서원 건축 활발

→ 우리나라 최초의 한문 소설이야. (『금오신화』)

학습 내용 들여다보기

■ 『소학』

일상생활의 예의범절, 수양을 위한 격언, 충신·효자의 업적 등을 모아 편찬한 책으로, 유학 교육의 입문서와 같은 역할을 하였다. 사림은 『소학』 교육을 통해 성리학적 질서를 실현하려 하였다.

■ 『주자가례』

중국 남송의 주희가 가정에서 지켜야 할 관례, 혼례, 상례, 제례 등에 대한 유교 의례를 종합하여 만들었다. 『가례』라고 불리기도 한다.

■ 「몽유도원도」

세종 때 그려진 「몽유도원도」는 화원 출신인 안견이 안평 대군의 꿈 이야기를 듣고 현실 세계와 이상 세계를 조화롭게 표현한 그림이다.

용어 알기

- **종묘 제례** 왕실의 제사 의례

자료 4 『삼강행실도』 편찬

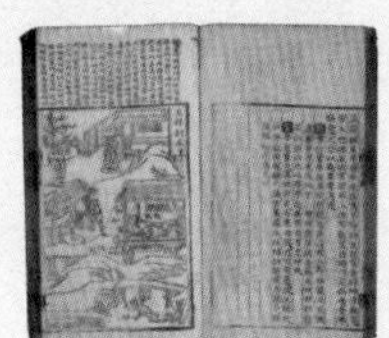

백성들이 임금과 신하, 어버이와 자식, 부부 사이의 큰 인륜을 모르고, 인색하다. …… 내(세종)가 특별히 뛰어난 것을 뽑아서 그림과 글을 만들어 중앙과 지방에 나누어 주니, 남녀 모두 쉽게 보고 느끼기를 바란다. 그렇게 하면 백성을 교화하여 풍속을 이루게 될 것이다.

– 『세종실록』 –

세종은 성리학적 통치 이념을 백성들에게 쉽게 보급하기 위하여 삼강오륜의 도리를 지킨 모범 사례를 모아 『삼강행실도』를 편찬하였다. 이후 성종 때에는 백성들이 쉽게 이해할 수 있도록 훈민정음으로 번역한 내용을 추가하여 수록하였다.

자료 5 분청사기와 백자

▲ 분청사기

▲ 백자

분청사기는 청자 표면에 백토를 발라 여러 가지 방법으로 장식한 자기이고, 백자는 순백색의 바탕흙에 투명한 유약을 발라 구운 자기이다. 분청사기는 고려 말부터 조선 전기까지 유행하였고, 백자는 검소함을 중시하던 선비들의 취향에 맞아 16세기 이후 유행하였다.

기본 문제

간단 체크

1 다음 설명이 맞으면 ○표, 틀리면 ×표 하시오.

(1) 훈민정음으로 지은 최초의 책은 『동국통감』이다. (　　)

(2) 훈민정음은 하급 관리 선발 시 활용되기도 하였다. (　　)

(3) 훈민정음의 창제로 민족의 문화가 발전하였다. (　　)

2 조선 전기 서적의 분야를 바르게 연결하시오.

(1) 역사서 • 　　• ㉠ 경국대전
(2) 지리서 • 　　• ㉡ 동국통감
(3) 의례서 • 　　• ㉢ 국조오례의
(4) 법전 • 　　• ㉣ 동국여지승람

3 다음과 관련 있는 내용을 〈보기〉에서 골라 기호를 쓰시오.

| 보기 |

ㄱ. 신기전　　ㄴ. 칠정산
ㄷ. 천상열차분야지도　　ㄹ. 향약집성방

(1) 태조 때 돌에 새긴 별자리 관측 지도이다. (　　)

(2) 화약 달린 화살로 세종 때 만들어진 병기이다. (　　)

(3) 한성(서울)을 기준으로 천체 운동을 계산한 역법서이다. (　　)

(4) 우리 풍토에 맞는 약재와 치료 방법을 소개하였다. (　　)

4 빈칸에 들어갈 알맞은 말에 ○표 하시오.

(1) (백자, 분청사기)는 고려 말부터 조선 전기까지 유행한 것으로, 청자에 백토를 칠한 자기이다.

(2) (악학궤범, 종묘제례악)은 궁중 음악을 그림과 함께 설명한 책이다.

(3) (민화, 사군자화)는 선비들의 정신 세계를 표현한 작품이다.

1 (가)에 대한 설명으로 옳지 않은 것은?

(가) 창제 목적
백성이 말하고자 하는 바가 있어도 마침내 제 뜻을 펴지 못하는 사람이 많다. 내 이를 가엾게 여겨 새로 스물여덟 글자를 만드니 모든 사람들이 쉽게 익혀 날마다 씀에 편안하게 할 따름이니라.

① 세종이 창제하여 반포하였다.
② 한문이 쇠퇴하는 계기가 되었다.
③ 누구나 쉽게 배우고 사용할 수 있었다.
④ 우리말을 28자의 소리글자로 만들어냈다.
⑤ 백성들에게 유교적 생활 규범을 가르치는 데 효과적이었다.

2 (가)에 들어갈 서적으로 옳은 것은?

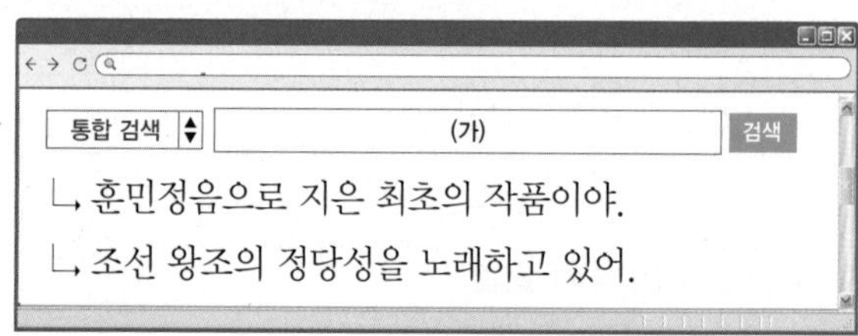

① 칠정산　② 관동별곡
③ 금오신화　④ 삼강행실도
⑤ 용비어천가

★ 중요 ★

3 다음 서적에 대한 설명으로 옳은 것만을 〈보기〉에서 고른 것은?

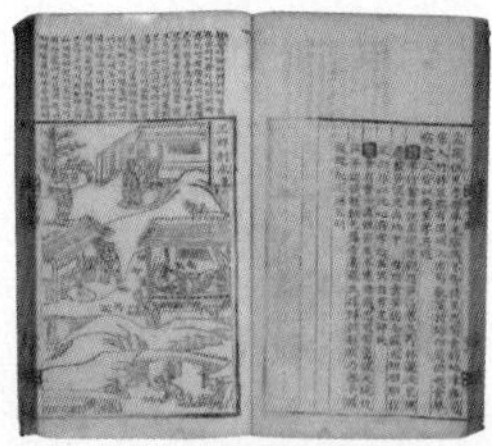

| 보기 |

ㄱ. 태종 때 편찬되었다.
ㄴ. 그림, 한자, 한글로 쓰여졌다.
ㄷ. 불교 윤리를 쉽게 설명한 책이다.
ㄹ. 군신, 부자, 부부의 모범이 되는 것을 모아 만든 책이다.

① ㄱ, ㄴ　② ㄱ, ㄷ　③ ㄴ, ㄷ
④ ㄴ, ㄹ　⑤ ㄷ, ㄹ

4 **다음에서 설명하는 책으로 옳은 것은?**

유네스코 세계 기록 유산으로 등재된 이 역사서는 태조에서 철종까지 25대 472년간의 역사를 연월일 순서에 따라 기록한 역사서이다.

① 고려사 ② 동국통감
③ 고려사절요 ④ 조선왕조실록
⑤ 동국여지승람

5 **시간을 측정하는 기구만을 〈보기〉에서 고른 것은?**

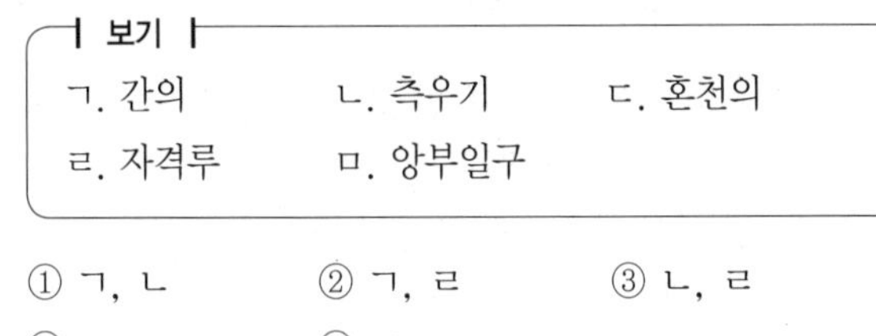

보기
ㄱ. 간의 ㄴ. 측우기 ㄷ. 혼천의
ㄹ. 자격루 ㅁ. 앙부일구

① ㄱ, ㄴ ② ㄱ, ㄹ ③ ㄴ, ㄹ
④ ㄷ, ㅁ ⑤ ㄹ, ㅁ

6 **(가)에 들어갈 서적으로 옳은 것은?**

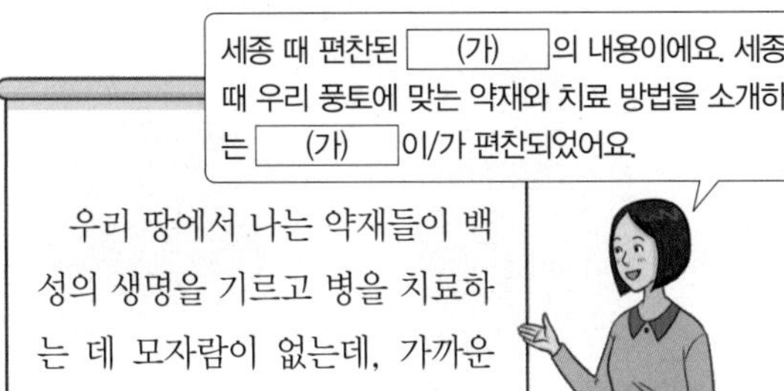

① 농사직설 ② 악학궤범 ③ 의방유취
④ 주자가례 ⑤ 향약집성방

★ 중요 ★

7 **유교 윤리 확산을 위한 노력으로 적절하지 않은 것은?**

① 천상열차분야지도를 제작하였다.
② 충신·효자·열녀 표창을 실시하였다.
③ 유교 윤리 기본서인 소학을 보급하였다.
④ 국가에서 유교 윤리와 의례 서적을 간행하였다.
⑤ 족보를 중요시하여 종족 내부의 결속을 강화하였다.

8 **(가)에 들어갈 작품의 제목으로 옳은 것은?**

문화유산 카드

이름: (가)

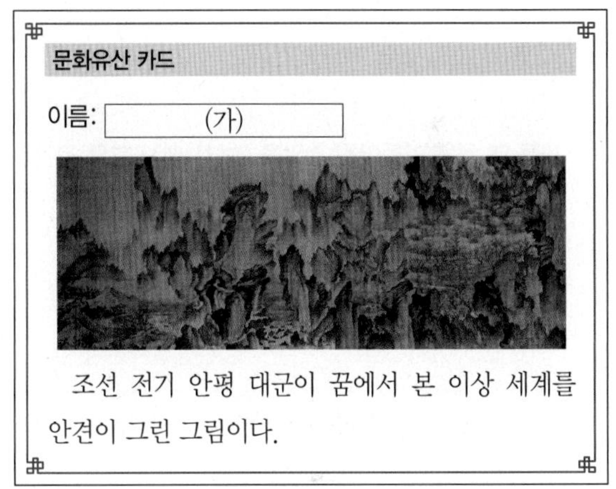

조선 전기 안평 대군이 꿈에서 본 이상 세계를 안견이 그린 그림이다.

① 분청사기 ② 사군자화 ③ 삼강행실도
④ 몽유도원도 ⑤ 고사관수도

9 **(가), (나)에 대한 설명으로 옳은 것은?**

(가)

(나)

① (가) – 백자에 청색으로 그림을 그렸다.
② (가) – 청동의 표면에 은으로 무늬를 장식하였다.
③ (나) – 무늬가 없는 순청자이다.
④ (나) – 검소함을 중시하던 선비의 취향에 맞았다.
⑤ (가), (나) – 고려 후기부터 많이 제작되었다.

실전 문제

★ 중요 ★

1 훈민정음에 대한 설명으로 옳은 것만을 〈보기〉에서 고른 것은?

| 보기 |
ㄱ. 국문학 발전의 계기가 되었다.
ㄴ. 국가 정책을 전달하기에 용이하였다.
ㄷ. 양반들의 적극적인 환영으로 널리 확산되었다.
ㄹ. 창제 이후 관리 선발 시에는 한글만 활용되었다.

① ㄱ, ㄴ ② ㄱ, ㄷ ③ ㄴ, ㄷ
④ ㄴ, ㄹ ⑤ ㄷ, ㄹ

2 세종 때 처음 만들어진 것만을 〈보기〉에서 고른 것은?

| 보기 |
ㄱ. 칠정산 ㄴ. 악학궤범
ㄷ. 앙부일구 ㄹ. 삼강행실도
ㅁ. 동국여지승람 ㅂ. 천상열차분야지도

① ㄱ, ㄴ, ㄹ ② ㄱ, ㄷ, ㄹ ③ ㄴ, ㄹ, ㅁ
④ ㄴ, ㄹ, ㅂ ⑤ ㄷ, ㄹ, ㅂ

3 (가), (나)에 해당하는 서적이 옳게 짝지어진 것은?

(가) 이 농서는 세종 때 편찬된 농서로 우리나라의 실정에 맞는 농법을 소개하였다.
(나) 유학 교육의 입문서로 사림은 이 서적을 바탕으로 교육을 통해 성리학이 지향하는 새로운 질서를 실현하고자 하였다.

	(가)	(나)
①	농사직설	소학
②	농사직설	삼강행실도
③	의방유취	주자가례
④	의방유취	소학
⑤	의방유취	삼강행실도

★ 중요 ★

4 다음에서 설명하고 있는 서적으로 옳은 것은?

• 세조 때 편찬이 시작되어 성종 때 완성되어 반포
• 조선 왕조 통치의 기틀이 되는 기본 법전

① 팔도도 ② 경국대전
③ 국조오례의 ④ 용비어천가
⑤ 조선왕조실록

5 (가)에 들어갈 서적으로 적절한 것만을 〈보기〉에서 고른 것은?

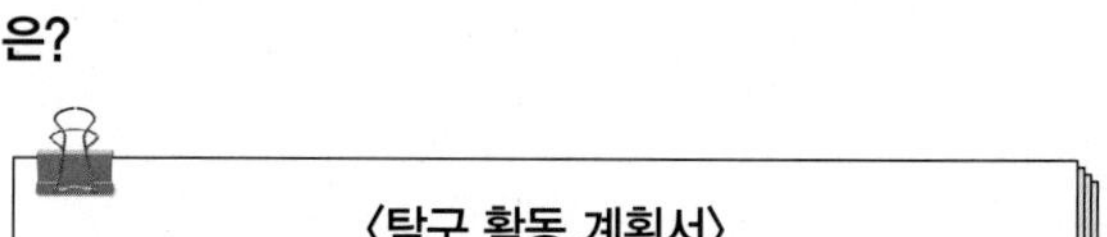

〈탐구 활동 계획서〉
• 주제: 조선 전기 역사 편찬
• 수집 자료
 –『고려사』
 – (가)

| 보기 |
ㄱ. 동국통감 ㄴ. 고려사절요
ㄷ. 삼강행실도 ㄷ. 동국여지승람

① ㄱ, ㄴ ② ㄱ, ㄷ ③ ㄴ, ㄷ
④ ㄴ, ㄹ ⑤ ㄷ, ㄹ

6 다음 문화유산이 만들어진 배경으로 가장 적절한 것은?

▲ 측우기 ▲ 앙부일구

① 우리말에 맞는 글자가 필요하였다.
② 조선 시대에는 농업을 중시하였다.
③ 여진, 왜구의 침입을 방어하고자 하였다.
④ 중국의 우수한 문화를 받아들이려 하였다.
⑤ 국가 행사의 의례를 정리하여 이어가고자 하였다.

★ 중요 ★

7 **(가)에 들어갈 내용으로 가장 적절한 것은?**

> 조선 시대에는 (가) 을/를 위해 정부에서 『소학』과 『주자가례』를 보급하여 실천하도록 하였고, 사림들은 족보를 편찬하였다.

① 인쇄술 발달
② 유교 윤리 확산
③ 농업 생산력 증진
④ 천체의 움직임 관찰
⑤ 지방의 지리 정보 파악

8 **조선 전기 사회에 대한 설명으로 옳은 것은?**

① 상민의 대다수는 노비였다.
② 노비는 조세·공납·역의 의무가 있었다.
③ 중인은 재산처럼 상속·매매가 가능하였다.
④ 노비는 과거를 통해 관직에 오를 수 있었다.
⑤ 중인에는 서리와 지방의 향리 등이 포함되었다.

9 **조선 전기의 예술에 대한 설명으로 옳지 않은 것은?**

① 종묘제례악 – 궁중 음악을 정리하였다.
② 금오신화 – 우리나라 최초의 한문 소설이다.
③ 사군자화 – 선비들의 정신세계를 표현하였다.
④ 악학궤범 – 궁중의 음악을 그림과 함께 설명하였다.
⑤ 백자 – 청자 표면에 백토를 발라 장식한 조선 초기의 도자기이다.

서술형 문제

1 **자료를 보고 물음에 답하시오.**

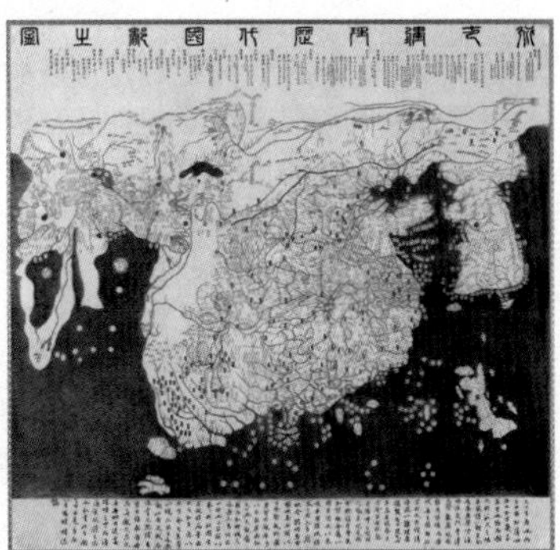

(1) 위 지도의 명칭을 쓰시오. (   )
(2) 위 지도의 특징을 두 가지 이상 서술하시오.

____
____
____

2 **다음 책들을 각각 간략히 설명하고 공통적인 특징을 서술하시오.**

• 『칠정산』 • 『농사직설』 • 『향약집성방』

____
____
____

04 왜란·호란의 발발과 영향

학습 내용 들여다보기

■ 동아시아 3국의 국제 전쟁

임진왜란을 일본에서는 연호를 붙여 '분로쿠·게이초 시대의 전쟁(문록경장의 역)'으로 부른다. 중국에서는 일본에 맞서 조선을 도왔다는 뜻으로 '항왜원조'로 부른다. 이처럼 임진왜란은 동아시아 3국에 영향을 준 국제 전쟁이었다.

■ 조총

일본군이 도입한 서양식 신무기인 조총은 휴대가 편리하였으며, 방아쇠가 장착되어 있어서 조준과 격발이 편리하였다. 반면에 조선군의 휴대용 화기인 승자총통은 화포를 축소한 것으로, 조총보다 사정거리가 길었지만, 신속성과 정확성이 뒤떨어졌다.

■ 왜란 이후 일본과의 국교

전쟁 이후 에도 막부는 조선에 다시 교류할 것을 요청해 왔다. 이에 조선에서는 유정을 파견해 조선인 포로들을 데려오고 일본과 국교를 회복하였다. 이후에도 막부의 요청에 따라 250여 년간 10여 회의 통신사가 파견되어 일본의 문화 발달에 큰 영향을 끼쳤다.

1. 왜란의 발발과 전개

(1) 임진왜란의 발생 자료 1

① 임진왜란 이전 동아시아 정세

- 조선: 양반 사회 분열, 군역 제도 문란 → 국방력 약화 (오랜 평화로 국방에 소홀해져서 전쟁에 대한 대비가 충분하지 못했어.)
- 일본: 도요토미 히데요시의 전국 시대 통일 → 대외 침략 욕구 (도요토미 히데요시는 국내의 불만 세력의 관심을 밖으로 돌리기 위해 조선을 침략하였어.)
- 명: 환관들의 횡포, 몽골·왜구의 침입 → 정치·사회적 혼란

② 전쟁의 시작: 명을 정벌하는 길을 빌려달라는 구실로 일본군이 조선 침략(1592)

③ 전개 과정: 부산진과 동래성 함락, 충주 방어선 붕괴 → 선조의 의주 피란, 명에 지원군 요청, 일본이 한성을 점령하고 평양·함경도까지 진격

(2) 전세의 변화

① 수군의 활약 자료 2

- 이순신이 이끄는 수군의 활약: 옥포, 사천, 당포, 한산도 등에서 승리
- 의의: 전라도의 곡창 지대 보호, 서남해의 제해권 장악, 일본의 보급로 차단

② 의병과 승병의 활약: 익숙한 지리를 활용하여 적은 병력으로 왜군에 큰 타격 (승병: 승려들이 조직한 군대로, 대표적 승병장으로 서산 대사와 사명 대사가 있어.)

③ 육군의 승리: 조명 연합군의 평양성 탈환, 진주성(김시민)과 행주산성(권율)에서 승리 (행주산성에서의 승리는 일본군을 경상도 해안으로 밀어내는 데 영향을 끼쳤어.)

(3) 일본의 재침략

① 발발: 3년에 걸친 휴전 회담 결렬 → 일본군의 재침입(정유재란, 1597)

② 과정: 명량 해전 → 도요토미 히데요시 사망, 일본군의 철수 → 퇴각하는 일본군 격파(노량 해전) → 전쟁 종결(1598)

(4) 전쟁의 영향과 동아시아 정세 변화

조선	토지 황폐화, 재정 및 인구 감소, 문화재 소실, 신분 질서의 동요
일본	• 도쿠가와 이에야스가 에도 막부 수립 • 조선에서 약탈한 문화재와 포로로 데려간 기술자·성리학자 등을 통해 문화 발전 자료 3
명	왜란 참전으로 막대한 전쟁 비용 소모 → 국력 쇠퇴
여진	왜란 이후 명의 쇠퇴를 틈타 성장 → 후금 건국

용어 알기

- **제해권** 무력으로 바다를 지배하여 군사, 통상, 항해 따위에 관하여 해상에서 가지는 권력

자료 1 임진왜란의 전개

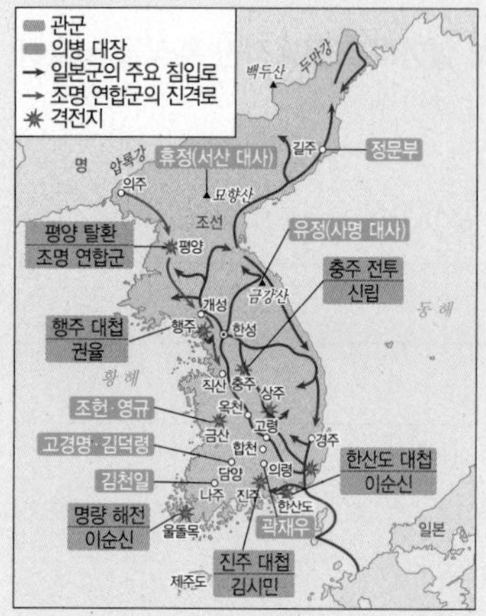

임진왜란 당시 의병은 익숙한 지리를 활용하여 적은 병력으로 일본군에 타격을 주었고, 수군은 우수한 성능의 배와 무기로 일본군을 무찔렀다.

자료 2 이순신의 활약

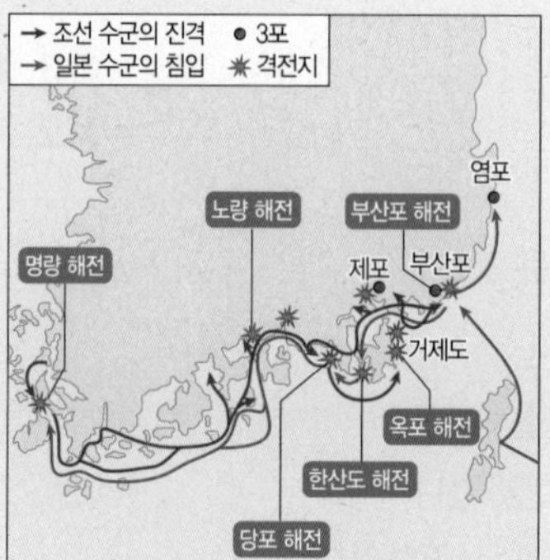

이순신은 판옥선과 거북선을 이용해 일본군에 큰 승리를 거두었다. 수군의 승리로 조선은 서남해 제해권을 장악하여 곡창 지대를 수호하고 서해안을 통한 일본군의 물자 보급 계획에 큰 타격을 주었다.

자료 3 왜란의 영향

▲ 아리타 자기

아리타 자기는 일본에 끌려간 조선의 도공 이삼평 등에 의해 발전하였다. 일본은 약탈한 조선의 문화재와 포로로 끌고 간 조선인들을 통해 문화 발전의 계기를 마련하였다.

2. 호란의 발발과 전개 자료 4

(1) 광해군의 정치

① 전후 복구 정책: 토지 및 인구 조사(국가 재정 수입 확충), 성곽과 무기 수리(국방력 강화), 토지 개간, 『동의보감』 보급

② 중립 외교

- 배경: 중국의 정세 변화(명 쇠퇴, 여진의 후금 건국)
- 후금이 명 공격 → 명의 요청으로 강홍립이 이끄는 원군 파견 → 강홍립의 항복
- 명과 후금 사이에서 실리를 취하는 중립적인 외교 전개

(2) 인조반정(1623)

① 배경: 광해군의 중립 외교, 이복동생인 영창 대군 살해, 인목 대비 폐위

② 전개: 광해군과 북인 세력을 몰아내고 서인 세력이 인조를 새 왕으로 추대

(3) 호란의 발발

① 정묘호란(1627)

- 배경: 인조와 서인의 친명배금 정책 추진으로 후금 자극
  - (친명배금 정책: 명과 친하게 지내고 후금을 배척하는 정책이야. 인조와 서인 세력은 실리보다는 대의명분을 중요하게 여겼어.)
- 전개: 이괄의 난 이후 일부 무리가 후금으로 가 인조반정의 부당함 주장 → 후금의 조선 침략 → 인조의 강화도 피신, 관군과 의병의 항전 → 화의 성립(형제 관계 수락)

② 병자호란(1636)

- 배경: 후금이 국호를 청으로 바꾸고 조선에 군신 관계 요구 → 조선의 거절
- 전개: 척화론(청과의 전투 지속)과 주화론(청과 외교적으로 해결)의 대립 → 척화론 우세 → 청의 조선 침략 → 인조가 남한산성으로 피신하여 항전 → 주화론 우세 → 청에 항복(삼전도의 굴욕) 자료 5 자료 6
  - (척화론: 주전론이라고도 해.)
- 결과: 청과 군신 관계 체결, 명과 외교 관계를 단절할 것을 약속

(4) 북벌론과 북학론

① 북벌론

- 배경: 명의 멸망 후 청의 중국 전역 지배 → 청 중심의 동아시아 국제 질서 형성
- 내용: 청에 당한 치욕을 씻고자 효종과 서인 세력이 주도, 효종의 북벌 준비(성곽·무기 정비, 군대 양성)
  - (효종: 병자호란 당시 청에 인질로 잡혀갔다 돌아온 봉림 대군이야.)
- 결과: 백성의 생활고 심화, 청의 국력 강성, 효종의 죽음으로 북벌 중단

② 북학론: 청과의 교류 활성화 → 청의 문물 수용 주장

학습 내용 들여다보기

■『동의보감』
허준은 쉽게 구할 수 있는 흔한 약재를 사용하여 질병을 치료하는 방법을 정리하여 의학의 대중화에 이바지하였다.

■ 강홍립
조선과 명의 연합군이 후금에 패하자, 강홍립은 후금에 항복하였다. 후금에 투항한 뒤 명의 요구에 따른 부득이한 출병임을 해명하여 후금의 침략을 모면하였다.

■ 이괄의 난
인조반정에 참여하였던 이괄이 자신의 공로를 크게 인정받지 못하자 불만을 품고 난을 일으켰다. 이괄의 난에 가담한 일부가 후금으로 도망가 인조반정의 부당성을 주장하였다. 침략의 기회를 엿보던 후금은 광해군을 위해 보복한다는 구실로 조선을 침략하였다(1627, 정묘호란).

용어 알기

- **대의명분** 마땅히 지키고 행해야 할 도리나 본분

자료 4 정묘호란과 병자호란의 전개

정묘호란의 결과 조선은 후금과 형제 관계를 맺었고, 병자호란 이후에는 청과 군신 관계를 맺었다.

자료 5 주화론과 척화론

- 오랑캐들의 노여움을 도발하여 마침내 백성이 도탄에 빠지고 종묘와 사직에 제사를 지내지 못하게 된다면 그 허물이 이보다 클 수 있겠습니까? – 최명길, 『지천집』 –
- 중국(명)은 우리나라에 있어 곧 부모요, 오랑캐는 우리나라에 있어서 곧 부모의 원수입니다. …… 차라리 나라가 없어질지라도 의리를 저버릴 수 없습니다. – 『인조실록』 –

청이 군신 관계를 요구하자 조선에서는 청의 국력이 강해졌으므로 요구를 받아들여 전쟁을 피해야 한다는 주화론과 임진왜란 때 우리를 도왔던 명을 도와 의리와 은혜를 지켜 청에 맞서 싸워야 한다는 척화론이 대립하였다.

자료 6 삼전도의 굴욕

임금(인조)이 대답하기를 "천은이 망극합니다."라고 하였다. …… 임금이 세 번 절하고 아홉 번 머리를 조아리는 예를 행하였다. …… 임금이 밭 가운데 앉아 물러나기를 기다렸는데 해 질 무렵이 된 뒤에야 (청 태종이) 비로소 도성으로 돌아가게 허락하였다.

병자호란 당시 인조는 점점 주화론이 우세해지고, 청의 강화도 함락 사실을 확인하자 성 밖으로 나와 항복하기로 하였다. 이후 인조는 삼전도에서 세자와 함께 항복 의식으로 세 번 절하고, 아홉 번 머리를 찧는 예를 행하였다. 청 태종은 조선에 항복을 받은 이후 자신의 공덕을 찬양하는 비석(삼전도비)을 세우게 하였다.

기본 문제

간단 체크

1 동아시아의 나라와 임진왜란 이전 정세를 바르게 연결하시오.

(1) 조선 • 　　　　• ㉠ 전국 시대 통일
(2) 일본 • 　　　　• ㉡ 양반 사회의 분열
(3) 중국 • 　　　　• ㉢ 몽골·왜구의 침입

2 (가)~(마)를 일어난 순서대로 바르게 나열하시오.

> (가) 충주 방어선 붕괴
> (나) 선조의 의주 피란
> (다) 권율의 지휘로 행주 대첩 승리
> (라) 노량 해전에서 퇴각하는 일본군 격파
> (마) 명을 정벌하는 길을 빌려달라는 구실로 조선 침략

(　　　　　　　　　　　　　　　　)

3 빈칸에 들어갈 알맞은 말에 ○표 하시오.

(1) 왜란으로 (조선, 일본)은/는 많은 문화재를 소실하고 신분 질서가 동요되었다.
(2) 왜란 이후 (일본, 명)은/는 약탈한 문화재와 포로로 데려간 기술자·성리학자 등을 통해 문화가 발전하였다.
(3) 왜란 이후 (명, 여진)은 국력이 쇠퇴하였고, (명, 여진)은 이러한 쇠퇴를 틈타 성장하여 후금을 건국하였다.

4 다음 설명이 맞으면 ○표, 틀리면 ×표 하시오.

(1) 광해군은 토지 및 인구 조사를 실시하는 등 전후 복구 정책을 추진하였다. (　)
(2) 광해군은 명과 후금 사이에서 실리를 취하는 중립 외교를 실시하였다. (　)
(3) 인조반정은 광해군과 서인 세력을 몰아내고 새로운 왕을 추대한 사건이다. (　)
(4) 청에게 겪은 치욕을 씻고자 추진한 북벌 운동은 효종의 죽음 이후 성공하였다. (　)

1 임진왜란이 일어나기 직전의 동아시아 정세에 대한 설명으로 옳은 것은?

① 조선 – 서양식 신무기 조총을 전면 도입하였다.
② 조선 – 군역 제도 문란으로 국방력이 약화되었다.
③ 일본 – 큰 전쟁 없이 평화가 지속되었다.
④ 명 – 정치적·사회적 안정이 계속되었다.
⑤ 명 – 도요토미 히데요시가 전국 시대를 통일하였다.

2 (가)에 들어갈 인물로 옳은 것은?

> 경상도 지역을 차지한 일본군은 전라도로 가는 길목인 진주성을 공격하였다. 이에 맞서 진주 목사 [(가)]이/가 이끄는 관군과 주민들은 힘을 합쳐 일본군을 격퇴하였다.

① 권율 　② 신립 　③ 곽재우
④ 김시민 　⑤ 이순신

★ 중요 ★

3 지도에 나타난 전쟁이 미친 영향으로 옳지 <u>않은</u> 것은?

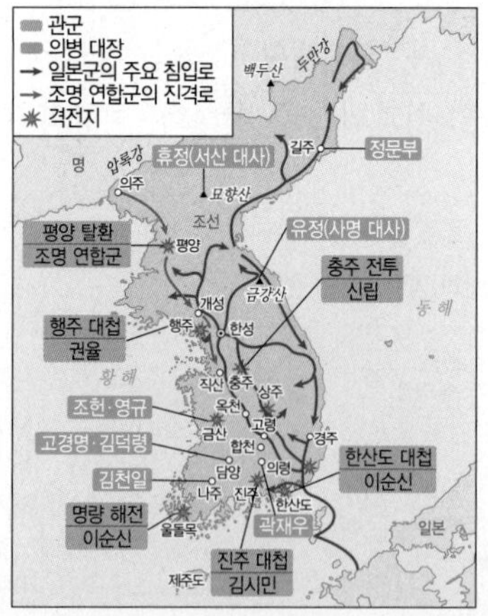

① 만주의 여진족이 성장하였다.
② 조선의 문화재가 소실되었다.
③ 일본에 에도 막부가 수립되었다.
④ 조선의 신분 질서가 동요되었다.
⑤ 조선에서 북벌 운동이 추진되었다.

4 왜란 후 광해군이 실시한 전후 복구 정책으로 옳은 것은?

① 홍문관을 설치하여 경연을 활성화하였다.
② 4군 6진 지역을 개척하여 영토를 확장하였다.
③ 학문과 정책 연구를 위해 집현전을 설치하였다.
④ 토지 대장과 호적을 정리하여 재정 수입을 늘렸다.
⑤ 농민 생활을 안정시키고 국가 재정을 확보하기 위해 과전법을 실시하였다.

5 광해군 때의 사실만을 〈보기〉에서 고른 것은?

보기
ㄱ. 북벌 추진
ㄴ. 농사직설 편찬
ㄷ. 동의보감 완성
ㄹ. 명과 후금 사이 중립 외교 실시

① ㄱ, ㄴ ② ㄱ, ㄷ ③ ㄴ, ㄷ
④ ㄴ, ㄹ ⑤ ㄷ, ㄹ

6 다음 호란과 관련된 사건을 일어난 순서대로 옳게 나열한 것은?

(가) 청이 조선에 군신 관계를 요구하였다.
(나) 인조가 삼전도에서 청 태종에게 항복하였다.
(다) 후금이 조선을 침입해 오자 인조가 강화도로 피신하였다.
(라) 청이 침입하자 인조가 남한산성으로 들어가 청군에 맞섰다.

① (가) – (나) – (다) – (라)
② (나) – (가) – (다) – (라)
③ (나) – (라) – (다) – (가)
④ (다) – (가) – (라) – (나)
⑤ (다) – (나) – (가) – (라)

7 밑줄 친 '임금'에 대한 설명으로 옳은 것은?

임금이 대답하기를 "천은이 망극합니다."라고 하였다. …… 임금이 세 번 절하고 아홉 번 머리를 조아리는 예를 행하였다. …… 임금이 밭 가운데 앉아 물러나기를 기다렸는데 해 질 무렵이 된 뒤에야 (청 태종이) 비로소 도성으로 돌아가게 허락하였다.

① 명과 후금 사이에서 실리를 취하고자 하였다.
② 의주로 피란 가며 명에 지원군을 요청하였다.
③ 청에 당한 치욕을 씻고자 북벌 운동을 추진하였다.
④ 이복동생 영창 대군을 살해하고 인목 대비를 폐위시켰다.
⑤ 반정을 주도한 서인 세력과 함께 친명배금 정책을 실시하였다.

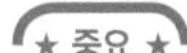

8 다음 상황이 나타난 시기를 연표에서 옳게 고른 것은?

	(가)	(나)	(다)	(라)	(마)
임진왜란 발발	정유재란 발발	인조반정	정묘호란 발발	병자호란 발발	백두산 정계비 건립

① (가) ② (나) ③ (다) ④ (라) ⑤ (마)

실전 문제

1 밑줄 친 '전쟁'이 일어난 시기를 연표에서 옳게 고른 것은?

동아시아 3국에 영향을 준 국제 전쟁으로 한국에서는 '임진년에 왜가 쳐들어와 일으킨 난'이라는 뜻으로 이 전쟁을 칭한다. 일본에서는 연호를 붙여 '분로쿠·게이초 시대의 전쟁(문록경장의 역)'으로 불리고, 중국에서는 일본에 맞서 조선을 도왔다는 뜻으로 '항왜원조'로 불린다.

훈민정음 반포	(가)	세조 즉위	(나)	중종반정	(다)	을사사화	(라)	인조반정	(마)	병자호란 발발

① (가) ② (나) ③ (다) ④ (라) ⑤ (마)

2 임진왜란과 관련된 역사 신문을 제작할 때 기사의 제목으로 가장 적절한 것은?

① 후금, 청으로 국호를 바꾸다.
② 삼전도에서의 굴욕적인 강화
③ 왕, 평양을 거쳐 의주로 피란가다.
④ 효종의 죽음, 우리의 복수 이대로 실패?
⑤ 인조반정, 광해군을 몰아내고 인조 즉위

3 임진왜란 시기 활동했던 의병에 대한 설명으로 옳지 않은 것은?

① 승려들도 의병으로 활약하였다.
② 자발적으로 전국 각지에서 일어났다.
③ 주로 정식 훈련을 받은 군인들이었다.
④ 명의 지원군이 도착한 후 관군에 편입되기도 하였다.
⑤ 향토 지리에 익숙한 장점을 활용하여 일본군을 교란시켰다.

★ 중요 ★

4 지도에 나타난 전투를 이끈 인물에 대한 내용으로 옳지 않은 것은?

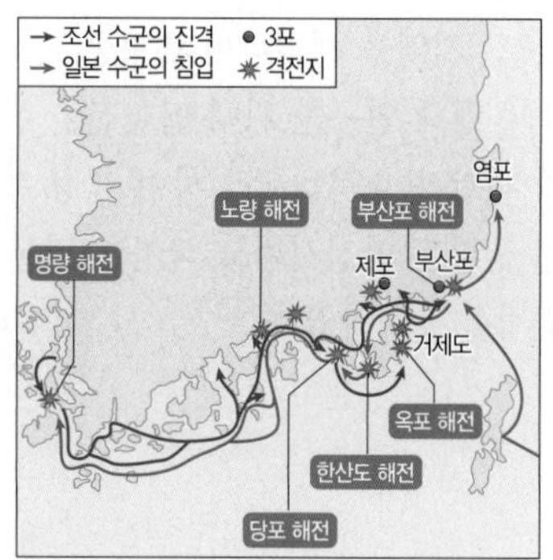

① 서남해 제해권을 장악하였다.
② 전라도의 곡창 지대를 수호하였다.
③ 충주 방어선을 지키기 위해 일본군과 싸웠다.
④ 판옥선과 거북선을 앞세워 큰 승리를 이끌었다.
⑤ 서해안을 통한 일본군의 물자 보급 계획에 큰 타격을 주었다.

5 (가) 왕이 실시한 외교 정책으로 가장 적절한 것은?

(가) 은/는 배은망덕하여 천명을 두려워하지 않고 속으로 다른 뜻을 품고 오랑캐에게 성의를 베풀었다. 기미년(1619)에 오랑캐를 정벌할 때에는 은밀히 장수를 시켜 동태를 보아 행동하게 하였다. …… 예의의 나라인 조선이 오랑캐와 금수가 됨을 면치 못하게 하였으니, 어찌 그 통분함을 이루 다 말할 수 있겠는가?

－『인조실록』－

① 청과 형제 관계를 맺으며 화의를 청하였다.
② 청에 대한 치욕을 씻고 명의 복수를 하고자 하였다.
③ 청의 문물을 수용하기 위해 청과의 교류를 추진하였다.
④ 명과 가까이하고 후금을 멀리하는 정책을 실시하였다.
⑤ 명과 후금 사이에서 실리를 취하는 중립 정책을 실시하였다.

★ 중요 ★

6 (가), (나) 전쟁에 대한 설명으로 옳지 않은 것은?

① (가) – 전쟁 결과 후금과 형제 관계를 맺었다.
② (가) – 이괄의 난으로 혼란해진 틈을 타 조선을 침략하였다.
③ (나) – 인조는 강화도에서 청군에 대항하였다.
④ (나) – 청의 요구를 받아들여 삼전도에서 항복하였다.
⑤ (나) – 청이 군신 관계를 요구하며 조선을 침략하였다.

7 (가), (나)의 주장에 대한 설명으로 옳지 않은 것은?

(가) 오랑캐들의 노여움을 도발하여 마침내 백성이 도탄에 빠지고 종묘와 사직에 제사를 지내지 못하게 된다면 그 허물이 이보다 클 수 있겠습니까?
(나) 중국(명)은 우리나라에 있어 곧 부모요, 오랑캐는 우리나라에 있어서 곧 부모의 원수입니다. …… 차라리 나라가 없어질지라도 의리를 저버릴 수 없습니다.

① (가)는 최명길 등이 주장하였다.
② (가)는 청과 외교적으로 해결하고자 하였다.
③ (나)는 명분보다 실리를 중시하였다.
④ (나)는 청과의 전투를 지속하고자 하였다.
⑤ (가)와 (나)의 대립은 청이 군신 관계를 요구한 후 발생하였다.

서술형 문제

1 다음은 왜란이 조선과 주변 국가에 미친 영향을 정리한 것이다. (가)에 들어갈 내용을 서술하시오.

조선	• 인구가 감소하고 국가 재정이 어려워짐 • 불국사, 경복궁, 사고 등이 소실되고 수많은 문화재가 유출됨
일본	• 도요토미 세력이 축출되고 에도 막부 성립 • 조선 문화의 유입으로 문화 발전을 이룸
중국	(가)

2 자료를 참고하여 당시 강홍립을 파견한 광해군의 외교 정책에 대해 서술하시오.

강홍립이 곧 통역사를 시켜 (찾아온 후금 사람에게) 말하게 하기를 "우리나라가 너희와 본래 원수진 일이 없는데, 무엇 때문에 서로 싸우겠느냐? 지금 여기 들어온 것은 어쩔 수 없는 일이었음을 너희 나라에서는 모르는가?"라고 하니 드디어 왕래하면서 강화를 논의하였다. –『연려실기술』–

대단원 정리

❶ 조선의 중앙 정치 제도

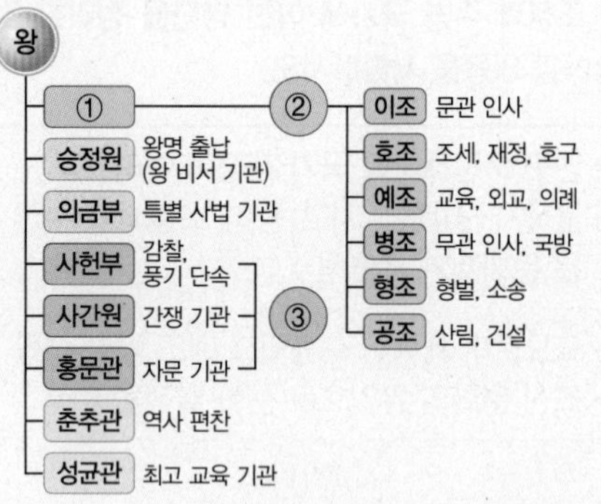

- (①   )은/는 3정승이 합의하여 정책을 심의·결정하는 국정 총괄 최고 기구이다.
- (②   )은/는 정책 집행을 담당하였다.
- (③   )은/는 사헌부, 사간원, 홍문관을 말하며 언론 기능을 담당하여 권력의 독점과 부정을 방지하였다.

답 ① 의정부 ② 6조 ③ 3사

❷ 조선 전기의 대외 관계

조선은 사대교린의 원칙을 바탕으로 외교 정책을 실시하였다. 태종 이후 명에 대한 (①   ) 정책을 표방하여 실리를 추구하였으며, 여진과 일본 등과는 (②   ) 정책을 실시하였다.

답 ① 사대 ② 교린

❸ 서원의 기능과 역할

▲ 소수 서원

서원은 유학자의 제사와 성리학 연구 및 제자 양성을 담당하였다. 최초의 서원은 (①   )(으)로 중종 때 주세붕이 설립하였다. 또한 최초로 소수 서원이라는 사액을 받았다. 서원은 성리학의 확산과 지방 문화 발달에 이바지하였다.

답 ① 백운동 서원

1. 통치 체제와 대외 관계

1. 조선의 건국 과정: 위화도 회군(1388) → 과전법 실시(1391) → 조선 건국(1392) → 한양 천도(1394)

2. 국가 기틀의 확립

태조	성리학적 통치 이념 확립, 재상 중심의 정치
태종	국왕 중심의 중앙 집권 체제 확립, 사병 혁파, 6조 중심의 정치 제도, 토지·호구 조사, 호패법 시행
세종	왕권과 신권의 조화 추구, 경연 실시, 집현전 설치
세조	의정부 권한 축소, 집현전·경연 폐지, 직전법 실시
성종	홍문관 설치, 『경국대전』 완성

3. 통치 체제의 정비

중앙❶	• 의정부(국정 총괄 최고 기구), 6조(정책 집행 담당) • 3사: 사헌부(감찰), 사간원(간쟁), 홍문관(자문)
지방	• 8도 아래 부-목-군-현 설치 • 지방관 파견: 관찰사(각 도), 수령(대부분의 군현) • 향리(행정 실무), 유향소(지방 자치 기구)
군사	• 양인 남자가 군역 담당 • 중앙군(5위), 지방군(각 도에 병영과 수영 설치)
교통·통신	봉수제, 역참·원, 조운 제도
교육	서당 → 4부 학당, 향교 → 성균관
관리 선발	과거제(문과, 무과, 잡과), 천거, 음서 등

4. 조선 전기의 대외 관계❷

사대	명: 태종 이후, 조공·책봉의 형식
교린	• 여진: 4군 6진 지역 개척, 무역소 설치 • 일본: 쓰시마섬 정벌, 3포 개방

2. 사림 세력과 정치 변화

훈구	세조의 집권을 도운 공신 세력, 정치적 실권 장악, 중앙 집권 체제 강조	
사림	향촌 자치 및 왕도 정치 강조, 성종 때 정계 진출 → 주로 3사에 임명	
사화	무오사화(「조의제문」 사건), 갑자사화(연산군 친어머니 폐위 관련 사건), 기묘사화(조광조의 급진적인 개혁 정치에 대한 반발), 을사사화(명종 때 외척 간의 대립)	
성장 기반	서원	• 기능: 유학자 제사, 학문 연구 및 제자 양성 • 백운동 서원: 최초의 서원, 최초로 사액됨(소수 서원)❸
	향약	향촌 자치 규약, 풍속 교화, 사회 질서 유지
붕당	• 선조 때 사림이 정치 주도권 장악 • 이조 전랑 임명 문제 → 동인과 서인으로 나뉨	

3. 문화의 발달과 사회 변화

훈민 정음	• 세종이 28자의 소리글자를 창제·반포 • 『용비어천가』 편찬, 유교 윤리서·병서·농서 등 간행
편찬 사업	• 법전: 『경국대전』 • 역사: 『고려사』, 『고려사절요』, 『동국통감』, 『조선왕조실록』 • 의례: 『삼강행실도』, 『국조오례의』 • 지도: 「혼일강리역대국도지도」 • 지리: 『동국여지승람』 • 농서: 『농사직설』
과학 기술 ❹	• 천문·역법: 「천상열차분야지도」, 혼천의와 간의, 『칠정산』, 앙부일구(해시계) • 인쇄술: 계미자, 갑인자 • 의학: 『향약집성방』, 『의방유취』 • 무기: 신기전, 화차
유교 윤리 보급	• 국가: 윤리서, 의례서 간행, 종묘 제례 실시 • 향촌: 윤리서(『소학』, 『주자가례』) 보급, 족보 편찬, 향약 보급
양반 중심 문화	• 그림: 「몽유도원도」(안견), 「고사관수도」(강희안) • 공예: 분청사기, 백자 • 음악: 종묘 제례악, 『악학궤범』 • 문학: 『금오신화』(김시습), 「관동별곡」(정철)

4. 왜란·호란의 발발과 영향

1. 왜란의 발발과 전개

발생	전국 시대를 통일한 도요토미 히데요시의 대외 침략 욕구 → 명을 정벌하는 길을 빌려달라는 구실로 조선 침략
전개 ❺	• 수군, 의병의 활약으로 전세 변화 • 정유재란: 휴전 회담 결렬 → 일본군의 재침략
결과	• 조선: 토지 황폐화, 재정·인구 감소, 문화재 소실 • 일본: 에도 막부 성립(도쿠가와 이에야스) • 중국: 명의 쇠퇴, 여진족 성장 → 후금 건국

2. 광해군과 인조의 정치

광해군	중립 외교 정책(실리 추구), 북인 정권, 전후 복구 정책 실시
인조	친명배금 정책, 서인 정권, 호란 발발

3. 호란의 발발과 전개 ❻

정묘호란	후금의 조선 침략 → 인조의 강화도 피신 및 항전 → 화의(후금과 형제 관계 맺음)
병자호란	청의 군신 관계 요구를 거절 → 청의 침략 → 인조의 남한산성 피신 → 삼전도 굴욕(청과 군신 관계 맺음)
북벌론	• 청에게 당한 치욕을 씻고 복수를 해야 한다는 주장 • 효종의 북벌 준비(성곽·무기 정비, 군대 양성 등)

❹ 조선의 과학 기술

▲ (①)

▲ (②)

조선 시대에는 농업을 중시하였다. 날씨가 농업 생산량을 좌우하는 중요한 요인이었기 때문에 날씨를 측정하고 예측하는 천문학이 중시되었고, 이와 관련한 다양한 기구들이 발명되었다.

답 ① 천상열차분야지도 ② 앙부일구

❺ 왜란의 전개

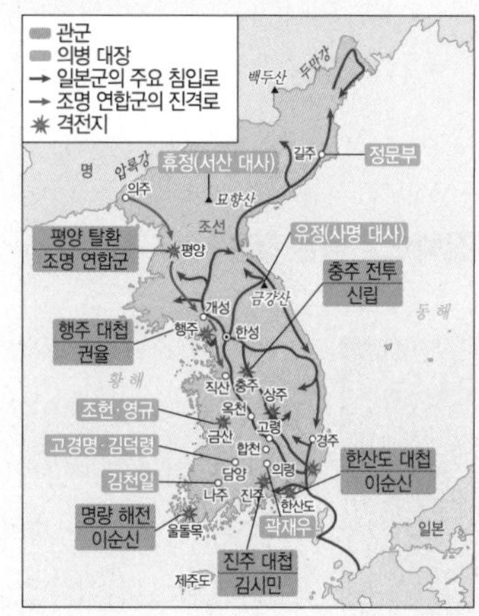

임진왜란은 일본의 전국 시대를 통일한 도요토미 히데요시가 조선을 침략하면서 시작되었다. 일본군이 20여 일 만에 한성을 함락하였으나 이후 전세는 (①)이/가 이끄는 수군과 (②)의 활약으로 일본군을 저지할 수 있었다.

답 ① 이순신 ② 의병

❻ 호란의 전개

정묘호란 때 조선과 형제 관계를 맺고 돌아간 후금은 세력을 키운 후 국호를 (①)(으)로 바꾸고, 조선에 (②) 관계를 요구하였다. 이에 조선이 거절하여 (③)이/가 발발하였다. 인조는 남한산성으로 들어가 항전하였으나 결국 항복하였다.

답 ① 청 ② 군신 ③ 병자호란

대단원 마무리

1 다음 사건의 결과로 옳은 것은?

원을 제거한 명은 철령위 설치를 통보하였다. 이에 고려는 이성계 등을 시켜 요동 정벌을 추진하였으나, 4불가론을 주장하던 이성계는 결국 위화도에서 회군하였다.

① 문벌이 성장하였다.
② 전민변정도감을 설치하였다.
③ 권문세족의 경제적 기반을 마련하였다.
④ 이성계와 신진 사대부가 권력을 장악하였다.
⑤ 위훈 삭제, 소격서 폐지 등 개혁 정책이 추진되었다.

2 밑줄 친 '왕'의 정책으로 옳은 것은?

이 작품은 「야연사준도」로 김종서가 왕의 명으로 함경도 동북 지역의 여진인을 몰아내고 6진 지역을 개척한 사실을 그린 그림이다. 6진 지역의 개척으로 조선의 영토는 두만강까지 확장되었다.

① 한양으로 천도하였다.
② 홍문관을 설치하였다.
③ 경국대전을 완성하였다.
④ 의정부의 권한을 축소하였다.
⑤ 왕권과 신권의 조화를 추구하였다.

3 (가)에 해당하는 기구에 대한 설명으로 적절한 것은?

조선 성종은 왕권 안정을 위해 세력이 커진 훈구를 견제하고자 사림을 등용하였다. 사림은 주로 (가) 에 등용되어 훈구의 권력 독점과 비리를 비판하였다.

① 언론 기능을 담당하였다.
② 왕명을 출납하는 역할을 하였다.
③ 사헌부, 사간원, 성균관으로 구성되어 있다.
④ 수도의 행정과 치안을 담당하는 역할을 하였다.
⑤ 왕권을 강화시키고 신권을 견제하는 역할을 하였다.

4 (가)에 들어갈 내용으로 적절한 것은?

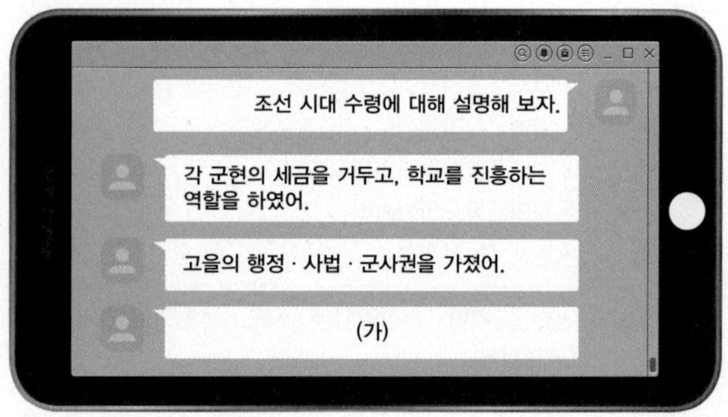

① 지위가 세습되었어.
② 역사서를 편찬하였어.
③ 국왕의 비서 역할을 하였어.
④ 대부분의 군현에 파견되었어.
⑤ 고려에 비해 지위가 낮아졌어.

5 조선 전기 군사 제도에 대한 설명으로 옳은 것은?

① 중앙에 9서당이 설치되었다.
② 군역 부담과 성별은 무관하다.
③ 양반 남자만 군역을 부담하였다.
④ 지방을 방어하기 위해 5위를 편성하였다.
⑤ 지방에 병마절도사와 수군절도사를 파견하였다.

6 다음 제도의 시행 목적을 서술하시오.

▲ 호패

조선의 태종은 호패법을 실시하여 16세 이상의 남자에게 호패를 발급하여 지니고 다니게 하였다. 호패는 이름과 출생 연도 등의 인적 사항이 적혀 있는 신분증이었다.

7 **다음 계보에 나타난 정치 세력에 대한 설명으로 옳은 것은?**

① 도교를 존중하였다.
② 불교 강화 정책을 추진하였다.
③ 원과 친밀한 관계를 유지하였다.
④ 향촌 자치와 왕도 정치를 추구하였다.
⑤ 조선 건국을 주도한 세력을 계승하였다.

8 **(가)에 들어갈 내용으로 가장 적절한 것은?**

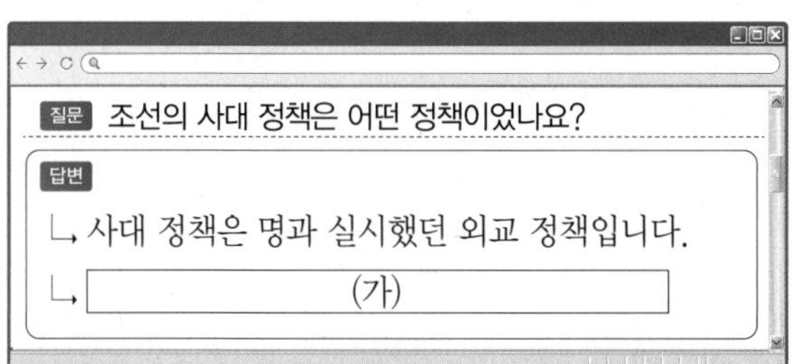

① 강경책과 회유책을 병행하였습니다.
② 3포를 개방하여 제한적 교역을 허용하였습니다.
③ 귀화한 지배층에게 관직과 토지를 하사하였습니다.
④ 명에 사신을 파견하고 조공하며 선진 문물을 수용하였습니다.
⑤ 세종 때 김종서와 최윤덕을 파견하여 행정 구역을 설치한 것도 포함됩니다.

9 **(가)에 대한 설명으로 옳은 것은?**

> (가) 은/는 조선의 관리를 뽑는 시험으로 자격은 천민을 제외하고는 법적인 제한이 없었다. 그렇지만, 준비하는 데 많은 비용이 들었기에 일반 백성은 응시하기 어려웠다.

① 무과는 실시되지 않았다.
② 대체로 3년마다 시행되었다.
③ 잡과에는 주로 양반이 응시하였다.
④ 잡과는 생원과와 진사과로 나뉘어 있었다.
⑤ 관리가 되기 위해 반드시 응시해야 하였다.

10 **자료의 내용이 원인이 되어 일어난 사건으로 옳은 것은?**

> 그날 밤 꿈에 신 같은 사람이 나타나 "나는 초나라 의제이다. 항우에게 죽임을 당하여 강에 잠겨 있다."라고 말하였다. 깜짝 놀라 잠에서 깬 나는 '…… 아마도 항우가 사람을 시켜 몰래 의제를 죽여 물에 던진 것인지도 모른다.'라고 생각하였다.
>
> –「조의제문」–

① 예송 ② 무오사화 ③ 중종반정
④ 기묘사화 ⑤ 동서 분당

11 **다음의 정책이 실시된 시기를 연표에서 옳게 고른 것은?**

- 현량과 시행
- 소격서 폐지
- 위훈 삭제

갑자 사화		중종 반정		임진 왜란		인조 반정		화성 건축		순조 즉위
	(가)		(나)		(다)		(라)		(마)	

① (가) ② (나) ③ (다)
④ (라) ⑤ (마)

대단원 마무리

12 **교사의 질문에 대한 답으로 옳은 것은?**

이곳은 유학자의 제사를 지내기 위해 설립되었습니다. 중종 때 주세붕이 처음으로 설립한 이것은 무엇일까요?

① 서당 ② 서원
③ 향교 ④ 향약
⑤ 4부 학당

13 **다음에서 설명하는 조직으로 옳은 것은?**

향촌에 사는 백성들이 지켜야 하는 자치 규약으로, 조광조가 처음 보급하였고 이황, 이이 등 사림의 노력으로 전국으로 확산되었다.

① 사원 ② 서원
③ 향도 ④ 향약
⑤ 유향소

14 **(가)에 들어갈 역사책으로 옳은 것은?**

문화유산 카드

• 이름: (가)
태조부터 철종까지 25대 왕의 472년간의 역사를 연월일에 따라 기록한 역사책이다. 1997년에 유네스코 세계 기록 유산으로 등재되었다.

① 고려사 ② 동국통감
③ 고려사절요 ④ 동국여지승람
⑤ 조선왕조실록

15 **(가)에 들어갈 내용으로 옳지 않은 것은?**

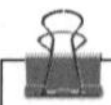

〈탐구 활동 보고서〉

• 주제: 세종 때 문화 분야 업적
• 내용
 – 훈민정음 창제
 – 금속 활자인 갑인자 제작
 – (가)

① 칠정산 편찬
② 농사직설 편찬
③ 경국대전 완성
④ 향약집성방 간행
⑤ 자격루와 앙부일구 제작

16 **(가)에 들어갈 내용으로 옳은 것을 〈보기〉에서 고른 것은?**

조선은 농업 국가여서 날씨를 측정하고 예측하는 게 중요했어. 따라서 별자리를 보고 날씨를 예측하는 천문학이 중요했지.

그래서 조선에서는 (가) 을/를 만들었어.

보기
ㄱ. 계미자 ㄴ. 신기전
ㄷ. 혼천의 ㄹ. 천상열차분야지도

① ㄱ, ㄴ ② ㄱ, ㄹ ③ ㄴ, ㄷ
④ ㄴ, ㄹ ⑤ ㄷ, ㄹ

17 **조선 전기 문화에 해당하는 것으로 옳지 않은 것은?**

① 백자 ② 사군자화
③ 금오신화 ④ 분청사기
⑤ 불국사 3층 석탑

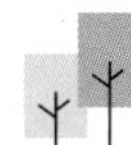

서술형

18 다음 정책을 실시한 공통의 목적을 서술하시오.

- 충신·효자·열녀를 표창
- 『주자가례』, 『소학』의 보급
- 유교 윤리서와 의례 서적 간행

19 (가)에 들어갈 사건으로 적절한 것은?

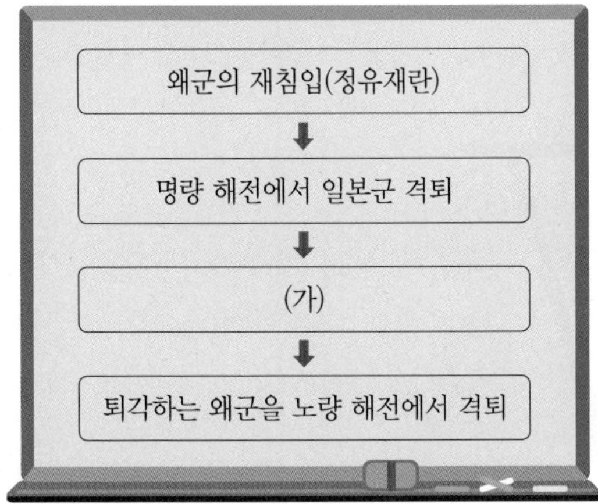

① 선조의 의주 피란
② 충주 방어선 붕괴
③ 도요토미 히데요시 사망
④ 행주산성에서 일본군 격퇴
⑤ 김시민의 지휘로 진주성 싸움에서 승리

20 (가) 전쟁이 동아시아에 미친 영향으로 옳은 것은?

① 청과 조선이 군신 관계를 맺었다.
② 조선은 후금과 형제 관계를 맺게 되었다.
③ 도요토미 히데요시가 일본을 통일하였다.
④ 조선은 전쟁을 통해 신분 질서가 강화되었다.
⑤ 혼란을 틈타 여진이 성장하여 후금을 건국하였다.

21 밑줄 친 '이 왕'에 대한 설명으로 옳은 것은?

만주에서 세력을 키운 후금이 명을 공격하자 명은 조선에 군사 지원을 요청하였다. 이 왕은 강홍립이 이끄는 군대를 명에 파견하면서 강홍립에게 상황에 따라 대처하도록 하였다. 명이 후금에 밀리자 강홍립은 후금에 항복하였다.

① 삼전도에서 항복하였다.
② 강화도로 피신하여 후금군에 맞섰다.
③ 서인이 주도한 반정으로 즉위하였다.
④ 명과 후금 사이에서 중립적인 외교를 실시하였다.
⑤ 명과 친하게 지내고 후금을 배척하는 정책을 펼쳤다.

22 다음과 관련된 전쟁에 대한 설명으로 옳은 것은?

역사 신문 ○○○○년 ○○월 ○○일

조선, 청과 군신 관계 체결

삼전도에서 굴욕적으로 화의를 맺은 조선은 청과 군신 관계를 체결하고 명과 외교 관계를 단절할 것을 약속하였다.

① 조명 연합군이 평양성 탈환에 성공하였다.
② 인조가 남한산성으로 피신하여 항전하였다.
③ 이순신이 전라도의 곡창 지대를 보호하였다.
④ 명을 정벌하는 길을 빌려달라는 구실로 조선을 침략하였다.
⑤ 명과 후금 사이 실리를 취하는 외교가 빌미가 되어 발생하였다.

V

조선 사회의 변동

01 조선 후기의 정치 변동

학습 내용 들여다보기

■ 훈련도감

왜란 중 설치되었으며, 삼수병(포수, 살수, 사수)으로 구성되었다. 이들은 급료를 받는 직업 군인의 성격을 지녔으며, 상비군 체제로 운영되었다.

■ 방납의 폐단

대동법 실시 전 공납은 각 고을에서 토산물을 거두었다. 하급 관리나 상인들이 공납을 대신 납부해주고 과중하게 대가를 받는 방납이 성행하여 농민의 부담이 더 커졌다.

1. 제도의 개혁

(1) 비변사 기능 강화 자료 1

① 설치: 외적의 침입에 대비하기 위해 설치된 임시 회의 기구 → 점차 상설화

② 기능 강화: 왜란과 호란 이후 국가의 모든 정책을 결정하는 최고 기구

③ 영향: 의정부와 6조의 기능 축소

→ 왜란 이후 국가의 모든 행정 문제가 전쟁과 연관되어 이루어지면서 구성원이 고위 관원으로 확대되고 비변사의 기능이 점차 확대되었어.

(2) 군사 제도의 정비

① 중앙군: 5군영 체제(훈련도감, 어영청, 총융청, 수어청, 금위영)

② 지방군: 속오군 창설(양반에서 노비까지 포함, 평상시 생업 종사하다 유사시 전투에 동원)

(3) 조세 제도의 변화: 양 난 이후 국가 재정 확보, 민생 안정

전세	영정법: 풍흉과 관계 없이 토지 1결당 쌀 4~6두로 고정
공납	대동법: 토산물 대신 토지 결수를 기준으로 쌀, 옷감, 동전 등으로 징수
군역	균역법: 군포를 1년에 1필로 줄여줌

→ 대동법 실시로 왕실이나 관청에 필요한 물품을 공급하는 공인이 등장하였어.

2. 붕당 정치의 전개

(1) 붕당의 분화 자료 2

① 선조 때: 동인과 서인의 붕당 정치 시작 → 동인이 북인과 남인으로 분화

→ 세자 책봉 문제로 동인이 집권하자, 서인에 대한 처벌 정도를 두고 분화되었어.

② 광해군 때: 북인의 정권 독점

③ 인조~현종: 서인이 정국을 주도하고 남인이 참여하며 상호 공존과 비판이 잘 이루어짐

④ 특징: 3사와 향촌의 서원을 통해 공론 형성

(2) 붕당 정치의 변질

① 예송: 효종과 효종비 사후 자의 대비의 상복 착용 기간을 둘러싼 대립 → 효종의 정통성 문제와 연관되어 서인과 남인의 대립 심화

기해예송(1차)	• 계기: 효종 사망 • 논쟁: 서인(1년설) vs 남인(3년설) → 서인 집권
갑인예송(2차)	• 계기: 효종비 사망 • 논쟁: 서인(9개월설) vs 남인(1년설) → 남인 집권

용어 알기

- **조세 제도** 토지에 대한 세금인 전세(조세), 각 지역의 토산물을 걷는 공납, 일정 기간 군인이 되는 군역, 노동력을 제공하는 요역이 포함됨
- **공론** 각 붕당이 조정에서 내놓은 정책이 타당한 지 검토하는 과정에서 수렴된 의견
- **환국** 집권 붕당이 급격하게 바뀌는 정치 현상

자료 1 비변사

> 오늘에 와서 큰일이건 작은 일이건 모두 비변사에서 처리합니다. 의정부는 한갓 이름뿐이고, 6조는 그 할 일을 모두 빼앗기고 말았습니다. 이름은 '변방의 방비를 담당하는 것'이라고 하면서 과거에 대한 판정이나 왕비와 세자빈을 간택하는 등의 일까지도 모두 여기에서 합니다.
>
> -「효종실록」-

비변사는 왜구와 여진의 침입에 대비하기 위해 임시로 설치되었다가 왜구를 물리치는 과정에서 상설 기구화되었다. 왜란이 일어난 후에는 국가의 모든 행정이 전쟁 수행과 연결되면서 비변사의 권한이 크게 강화되었다. 비변사는 군사 문제뿐만 아니라 외교, 재정, 인사 등을 다루는 최고 정치 기구의 역할을 하였다. 전란이 끝난 뒤에도 의정부를 대신하여 국정을 총괄하였으며, 집권 세력은 비변사의 고위 관직을 차지하며 정치를 이끌어 나갔다.

자료 2 붕당의 분화

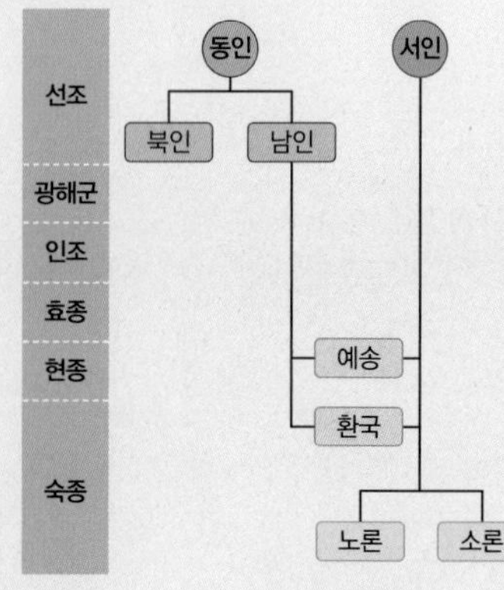

동인은 선조 때 정여립 사건으로 북인과 남인으로 나뉘었다. 현종 때는 남인과 서인 사이에서 두 차례의 예송이 일어나면서 붕당 간의 대립이 심화되었다. 초기의 붕당 정치는 상호 협조와 견제의 원칙을 지키며 운영되었으나 숙종 때 여러 차례 환국이 발생하면서 붕당 간 대립이 치열해졌다.

② 환국: 서인과 남인이 번갈아 집권할 때마다 상대 붕당을 몰아내고 보복을 가함
→ 서인이 노론과 소론으로 분화 → 권력을 장악한 서인이 남인을 처리하는 문제를 두고 분화되었어.

경신환국(1차)	서인 집권
기사환국(2차)	남인 집권(인현 왕후 폐비, 희빈 장씨 중전 책봉)
갑술환국(3차)	서인 집권(인현 왕후 복위)

③ 탕평론의 대두: 숙종이 붕당 간의 세력 균형을 유지하려는 탕평론 제기

3. 탕평 정치

(1) 영조의 탕평 정치 자료 3

① 탕평책 실시: 노론과 소론의 온건파를 중심으로 붕당과 관계없이 등용, 탕평교서 반포, 탕평비 건립, 서원 정리, 이조 전랑의 권한 약화

② 개혁 정치: 균역법 실시, 가혹한 형벌 금지, 신문고 부활, 청계천 정비, 『속대전』·『동국문헌비고』 등 편찬

(2) 정조의 개혁 정치 자료 4

① 탕평책 유지: 외척 세력 제거, 노론 세력 견제, 소론과 남인 적극 등용

② 정치 제도 정비와 개혁 정치

- 규장각 설치: 정책 자문 기구 → 왕실 도서관이었으나 점차 강화되어 학문을 연구하고 주요 정책을 개발하였어.
- 장용영 설치: 왕의 친위 부대
- 초계문신제 실시: 젊은 관리를 뽑아 특별 교육 실시
- 수원 화성 설립: 자신의 정치적 이상을 실현할 도시로 육성
- 금난전권 폐지(육의전 제외): 자유로운 상업 활동 허용
- 서얼 등용, 노비에 대한 처지 개선 노력
- 편찬 사업: 『대전통편』, 『동문휘고』, 『탁지지』 등 편찬

4. 세도 정치

(1) 세도 정치의 대두

① 배경: 정조 사후 정치 세력 간의 균형 붕괴 → 소수 가문이 권력을 장악

② 전개: 순조, 헌종, 철종의 3대 60여 년 동안 세도 가문이 권력 독점

(2) 세도 정치의 폐단

① 정치 기강의 문란: 세도 가문의 정치 권력 독점, 부정부패 심화
→ 대표적으로 안동 김씨, 풍양 조씨 등이 있어.
→ 과거제의 문란 심화, 매관매직 성행, 부패한 관리들의 백성 수탈 등이 있어.

② 삼정의 문란 심화: 전정(전세), 군정(군포 징수), 환곡의 문란 → 농민 부담 가중

③ 정부의 대응: 암행어사 파견하여 수령의 통치 실태 점검 → 큰 효과를 거두지 못함

학습 내용 들여다보기

■ 탕평비

영조가 탕평의 의지를 밝히고자 성균관 앞에 세운 비석이다. "두루 사랑하고 편당하지 않는 것은 군자의 공정한 마음이며, 편당하고 두루 사랑하지 않는 것은 소인의 사사로운 생각이다."라고 적혀 있다.

■ 마패

조선 시대에 지방 출장을 가는 관리에게 말을 빌릴 수 있도록 발급해 주던 패로, 암행어사의 신분을 증명하는 데에도 이용되었다.

■ 세도 가문의 비변사 고위직 점유율

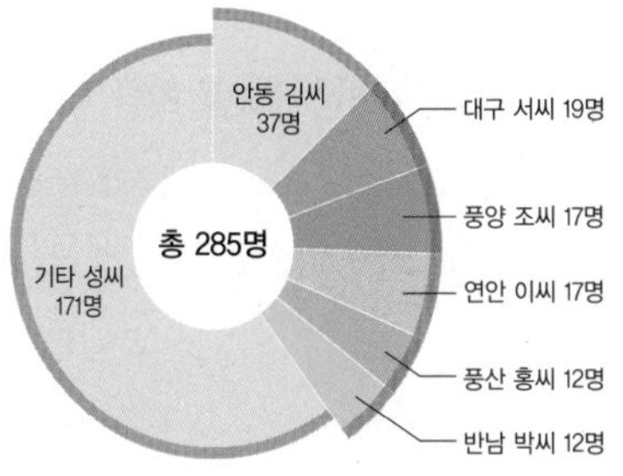

-『조선정치사(1800~1863)』-

세도 정치 시기에는 유력한 세도 가문이 비변사 고위직의 40%를 차지하였다.

용어 알기

- **금난전권** 허가받지 않은 상인(난전)을 금할 수 있는 권리로 시전 상인의 특권
- **육의전** 조선 시대에 나라에 필요한 물품을 공급하던 여섯 종류의 큰 상점
- **매관매직** 권력을 이용하여 벼슬을 사고 파는 것
- **암행어사** 국왕의 특명을 받고 지방에 비밀리에 파견된 관리

자료 3 영조의 탕평책

붕당의 폐해가 요즈음보다 심한 적이 없다. 처음에는 유학 내에서 분쟁이 일어나더니, 이제는 한쪽 사람을 모두 역적으로 몰아붙이고 있다. …… 근래에 들어 인재를 등용할 때 같은 붕당의 사람들만 등용하고자 한다. …… 피차가 서로를 공격하여 공평무사한 언론을 막고 역적으로 지목하면 옥석이 구분되지 않을 것이다. …… 관리 임용을 담당하는 부서는 탕평의 정신을 받들어 사람들을 거두어 쓰라. -『영조실록』-

영조는 붕당 정치가 변질되어 관직에 자기 당의 사람만 등용하고, 공론 정치가 무너져 다른 당의 의견은 무조건 반대하고 반역자로 몰아가는 정치의 문제점을 지적하였다. 붕당끼리 싸움이 지속되어 정치 운영이 제대로 이루어지지 않고 왕권을 위협하였기에 영조는 탕평책을 실시하였다.

자료 4 정조의 개혁 정치

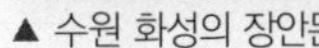
▲ 수원 화성의 장안문

▲ 규장각

정조는 아버지 사도 세자의 묘를 수원으로 옮기고, 이곳에 화성을 세운 후 정치적·군사적·경제적 기능을 갖춘 도시로 만들고자 하였다. 규장각은 궁중에 있는 책과 유물을 보관하는 왕실 도서관이자 학문 연구 기관이었다. 정조는 규장각을 통해 자신의 개혁을 뒷받침하는 신진 관료들을 교육하였다.

기본 문제

간단 체크

1 빈칸에 들어갈 말을 쓰시오.

(1) 왜란과 호란 이후 (　　　　)이/가 국가의 모든 정책을 결정하는 최고 기구가 되었다.

(2) 왜란 중 훈련도감 설치를 시작으로, 이후 어영청, 총융청, 수어청, 금위영이 추가로 설치되면서 중앙의 (　　　　) 체제가 완성되었다.

(3) 지방군으로 양반에서 노비까지 포함하는 (　　　　)이/가 창설되어 평상시 생업에 종사하다 유사시 전투에 동원되었다.

2 다음 조세 개편 내용을 바르게 연결하시오.

(1) 균역법 •　　　• ㉠ 군포를 1년에 1필로 줄임

(2) 대동법 •　　　• ㉡ 풍흉과 관계없이 토지 1결당 쌀 4~6두로 고정

(3) 영정법 •　　　• ㉢ 토산물 대신 토지 결수를 기준으로 쌀, 옷감, 동전 등으로 징수

3 다음에서 설명하는 용어를 〈보기〉에서 골라 쓰시오.

보기
예송, 환국, 탕평 정치, 세도 정치

(1) 붕당 간의 급격한 정권 교체 (　　　　)

(2) 국왕의 주도로 붕당 간의 세력 균형을 유지하려는 정치 (　　　　)

(3) 소수의 유력한 가문이 주도하는 정치 (　　　　)

(4) 효종과 효종비 사후 자의 대비의 상복 착용 기간을 둘러싼 대립 (　　　　)

4 다음을 보고 영조의 정책은 '영', 정조의 정책은 '정'을 쓰시오.

(1) 수원 화성 설립 ········ (　　)

(2) 규장각 설치 ········ (　　)

(3) 균역법 도입 ········ (　　)

(4) 탕평비 건립, 탕평교서 반포 ········ (　　)

(5) 육의전을 제외한 금난전권 폐지 ········ (　　)

(6) 『속대전』·『동국문헌비고』 등 편찬 ········ (　　)

1 밑줄 친 '이 기구'로 옳은 것은?

이 기구는 외적의 침입에 대비하기 위해 설치된 임시 회의 기구였습니다. 왜란과 호란을 거치면서 기능이 강화되어 국가 최고 기구로 위상이 높아졌습니다.

① 6조　② 3사　③ 비변사　④ 의정부　⑤ 도병마사

2 (가), (나)에 해당하는 용어를 옳게 짝지은 것은?

> 양 난을 겪으면서 정부는 [(가)]을/를 시작으로 한성과 그 주변에 어영청, 총융청, 금위영을 설치하였다. 이로써 중앙의 [(나)]이/가 완성되었다.

	(가)	(나)
①	속오군	5위 체제
②	속오군	병영·수영
③	장용영	5군영 체제
④	훈련도감	5위 체제
⑤	훈련도감	5군영 체제

3 다음에서 설명하는 조세 제도로 옳은 것은?

> 공납은 각 고을에서 토산물을 거두는 제도였다. 그러나 하급 관리나 상인들이 공납할 물품을 대신 납부해 주고 그 대가를 과도하게 받는 방납이 성행하여 농민의 부담이 더 커졌다. 이에 토지 면적을 기준으로 쌀, 옷감, 동전 등으로 징수하여 농민의 부담을 완화시켰다.

① 균역법　② 과전법　③ 대동법　④ 영정법　⑤ 직전법

4 ㉠, ㉡에 대한 설명으로 옳은 것은?

> 이조 전랑의 임명 문제를 둘러싸고 사림 내부에서 갈등이 발생하면서 사림이 ㉠ 동인과 ㉡ 서인으로 분화되었다.

① ㉠ – 광해군 때 집권하였다.
② ㉠ – 인조반정을 주도하였다.
③ ㉡ – 이이와 성혼의 학통을 계승하였다.
④ ㉡ – 선조 때 북인과 남인으로 분화되었다.
⑤ ㉠, ㉡ – 자의 대비의 상복 입는 기간을 두고 논쟁하였다.

★ 중요 ★

5 다음 논쟁이 벌어진 사건으로 옳은 것은?

효종께서는 둘째 아들이니, 대비께서 1년 동안 상복을 입으셔야 합니다.

효종께서는 둘째 아들이지만 왕위를 계승하셨으니, 대비께서는 3년 간 상복을 입으셔야 합니다.

① 예송 ② 사화 ③ 탕평
④ 환국 ⑤ 세도 정치

6 (가)로 인해 나타난 영향으로 가장 적절한 것은?

> 숙종 때 국왕 주도로 이루어진 (가) 은/는 붕당 간의 급격한 정권 교체로, 서인과 남인은 번갈아 집권할 때마다 상대 붕당을 몰아내고 보복을 가하였다.

① 서인이 노론과 소론으로 나뉘어졌다.
② 동인이 북인과 남인으로 나뉘어졌다.
③ 훈구 세력 견제를 위해 사림이 등용되었다.
④ 붕당 간의 상호 공존과 비판이 잘 이루어졌다.
⑤ 자의 대비의 상복 입는 기간을 두고 논쟁이 일어났다.

★ 중요 ★

7 다음 비를 세운 왕에 대한 설명으로 옳은 것은?

> 두루 사랑하고 편당하지 않는 것은 군자의 공정한 마음이며, 편당하고 두루 사랑하지 않는 것은 소인의 사사로운 생각이다.

① 수원 화성을 건설하였다.
② 군포를 1년에 1필로 줄였다.
③ 두 차례의 예송이 발생하였다.
④ 왕의 친위 부대로 장용영을 설치하였다.
⑤ 서인과 남인의 대립이 심해져 환국이 발생하였다.

8 정조 때 실시된 정책만을 〈보기〉에서 고른 것은?

보기
ㄱ. 규장각 설치 ㄴ. 속대전 편찬
ㄷ. 초계문신제 실시 ㄹ. 대동법 최초 실시

① ㄱ, ㄴ ② ㄱ, ㄷ ③ ㄴ, ㄷ
④ ㄴ, ㄹ ⑤ ㄷ, ㄹ

9 (가)에 들어갈 용어로 가장 적절한 것은?

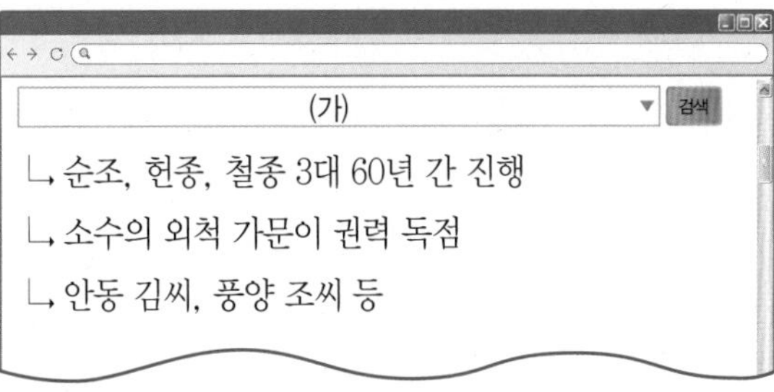

① 예송 ② 세도 정치 ③ 붕당 정치
④ 탕평 정치 ⑤ 환국 정치

실전 문제

1 (가) 기구에 대한 설명으로 옳은 것은?

> 오늘에 와서 큰일이든 작은 일이든 모두 [(가)] 에서 처리합니다. 의정부는 한갓 이름뿐이고, 6조는 그 할 일을 모두 빼앗기고 말았습니다. 이름은 '변방의 방비를 담당하는 것'이라고 하면서 과거에 대한 판정이나 왕비와 세자빈을 간택하는 등의 일까지도 모두 여기에서 합니다. -『효종실록』-

① 왕의 친위 부대이다.
② 3사 관리의 추천권을 가졌다.
③ 임진왜란 중에 처음 설치되었다.
④ 사간원, 사헌부, 홍문관이 포함되었다.
⑤ 양 난 이후 국가 최고 정무 기구로 위상이 높아졌다.

2 조선 후기 군사 제도의 설명으로 옳지 않은 것은?

① 5군영 중 가장 먼저 설치된 것은 훈련도감이다.
② 5군영은 서울과 외곽 지역을 방어하기 위해 설치되었다.
③ 속오군은 왜란 중에 실시한 지방군 제도이다.
④ 속오군은 양반을 제외한 양인, 천인 등으로 편성되었다.
⑤ 속오군은 평상시 생업에 종사하다 유사시 전투에 동원되었다.

★ 중요 ★

3 (가), (나), (다)가 설명하는 것을 옳게 짝지은 것은?

> (가): 군포를 1년에 1필로 줄임
> (나): 풍흉과 관계없이 토지 1결당 쌀 4~6두로 고정
> (다): 토산물 대신 토지 1결당 쌀, 옷감, 동전 등으로 징수

	(가)	(나)	(다)
①	균역법	영정법	대동법
②	균역법	대동법	영정법
③	대동법	균역법	영정법
④	대동법	영정법	균역법
⑤	영정법	균역법	대동법

4 붕당 정치에 대한 설명으로 옳지 않은 것은?

① 남인은 노론과 소론으로 분화되었다.
② 북인은 광해군 때 정권을 독점하였다.
③ 서인은 인조반정으로 정권을 장악하였다.
④ 서인과 남인은 예송을 통해 대립이 심화되었다.
⑤ 서인과 남인이 번갈아 집권하는 환국이 일어났다.

5 (가), (나)에 해당하는 용어를 옳게 짝지은 것은?

> • (가): 효종과 효종비 사후 자의 대비의 상복 착용 기간을 둘러싼 대립
> • (나): 집권 붕당이 바뀔 때마다 상대 붕당을 몰아내고 보복을 가함

	(가)	(나)
①	사화	환국
②	예송	환국
③	예송	사화
④	환국	사화
⑤	환국	예송

6 다음 사건들을 일어난 순서대로 옳게 나열한 것은?

> (가) 갑술환국 (나) 기해예송
> (다) 탕평비 설치 (라) 장용영 설치

① (가) - (나) - (다) - (라)
② (나) - (가) - (다) - (라)
③ (나) - (가) - (라) - (다)
④ (다) - (가) - (라) - (나)
⑤ (라) - (나) - (가) - (다)

7 **다음에 나타난 문제를 해결하기 위한 영조의 정책으로 옳은 것은?**

> 붕당의 폐해가 요즈음보다 심한 적이 없다. 처음에는 유학 내에서 분쟁이 일어나더니, 이제는 한쪽 사람을 모두 역적으로 몰아붙이고 있다. …… 근래에 들어 인재를 등용할 때 같은 붕당의 사람들만 등용하고자 한다.
> – 『영조실록』 –

① 균역법을 실시하였다.
② 신문고를 부활하였다.
③ 장용영을 설치하였다.
④ 규장각 기능을 강화시켰다.
⑤ 이조 전랑의 권한을 약화시켰다.

★ 중요 ★

8 **다음 건축물을 건설한 왕에 대한 설명으로 옳지 않은 것은?**

수원 화성(경기 수원)
- 1997년 유네스코 세계 유산으로 등재
- 군사적인 기능과 상업적인 기능을 동시에 갖춘 실용적인 성
- 『화성성역의궤』를 통해 화성의 건설 과정을 기록으로 남김

① 금난전권을 폐지하였다.
② 성균관에 탕평비를 세웠다.
③ 초계문신제를 실시하였다.
④ 규장각을 정책 자문 기구로 삼았다.
⑤ 『대전통편』, 『동문휘고』를 편찬하였다.

9 **세도 정치 시기에 나타난 사회 모습으로 옳지 않은 것은?**

① 삼정의 문란이 심화되었다.
② 정부가 암행어사를 파견하였다.
③ 붕당 간의 세력 균형이 유지되었다.
④ 매관매직이 성행하는 등 부정부패가 심하였다.
⑤ 유력한 가문의 중심 인물이 정치를 주도하였다.

서술형 문제

1 **조선 후기 양 난을 거치면서 변화된 조선의 정치 운영과 군사 제도의 변화를 서술하시오.**

2 **다음과 같은 폐해를 바로잡고자 영조가 시행한 정책을 세 가지 서술하시오.**

> 조정에서 노론, 소론, 남인 세 개의 붕당이 날이 갈수록 더욱 사이가 나빠져 서로 역적이란 이름으로 모함하니, 이 영향이 시골에까지 미치게 되어 하나의 싸움터를 만들었다. 그리하여 서로 혼인을 하지 않을 뿐만 아니라 다른 붕당끼리 서로 용납하지 않는 지경까지 이르렀다.
> – 이중환, 『택리지』 –

3 **도표를 통해 알 수 있는 세도 정치의 특징을 서술하시오.**

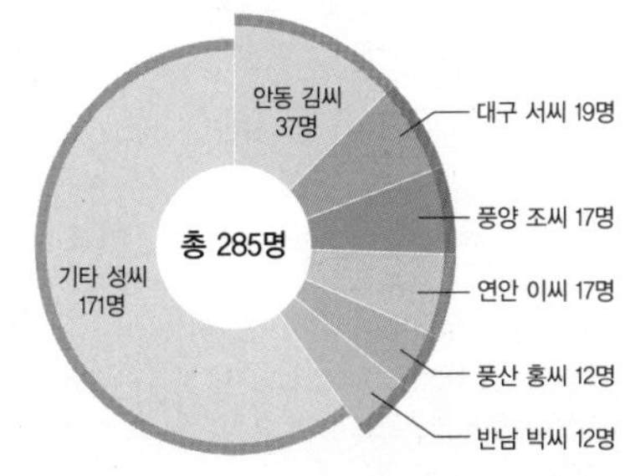

– 『조선정치사(1800~1863)』 –

▲ 세도 정치 시기 비변사 고위직 점유율

02 사회 변화와 농민 봉기

학습 내용 들여다보기

■ 상평통보

물건을 사고파는 일이 늘어나면서 상평통보가 널리 사용되었다. 이에 따라 상품의 매매뿐만 아니라, 품삯의 지불이나 세금·지대 납부 등에도 동전이 사용되었다.

■ 공명첩

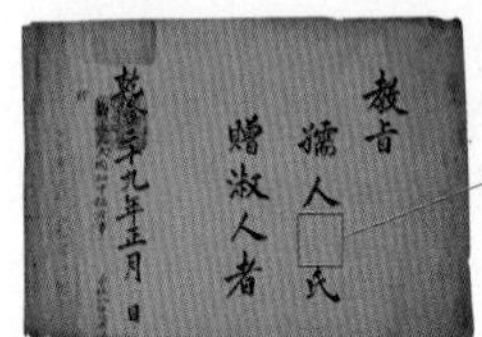

이름 적는 곳이 비어 있는 관직 임명장이다. 국가의 재정을 확보하기 위해 발급하였다.

1. 경제의 변화와 신분제의 동요

(1) 경제의 변화

① 농업의 발달 (→ 모판에서 모를 키운 후 물을 댄 논에 옮겨 심는 경작 방법이야.)

- 모내기법 전국 확대(→ 조선 전기에는 남부 지방을 중심으로 실시하였어.): 노동력 절감, 생산량 증대, 쌀과 보리의 이모작 가능 자료 1
- 광작과 상품 작물 재배(인삼, 면화, 담배, 채소 등) 확대
- 양반 지주층과 일부 농민에게 토지 집중, 대다수 농민 몰락 (→ 경작할 토지를 얻지 못한 대다수 농민이 머슴살이, 품팔이, 임노동자로 전락하였어.)

② 상품 화폐 경제의 발달 자료 2

- 상업의 발달: 대동법 시행으로 공인 등장, 사상(→ 국가의 허락을 받지 않고 상업 활동을 하던 상인이야.) 성장, 전국에 장시 증가, 보부상과 대상인 활동 (→ 시전과 장시를 중심으로 활동하면서 점차 독점적 도매 상인인 도고로 성장하였어.)
- 수공업: 국가 주도 수공업 쇠퇴 → 민간 수공업 발달(자유롭게 물건 제작·판매)
- 광업: 광물 수요 증가로 민간인에게 광산 채굴 허용
- 화폐 사용 확산: 상공업 발달에 따라 18세기 이후 상평통보의 전국적 유통

(2) 신분제의 변동

① 양반 중심 신분 질서의 붕괴

- 붕당 정치의 변질 → 소수만 권력 장악, 몰락 양반인 잔반과 향반 증가
- 납속책, 공명첩 등을 통한 상민의 신분 상승 → 양반 수 증가, 상민 수 감소

② 중인층의 신분 상승 노력

- 서얼의 신분 상승 노력: 집단 상소 운동 실시 (→ 그 결과로 서얼의 관직 진출 제한이 완화되었어.)
- 기술직 중인의 신분 상승 노력: 대규모 소청 운동 전개 (→ 전문 지식과 축적된 경제력을 바탕으로 신분 상승을 추구하였어.)

③ 노비의 신분 상승: 군공, 납속, 도망 등의 방법으로 신분 상승, 노비종모법(→ 노비의 신분은 어머니의 신분에 따라 결정된다는 법이야.) 실시, 순조 때 중앙 관청의 공노비 해방 (→ 노비의 수가 갈수록 줄어들어 노비제의 운영이 어려워지고, 상민의 수가 감소하면서 군역 대상자가 줄어들자 양인을 늘려 재정을 확충하고자 하였어.)

(3) 향촌 사회의 변화

① 양반들이 서원, 향약을 이용하여 기득권 유지 노력

② 부농층의 성장: 지방관과 결탁해 기존 양반에 도전 → 기존 양반 약화, 지방관의 권한 강화

용어 알기

- **광작** 경작지를 늘려서 넓은 토지를 경작
- **공인** 대동법의 실시로 등장한 상인으로 선혜청에서 대가를 미리 받아 왕실과 관청에 필요한 물품을 구입하여 납품함
- **잔반** 몰락한 양반
- **향반** 벼슬을 하지 않은 채 향촌에 살면서 지방 세력이 된 양반
- **납속책** 국가가 곡식이나 돈을 받고 천민 신분에서 벗어나게 하거나 관직을 내려 주던 정책

자료 1 모내기법(이앙법)의 보급

> 이앙(모내기)하는 것은 세 가지 이유가 있다. 김매기의 노력을 더는 것이 첫째요, 두 땅의 힘으로 하나의 모를 서로 기르는 것이 둘째이며, 좋지 않은 것은 솎아 내고 싱싱하고 튼튼한 것을 고를 수 있는 것이 셋째이다.
> – 서유구, 『임원경제지』 –

모내기법은 잡초 제거가 쉬워 노동력은 절감되고 생산력은 증대하는 농사 기술이었다. 그러나 짧은 모내기 기간에 논에 물이 차 있어야만 했기 때문에 수리 시설이 반드시 필요하였다.

자료 2 조선 후기의 상업 활동과 무역

조선 후기 시전 상인에게 주었던 특권(금난전권)이 폐지되면서 사상들의 활동이 더욱 활발해졌다. 일부 사상들은 청, 일본과의 무역을 통하여 많은 부를 축적하였다. 지방에서는 장시가 발달하였고, 보부상들이 장시를 돌며 전국적인 유통망을 만드는 데 기여하였다.

자료 3 환곡의 문란

> 창고를 내려다본 지 10년인데 시골 백성이 곡식을 받아 짊어지고 지나가는 자를 일찍이 본 일이 없다. 한 톨의 곡식도 일찍이 받아 온 일이 없는데도 겨울이 되면 집집마다 곡식 5~7석을 내어 관청의 창고에 바친다.
> – 정약용, 『목민심서』 –

전정, 군정, 환곡의 삼정 가운데 환곡의 문란이 가장 심하였다. 곡식을 억지로 빌려주거나, 환곡에 겨를 섞어 빌려준 다음 높은 이자를 받아 농민들의 원성을 샀다. 이러한 환곡의 문란은 더욱 심해져 농민 봉기의 주요 원인이 되었다.

2. 농민 봉기의 발생

(1) 삼정의 문란
→ 이로 인해 농민은 고향을 버리고 떠돌거나 일부는 도적 무리에 가담하기도 하였어.

① 전정(토지세): 토지세 외의 각종 명목의 부가세 부과, 지주의 세금을 소작농에게 전가

② 군정(군포): 어린아이, 죽은 사람, 도망간 이웃·친척의 몫까지 남아 있는 농민에게 부담시킴

③ 환곡: 곡식을 억지로 빌려주고 높은 이자를 받음 자료 3
→ 당시 가장 폐해가 심했어.

(2) 새로운 종교와 사상의 유행

① 배경: 질병과 자연재해 빈발, 세도 정치로 사회 불안과 백성의 고통 가중

② 예언 사상과 민간 신앙의 유행: 후천개벽 사상, 『정감록』, 미륵 신앙, 무속 신앙 등
- 후천개벽 사상 → 새로운 세상이 도래한다는 사상이야.
- 『정감록』 → 조선 왕조가 망하고 정씨 왕조가 들어선다는 내용의 책이야.
- 미륵 신앙 → 미륵이 나타나 민중을 구한다는 사상이야.

③ 천주교(서학): 18세기 후반 남인 계열에 의해 종교로서 수용 → 평등사상, 내세 사상에 호응하며 교세 확산

④ 동학

창시	최제우가 천주교의 확산에 맞서 동학 창시(1860)
내용	• 유교 + 불교 + 도교 + 여러 민간 신앙 • 인내천 사상을 중심으로 평등사상 강조
확산	혹세무민의 죄로 최제우 처형 → 최시형이 교단과 교리(『동경대전』, 『용담유사』)를 정비하면서 확산

(3) 홍경래의 난(1811)

① 배경: 평안도 사람들에 대한 차별과 세도 정치의 폐단 자료 4

② 전개: 중소 상공인, 광산 노동자, 빈농 등 참여 → 청천강 이북 지역 장악 → 관군의 진압으로 정주성에서 패배

③ 결과: 이후 하층민의 저항과 봉기에 영향

(4) 임술 농민 봉기(1862) 자료 5

① 배경: 세도 정권의 수탈 심화

② 전개: 진주 농민 봉기 → 전라도, 충청도 등 삼남 지방을 중심으로 확산

③ 정부의 대응: 삼정이정청 설치, 농민의 조세 부담 완화 개혁안 마련 → 큰 성과가 없었음
→ 삼정이정청: 삼정의 문란 개선을 위해 설치하였어.

④ 의의: 농민들의 사회 의식 성장

학습 내용 들여다보기

■ 『정감록』

정(鄭)씨 성을 가진 사람이 왕이 된다는 내용과 명당에 대한 내용이 담겨 있는 책으로 조선 후기 민간에 널리 퍼졌다.

■ 농민의 항거

소극적 저항	벽서, 세금 거부 등
적극적 저항	점차 농민 봉기로 변화

■ 홍경래의 난과 임술 농민 봉기

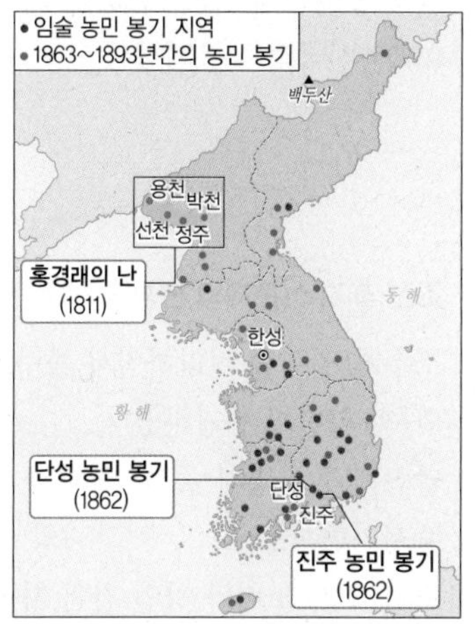

용어 알기

• **환곡** 춘궁기에 곡식을 빌려주고 가을에 이자를 덧붙여 갚게 한 빈민 구제책

• **벽서** 벽에 써 붙인 글로, 주로 누구를 비방하거나 드러내 놓고 할 수 없는 말 등을 익명으로 나타냄

자료 4 홍경래의 난 발생 원인

> 조정에서는 서쪽 땅을 업신여겨 썩은 흙처럼 대하였다. 심지어 권세 있는 집의 노비마저도 서쪽 사람들을 보면 반드시 '평안도 놈'이라 일컫는다. …… 지금 나이 어린 임금이 왕위에 있어서 권력 있는 신하들의 간악한 짓이 갈수록 더 심해지고, 세도 가문의 무리들이 권력을 제멋대로 하니 …… 이곳 평안도에서 병사를 일으켜 백성들을 구하고자 한다.
>
> - 「패림」 -

조선 시대 평안도 지역은 청과의 무역 중심지였으며, 상공업과 광업이 크게 발달하여 관리들의 수탈이 더욱 심하였다. 더불어 평안도 지역 사람들은 성리학의 보급이 늦었다는 이유로 무시당하였고, 관직 진출 등에서 차별받았다.

자료 5 임술 농민 봉기

> **임술 농민 봉기군의 요구 사항**
> • 토지에 부과하는 조세는 항상 7냥 5전으로 정하여 거둘 것
> • 각종 군포를 편중되게 부담시키지 말고 집집마다 균등하게 부담시킬 것
> • 환곡의 폐단을 없앨 것
>
> - 『용호한록』, 금백계본 -

> **삼정이정청의 개혁안**
> • 전정은 각종 부가세를 없애고 세금을 법대로 징수한다.
> • 군정은 연령 규정을 엄격히 준수한다.
> • 환곡을 없애고 토지 1결당 2냥씩 부과한다.

경상도 우병사 백낙신이 불법적으로 많은 세금을 거두고 진주목과 경상도 우병영에서 세금과 환곡을 집집마다 나누어 부담하도록 결정하면서 농민들의 불만은 폭발하였다. 유계춘을 중심으로 한 농민들은 관아를 부수고 관리들의 집을 습격하였다. 진주 농민 봉기는 순식간에 삼남 지방으로 번졌으며 전국적으로 확산되어 임술 농민 봉기가 전개되었다.

기본 문제

간단 체크

1 빈칸에 들어갈 말을 쓰시오.

(1) 조선 후기 (　　　　　　)이/가 전국적으로 확대되어 노동력이 절감되고 농업 생산량이 증가하였다.

(2) 대동법의 시행으로 왕실과 관청에 필요한 물품을 구매해 주는 (　　　　　　)이/가 등장하였다.

(3) 상공업 발달에 따라 18세기 이후 동전인 (　　　　　　) 이/가 전국적 유통되었다.

2 조선 후기 신분제의 변동과 관련된 신분 계급을 쓰시오.

(1) 소수가 권력을 장악하면서 몰락 양반인 (　　　　　　) 와/과 향반이 증가하였다.

(2) 납속책과 공명첩 등을 통해 부유한 상민들이 신분을 상승시키면서 (　　　　　　)의 수가 증가하였다.

(3) 조선 후기 노비와 양인 간의 자식은 어머니의 신분을 따르도록 하는 (　　　　　　)이/가 실시되었다.

3 삼정의 문란에 대한 내용을 바르게 연결하시오.

(1) 군정의 문란 •　　　• ㉠ 토지세 외의 각종 명목의 부가세 부과

(2) 전정의 문란 •　　　• ㉡ 곡식을 억지로 빌려주고 높은 이자를 받음

(3) 환곡의 문란 •　　　• ㉢ 어린아이, 죽은 사람, 도망간 이웃·친척의 몫까지 남아 있는 농민에게 부담시킴

4 다음 설명이 맞으면 ○표, 틀리면 ×표 하시오.

(1) 홍경래의 난은 평안도 지역에 대한 차별에 반발로 일어났다. (　　)

(2) 홍경래의 난의 결과 삼정이정청이 설치되었다. (　　)

(3) 진주 농민 봉기는 경상도 우병사 백낙신의 수탈이 직접적인 원인이었다. (　　)

(4) 임술 농민 봉기를 일으킨 농민들은 청천강 이북 지역을 장악하였다. (　　)

1 (가)의 실시로 인한 영향으로 옳지 않은 것은?

> (가) 은/는 볍씨를 모판에 심었다가 어느 정도 자란 후에 논에 옮겨 심는 방식이다. 짧은 모내기 실시 기간에 논에 물이 차 있어야만 했기 때문에 수리 시설이 반드시 필요하였다.

① 노동력이 절감되었다.
② 농업 생산력이 증가하였다.
③ 쌀과 보리의 이모작이 가능해졌다.
④ 대다수의 농민이 땅을 소유할 수 있었다.
⑤ 1인당 경작 면적이 증가하여 광작이 가능해졌다.

★ 중요 ★

2 조선 후기 경제에 대한 설명으로 옳지 않은 것은?

① 대동법 실시로 공인이 등장하였다.
② 상평통보가 전국적으로 유통되었다.
③ 금난전권의 폐지로 사상이 성장하였다.
④ 관영 수공업이 쇠퇴하고 민영 수공업이 발달되었다.
⑤ 광물 수요가 증가하자 민간인의 광산 채굴을 금지하였다.

3 조선 후기 사회 변화에 대한 설명으로 옳은 것은?

① 신진 사대부가 등장하였다.
② 신분 상승이 불가능하였다.
③ 향촌에서 잔반의 권력이 강화되었다.
④ 서얼의 관직 진출이 엄격히 제한되었다.
⑤ 상민의 수가 줄고 양반의 수가 증가하였다.

4 **자료를 활용한 탐구 활동의 주제로 가장 적절한 것은?**

군역에서의 폐단을 통렬하게 아뢰고, 이어 금년 이후로는 모든 노비의 양인 처의 소생은 …… 어머니의 역에 따르게 하여 양인의 수를 늘릴 것을 청하므로, ……. 임금이 말하기를 "양민이 날로 줄어든 폐단이 오로지 여기에 연유한 것이다. …… 공노비·사노비를 막론하고 어머니의 역에 따르게 하라." 하였다.

– 『영조실록』 –

① 납속책 시행　② 공명첩 발행
③ 공노비 해방　④ 노비종모법 시행
⑤ 대규모 소청 운동

5 **다음에서 설명하는 제도로 옳은 것은?**

원래는 가난한 백성을 돕기 위한 구휼 제도로 봄에 관청의 곡식을 빌려주었다가 가을에 약간의 이자를 붙여서 거두어들이는 것이다. 그러나 점차 곡식을 억지로 빌려주거나, 곡식에 겨를 섞어 빌려준 다음 높은 이자를 받아 농민들의 원성을 샀다.

① 군정　② 전정　③ 환곡
④ 영정법　⑤ 대동법

6 **다음과 같은 예언 사상이 유행하게 된 시기의 사회 모습으로 적절하지 않은 것은?**

조선 왕조가 멸망하고 정씨가 계룡산에서, 그 다음에 조씨가 가야산에서 새 왕조를 세울 것이라는 내용을 담고 있다.

① 질병과 재해 빈발
② 훈구와 사림의 대립
③ 천주교의 전래와 교세 확장
④ 양반 중심 신분 질서의 붕괴
⑤ 세도 정치로 사회 불안과 백성의 고통 가중

[7~8] 지도를 보고 물음에 답하시오.

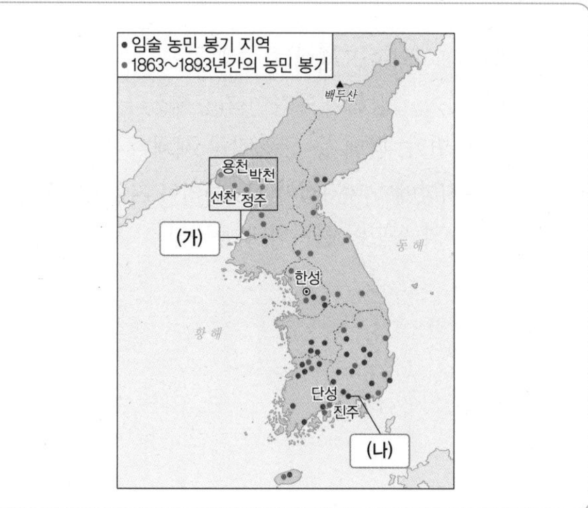

★ 중요 ★

7 **(가) 봉기가 일어난 원인으로 옳은 것만을 〈보기〉에서 고른 것은?**

보기
ㄱ. 세도 정치의 폐단
ㄴ. 평안도 사람들에 대한 차별
ㄷ. 경상도 우병사 백낙신의 수탈
ㄹ. 동학 교주 최제우의 처형에 대한 저항

① ㄱ, ㄴ　② ㄱ, ㄷ　③ ㄴ, ㄷ
④ ㄴ, ㄹ　⑤ ㄷ, ㄹ

8 **(가), (나) 봉기의 공통적인 성격으로 옳은 것은?**

① 지방 차별로 인해 발생한 봉기
② 종교 탄압에 저항한 신앙 자유 운동
③ 중인층을 중심으로 한 신분 해방 운동
④ 세도 정치로 인한 수탈 심화로 일어난 농민 봉기
⑤ 왜군으로부터 고장을 지키기 위한 자발적인 활약

실전 문제

1 **조선 후기 농업에 나타난 변화에 대한 설명으로 옳지 않은 것은?**

① 쌀과 보리의 이모작이 가능해졌다.
② 노동력이 절감되어 광작이 가능해졌다.
③ 인삼, 면화, 담배 등 상품 작물 재배가 확대되었다.
④ 남부 지방에 모내기법이라는 농법이 처음 전래되었다.
⑤ 대다수의 농민이 몰락하여 농민의 계층 분화가 일어났다.

2 **조선 후기에 볼 수 있는 모습으로 적절하지 않은 것은?**

① 상평통보로 세금을 납부하는 상인
② 물품을 만들어서 판매하는 수공업자
③ 장시를 돌아다니며 활동하는 보부상
④ 벽란도에서 서역 물건을 구매하는 상인
⑤ 일본과의 무역을 통하여 많은 부를 축적한 사상

3 **자료를 활용한 탐구 주제로 가장 적절한 것은?**

> 옷차림은 신분의 귀천을 나타내는 것이다. 근래 이것이 문란해져 상민과 천민이 갓을 쓰고 도포를 입는 것이 마치 조정의 관리나 선비와 같다. 심지어는 시전 상인들이나 군역을 지는 상민들까지도 서로 양반이라고 부른다.
>
> –「일성록」–

① 사림의 성장 ② 붕당의 형성
③ 사화의 발생 ④ 신분제의 동요
⑤ 농민 봉기의 발발

★ 중요 ★

4 **(가) 문서가 조선 사회에 끼친 영향으로 가장 적절한 것은?**

① 임노동자로 전락한 농민이 생겼다.
② 서얼들이 규장각 검서관으로 진출하였다.
③ 상민의 수가 감소하면서 군역 대상자가 줄었다.
④ 노비종모법이 시행되면서 노비의 수가 늘어났다.
⑤ 붕당 간의 권력 다툼에서 밀려나 몰락 양반이 증가하였다.

5 **다음 상황이 나타나던 시기에 볼 수 있는 모습으로 적절하지 않은 것은?**

> 시아버지 상은 이미 마치고, 갓난아기 배냇물은 아직 마르지도 않았는데, 이 집 삼 대 이름은 군적에 모두 올랐네.
> 급하게 가서 억울함을 호소해도, 관청 문지기는 호랑이 같고, 이정은 으르렁대며 외양간 소마저 끌고 가네.
>
> – 정약용, 「애절양」 –

① 훈민정음을 반포하는 왕
② 원치 않는 곡식을 억지로 빌려주는 향리
③ 도망간 이웃의 군역까지 납부해야 하는 김씨
④ 붕당 간의 권력 다툼에서 밀려나 몰락한 양반
⑤ 조선 왕조가 멸망하고 정씨 왕조가 새 왕조를 세운다고 믿는 농민

★ 중요 ★

6 **다음에 나타난 농민 봉기에 대한 설명으로 옳은 것은?**

> 임술년(1862) 2월 19일, 진주민 수만 명이 머리에 흰 수건을 두르고 손에는 몽둥이를 들고 무리 지어 진주 읍내에 모여 향리들의 가옥 수십 호를 불사르고 부수어, 그 움직임이 결코 가볍지 않았다. …… 백성의 재물을 횡령한 조목, 향리들이 세금을 포탈하고 강제로 징수한 일들을 보는 앞에서 여러 번 문책했는데, 그 능멸하고 핍박함이 조금도 거리낌이 없었다.
>
> – 『임술록』 –

① 홍경래의 난에 영향을 주었다.
② 천주교의 교세 확장에 큰 영향을 주었다.
③ 지방 차별이 봉기의 직접적인 원인이었다.
④ 정부의 동학 탄압에 대한 반발로 발생하였다.
⑤ 경상도 우병사 백낙신의 수탈로 농민들의 불만이 폭발되었다.

7 **밑줄 친 '삼정이정청'에 대한 설명으로 옳은 것만을 〈보기〉에서 고른 것은?**

> <u>삼정이정청</u>의 개혁안
> • 전정은 각종 부가세를 없애고 세금을 법대로 징수한다.
> • 군정은 연령 규정을 엄격히 준수한다.
> • 환곡을 없애고 토지 1결당 2냥씩 부과한다.

| 보기 |
ㄱ. 삼정을 개선하기 위해 설치되었다.
ㄴ. 설치 이후 삼정의 문란이 해결되었다.
ㄷ. 홍경래의 난이 일어나는 계기가 되었다.
ㄹ. 임술 농민 봉기에 대한 정부의 대응으로 설치되었다.

① ㄱ, ㄴ ② ㄱ, ㄹ ③ ㄴ, ㄷ
④ ㄴ, ㄹ ⑤ ㄷ, ㄹ

서술형 문제

1 **자료에 나타난 양반층의 변화에 대해 서술하시오.**

> 정선 고을에 한 양반이 살고 있었다. 그는 어질고 글 읽기를 매우 좋아하였다. …… 몹시 가난하여 환곡을 타 먹은 지 여러 해가 되어 천 섬의 빚을 지게 되어 옥에 갇히게 되었다. …… 그 동네에 부자가 이 소문을 듣고 가족끼리 비밀회의를 열어 말하였다. "저 양반이 환곡을 갚을 길이 없어 곤란한 모양이니 그 양반 자리를 더 유지할 수 없을 것이다. 이 기회에 내가 양반 신분을 사서 가지는 것이 어떨까?"
>
> – 박지원, 『양반전』 –

2 **자료와 관련된 사건을 쓰고, 사건이 일어난 배경을 쓰시오.**

> 조정에서는 서쪽 땅을 업신여겨 썩은 흙처럼 대했다. 심지어 권세 있는 집의 노비마저도 서쪽 사람들을 보면 반드시 '평안도 놈'이라 일컫는다. …… 지금 나이 어린 임금이 왕위에 있어서 권력 있는 신하들의 간악한 짓이 갈수록 더 심해지고, 세도 가문의 무리들이 권력을 제멋대로 하니 …… 이곳 평안도에서 병사를 일으켜 백성들을 구하고자 한다.
>
> – 「패림」 –

03 학문과 예술의 새로운 경향 ~ 생활과 문화의 새로운 양상

학습 내용 들여다보기

■ 「대동여지도」

10리마다 점을 찍어 거리를 나타내고 산맥, 하천, 포구, 도로망 등을 정밀하게 표시한 지도이다. 각 첩을 접으면 책 한 권 크기로 줄어들어 휴대하고 다닐 수 있었다.

■ 시헌력

선교사 아담 샬 등이 개정한 서양식 역법으로 효종 때 채택된 이후 1895년 을미개혁으로 태양력이 채택될 때까지 사용되었다.

■ 「곤여만국전도」

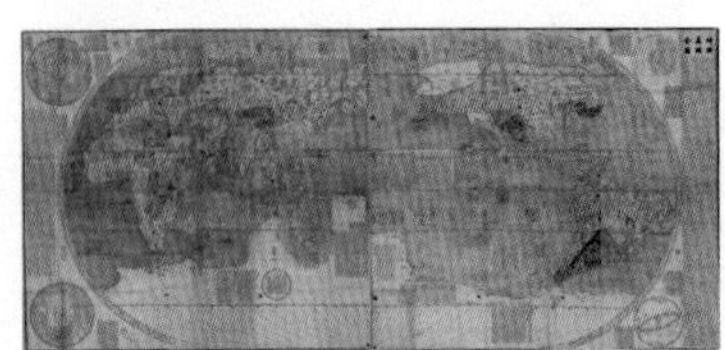

이탈리아의 신부 마테오 리치가 제작한 세계 지도로, 조선에 전래되어 조선인의 세계관 확대에 영향을 주었다.

■ 에도 막부

일본에서 도요토미 히데요시가 죽은 후 도쿠가와 이에야스가 쇼군이 되면서 에도 막부가 성립하였다.

■ 통신사

조선 후기 통신사는 학자, 화원, 역관, 의관, 악대 등 다양한 사람들로 구성되어 문화의 전파자 역할을 하였다.

1. 다양한 학문의 등장과 동아시아 문화 교류

(1) 실학의 대두

① 배경: 사회 문제 해결에 대한 성리학의 한계, 정부 대책의 부재

② 실학자들의 개혁안

- 농업 중심의 개혁론: 토지 재분배를 통한 농촌 사회의 안정

유형원	신분에 따라 토지 차등 지급 주장(균전론), 『반계수록』 저술
이익	농가마다 생계에 필요한 최소한의 토지를 영업전으로 지급 후 매매 금지 주장(한전론), 『성호사설』 저술
정약용	마을에서 공동으로 토지를 소유·경작하고, 노동량에 따라 생산물 분배 주장(여전론), 『목민심서』 저술

- 상공업 중심의 개혁론: 상공업 진흥과 기술 개발을 통한 부국강병, 청의 선진 문물 수용 주장(북학파) 자료 1

유수원	직업의 평등 주장, 『우서』 저술
홍대용	기술 혁신과 문벌제도 폐지 주장, 『의산문답』 저술, 지전설 주장
박지원	수레와 선박, 화폐의 사용 등 주장, 『열하일기』 저술
박제가	청과의 교역 확대, 소비를 통한 생산 증대 등 주장, 『북학의』 저술

③ 영향: 북학파의 주장은 이후 개화사상에 영향을 줌

(2) 국학의 발달

① 배경: 중국 중심의 세계관 비판, 우리 역사·지리·언어 연구

② 분야

- 역사: 안정복의 『동사강목』, 유득공의 『발해고』
- 언어: 신경준의 『훈민정음운해』, 유희의 『언문지』
- 지리: 이중환의 『택리지』(각 지방의 자연환경, 인물, 경제, 풍속 등 소개), 정상기의 「동국지도」(100리를 1척으로 축척하여 제작), 김정호의 「대동여지도」(산맥, 하천, 포구, 도로망을 정밀하게 표시)

(3) 서학의 수용과 과학 기술의 발달

→ 중국 중심 세계관에서 벗어나 새로운 세계관과 우주관 형성에 영향을 주었어.

① 서학의 수용: 17세기 초부터 중국을 다녀온 사신을 통해 수용(지전설, 우주 무한론, 시헌력, 『기기도설』, 「곤여만국전도」, 천주교 등 전래)

② 과학 기술의 발달: 역법(김육의 건의로 시헌력 도입), 천문학(홍대용의 『의산문답』), 의학(허준의 『동의보감』), 농학(신속의 『농가집성』, 서유구의 『임원경제지』) 발달

(4) 동아시아 문화 교류 자료 2

① 일본과의 교류: 에도 막부의 요청으로 통신사 파견, 통신사를 통한 문화 교류

→ 쇼군의 권위를 국제적으로 인정받기 위해 통신사를 요청하였어.

② 청과의 교류

- 호란 이후 북벌을 추진하면서도 현실적으로 청의 존재를 인정
- 연행사의 역할: 공식 외교 업무 수행(중국 중심의 조공·책봉 체제 유지), 중국의 학자들과 교류, 서양 문물의 수용

용어 알기

- **막부** 1185~1868년(가마쿠라 막부~에도 막부)에 일본을 실질적으로 통치한 무사 정권
- **조공·책봉 관계** 전근대 동아시아에서 중국 주변의 나라들이 중국에 조공을 바치고 책봉을 받던 외교 관계를 이르는 말

2. 사회 풍속의 변화와 서민 문화의 확산

(1) 부계 중심의 가족 제도 강화

① 배경: 성리학적 생활 규범의 정착(『주자가례』 보급, 향약의 확산 등 → 부계 중심의 가족 제도 강화)

② 혼인 제도: 혼인 후 신부가 곧장 신랑 집으로 가 생활(친영례)

③ 제사와 재산 상속: 제사는 장남이 전담하고 재산도 장남이 대부분 상속받음, 아들이 없으면 양자를 들임 자료 3

④ 족보 편찬의 성행: 조선 후기 양반 가문에서 족보 편찬 성행, 양반 신분 유지 수단, 조상의 계보 및 양반 신분 과시

(2) 서민 문화의 발달

① 배경: 서민층의 경제력 성장, 서당 교육의 확대

② 특징: 서민들의 생각과 감정을 솔직하게 표현, 사회의 문제점과 부조리를 풍자

- 한글 소설: 『홍길동전』, 『춘향전』, 『흥부전』 등, 현실 부조리 비판
  → 서얼에 대한 차별을 비판하였어.
- 사설시조: 형식에 구애받지 않음, 현실 풍자
  → 한글 소설이 인기를 얻으면서 돈을 받고 책을 빌려주는 책방이 생기고, 전문적으로 책을 읽어 주거나 이야기를 들려주는 전기수가 등장하였어.
- 판소리: 창과 사설로 구성, 서민과 양반에 인기
- 탈놀이: 양반의 위선과 사회 모순 풍자, 장시나 포구 등에서 공연
  → 19세기에 신재효가 판소리 12마당을 6마당으로 정리하였으나, 현재는 춘향가, 심청가 등 5마당만 전해지고 있어.

(3) 예술의 새로운 경향

① 한문학: 사회 부조리를 비판하는 작품 등장, 박지원의 『양반전』·『허생전』

② 서예와 미술의 변화

- 서예: 조선의 독자적인 기법 등장 → 김정희(추사체 개발)
- 진경산수화의 등장: 우리 산천의 모습을 사실적인 그림으로 표현, 정선의 「인왕제색도」·「금강전도」

③ 풍속화와 민화의 유행

- 풍속화: 당시 생활상을 생동감있게 표현(김홍도, 신윤복)
- 민화: 이름을 알 수 없는 화가들에 의해 제작, 서민의 소박한 소망 반영, 다양한 소재(동식물, 문자 등), 생활 공간 장식

④ 건축: 양반·지주·부유한 상인의 지원으로 사원 건축(김제 금산사 미륵전, 구례 화엄사 각황전, 보은 법주사 팔상전 등)

⑤ 자기 공예: 백자 널리 사용, 청화 백자 유행

학습 내용 들여다보기

■ 여성의 사회적 지위 약화

족보	딸을 아들보다 뒤에 기재
재산	재산 상속 차별
혼인	혼인하면 바로 신랑 집에서 생활, 과부의 재혼 제한
호주	여성이 호주가 되는 비율 감소

■ 진경산수화

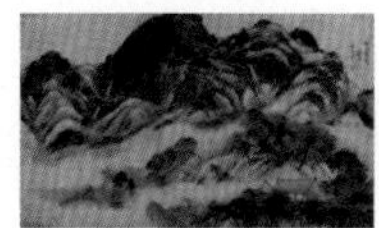
▲ 「인왕제색도」 (정선)

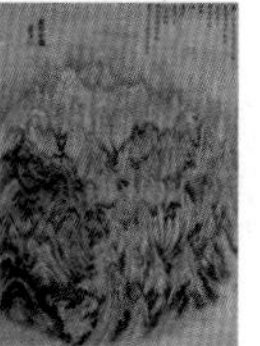
▲ 「금강전도」 (정선)

인왕산의 풍경을 사실적으로 그린 「인왕제색도」와 실제의 금강산을 그린 「금강전도」가 진경산수화의 대표적인 작품이다.

■ 청화 백자

청색 안료로 자기의 표면에 그림을 그린 자기로, 조선 후기에 유행하였다.

용어 알기

- **부계(父系)** 아버지 쪽의 혈연 계통
- **부조리** 이치에 맞지 아니하거나 도리에 어긋남

자료 1 실학자들의 개혁안

> 비유하건대, 재물은 대체로 우물과 같은 것이다. 퍼내면 차고, 버려두면 말라 버린다. 그러므로 비단옷을 입지 않아서 나라에 비단을 짜는 사람이 없게 되면 여공이 쇠퇴하고, 찌그러진 그릇을 싫어하지 않고 기교를 숭상하지 않아서 장인이 작업하는 일이 없게 되면 기예가 망하게 된다.
> – 박제가, 『북학의』 –

실학자들은 조선 사회가 당면한 현실 문제를 개혁하기 위해 방안을 제시하였다. 이러한 실학자들의 주장과 학문 연구는 후대의 학문 활동에 영향을 주었으며 특히 북학파의 주장은 개화사상에 영향을 주었다.

자료 2 연행사와 통신사

조선은 병자호란 이후 청에 연행사를 파견하였고, 일본에는 막부의 요청으로 통신사를 파견하였다. 연행사를 통해 청과 서양의 문물이 조선에 들어왔고, 일본은 조선의 통신사 파견을 통해 조선과 청의 선진 문화를 받아들였다.

자료 3 상속 제도의 변화

> 아비와 자식 사이의 정이라는 면에서 본다면 아들과 딸 사이에 차별이 있어서는 안 되겠지만 생전에 봉양할 방법이 없고 사후에 제사의 예마저 차리지 않는데 어찌 유독 재산만은 남자 형제와 균등하게 나누어 가질 수 있겠는가. 그러므로 딸들은 재산의 3분의 1만 나누어 갖도록 해라.
> – 「부안 김씨 우반 고문서」 –

양 난 이후 지배 체제의 동요에 위기의식을 느낀 지배 세력이 부계 중심의 친족 질서를 강조하는 유학을 사회 전반에 보급하면서 가부장적 질서가 강조되기 시작하였다.

기본 문제

간단 체크

1 다음 문화유산과 설명을 바르게 연결하시오.

(1) 택리지 • 　　　• ㉠ 100리를 1척으로 축척하여 제작

(2) 동국지도 • 　　　• ㉡ 10리마다 점을 찍어 거리를 나타냄

(3) 대동여지도 • 　　　• ㉢ 각 지방의 자연환경, 인물, 경제, 풍속 등 정리

2 빈칸에 들어갈 알맞은 말에 ○표 하시오.

(1) 조선은 청의 베이징으로 (통신사, 연행사)를 보내 문화 교류를 실시하였다.

(2) (에도 막부, 조선 정부)의 요청으로 일본에 통신사가 파견되었다.

(3) (동학, 서학)은 중국 중심의 세계관에서 벗어나 새로운 세계관과 우주관 형성에 영향을 주었다.

3 조선 후기의 생활 모습으로 설명이 맞으면 ○표, 틀리면 ×표 하시오.

(1) 결혼 후 신랑이 신부 집에서 생활하는 일이 많아졌다. (　　)

(2) 납속책, 공명첩 등으로 신분 상승이 가능하였다. (　　)

(3) 적장자 중심의 상속이 이루어졌다. (　　)

4 인물과 저서를 바르게 연결하시오.

(1) 신속 • 　　　• ㉠ 북학의

(2) 박제가 • 　　　• ㉡ 양반전

(3) 박지원 • 　　　• ㉢ 농가집성

(4) 서유구 • 　　　• ㉣ 의산문답

(5) 홍대용 • 　　　• ㉤ 임원경제지

1 다음과 같은 주장을 한 인물로 옳은 것은?

> 마을에서 공동으로 토지를 소유·경작하고, 노동량에 따라 생산물을 분배하도록 합시다.

① 정약용　② 유형원　③ 이익
④ 박지원　⑤ 박제가

2 다음과 같은 주장을 한 인물에 대한 설명으로 옳은 것은?

> 비유하건대, 재물은 대체로 우물과 같은 것이다. 퍼내면 차고, 버려두면 말라 버린다. 그러므로 비단옷을 입지 않아서 나라에 비단을 짜는 사람이 없게 되면 여공이 쇠퇴하고, 찌그러진 그릇을 싫어하지 않고 기교를 숭상하지 않아서 장인이 작업하는 일이 없게 되면 기예가 망하게 된다.

① 열하일기를 저술하였다.
② 지구가 돈다는 지전설을 주장하였다.
③ 청의 문물을 수용하자고 주장하였다.
④ 신분에 따라 토지를 재분배하자고 하였다.
⑤ 상공업의 발달을 억제해야 한다고 주장하였다.

3 밑줄 친 '학문'의 예로 적절하지 않은 것은?

> 17세기 초 오랑캐라 여겼던 청이 명을 멸망시키자 중국 중심의 세계관에서 벗어나려는 움직임으로 우리의 역사, 언어, 지리 등을 연구하는 <u>학문</u>이 발달하였다.

① 언문지　② 발해고
③ 택리지　④ 곤여만국전도
⑤ 훈민정음운해

4 (가), (나)에 들어갈 말을 옳게 짝지은 것은?

> (가) 은/는 에도 막부의 요청으로 파견한 사절단으로 외교 사절로서의 역할과 함께 문물 교류에 기여하였다.
> (나) 은/는 사대 관계에 따라 청의 베이징에 간 사신으로 서양 문물을 조선에 전하는 중요한 역할을 하였다.

	(가)	(나)
①	연행사	조사 시찰단
②	연행사	통신사
③	통신사	조사 시찰단
④	통신사	연행사
⑤	조사 시찰단	연행사

★ 중요 ★

5 다음 설명에 해당하는 그림으로 옳은 것은?

> 조선 후기 서민들은 자신들의 미적 감각에 맞게, 형식에 얽매이지 않는 자유로운 표현을 구사하였다. 아무 걱정 없이 행복하게 살고 싶은 백성의 작은 소망들을 담아 자신들의 생활 공간을 장식하였다.

①
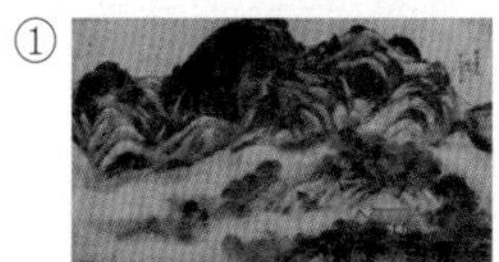
②
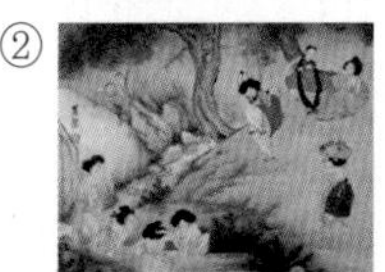
③

④

⑤

★ 중요 ★

6 자료에 나타난 시기에 볼 수 있는 모습으로 적절하지 <u>않은</u> 것은?

> 남매가 재산을 공평하게 나누면 제사도 똑같이 돌아가며 지내야 한다. 사대부가의 딸들은 시집간 후 본가의 제사를 마음대로 실행하지 못하니 …… 딸에게 몫을 나눠 주되 약간을 감하고, 본가의 제사를 돌아가며 지내지 말라.

① 시사 모임을 갖는 중인
② 아들이 없어 입양된 양자
③ 사설시조를 읊고 있는 농민
④ 족보를 편찬하고 있는 양반
⑤ 남편이 죽자 쉽게 재혼하는 양반집 여인

7 자료에 나타난 시기의 사회에 대한 설명으로 적절하지 <u>않은</u> 것은?

> 양반: 나는 사대부의 자손일세.
> 선비: 아니 뭐라꼬, 사대부? 나는 팔대부의 자손일세.
> 양반: 아니, 팔대부? 팔대부는 또 뭐야?
> 선비: 팔대부는 사대부의 갑절이지.
>
> – 안동 하회 별신굿 탈놀이 대사 중에서 –

① 사설시조가 유행하였다.
② 한글 소설이 유행하였다.
③ 상감 청자가 유행하였다.
④ 서당 교육이 확대되어 서민 의식이 성장하였다.
⑤ 서민층의 경제적 성장으로 서민 문화가 발달하였다.

8 다음에서 설명하는 화풍으로 옳은 것은?

> 과거에는 중국의 화첩을 보고 그대로 따라 그리는 경우가 많았으나 조선 후기에는 우리의 산천을 직접 눈으로 보고 그리는 그림이 등장하였다.

① 민화 ② 사군자화 ③ 풍속화
④ 문인화 ⑤ 진경산수화

실전 문제

1 **조선 후기 실학자와 설명을 옳게 연결한 것은?**

① 이익 – 여전론 주장
② 박제가 – 의산문답 저술
③ 유형원 – 청과의 교역 확대 주장
④ 홍대용 – 기술 혁신과 문벌제도 폐지 주장
⑤ 정약용 – 신분에 따라 토지 차등 지급 주장

2 **(가), (나)에 해당하는 인물에 대한 설명으로 옳은 것은?**

> (가): 영업전을 지급하고 매매를 금지해야 한다.
> (나): 우물물을 퍼내지 않으면 말라버리듯이 소비를 권장해야 생산이 활발해진다.

① (가) – 열하일기를 저술하였다.
② (가) – 토지 재분배를 통한 농촌 사회의 안정을 추구하였다.
③ (나) – 목민심서를 저술하였다.
④ (나) – 지구 자전을 소개하였다.
⑤ (가), (나) – 상공업 진흥과 기술 개발을 통한 부국강병을 추구하였다.

3 **실학에 대한 설명으로 옳지 않은 것은?**

① 실용적이고 실증적인 학문이다.
② 훈구 세력의 사상적 기반이었다.
③ 19세기 개화사상에 영향을 주었다.
④ 국가 정책에 직접 반영되지는 못하였다.
⑤ 사회 문제 해결에 대한 성리학의 한계로 등장하였다.

4 **(가)에 들어갈 내용으로 적절한 것은?**

> (가)
> – 10리마다 점을 찍어 거리를 나타냄
> – 산맥, 하천, 포구, 도로망 등을 정밀하게 표시
> – 각 첩을 접으면 책 한 권 크기로 줄어들어 휴대하고 다닐 수 있음

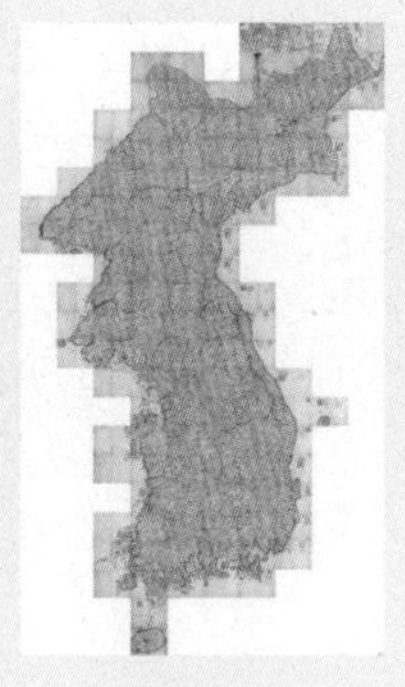

① 택리지 ② 팔도도 ③ 동국지도
④ 대동여지도 ⑤ 곤여만국전도

★ 중요 ★

5 **밑줄 친 '사절단'에 대한 설명으로 옳은 것은?**

> 호란 이후 조선은 북벌을 추진하면서도 현실적으로 청의 존재를 인정하였다. 조선이 당시 청에 파견한 사절단은 청의 수도 '연경'을 다녀오는 사신이라는 의미를 갖고 있었다.

① 임진왜란 이후 중단되었다.
② 에도 막부의 요청으로 시작되었다.
③ 청으로 보내는 사절단은 통신사라고 불렸다.
④ 서양 선교사들과 교류하면서 서양 문물을 접하였다.
⑤ 성리학·한문학·그림·글씨 등 조선 선진 문물을 전달하였다.

6 **조선 후기의 생활 모습으로 옳지 않은 것은?**

① 족보 편찬이 성행하였다.
② 여성이 호주가 되는 비율이 감소하였다.
③ 재산 상속이 남녀 균분으로 이루어졌다.
④ 적장자가 제사를 주관하는 것이 일반화되었다.
⑤ 혼인 후 신부가 곧장 신랑 집으로 가서 생활하는 경우가 많아졌다.

7 **조선 후기에 서민 문화가 발달할 수 있었던 배경만을 〈보기〉에서 고른 것은?**

| 보기 |

ㄱ. 북학파의 영향을 받았다.
ㄴ. 서당 교육이 확대되어 서민 의식이 성장하였다.
ㄷ. 서원과 향약을 중심으로 유교 윤리가 보급되었다.
ㄹ. 농업과 상공업의 발달로 서민층이 경제적으로 성장하였다.

① ㄱ, ㄴ ② ㄱ, ㄷ ③ ㄴ, ㄷ
④ ㄴ, ㄹ ⑤ ㄷ, ㄹ

8 **(가)에 들어갈 작품으로 옳은 것은?**

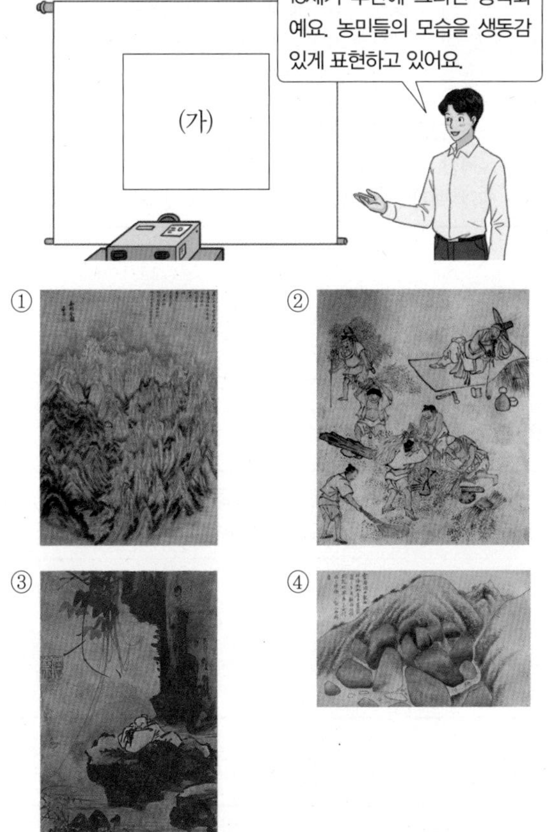

⑤

서술형 문제

1 **다음 인물들이 주장하는 토지 개혁 방안을 각각 서술하시오.**

유형원, 이익, 정약용

2 **(가)는 조선 전기 재산 상속, (나)는 조선 후기 재산 상속과 관련된 내용이다. 다음을 읽고 물음에 답하시오.**

(가) 무릇 자손에게 남기는 글에는 자손을 경계하는 말도 있고, 노비나 토지·가옥을 처리하는 가정사도 있습니다. …… 어찌 아들과 딸, 친손과 외손을 구별할 수 있겠습니까? 조부모나 부모의 마음으로 본다면 애당초 친손이나 외손의 구별이 없는 다 같은 자식입니다.

– 『성종실록』 –

(나) 아비와 자식 사이의 정이라는 면에서 본다면 아들과 딸 사이에 차별이 있어서는 안 되겠지만 생전에 봉양할 방법이 없고 사후에 제사의 예마저 차리지 않는데 어찌 유독 재산만은 남자 형제와 균등하게 나누어 가질 수 있겠는가. 그러므로 딸들은 재산의 3분의 1만 나누어 갖도록 해라.

– 『부안 김씨 우반 고문서』 –

(1) 위 자료를 보고 재산 상속 방식의 변화를 서술하시오.

(2) 위와 같이 재산 상속 방식이 변한 이유를 서술하시오.

대단원 정리

❶ 붕당 정치의 전개와 변질

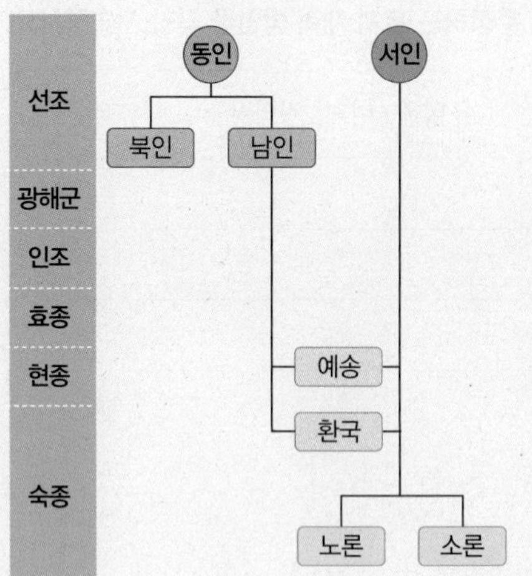

사림이 선조 때 동인과 서인으로 갈라진 이후 붕당 정치가 전개되었다. 초기에는 서로의 학문적인 입장을 인정하면서 상호 비판과 견제 속에서 정치를 운영하였으나, 현종 때 두 차례의 (①　　　)이/가 일어나게 되면서 붕당 간의 대립이 심화되었다. 숙종 때 이르러 정국을 주도하는 붕당이 급격히 교체되는 (②　　　)이/가 발생하였다.

답 ① 예송 ② 환국

❷ 세도 정치

■ 세도 가문의 비변사 고위직 점유율

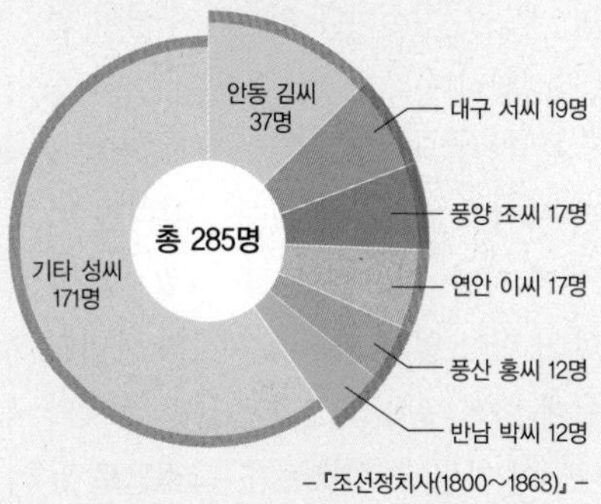

-『조선정치사(1800~1863)』-

정조 사후 순조, 헌종, 철종 3대에 걸쳐 유력한 가문의 중심 인물이 정치를 주도하였는데, 이를 (①　　　)(이)라 한다. 이 시기 관리들의 부정부패가 심화되고, 전정·군정·환곡의 (②　　　)이/가 문란해졌다.

답 ① 세도 정치 ② 삼정

❸ 모내기법의 확대

> 이앙(모내기)하는 것은 세 가지 이유가 있다. 김매기의 노력을 더는 것이 첫째요, 두 땅의 힘으로 하나의 모를 서로 기르는 것이 둘째이며, 좋지 않은 것은 솎아 내고 싱싱하고 튼튼한 것을 고를 수 있는 것이 셋째이다.
>
> – 서유구,『임원경제지』–

조선 후기 (①　　　)이/가 전국으로 확대되어 노동력이 절감되고 생산량이 증대되었으며, 쌀과 보리의 이모작이 가능해졌다. 이로 인해 광작이 가능해졌다.

답 ① 모내기법(이앙법)

1. 조선 후기의 정치 변동

1. 통치 체제의 정비

구분	내용
정치	비변사 기능 강화(최고 정무 기구) → 의정부와 6조의 기능 약화
군사	• 중앙군: 5군영 체제(훈련도감, 어영청, 총융청, 수어청, 금위영) • 지방군: 속오군 제도 실시

2. 조세 제도의 변화

구분	내용
전세	영정법(풍흉과 관계없이 토지 1결당 쌀 4~6두 고정)
공납	대동법(토지 결수를 기준으로 쌀, 옷감, 동전 등 징수)
군역	균역법(군포 1년에 1필로 감소)

3. 붕당 정치의 전개와 변질❶

구분		내용
예송		현종 때 서인과 남인이 두 차례 대립
환국 정치		숙종 때 서인과 남인의 대립으로 급격한 정권 교체
탕평 정치	영조	• 탕평책 실시, 서원 정리, 이조 전랑의 권한 약화 • 균역법 실시, 가혹한 형벌 금지, 신문고 부활, 청계천 정비,『속대전』,『동국문헌비고』 편찬
	정조	• 노론 견제, 소론과 남인 세력 등용 • 규장각 기능 강화, 장용영 설치, 수원 화성 건설, 금난전권 폐지,『대전통편』 편찬
세도 정치❷		• 순조, 헌종, 철종 시기 • 유력한 가문의 중심 인물이 정치를 주도 • 폐단: 매관매직 성행, 관리들의 부정부패 극심

2. 사회 변화와 농민 봉기

1. 경제 활동의 변화

구분	내용
농업	• 모내기법 확대, 광작 성행, 상품 작물 재배❸ • 농민층의 분화: 일부 부농층과 대다수의 농민 몰락
상업	공인 등장, 사상 성장, 장시 발달
수공업	민간 수공업 발달
광업	민간인에게 채굴 허용

2. 신분제의 동요

구분	내용
양반	몰락 양반 증가
중인층	서얼과 기술직 중인의 신분 차별 반대 운동
상민	납속책, 공명첩, 족보 매입 등
노비	납속, 군공, 도망, 노비종모법 실시, 공노비 해방

3. 민심의 혼란

삼정의 문란	전정, 군정, 환곡의 문란
종교와 사상	『정감록』, 미륵 신앙, 무속 신앙 성행, 천주교와 동학의 등장
홍경래의 난❹ (1811)	평안도 지역민 차별, 세도 정권 수탈로 인해 발생 → 정주성에서 패배
임술 농민 봉기 (1862)	세도 정권 수탈 심화 → 진주 농민 봉기를 시작으로 삼남 지방을 중심으로 확산

3. 학문과 예술의 새로운 경향 ~ 생활과 문화의 새로운 양상

1. 다양한 학문의 발전

실학❺	농업 중심 개혁론	• 토지 재분배를 통한 농촌 사회 안정 추구 • 유형원(균전론), 이익(한전론), 정약용(여전론)
	상공업 중심 개혁론	• 상공업 진흥과 기술 개발을 통한 부국강병 추구, 북학파 • 유수원(직업 평등), 홍대용(기술 혁신, 문벌제도 폐지), 박지원(수레 · 선박 · 화폐의 사용), 박제가(소비 강조)
국학	역사	안정복(『동사강목』), 유득공(『발해고』)
	언어	신경준(『훈민정음운해』), 유희(『언문지』)
	지리	이중환(『택리지』), 정상기(「동국지도」), 김정호(「대동여지도」)
서학	서양 과학 기술 전래: 「곤여만국전도」 유입	

2. 동아시아 문화 교류

통신사	에도 막부의 요청으로 일본에 파견한 사절단
연행사	• 청과의 공식 외교 업무 수행 • 중국의 학자들과 교류, 서양 문물 수용

3. 예술의 부흥, 서민 문화의 발달

문학	한문학(『양반전』, 『허생전』), 한글 소설(『홍길동전』, 『춘향전』), 사설시조
서예	김정희(추사체 개발)
미술❻	진경산수화, 풍속화, 민화
공연	판소리, 탈놀이

4. 성리학적 질서의 강화

배경	양 난 이후 성리학적 생활 규범 강화
혼인 제도	친영례
제사 · 재산 상속	• 적장자 중심의 제사 · 재산 상속 • 양자 입양
족보 편찬	신분 유지 수단, 족보 편찬 성행

❹ 농민 봉기의 발생

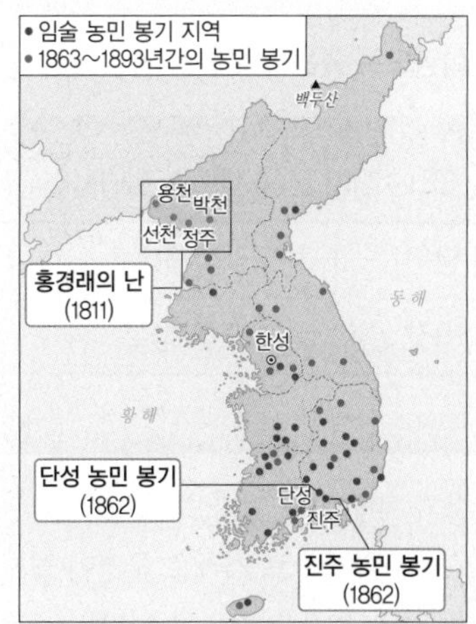

• (①   ) 사람들에 대한 차별과 세도 정치의 폐단으로 인해 홍경래의 난(1811)이 발생하였다.
• 1862년에는 (②   )에서 발생한 농민 봉기를 계기로 전국으로 봉기가 확산되었다.

답 ① 평안도 ② 진주

❺ 실학의 대두

• 토지 제도가 바로잡히면 모든 일이 제대로 될 것이다. 백성은 일정한 직업을 갖게 되고, 군사 행정에서는 도망간 사람을 찾는 폐단이 없어질 것이며, 모두 자기 직책을 갖게 될 것이므로 민심이 안정되고 풍속이 도타워질 것이다. – 유형원, 『반계수록』 –

• 비유하건대, 재물은 대체로 우물과 같은 것이다. 퍼내면 차고, 버려두면 말라 버린다. 그러므로 비단옷을 입지 않아서 나라에 비단을 짜는 사람이 없게 되면 여공이 쇠퇴하고, 찌그러진 그릇을 싫어하지 않고 기교를 숭상하지 않아서 장인이 작업하는 일이 없게 되면 기예가 망하게 된다. – 박제가, 『북학의』 –

기존의 성리학을 바탕으로 삼되 현실 문제를 해결하기 위해 등장한 학문인 (①   )은/는 크게 농업 중심의 개혁론과 상공업 중심의 개혁론으로 발달하였다.

답 ① 실학

❻ 조선 후기의 그림

▲「인왕제색도」(정선)

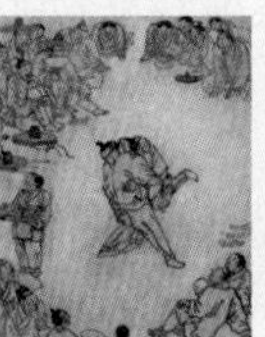
▲「씨름」(김홍도)

▲「호랑이와 까치」

조선 후기에 중국 화풍을 모방하던 기존의 산수화에서 벗어나 우리의 자연을 직접 보고 그리는 (①   )이/가 유행하였다. 더불어 당시 생활상을 생동감 있게 표현한 (②   )와/과 이름이 알려지지 않은 화가들이 다양한 소재를 이용하여 서민들의 소망을 담아 생활 공간을 장식한 (③   )이/가 유행하였다.

답 ① 진경산수화 ② 풍속화 ③ 민화

대단원 마무리

1 ㉠, ㉡에 대한 설명으로 옳은 것은?

〈조선 후기 군사 제도의 정비〉

중앙군	㉠ 5군영 체제
지방군	㉡ 속오군 창설

① ㉠ – 비변사가 포함되어 있다.
② ㉠ – 훈련도감을 시작으로 차례로 군영이 설치되었다.
③ ㉡ – 직업 군인의 성격을 지니고 있다.
④ ㉡ – 평민과 노비로만 구성된 조직이다.
⑤ ㉠, ㉡ – 임진왜란이 일어나기 전에 정비되었다.

서술형

2 밑줄 친 ㉠에 해당하는 내용을 서술하시오.

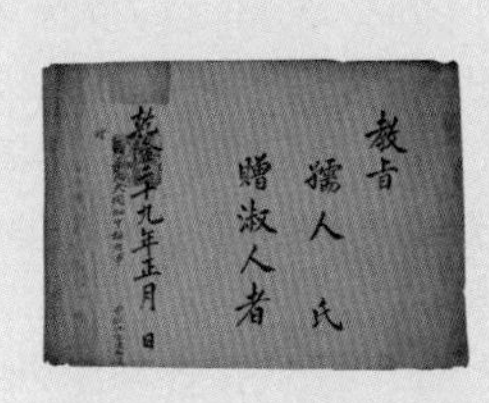

정부가 재정 보충을 위해 돈이나 곡식 등을 받고 발행한 관직 임명장이다. 공명첩의 발급은 ㉠ 조선 후기 신분제 변화에 영향을 미쳤다.

3 다음 조세 제도에 대한 설명으로 적절한 것은?

집집마다 부과하던 토산물 대신 토지 1결당 쌀, 옷감, 동전 등을 거두었다.

① 토지세에 대한 부담이 줄어들었다.
② 지주들의 적극적인 찬성 아래 도입되었다.
③ 국가에 필요한 물품을 조달하는 공인이 생겨났다.
④ 지역에서 생산되지 않는 물품을 부과하는 경우가 생겼다.
⑤ 세금을 대신 납부하고 그 대가로 이자를 받아 내는 방납이 성행하였다.

4 예송에 대한 설명으로 옳은 것은?

① 조광조의 급진적인 개혁으로 발생하였다.
② 이조 전랑 임명과 관련한 대립으로 발생하였다.
③ 자의 대비의 상복 착용 기간에 대한 대립으로 발생하였다.
④ 권력을 장악한 서인이 남인을 처리하는 문제로 대립하였다.
⑤ 동인이 집권한 뒤 서인에 대한 처벌 정도를 두고 대립하였다.

5 다음 사건이 일어난 시기를 연표에서 옳게 고른 것은?

역 사 신 문 ○○○○년 ○○월 ○○일

서인, 노론과 소론으로 분열되다.

경신년에 남인이 몰락하고 서인이 정권을 장악하였다. 기사년에는 희빈 장씨 중전 책봉으로 남인이 다시 정권을 장악하더니, 갑술년에는 인현 왕후를 복위시키고 서인이 다시 정권을 장악하였다.

	(가)		(나)		(다)		(라)		(마)	
중종 반정		임진 왜란		인조 반정		숙종 즉위		장용영 설치		순조 즉위

① (가) ② (나) ③ (다)
④ (라) ⑤ (마)

6 다음 왕에 대한 설명으로 옳은 것은?

① 화성을 건설하였다.
② 영정법을 제정하였다.
③ 금난전권을 폐지하였다.
④ 속대전, 동국문헌비고 등을 편찬하였다.
⑤ 중립 외교 정책을 통해 실리를 추구하였다.

7 **자료에 나타난 시기의 사회 모습으로 옳지 않은 것은?**

정조 사후 순조, 헌종, 철종의 3대에 걸쳐 나타난 정치의 폐단을 보여 주는 글입니다.

세력을 휘두르는 대여섯 집안이 재상 자리, 대감 자리, 모두 다 차지하고 관찰사, 절제사도 완전히 차지하네. 도승지, 부승지는 모두 이들이며 사헌부, 사간원도 전부가 이들이라. 이들이 모두 다 벼슬아치 노릇하며 이들이 오로지 소송 판결하네.

– 정약용, 『여유당전서』 –

① 삼정의 문란이 심화되었다.
② 과거제의 문란이 심화되었다.
③ 여러 붕당이 서로 견제하며 공존하였다.
④ 관직을 사고 파는 매관매직이 성행하였다.
⑤ 정부에서 암행어사를 파견하였으나 큰 효과가 없었다.

서술형

8 **다음 비석을 세운 왕이 실시한 정책을 세 가지 이상 서술하시오.**

▲ 탕평비

9 **다음 농법이 전국으로 확대된 시기의 모습으로 옳지 않은 것은?**

이앙(모내기)하는 것은 세 가지 이유가 있다. 김매기의 노력을 더는 것이 첫째요, 두 땅의 힘으로 하나의 모를 서로 기르는 것이 둘째이며, 좋지 않은 것은 솎아 내고 싱싱하고 튼튼한 것을 고를 수 있는 것이 셋째이다.

– 서유구, 『임원경제지』 –

① 신분제가 동요하였다.
② 민간 수공업이 발달하였다.
③ 혼인 후 처가에서 사는 경우가 많았다.
④ 인삼, 담배 등 상품 작물을 재배하였다.
⑤ 광작이 가능해져 부유한 농민들이 생겨났다.

10 **조선 후기 경제에 대한 설명으로 옳지 않은 것은?**

① 전국에 장시가 증가하였다.
② 국가 주도 수공업이 발달하였다.
③ 금난전권 폐지로 사상이 성장하였다.
④ 대동법의 시행으로 공인이 등장하였다.
⑤ 광물 수요 증가로 민간인의 채굴을 허용하였다.

11 **다음에서 설명하고 있는 신분으로 옳은 것은?**

- 역관, 의관 등의 기술직에 많이 종사하였다.
- 고위 관직에 오를 수 있도록 건의서를 올리는 대규모 소청 운동을 전개하였으나 받아들여지지 않았다.

① 노비　② 상민
③ 양반　④ 중인
⑤ 천민

12 **다음과 같은 상황이 발생한 시기의 사회 모습으로 옳지 않은 것은?**

> 관청에서 곡식을 억지로 빌려주고 높은 이자를 붙여 곡식을 받아 간 경우가 많았다. 심지어는 곡식을 빌리지 않은 사람에게 곡식의 이자를 바치도록 강요하기도 하였다.

① 예언 사상이 확산되었다.
② 직전법이 처음 실시되었다.
③ 신분제의 동요가 일어났다.
④ 세도 정치의 지속으로 정치 기강이 무너졌다.
⑤ 사회 체제에 대해 불만을 품은 농민은 세금을 거부하기도 하였다.

13 **대화가 이루어지던 시기에 볼 수 있는 모습으로 적절한 것은?**

① 권력을 독점하는 세도 가문
② 의도적으로 집권 붕당을 교체하는 왕
③ 세조의 집권을 도와 정권을 장악하는 세력
④ 예를 둘러싸고 논쟁을 벌이는 서인과 남인
⑤ 훈구 세력을 견제하기 위해 중앙 정계에 진출한 사림

14 **다음과 관련된 봉기에 대한 설명으로 옳은 것은?**

> • 평안도 사람들에 대한 차별
> • 정주성 싸움에서 관군에게 패배

① 홍경래가 이끌었다.
② 조광조의 개혁 정치에 반발하여 일어났다.
③ 경상도 우병사 백낙신의 수탈이 심하였다.
④ 몰락 양반 유계춘을 중심으로 봉기하였다.
⑤ 인조반정 이후 공신 책봉에 대한 불만이 원인이었다.

15 **밑줄 친 ㉠에 해당하는 것만을 〈보기〉에서 고른 것은?**

> 오랑캐라 여겼던 청이 명을 멸망시키자 조선에서 ㉠ 중국 중심의 세계관에서 벗어나 우리의 역사, 언어, 지리 등을 연구하는 움직임이 나타났다.

보기	
ㄱ. 발해고	ㄴ. 기기도설
ㄷ. 동사강목	ㄹ. 곤여만국전도

① ㄱ, ㄴ　② ㄱ, ㄷ　③ ㄴ, ㄷ
④ ㄴ, ㄹ　⑤ ㄷ, ㄹ

16 **다음과 같은 주장을 한 실학자에 대한 설명으로 옳은 것만을 〈보기〉에서 고른 것은?**

> 대저 땅덩이는 하루 동안 한 바퀴를 도는데, 땅 둘레는 9만 리이고 하루는 12시이다. 9만 리 넓은 둘레를 12시간에 도니 천둥, 번개나 포탄보다 더 빠른 셈이다. …… 서양 어떤 지역은 지혜와 기술이 정밀하고 소상하여 측량에 있어서 해박하고 자세하니, 지구가 둥글다는 설은 다시 의심할 여지도 없다.

보기
ㄱ. 북학의를 저술하였다.
ㄴ. 의산문답을 저술하였다.
ㄷ. 청의 선진 문물 수용을 주장하였다.
ㄹ. 상공업 발달을 억제해야 한다고 주장하였다.

① ㄱ, ㄴ　② ㄱ, ㄹ　③ ㄴ, ㄷ
④ ㄴ, ㄹ　⑤ ㄷ, ㄹ

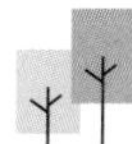

17 양 난 이후 조선의 대외 관계에 대한 설명으로 옳은 것은?

① 연행사를 통해 서양 문물을 수용하였다.
② 왜란 이후 일본과의 국교를 계속 중단하였다.
③ 병자호란이 끝난 뒤 청에 통신사를 파견하였다.
④ 호란 이후 중국과의 조공·책봉의 형식이 없어졌다.
⑤ 조선은 일본에 정기적으로 사절단 파견을 요청하였다.

서술형

18 조선 후기에 그려진 다음과 같은 그림의 특징을 세 가지 서술하시오.

19 조선 후기 서민 문화가 발달하게 된 배경으로 가장 적절한 것은?

① 성리학이 발달하였다.
② 탕평책이 시행되었다.
③ 서당 교육이 확대되었다.
④ 신분 질서가 강화되었다.
⑤ 선종 불교가 도입되었다.

20 (가)에 들어갈 내용으로 적절하지 않은 것은?

〈다큐멘터리 촬영 계획〉

- 주제: 조선 후기 예술
- 다룰 내용: (가)

① 독자적인 추사체 개발
② 최초의 한문 소설, 금오신화
③ 사회 부조리를 비판하는 한문 소설, 양반전
④ 양반의 위선과 사회 모순을 풍자하는 탈놀이
⑤ 우리 산천의 모습을 사실적으로 그린 인왕제색도

21 (가)에 들어갈 내용으로 가장 적절한 것은?

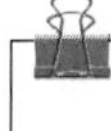

〈수행 평가 보고서〉

- 주제: 조선 후기 사회 변화
- 배경: (가)
- 사회 변화
  - 족보 편찬의 성행
  - 열녀 표창
  - 친영례 확산

① 여성의 지위 향상
② 평등사상의 전파 확산
③ 성리학적 사회 질서 강화
④ 모계 중심의 가족 제도 확립
⑤ 서양 문물의 전래에 따른 사상 변화

VI

근현대 사회의 전개

01 국민 국가의 수립 (1)

학습 내용 들여다보기

■ **제너럴 셔먼호 사건**

미국인 소유 상선 제너럴 셔먼호가 대동강을 거슬러 올라와 통상을 요구하며 군민에 피해를 주다 격파되어 침몰한 사건이다.

■ **운요호 사건(1875)**

일본 군함 운요호가 불법으로 강화도와 영종도를 공격한 사건이다.

■ **집강소**

전라도 일대의 각 관아에 설치된 농민 자치 기구로, 지역의 치안 유지 등을 담당하며 농민층의 요구를 반영한 폐정 개혁을 추진하였다.

■ **군국기무처**

군국기무처는 갑오개혁 때 개혁안을 의결한 기구로 3개월간 약 210건의 안건을 심의하여 통과시켰다.

■ **청일 전쟁**

1894년에 청과 일본이 조선을 두고 벌인 전쟁이다. 청일 전쟁이 일본의 승리로 끝나면서 동아시아에서는 중국 중심의 질서가 무너지고 일본의 영향력이 커졌으며, 조선에서 일본의 내정 간섭도 심해졌다.

용어 알기

- **개항** 항구를 열어 외국과의 통상을 허용함
- **통리기무아문** 1880년에 개화 정책을 총괄하기 위해 설치한 기구
- **위정척사** 바른 것(성리학적 사회 질서)을 지키고, 그릇된 것(서양의 문물과 사상)을 물리친다는 뜻
- **화약** 화목하게 지내기 위해 약속을 맺음

1. 문호 개방과 근대적 개혁의 추진

(1) 문호 개방과 개화 정책의 추진 자료 1

① 흥선 대원군의 통상수교 거부 정책: 병인양요, 신미양요, 척화비 건립

→ 천주교 신자들과 프랑스 선교사들을 처형한 사건이야.

→ '서양 오랑캐가 침범하였을 때 싸우지 않는다는 것은 화친하는 것이요, 화친을 주장하는 것은 나라를 파는 것이다.'라고 새겨져 있어.

병인양요	병인박해를 구실로 프랑스군이 강화도 침입, 외규장각 도서 약탈
신미양요	제너럴 셔먼호 사건을 구실로 미군이 강화도 침입 → 어재연의 광성보 항전

→ 당시 약탈된 의궤는 2011년에 반환되었어.

② 강화도 조약 체결(1876): 일본이 운요호 사건을 일으킨 후 이를 빌미로 조약 강요, 부산·원산·인천 개항, 일본에 영사 재판권과 해안 측량권 등 보장

→ 최초의 근대적 조약이자, 불평등 조약이야.

③ 개화 정책의 추진: 통리기무아문이 주도, 별기군 창설

→ 선진 문물 수용을 위해 청과 일본 등에 사절단을 파견하였어.

④ 개화 정책에 대한 반발

- 위정척사 운동: 보수 유생층을 중심으로 개항과 개화 정책에 반대, 최익현의 개항 반대 상소
- 임오군란(1882): 구식 군인들이 별기군과의 차별 대우에 반발, 도시 빈민들이 합세 → 청군에 진압됨

→ 신식 무기를 지급받고 일본인 교관에게 훈련을 받았어.

⑤ 갑신정변(1884): 김옥균 등 급진 개화파가 우정총국 개국 축하연을 이용하여 정변을 일으킴, 근대 국가 수립 추진 시도 자료 2 자료 3

(2) 근대적 개혁의 추진

동학 농민 운동 (1894) 자료 4	전개	전봉준이 이끄는 농민군이 전라도에서 봉기 → 전주 화약 체결 후 집강소를 설치하고 개혁 추진
	주장	신분제 개혁, 조세 제도 개혁, 외세 배격 등 주장
갑오·을미개혁 (1894~1895)	배경	일본의 간섭 아래 군국기무처가 설치되어 개혁 추진
	내용	• 갑오개혁: 신분제·과거제 폐지, 낡은 악습 개선 등 추진 • 을미개혁: 단발령 시행, 태양력 사용

→ 조혼 금지, 과부 재가 허용 등이 실시되었어.

(3) 일본과 러시아의 침탈

을미사변(1895)	청일 전쟁 이후 삼국 간섭 → 일본이 명성 황후 시해
아관 파천(1896)	을미사변 직후 신변의 위협을 느낀 고종이 러시아 공사관으로 처소를 옮김 → 열강의 이권 침탈 심화

자료 1 병인양요와 신미양요

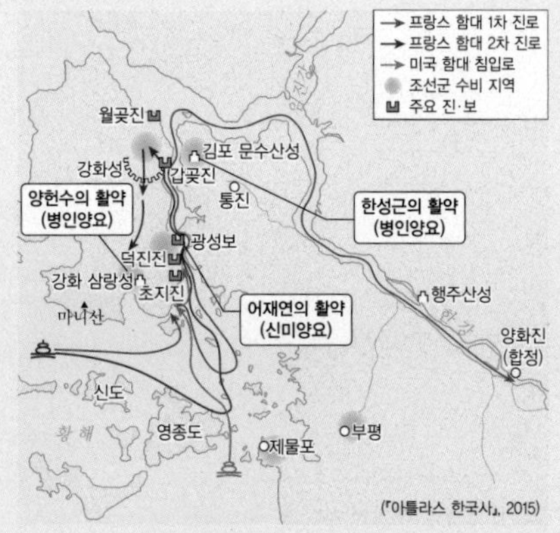

(『아틀라스 한국사』, 2015)

병인양요(1866)는 프랑스가, 신미양요(1871)는 미국이 통상을 요구하며 강화도를 침략한 사건이다.

자료 2 갑신정변 개혁 정강

- 문벌을 폐지하여 인민 평등의 권리를 세워, 능력에 따라 관리를 임명한다.
- 지조법을 개혁하여 관리의 부정을 막고 국가 재정을 확충한다.
- 대신들은 의정부에 모여 정령을 의결하고, 반포한다.

– 김옥균, 『갑신일록』 –

급진 개화파는 갑신정변을 일으키고 개혁안을 발표하였다. 갑신정변의 개혁 정강에는 청에 대한 사대 관계 폐지, 인민 평등권 확립, 능력에 따른 인재 등용, 조세 제도 개혁 등의 내용이 포함되었다.

자료 3 개화파의 분화

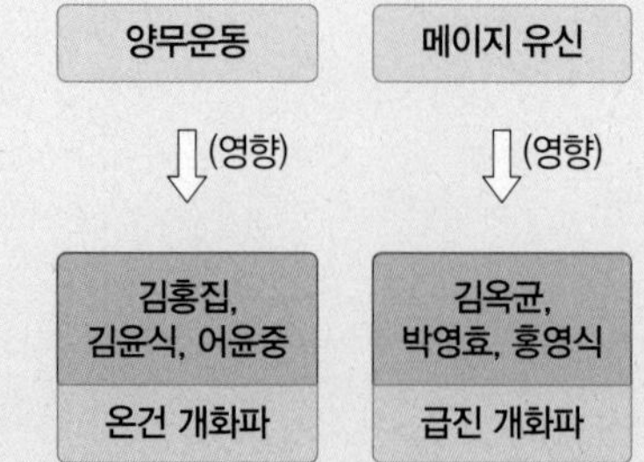

개화파는 정책 방향 등을 두고 온건 개화파와 급진 개화파로 나뉘었다. 조선의 온건 개화파는 청의 양무운동(전통적인 정치 체제를 유지하며 서양의 근대 기술을 받아들임)을 모범으로 삼은 반면, 급진 개화파는 일본의 메이지 유신(서양의 기술뿐만 아니라 정치 제도도 받아들임)을 본받아야 한다고 주장하였다.

2. 국민 국가 수립을 위한 노력

(1) 대한 제국 수립(1897)

① 국호는 대한 제국, '광무' 연호 제정, 고종이 황제로 즉위

② 광무개혁: 구본신참, 산업과 실업 교육 장려, 지계(근대적 토지 소유권) 발급

→ '옛 법을 근본으로 하고 새로운 제도를 참조한다'는 뜻이야.

③ 대한국 국제 반포(1899): 황제권 강화 자료 5

(2) 독립 협회의 설립과 활동

① 배경: 서재필 주도로 독립신문 창간

② 활동: 독립문 건립, 토론회·연설회 개최(민중 계몽 활동), 만민 공동회 개최, 관민 공동회에서 헌의 6조 결의

→ 만민 공동회: 러시아의 이권 침탈을 규탄하였어.

(3) 일제의 국권 침탈과 국권 수호 노력

① 일제의 국권 침탈

→ 을사늑약에 대한 반발로 민영환 자결, 장지연 「시일야방성대곡」, 최익현 의병 운동, 을사오적 암살단, 안중근의 이토 히루부미 사살 등이 일어났어.

- 러일 전쟁(1904~1905): 일본이 한국에 대한 독점적 지배권 확보
- 을사늑약 체결(1905): 한국의 외교권 강탈, 통감부 설치
- 국권 강탈: 헤이그 특사 파견을 구실로 고종의 강제 퇴위, 대한 제국 군대 해산, 한국 강제 병합(1910)

→ 통감부: 초대 통감으로 이토 히로부미가 부임했어.

② 국권 수호 운동

- 항일 의병 운동: 을미의병, 을사의병(최익현·신돌석 등), 정미의병(해산된 군인 합류, 서울 진공 작전 등)
- 애국 계몽 운동: 신민회 → 국권 회복과 공화정 체제의 근대 국민 국가 수립 추구(민족 교육을 위한 학교 설립, 만주에 신흥 강습소 설립)

→ 학교 설립: 안창호는 평양에 대성 학교를, 이승훈은 정주에 오산 학교를 세웠어.

(4) 독도 영유권 문제: 고종이 대한 제국 칙령 제41호(1900) 발표, 일본이 러일 전쟁 중에 독도를 자국 영토로 편입(시마네현 고시 제40호) 자료 6

더 알아보기 독도가 우리 고유의 영토임을 증명하는 자료

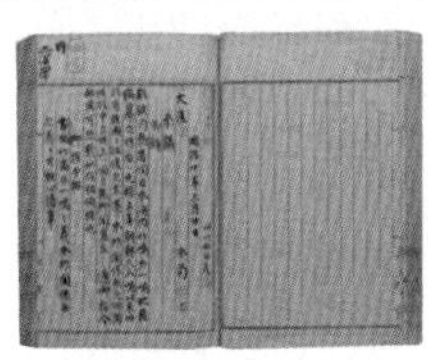
▲ 일본 「태정관 지령」(1877)

1877년 일본 정부의 최고 행정 기관인 태정관에서 일본 내무성에 보낸 공문서에는 '울릉도와 독도는 일본과 관계 없다.'라는 내용이 기재되어 있다. 일본의 문부성의 검정 교과서에 실린 지도에도 독도가 일본 국경선 밖에 있다.

학습 내용 들여다보기

■ 황궁우와 환구단

1897년 고종은 환구단에서 즉위식을 거행하고, 연호를 '광무'로 제정하였다.

■ 독립신문

서재필이 정부의 지원을 받아 창간한 최초의 민간 신문으로 한글판과 영문판으로 발행되었다.

■ 헤이그 특사

고종은 을사늑약의 부당성을 알리고자 1907년 네덜란드 헤이그에서 열린 만국 평화 회의에 이준, 이상설, 이위종을 특사로 파견하였다. 이들은 헤이그에 도착하였지만, 일본과 영국의 방해로 회의에 참석하지 못하고, 여러 나라 기자들 앞에서 이위종이 성명서를 발표하는 데 만족해야 했다.

용어 알기

- **침탈** 남의 영역을 강제적으로 침범하여 빼앗음
- **퇴위** 임금이나 관리의 자리에서 물러남

자료 4 동학 농민 운동의 전개 과정

동학 농민 운동은 안으로는 사회 개혁을 추구한 반봉건 운동이고, 밖으로는 외세의 침략을 막아내려 한 반외세 운동이었다.

자료 5 대한국 국제(1899)

제1조 대한국은 세계 만국에 공인된 자주독립 제국이다.
제2조 대한 제국의 정치는 만세토록 변하지 않을 전제 정치이다.
제3조 대한국 황제는 무한한 군주권을 지니고 있다.
제5조 대한국 황제는 육해군을 통솔하고 계엄의 시행을 명할 수 있다.
제6조 대한국 황제는 법률을 제정할 수 있고, …… 법률을 개정할 권리를 가진다.

- 「고종실록」 -

고종은 실추된 군주권을 회복하고 자주독립 국가로 위상을 높이고자 광무개혁을 통해 대한 제국을 선포하였고, 대한국 국제를 반포하여 황제에게 권력을 집중하였다.

자료 6 대한 제국 칙령 제41호(1900)

제1조 울릉도를 울도로 개칭해서 강원도에 부속시키고, 도감을 군수로 개정하여 관제에 편입하며 군의 등급을 5등으로 한다.
제2조 군청의 위치는 태하동으로 정하고, 구역은 울릉 전도와 죽도, 석도를 관할한다.

고종은 1900년에 대한 제국 칙령 제41호를 공포해 독도를 울릉군의 관할로 하였고, 이 조치는 일본이 발표한 시마네현 고시 제40호보다 5년 일찍 취해진 것이다.

기본 문제

간단 체크

1 빈칸에 들어갈 말을 쓰시오.

(1) 흥선 대원군은 전국 각지에 서양 세력과 화친을 맺지 않겠다는 내용의 (　　　　)을/를 세웠다.

(2) 일본은 운요호 사건을 일으켜 조선에 개항을 요구하였고, 이에 조선 정부도 일본과 (　　　　)을/를 맺어 문호를 개방하였다.

(3) 김옥균 등 급진 개화파는 우정총국 개국 축하연을 기회로 (　　　　)을/를 일으켰다.

(4) 고종이 환구단에서 황제 즉위식을 거행하고, 이후 (　　　　)을/를 반포하였다.

(5) 을사늑약 체결에 반발하여 고종은 만국 평화 회의가 열린 (　　　　)에 특사를 파견하였다.

2 다음 인물과 관련된 활동을 바르게 연결하시오.

(1) 전봉준 • 　　　• ㉠ 독립신문 창간
(2) 서재필 • 　　　• ㉡ 을사 의병 주도
(3) 안중근 • 　　　• ㉢ 동학 농민 운동 전개
(4) 신돌석 • 　　　• ㉣ 이토 히로부미 사살

3 다음에서 설명하는 사건을 〈보기〉에서 골라 쓰시오.

보기
임오군란, 갑오개혁, 을사늑약 체결

(1) 개화 정책에 대한 불만과 구식 군인에 대한 차별 대우로 인해 발생하였다. (　　　　)

(2) 신분제가 폐지되고 봉건적인 악습이 개선되었다. (　　　　)

(3) 한국의 외교권이 강탈되고 통감부가 설치되었다. (　　　　)

4 다음 사건을 일어난 순서대로 바르게 나열하시오.

(가) 고종 강제 퇴위　　(나) 러일 전쟁 발발
(다) 헤이그 특사 파견　　(라) 을사늑약 체결

(　　　　)

1 (가) 사건의 배경으로 옳은 것은?

사진은 어재연 장군의 수자기이다. 수자기는 (가) 때 광성보 전투에서 미국에 빼앗긴 깃발로, 2007년에 반환되었다.

① 강화도 조약이 체결되었다.
② 프랑스 선교사가 피살되었다.
③ 외규장각 도서를 약탈하였다.
④ 제너럴 셔먼호 사건이 발생하였다.
⑤ 오페르트가 남연군 묘를 도굴하려 하였다.

★ 중요 ★

2 다음 조약이 체결된 배경으로 옳은 것은?

- 조선국은 자주의 나라이며 일본국과 평등한 권리를 갖는다.
- 조선국은 부산 이외에 두 곳의 항구를 개항하고 일본이 와서 통상을 하도록 허가한다.

① 운요호 사건이 발생하였다.
② 동학 농민 운동이 일어났다.
③ 통리기무아문이 설치되었다.
④ 고종이 강제로 퇴위당하였다.
⑤ 구식 군인과 민중들의 봉기가 일어났다.

3 다음 사건을 주도한 정치 세력에 대한 설명으로 옳은 것은?

우정총국 개국 축하연을 기회로 정변을 일으켜 자신들이 사대당이라 지목한 고위 관료들을 살해하고, 새로운 정부를 수립하였다.

① 지계를 발급하였다.
② 위정척사 운동을 주도하였다.
③ 집강소를 설치하여 개혁을 추진하였다.
④ 별기군과의 차별 때문에 반발하여 봉기하였다.
⑤ 김옥균, 박영효 등이 주도하여 개혁 정강을 발표하였다.

4 밑줄 친 ㉠과 함께 추진된 개혁으로 옳은 것은?

> ㉠ 머리를 깎으라는 명령이 내려지니 곡성이 하늘을 진동하고 사람들은 분노하여 목숨을 끊으려 하였다.
>
> – 황현, 『매천야록』 –

① 집강소를 설치하였다.
② 태양력을 채택하였다.
③ 척화비를 건립하였다.
④ 부산 외에 2곳의 항구를 개항하였다.
⑤ 신분 차별을 폐지하고 노비제를 없앴다.

5 (가) 기구가 실시한 개혁에 대한 설명으로 옳은 것은?

> 그림은 (가) 의 회의 모습으로, (가) 은/는 개혁을 추진하기 위해 1894년 설치되었고 약 210건의 안건을 심의하여 통과시켰다.

① 지계를 발급하였다.
② 전주 화약을 체결하였다.
③ 대한국 국제를 반포하였다.
④ 신식 군대인 별기군을 설치하였다.
⑤ 신분제를 폐지하고 노비를 해방시켰다.

6 독립 협회에 대한 설명으로 옳은 것은?

① 만민 공동회를 개최하였다.
② 정변을 일으켜 개화당 정부를 세웠다.
③ 공화정의 근대 국가 수립을 주장하였다.
④ 위정척사를 주장하며 의병 봉기를 주도하였다.
⑤ 집강소를 설치하고 폐정 개혁안을 제시하였다.

7 다음 법을 발표한 정부가 추진한 개혁 내용으로 옳은 것은?

> 제1조 대한국은 세계 만국에 공인된 자주독립 제국이다.
> 제2조 대한 제국의 정치는 만세토록 변하지 않을 전제 정치이다.
> 제3조 대한국 황제는 무한한 군주권을 지니고 있다.

① 과거제를 폐지하였다.
② 대성 학교와 오산 학교를 세웠다.
③ 재판소를 설치하여 사법권을 독립시켰다.
④ 구본신참을 원칙으로 개혁을 추진하였다.
⑤ 통리기무아문을 설치하고 사절단을 파견하였다.

★ 중요 ★

8 다음 조약에 대한 설명으로 옳은 것은?

> 일본 정부는 한국 황제 폐하의 밑에 1명의 통감을 두되, 통감은 오로지 외교에 관한 사항을 관리하기 위해 경성에 주재하고 직접 한국 황제 폐하를 알현할 권리를 가진다.

① 대한 제국의 외교권을 박탈하였다.
② 부산 외 2개의 항구 개항을 명시하였다.
③ 원수부를 설치하고 황제권을 강화하였다.
④ 대한 제국 군대의 강제 해산을 명시하였다.
⑤ 고종이 황제에서 강제로 퇴위된 뒤 체결되었다.

9 (가) 지역에 대한 설명으로 옳은 것은?

> 일본은 러일 전쟁 중에 (가) 을/를 주인이 없는 땅이라고 주장하며 불법적으로 그들의 영토에 편입하였다. 울릉 군수는 1906년 시마네현 관리를 통해 이 같은 사실을 듣고 중앙 정부에 보고하였으며, 이에 대한 제국은 일본의 영토설이 사실무근이므로 일본인의 행동을 조사하고 보고하라고 지시하였다.

① 병인양요가 일어났다.
② 운요호 사건이 발생하였다.
③ 강화도 조약으로 개항되었다.
④ 동학 농민군이 일시적으로 점령하였다.
⑤ 대한 제국이 칙령 제41호(1900)를 통해 우리 영토임을 밝혔다.

실전 문제

1 자료와 관련된 인물에 대한 설명으로 옳은 것은?

- 고종의 아버지
- 비변사 기능 축소 등 통치 체제 정비
- 통상 수교 거부 정책 추진

① 외국과 최초의 근대적 조약을 맺었다.
② 정부의 지원을 받아 독립 신문을 창간하였다.
③ 대한국 국제를 반포하여 자주독립 국가임을 밝혔다.
④ 만국 평화 회의가 열린 헤이그에 특사로 파견되었다.
⑤ 전국 각지에 척화비를 세우고 정책을 확고히 하였다.

2 밑줄 친 '두 차례의 양요'의 배경으로 옳은 것만을 〈보기〉에서 고른 것은?

강화도에 있는 초지진은 조선 후기 서해안으로 침입하는 적을 막기 위해 만든 여러 요새 중 하나이다. 이곳은 두 차례의 양요와 일본군의 침입을 겪은 곳으로, 초지진의 옆 소나무에는 1870년대 전투 중 생긴 것으로 추정되는 포탄의 흔적이 남아있다.

보기

ㄱ. 대한 제국의 군대가 강제로 해산되었다.
ㄴ. 천주교 신자와 프랑스 신부가 처형되었다.
ㄷ. 평양 군민이 제너럴 셔먼호를 침몰시켰다.
ㄹ. 청이 군대를 파견하여 구식 군인을 진압하였다.

① ㄱ, ㄴ ② ㄱ, ㄷ ③ ㄱ, ㄹ
④ ㄴ, ㄷ ⑤ ㄴ, ㄹ

3 다음 상소문이 작성된 배경으로 옳은 것은?

강화가 저들의 애걸에서 나왔다면 우리가 충분히 제압할 수 있지만, 우리가 약점이 있어서 서두른다면 주도권이 저들에게 있으므로 저들이 오히려 우리를 제어할 것이니, 그런 강화를 믿을 수 없습니다. …… 저들이 비록 왜인이라고 하나 실은 양적(서양 오랑캐)입니다. 강화가 한번 이루어지면 사학(邪學) 서적과 천주의 초상화가 교역하는 사이에 들어올 것입니다.

– 최익현, 『면암집』 –

① 별기군과의 차별 대우에 반발하였다.
② 외교권이 박탈되고 통감부가 설치되었다.
③ 단발령 시행에 반발하여 의병이 일어났다.
④ 어재연 장군이 미국의 군대와 맞서 싸웠다.
⑤ 운요호 사건을 계기로 일본이 개항을 강요하였다.

★ 중요 ★

4 (가), (나) 정치 세력에 대한 설명으로 옳은 것은?

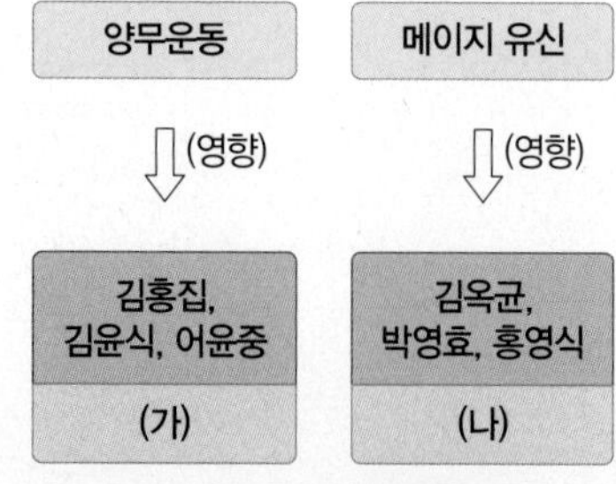

① (가) – 공화정 체제를 지향하였다.
② (가) – 토지 제도의 개혁을 주장하였다.
③ (나) – 청의 전통적인 정치 체제를 지지하였다.
④ (나) – 서양 기술뿐만 아니라 정치 개혁도 주장하였다.
⑤ (가), (나) – 헌의 6조를 채택하여 근대적 개혁에 힘썼다.

중학 역사 ② - 2

가뿐한 핵심 평가

자르는 선

가뿐한 핵심 평가

조선의 건국과 국가 기틀 마련

1 조선 건국과 국가 기틀 확립

<table>
<tr><td>조선 건국</td><td colspan="2">위화도 회군(1388) → 과전법 실시(1391) → 조선 건국(1392) → 한양으로 천도(1394)</td></tr>
<tr><td rowspan="5">국가 기틀 확립</td><td>태조</td><td>• 나라 이름을 '조선'으로 정함, ❶ ______ (으)로 천도, 경복궁 건설
• 성리학적 통치 이념 확립, 재상 중심의 정치</td></tr>
<tr><td>태종</td><td>국왕 중심의 중앙 집권 체제 확립, 사병 혁파, 6조 중심의 정치 제도, 토지·호구 조사, ❷ ______ 시행(인구 파악, 세금 징수와 군역 부과의 기초)</td></tr>
<tr><td>세종</td><td>왕권과 신권의 조화 추구, 경연 실시, 집현전 설치, 유능한 정승 등용 → 유교 정치 실현</td></tr>
<tr><td>세조</td><td>정변을 일으키고 즉위 → 의정부 권한 축소, 집현전·경연 폐지, 직전법 실시</td></tr>
<tr><td>성종</td><td>❸ ______ 설치(집현전 계승), 경연 활성화, 의정부의 권한 강화, 『경국대전』 완성 및 반포(유교 중심의 중앙 집권적 통치 체제 마련)</td></tr>
</table>

답 ❶ 한양 ❷ 호패법 ❸ 홍문관

1 (가)~(라)를 일어난 순서대로 바르게 나열하시오. (   )

(가) 조선 건국　　(나) 과전법 실시
(다) 위화도 회군　　(라) 한양으로 천도

2 다음 정책을 시행한 왕을 〈보기〉에서 골라 기호를 쓰시오.

보기
ㄱ. 태종　　ㄴ. 세종　　ㄷ. 세조　　ㄹ. 성종

(1) 호패법 시행 (   )　　(2) 집현전 설치 (   )
(3) 직전법 마련 (   )　　(4) 홍문관 설치 (   )

3 빈칸에 들어갈 알맞은 말을 쓰시오.

조선 세조 때 편찬을 시작하여 성종 때 완성된 (   )은/는 조선의 최고 법전으로서 유교 중심의 중앙 집권적 통치 질서를 확립하는 데 기여하였다.

답 1 (다) – (나) – (가) – (라) 2 (1) ㄱ (2) ㄴ (3) ㄷ (4) ㄹ 3 경국대전

통치 체제의 정비 및 조선 전기 대외 정책

1 중앙 정치 제도 및 지방 행정 체제

중앙	❶ ( )	국정을 총괄하는 최고 기구, 3정승의 합의로 정책 심의·결정
	6조	정책 집행 담당
	3사	사헌부(관리 감찰), 사간원(간쟁), 홍문관(국왕 자문) → 언론 기능 담당
	기타	승정원(국왕 비서 기구), 의금부(국왕 직속 사법 기구), ❷ ( )(역사서 편찬·보관), 한성부(수도의 행정과 치안 담당)
지방	조직	8도 → 부·목·군·현 설치
	운영	❸ ( )(각 도에 파견), 수령(대부분의 군현에 파견), 향리(행정 실무), 유향소(지방 자치 기구)
군사 제도		중앙군(5위), 지방군(각 도에 병영·수영 설치)
교육 제도		서당, 중앙(4부 학당과 지방의 향교), 성균관(최고 교육 기관)
관리 등용 제도		과거(문과, 무과, 잡과), 음서, 천거

2 조선 전기 대외 정책

사대	명	태종 이후 친선 관계, 조공·책봉의 형식
교린	여진	4군 6진 지역 개척(세종), 무역소 설치
	일본	쓰시마섬 정벌(세종), 3포 개방, 왜관 설치

답 ❶ 의정부 ❷ 춘추관 ❸ 관찰사

1 다음에서 설명하는 통치 기구를 〈보기〉에서 고라 기호를 쓰시오.

보기

ㄱ. 6조　　ㄴ. 3사　　ㄷ. 의정부　　ㄹ. 성균관

(1) 조선 최고 교육 기관이다. (　　)

(2) 정책 집행을 담당한 기구이다. (　　)

(3) 사헌부, 사간원, 홍문관으로 구성되어 언론 기능을 담당하였다. (　　)

(4) 3정승의 합의로 정책을 심의하고 국정을 총괄하는 최고 기구이다. (　　)

2 빈칸에 들어갈 알맞은 말을 쓰시오.

(1) 조선은 전국을 (　　　　)(으)로 나누고 그 아래에 부 · 목 · 군 · 현을 두었다.

(2) 조선은 각 도에 (　　　　)을/를 파견하여 수령을 감독하게 하였다.

(3) 조선은 대부분의 군현에 (　　　　)을/를 파견하였다.

답 1 (1) ㄹ (2) ㄱ (3) ㄴ (4) ㄷ 2 (1) 8도 (2) 관찰사 (3) 수령

훈구와 사림

1 훈구와 사림

	훈구	사림
집권	세조의 집권을 도운 공신 세력이 정치적 실권 장악한 이후 형성	❶ ( ) 때 본격적으로 중앙 정계 진출
경제	대농장 소유	지방 중소 지주
특징	• 왕실과 혼인을 통해 외척으로 성장하기도 함 • 국가로부터 토지와 노비를 받음	• 성종이 훈구 세력 견제를 위해 등용 • 3사 관리로 임명되어 훈구 세력의 권력 독점과 비리를 비판

2 사화

무오사화	연산군	훈구 세력이 사초에 실린 「조의제문」을 문제 삼아 사림 공격
갑자사화		연산군의 친어머니 폐위와 관련 있는 훈구·사림 제거
기묘사화	중종	❷ ( )의 급진적인 개혁(현량과 시행, 소격서 폐지, 위훈 삭제 등)에 대한 훈구 세력의 반발 및 중종의 부담으로 조광조를 비롯한 사림 세력 제거
을사사화	명종	명종 때 외척 세력 간의 대립으로 많은 사림 피해

답 ❶ 성종 ❷ 조광조

1 훈구 세력에 해당되는 내용이면 '훈', 사림 세력에 해당되는 내용이면 '사'를 쓰시오.

(1) 주로 3사 언관직에 임명되어 중앙 정계에 진출 ( )

(2) 성종이 집권 세력 견제를 위해 등용한 것을 계기로 중앙 정계 진출 ( )

(3) 세조의 집권을 도운 공신 세력이 정치적 실권을 장악한 이후 형성한 세력 ( )

2 다음 설명에 해당하는 사건을 〈보기〉에서 골라 기호를 쓰시오.

보기

ㄱ. 갑자사화　ㄴ. 기묘사화　ㄷ. 무오사화　ㄹ. 을사사화

(1) 명종 때 외척 세력 간의 대립으로 발생 ( )

(2) 조광조의 급진적인 개혁에 대한 반발로 발생 ( )

(3) 사초에 실린 「조의제문」을 문제 삼아 사림 공격 ( )

(4) 연산군의 친어머니 폐위와 관련 있는 세력 제거 ( )

3 조광조가 추진한 개혁만을 〈보기〉에서 있는 대로 골라 기호를 쓰시오. ( )

보기

ㄱ. 위훈 삭제　ㄴ. 현량과 시행　ㄷ. 소격서 폐지　ㄹ. 홍문관 설치

답 1 (1) 사 (2) 사 (3) 훈 2 (1) ㄹ (2) ㄴ (3) ㄷ (4) ㄱ 3 ㄱ, ㄴ, ㄷ

사림의 집권과 붕당 형성

1 서원과 향약

서원	• 기능: 유학자 제사, 학문 연구 및 제자 양성 • ❶ [ ] 서원: 최초의 서원, 주세붕 설립(중종), 최초의 사액 서원(소수 서원)이 됨 • 역할: 성리학의 확산과 지방 문화 발달에 이바지, 사림의 여론과 학파의 형성
향약	• 의미: 상부상조 풍속에 유교 윤리를 더하여 만든 향촌 자치 규약 • 보급: 조광조 보급 시작 → 이황, 이이 등 사림의 노력으로 전국 군현이나 마을 단위로 확산 • 역할: 풍속 교화와 사회 질서 유지를 담당, 사림의 향촌 사회 주도권 강화에 이용됨

2 붕당의 형성

사림의 집권	• 사림이 서원과 향약을 기반으로 향촌 사회에서 세력 확대 • 선조 때 정치의 주도권 장악	
배경	척신 정치 잔재 청산과 ❷ [ ] 임명 문제를 둘러싸고 사림 세력 분열 → 동인과 서인으로 나뉨	
출현	동인	이황과 조식의 학문을 계승한 영남 지역의 사림 중심
	서인	이이와 성혼의 학문을 계승한 경기·충청 지역의 사림 중심

답 ❶ 백운동 ❷ 이조 전랑

1 다음 설명에 해당하는 것을 〈보기〉에서 골라 기호를 쓰시오.

보기
ㄱ. 붕당　　ㄴ. 서원　　ㄷ. 향약

(1) 상부상조 풍속에 유교 윤리를 더하여 만든 향촌 자치 규약 (　　)
(2) 사림 세력의 분열로 정치적 · 학문적 입장에 따라 형성한 집단 (　　)
(3) 유학자의 제사를 지내고 학문 연구 및 제자 양성 (　　)

2 빈칸에 들어갈 알맞은 말을 쓰시오.

사림은 척신 정치의 잔재 청산과 이조 전랑 임명 문제를 둘러싼 대립으로 (①　　　)이/가 형성되면서 이황과 조식의 학문을 계승한 영남 지역 사림 중심의 (②　　　)와/과 이이와 성혼의 학문을 계승한 경기·충청 지역 사림 중심의 (③　　　)(으)로 분열하였다.

답 1 (1) ㄷ (2) ㄱ (3) ㄴ 2 ① 붕당 ② 동인 ③ 서인

훈민정음 창제와 과학 기술의 발전

1 훈민정음 창제와 과학 기술의 발전

구분	분야	내용
훈민정음 창제		• 세종이 우리말을 28자의 소리글자로 훈민정음을 만들어 반포(1446) • 『용비어천가』 편찬, 유교 윤리서·병서·농서 등 간행
편찬 사업 추진	법전	『경국대전』: 유교적 통치 체제의 완성
	역사서	• 『고려사』, 『고려사절요』, 『동국통감』 • ❶ ______ : 태조~철종, 역대 왕의 통치 기록 정리
	윤리 · 의례서	『삼강행실도』(세종), 『국조오례의』(성종)
	지도	「혼일강리역대국도지도」(태종)
	지리서	❷ ______ (성종): 각지의 연혁, 지세, 인물, 풍속 정리
	농서	『농사직설』(세종): 우리나라의 실정에 맞는 농법 소개
과학 기술 발달	천문	• 「천상열차분야지도」(태조), 『칠정산』(한성을 기준으로 천체 운동 계산) • 기구 제작: 혼천의 · 간의(천체 관측 기구), 자격루(물시계), ❸ ______ (해시계)
	인쇄술	계미자(태종), 갑인자(세종) 등 금속 활자 주조
	의학	『향약집성방』, 『의방유취』
	무기	신기전, 화차

답 ❶ 조선왕조실록 ❷ 동국여지승람 ❸ 앙부일구

1 다음에서 설명하는 문화유산을 〈보기〉에서 골라 기호를 쓰시오.

보기
ㄱ. 농사직설 ㄴ. 국조오례의 ㄷ. 향약집성방 ㄹ. 혼일강리역대국도지도

(1) 국가 행사의 의례 정리 ( )
(2) 우리나라의 실정에 맞는 농법 소개 ( )
(3) 우리 풍토에 맞는 약재와 치료 방법 소개 ( )
(4) 우리나라에서 현존하는 가장 오래된 세계 지도 ( )

2 천체 관측 기구만을 〈보기〉에서 골라 기호를 쓰시오. ( )

보기
ㄱ. 간의 ㄴ. 화차 ㄷ. 계미자
ㄹ. 혼천의 ㅁ. 앙부일구

3 한성(서울)을 기준으로 천체 운동을 계산한 역법서로 옳은 것은? ( )

① 칠정산 ② 동국통감 ③ 용비어천가
④ 의방유취 ⑤ 천상열차분야지도

답 1 (1) ㄴ (2) ㄱ (3) ㄷ (4) ㄹ 2 ㄱ, ㄹ 3 ①

유교 윤리의 보급과 양반 문화 발달

1 유교 윤리 보급

국가	❶ ______ 을/를 통치 이념으로 삼음, 유교 윤리 보급에 힘씀(『삼강행실도』·『이륜행실도』 편찬, 충신·효자·열녀 표창 등)
향촌	『주자가례』·『소학』 보급, 족보 편찬, 향약 보급

2 조선 전기 양반 중심의 신분제 강화:
양반(관직 진출, 군역 면제), 중인(기술관, 서리, 향리 등), 상민(대다수 농민), 천민(대부분 노비)으로 신분 구분

3 양반 중심의 문화 발달

그림	❷ ______ (안견), 「고사관수도」(강희안), 사군자화 유행
공예	분청사기(고려 말 ~ 조선 초 유행), 백자(16세기 이후 유행)
음악	• 종묘 제례악(세종): 궁중 음악 정리 • ❸ ______ (성종): 궁중 음악을 그림과 함께 설명
문학	『금오신화』(김시습), 「관동별곡」(정철)

답 ❶ 성리학 ❷ 몽유도원도 ❸ 악학궤범

1 향촌의 유교 윤리 보급 노력으로 옳지 않은 것은? (　　　)

① 향약 보급
② 농사직설 편찬
③ 주자가례 보급
④ 삼강행실도 편찬
⑤ 충신 · 효자 · 열녀 표창

2 다음에서 설명하는 것을 〈보기〉에서 골라 기호를 쓰시오.

보기
ㄱ. 백자
ㄴ. 금오신화
ㄷ. 악학궤범
ㄹ. 몽유도원도

(1) 우리나라 최초의 한문 소설 (　　　)
(2) 궁중 음악을 그림과 함께 설명한 책 (　　　)
(3) 안평 대군의 꿈에서 본 이상 세계를 그린 그림 (　　　)
(4) 16세기 이후 유행한 바탕흙에 투명한 유약을 발라 구운 순백색의 자기 (　　　)

답 1 ② 2 (1) ㄴ (2) ㄷ (3) ㄹ (4) ㄱ

1 왜란의 발발과 전개

임진왜란 이전의 정세	• 조선: 양반 사회 분열, 군역 제도 문란 → 국방력 약화 • 일본: ❶ ______ 의 전국 시대 통일 → 대외 진출 욕구가 커짐 • 명: 환관들의 횡포, 몽골 · 왜구의 침입 → 정치 · 사회적 혼란
시작	명을 정벌하는 길을 빌려달라는 구실로 일본군이 조선 침략(1592)
전개	• 일본군의 부산진 · 동래성 함락 → 충주 방어선 붕괴 → 선조가 의주로 피란하며 명에 지원군 요청 → 수군(이순신), 의병(고경명 등)의 활약으로 전세 변화 → 진주성 · ❷ ______ 산성(권율)에서 승리 • 휴전 회담 결렬로 일본군의 재침략(정유재란) → 조선의 재정비로 효과적 대응 → 도요토미 히데요시 사망, 일본군의 철수 → 퇴각하는 일본군 격파(노량 해전) → 전쟁 종결(1598)
결과	• 조선: 토지 황폐화, 재정 및 인구 감소, 문화재 소실, 신분 질서의 동요 • 일본: 도쿠가와 이에야스가 에도 막부 수립 • 명: 왜란 참전으로 막대한 전쟁 비용 소모로 국력 쇠퇴 • 여진: 왜란 이후 명의 쇠퇴를 틈타 성장하여 ❸ ______ 건국

답 ❶ 도요토미 히데요시 ❷ 행주 ❸ 후금

1 임진왜란 이전의 동아시아 정세에 대한 설명으로 옳지 않은 것은? (   )

① 조선 – 훈련도감을 설치하였다.
② 조선 – 군역 제도가 문란하였다.
③ 명 – 몽골과 왜구의 침입을 받고 있었다.
④ 명 – 환관들의 횡포로 정치적 혼란을 겪고 있었다.
⑤ 일본 – 도요토미 히데요시가 일본을 통일하였다.

2 (가)~(마)를 일어난 순서대로 바르게 나열하시오. (   )

(가) 충주 방어선 붕괴
(나) 도요토미 히데요시 사망
(다) 진주성 · 행주산성에서 조선이 승리
(라) 노량 해전에서 퇴각하는 일본군 격파
(마) 명을 정벌하는 길을 빌려달라며 일본이 조선 침략

3 빈칸에 들어갈 알맞은 말을 쓰시오.

임진왜란의 결과로 (①   )은/는 토지가 황폐해지고 재정 및 인구가 감소하고 문화재가 소실되고 많은 유학자와 기술자들이 포로로 일본에 끌려갔다. 일본은 도쿠가와 이에야스가 (②   )을/를 수립하였고, 약탈한 문화재와 포로로 끌고 간 기술자 · 성리학자 등을 통해 문화가 발전하였다. 명은 임진왜란 참전으로 막대한 전쟁 비용을 소모하여 국력이 쇠퇴하였고, 그 틈을 타 (③   )이/가 성장하여 후금을 건국하였다.

답 1 ① 2 (마) – (가) – (다) – (나) – (라) 3 ① 조선 ② 에도 막부 ③ 여진

호란의 발발과 전개

1 광해군과 인조의 정치

광해군	전후 복구 정책	토지 및 인구 조사, 토지 개간, 『동의보감』 보급, 성곽·무기 수리
	외교 정책	명과 후금 사이에서 실리를 취하는 ❶ ( ) 적 외교 전개
인조	인조반정	중립 외교에 대한 불만, 광해군의 영창 대군 살해, 인목 대비 폐위 등을 이유로 서인이 주도하여 광해군 축출 → 인조 즉위
	외교 정책	❷ ( ) 정책 실시, 대의명분 중시

2 호란의 발발과 전개

정묘호란	• 배경: 인조와 서인의 친명배금 정책 추진으로 후금 자극 • 전개: 후금의 조선 침략 → 인조가 강화도로 피신하여 항전 • 결과: 후금과 형제 관계를 맺음
병자호란	• 배경: 후금이 국호를 청으로 바꾸고 조선에 군신 관계 요구 → 조선의 거절 • 전개: 척화론과 주화론의 대립 → 청의 조선 침략 → 인조가 ❸ ( ) (으)로 피신하여 항전 • 결과: 청에 항복(삼전도의 굴욕, 청과 군신 관계 체결, 명과 외교 관계를 단절할 것을 약속)

답 ❶ 중립 ❷ 친명배금 ❸ 남한산성

1 광해군 때의 사실만을 〈보기〉에서 골라 기호를 쓰시오. (   )

보기
ㄱ. 동의보감 보급
ㄴ. 이괄의 난 발발
ㄷ. 청과 군신 관계 체결
ㄹ. 명과 후금 사이에서 중립 외교 정책 전개

2 (가)~(마)를 일어난 순서대로 바르게 나열하시오. (   )

(가) 후금이 국호를 청으로 바꿈
(나) 삼전도에서 강화 조약을 맺음
(다) 인조가 강화도로 피신하여 항전
(라) 인조가 남한산성으로 피신하여 항전
(마) 화의를 통해 후금과 형제 관계를 맺음

3 빈칸에 들어갈 알맞은 말을 쓰시오.

청이 조선에 군신 관계를 요구해 오자, 이를 두고 조선에서는 맞서 싸우자는 (①   ) 와/과 외교적으로 평화롭게 문제를 해결하자는 (②   )(으)로 의견이 나뉘어 대립하였다.

답 1 ㄱ, ㄹ 2 (다) – (마) – (가) – (라) – (나) 3 ① 척화론 ② 주화론

양 난 이후 통치 체제와 조세 제도의 변화

1 양 난 이후 통치 체제와 조세 제도의 변화

구분		내용
비변사 기능 강화		• 설치: 외적의 침입에 대비하기 위해 설치된 임시 회의 기구 • 기능 강화: 왜란 이후 국가의 모든 정책을 결정하는 최고 기구로 성장 → 의정부, 6조의 기능 축소
군사 제도 변화	중앙군	5군영 체제: ❶ ( ), 어영청, 총융청, 수어청, 금위영
	지방군	❷ ( ) 편성: 양반에서 노비까지 포함, 평상시에 생업에 종사하다 유사시 전투에 참여
조세 제도 변화	전세	영정법: 풍흉과 관계없이 토지 1결당 쌀 4~6두로 고정
	공납	❸ ( ): 토산물 대신 토지 결수를 기준으로 쌀, 옷감, 동전 등으로 징수
	군역	균역법: 군포를 1년에 1필로 줄여줌

답 ❶ 훈련도감 ❷ 속오군 ❸ 대동법

1 빈칸에 들어갈 알맞은 용어를 쓰시오.

> 오늘에 와서 큰일이건 작은 일이건 모두 ( )에서 처리합니다. 의정부는 한갓 이름뿐이고, 6조는 그 할 일을 모두 빼앗기고 말았습니다. 이름은 '변방의 방비를 담당하는 것'이라고 하면서 과거에 대한 판정이나 왕비와 세자빈을 간택하는 등의 일까지도 모두 여기에서 합니다.
>
> –『효종실록』–

2 빈칸에 들어갈 알맞은 용어를 쓰시오.

(1) 조선은 왜란 도중 훈련도감 설치를 시작으로 어영청, 총융청, 수어청, 금위영을 설치하여 중앙군의 ( ) 체제를 완성하였다.

(2) 조선은 양 난 이후 양반부터 노비까지 모두 포함한 지방군인 ( )을/를 편성하였다.

3 다음에서 설명하는 제도를 〈보기〉에서 골라 기호를 쓰시오.

보기

ㄱ. 균역법　　ㄴ. 대동법　　ㄷ. 영정법

(1) 군포를 1년에 1필로 줄여주었다. ( )

(2) 풍흉 관계없이 토지 1결당 쌀 4~6두로 전세를 고정하였다. ( )

(3) 토산물 대신 토지 결수를 기준으로 쌀, 옷감, 동전 등으로 징수하였다. ( )

답 1 비변사 2 (1) 5군영 (2) 속오군 3 (1) ㄱ (2) ㄷ (3) ㄴ

핵심 평가 10 주제

붕당 정치의 전개

1 붕당 정치의 전개

선조	• 서원과 ❶ ______ 을/를 기반으로 사림이 정치의 주도권 장악 • 척신 정치의 잔재 청산과 이조 전랑 임명 문제로 사림 분열 → 붕당 형성(동인과 서인)
광해군	북인이 정권 독점 → 인조반정(1623)으로 몰락
인조	서인이 정국을 주도하고 남인이 참여하며 상호 공존과 비판이 이루어짐
현종	❷ ______ (효종과 효종비 사후 자의 대비의 상복 착용 기간을 둘러싼 대립) → 서인과 남인의 대립 심화
숙종	환국(집권 붕당의 급격한 교체) → 서인과 남인이 번갈아 집권 → 붕당 정치의 변질, 서인이 노론과 소론으로 분화

답 ❶ 향약 ❷ 예송

1 빈칸에 들어갈 알맞은 말을 쓰시오.

(1) ( ) 임명 문제를 계기로 살마은 동인과 서인으로 나뉘었다.

(2) 광해군 때 ( )이/가 정권을 독점하였으나, 인조반정으로 몰락하였다.

(3) ( )의 주도로 인조반정이 일어나 광해군이 왕위에서 쫓겨났다.

2 예송에 대한 설명으로 옳은 것만을 〈보기〉에서 골라 기호를 쓰시오. ( )

보기

ㄱ. 현종 때 두 차례 일어났다.
ㄴ. 서인과 남인이 대립하였다.
ㄷ. 상복을 입는 기간을 두고 일어났다.
ㄹ. 서인이 노론과 소론으로 분화하는 계기가 되었다.

3 빈칸에 들어갈 알맞은 말을 쓰시오.

숙종 때 집권 붕당이 급속하게 바뀌는 ( )이/가 여러 차례 발생하면서 붕당 정치가 크게 변질되었다.

답 1 (1) 이조 전랑 (2) 북인 (3) 서인 2 ㄱ, ㄴ, ㄷ 3 환국

영조·정조의 탕평 정치와 세도 정치

1 탕평책의 추진

영조	탕평책	노론과 소론의 온건파를 중심으로 붕당과 관계없이 등용, 탕평비 건립, 붕당의 근거지인 ❶ ______ 대폭 정리, 이조 전랑의 권한 약화
	개혁 정치	균역법 실시, 가혹한 형벌 금지, 신문고 부활, 청계천 정비, 『속대전』·『동국문헌비고』 편찬
정조	탕평책	노론 견제, 소론과 남인 등용
	개혁 정치	규장각 설치, 장용영 설치, 수원 ❷ ______ 설립, 금난전권 폐지, 『대전통편』·『동문휘고』·『탁지지』 등 편찬

2 세도 정치의 전개

전개	3대(순조, 헌종, 철종) 60여 년 동안 세도 가문이 권력 독점
문란	부정부패 심화, ❸ ______ 의 문란 심화 → 정부는 암행어사를 파견하여 수령의 통치 실태를 점검하였으나 큰 효과를 거두지 못함

답 ❶ 서원 ❷ 화성 ❸ 삼정

1 빈칸에 공통으로 들어갈 알맞은 말을 쓰시오.

> 영조는 붕당 간의 대립을 완화하고 왕권을 강화하기 위해 (　　　　　)을/를 실시하였다. 정조도 이를 계승하여 노론과 소론뿐만 아니라 남인도 등용하며 적극적인 (　　　　　)을/를 실시하였다.

2 영조의 정책만을 〈보기〉에서 골라 기호를 쓰시오.

보기

ㄱ. 규장각 설치	ㄴ. 균역법 실시	ㄷ. 장용영 설치
ㄹ. 탕평비 건립	ㅁ. 속대전 편찬	ㅂ. 금난전권 폐지

3 밑줄 친 '그'에 해당하는 왕을 쓰시오. (　　　　　　　　　　)

> <u>그</u>는 규장각을 설치하고 서얼을 등용하였으며, 『대전통편』·『동문휘고』·『탁지지』 등을 편찬하였다.

4 빈칸에 들어갈 알맞은 말을 쓰시오.

> 정조 사후 나이 어린 순조가 즉위하면서 순조, 헌종, 철종의 3대에 걸친 (　　　　　)이/가 시작되었다. 이 시기에는 소수의 가문이 권력을 독점하며 관리들의 부정부패가 심해졌다.

답 1 탕평책 2 ㄴ, ㄹ, ㅁ 3 정조 4 세도 정치

조선 후기 경제·사회의 변화

1 경제의 변화

구분	내용
농업	•모내기법 전국 확산: 노동력 절감, 생산량 증대, 쌀과 보리의 이모작 가능 •광작 유행, 담배·채소 등의 ❶ ______ 재배 확대
상업	대동법 시행으로 ❷ ______ 등장, 사상 성장, 전국에 장시 증가, 보부상과 대상인 활동
수공업	국가 주도 수공업 쇠퇴 → 민간 수공업 발달
광업	광물 수요 증가 → 민간인에게 광산 채굴 허용
화폐 유통	상공업 발달 → 상평통보의 전국적 유통

2 신분제의 변동

구분		내용
양반층의 분화		붕당 정치의 변질 → 소수만 권력 장악, 잔반·향반 증가
중인층의 신분 상승 노력	서얼	집단 상소 운동 실시
	기술직 중인	대규모 소청 운동 전개
노비의 신분 상승		•군공, 납속, 도망 등의 방법으로 신분 상승 •❸ ______ (노비의 신분은 어머니의 신분을 따름) 실시, 중앙 관청의 공노비 해방 (순조)

답 ❶ 상품 작물 ❷ 공인 ❸ 노비종모법

1 다음에서 설명하는 농법을 쓰시오. (   )

> 볍씨를 모판에 미리 키워 어느 정도 큰 다음에 논에 옮겨 심는 방법으로 조선 후기에 전국적으로 보급되었다. 이 농법으로 생산량이 크게 늘고, 이모작이 가능해졌다.

2 조선 후기의 경제적 변화로 적절하지 않은 것은? (   )

① 공인의 등장
② 민간 수공업 발달
③ 전국적으로 장시 발달
④ 상평통보의 활발한 유통
⑤ 민간인의 광산 채굴 금지

3 빈칸에 들어갈 알맞은 말에 ○표 하시오.

(1) 국가는 부족한 재정을 보충하기 위해 관직 임명장인 (족보, 공명첩)을/를 판매하였다.
(2) 조선 후기 (서얼, 노비)은/는 관직 진출의 제한 폐지를 요구하는 집단 상소 운동을 벌였다.

답 1 모내기법 2 ⑤ 3 (1) 공명첩 (2) 서얼

농민 봉기의 발생

1 삼정의 문란과 새로운 종교·사상의 유행

삼정의 문란	전정	토지세 외의 각종 명목의 부가세 부과, 지주의 세금을 소작농에게 전가
	군정	어린아이, 죽은 사람, 도망간 이웃·친척의 몫까지 남아 있는 농민에게 부담
	❶ ( )	곡식을 억지로 빌려주고 높은 이자를 받음
새로운 종교·사상의 유행	• 예언 사상과 민간 신앙의 유행: 『정감록』, 미륵 신앙, 무속 신앙 등 • ❷ ( ) (서학): 18세기 후반 남인 계열에 의해 종교로서 수용, 평등사상, 내세 사상 • 동학: 인내천 사상을 중심으로 평등사상 강조	

2 농민 봉기

홍경래의 난	• 배경: ❸ ( ) 지역민 차별, 세도 정치의 폐단 • 전개: 중소 상공인, 광산 노동자, 빈농 등 참여 → 청천강 이북 지역 장악 → 관군의 진압으로 정주성에서 패배
임술 농민 봉기	• 배경: 세도 정권의 수탈 심화 • 전개: 진주 농민 봉기 → 삼남 지방을 중심으로 확산 • 정부의 대응: 삼정이정청을 설치하여 삼정의 문란을 개선하려 했으나 큰 성과가 없었음

답 ❶ 환곡 ❷ 천주교 ❸ 평안도

1 다음 설명에 해당되는 것을 〈보기〉에서 골라 기호를 쓰시오.

보기
ㄱ. 군정의 문란　　ㄴ. 전정의 문란　　ㄷ. 환곡의 문란

(1) 곡식을 억지로 빌려주고 높은 이자를 받아 냄 (　　)
(2) 도망간 이웃 · 친척의 몫까지 남아 있는 농민에게 부담 (　　)
(3) 토지세 외의 각종 명목의 부가세 부과, 지주의 세금을 소작농에게 전가 (　　)

2 홍경래의 난과 임술 농민 봉기에 해당하는 것을 〈보기〉에서 골라 기호를 쓰시오.

보기
ㄱ. 관군에 의해 정주성에서 진압되었다.
ㄴ. 경상도 우병사 백낙신의 수탈로 봉기하였다.
ㄷ. 평안도 사람들에 대한 차별에 반발하여 봉기하였다.
ㄹ. 진주 농민 봉기를 시작으로 삼남 지방을 중심으로 확산되었다.

(1) 홍경래의 난: (　　)　(2) 임술 농민 봉기: (　　)

답 1 (1) ㄷ (2) ㄱ (3) ㄴ 2 (1) ㄱ, ㄷ (2) ㄴ, ㄹ

다양한 학문의 등장

1 실학과 국학 발전

실학	등장 배경	사회 문제 해결에 대한 성리학의 한계
	농업 중심 개혁론	• 토지 재분배를 통한 농촌 사회의 안정 꾀함 • 유형원: 균전론(신분에 따라 토지 차등 지급 주장) • 이익: 한전론(❶ ______ 을/를 지급 후 매매 금지 주장) • 정약용: 여전론(토지의 공동 소유·경작, 노동력에 따른 생산물 분배 주장)
	상공업 중심 개혁론	• 상공업 진흥과 기술 개발을 통한 부국강병, 청의 선진 문물 수용 주장(북학파) • 유수원: 직업의 평등 주장, 『우서』 저술 • 홍대용: 기술 혁신과 문벌제도 폐지 주장, 『의산문답』 저술 • ❷ ______ : 수레와 선박, 화폐의 사용 주장, 『열하일기』 저술 • 박제가: 청과의 교역 확대, 소비를 통한 생산 증대 등 주장, 『북학의』 저술
국학		• 중국 중심의 세계관을 비판하며 등장, 우리 역사·지리·언어에 대한 연구 • 역사: 『동사강목』(안정복), 『발해고』(유득공) 편찬 • 언어: 『훈민정음운해』(신경준), 『언문지』(유희) 편찬 • 지리: ❸ ______ (이중환) 편찬, 「동국지도」(정상기), 「대동여지도」(김정호) 제작

답 ❶ 영업전 ❷ 박지원 ❸ 택리지

1 다음에서 설명하는 학문을 쓰시오. (   )

> 양 난 이후 일부 학자들이 사회적·경제적 변화로 인한 사회 문제를 해결하는 데 관심을 기울이면서 발생한 학문이다. 대표적인 학자로는 이익, 정약용, 홍대용, 박지원 등이 있다.

2 빈칸에 들어갈 알맞은 말을 쓰시오.

(1) 박제가는 (   )을/를 통해 생산을 증대시킬 것을 주장하였다.
(2) 박지원은 북경을 다녀온 후 기행문인 (   )을/를 저술하였다.
(3) (   )은/는 신분에 따라 토지를 차등 지급하자고 주장하였다.
(4) (   )은/는 생계에 필요한 최소한의 토지인 영업전은 매매를 금지하자고 주장하였다.

3 다음 설명에 해당하는 것을 〈보기〉에서 골라 기호를 쓰시오.

> 보기
> ㄱ. 택리지　　ㄴ. 발해고　　ㄷ. 동사강목　　ㄹ. 대동여지도

(1) 안정복이 고조선부터 고려에 이르는 역사를 정리함 (　　)
(2) 이중환이 각 지방의 자연환경, 인물, 풍속 등을 소개함 (　　)
(3) 발해의 역사를 우리 역사에 포함시켜 남북국이라는 용어를 사용함 (　　)
(4) 김정호가 산맥, 하천, 포구, 도로망 등을 정밀하게 표시하여 제작함 (　　)

답 1 실학 2 (1) 소비 (2) 열하일기 (3) 유형원 (4) 이익 3 (1) ㄷ (2) ㄱ (3) ㄴ (4) ㄹ

과학 기술의 발달과 동아시아 문화 교류

1 서학의 수용: 17세기 초부터 중국을 다녀온 사신을 통해 수용, ❶ ______ (세계 지도)·화포·천리경·자명종 등 유입 → 조선의 과학 기술 발달에 영향을 줌

2 과학 기술의 발달

역법	김육의 건의로 ❷ ______ 도입
천문학	홍대용의 『의산문답』 저술(지전설 주장)
의학	허준의 『동의보감』 편찬
농학	서유구의 『임원경제지』, 신속의 『농가집성』 편찬

3 동아시아 문화 교류

❸ ______	• 에도 막부의 요청으로 일본에 파견 • 활동: 일본 에도(도쿄)를 방문하여 막부의 쇼군에게 국서 전달, 무역 업무 처리 • 영향: 조선과 일본의 문화적·경제적 교류
연행사	청에 사절단으로 파견되어 공식 외교 업무 수행(조공·책봉 체제), 중국의 학자들과 교류, 서양 문물의 수용

답 ❶ 곤여만국전도 ❷ 시헌력 ❸ 통신사

1 조선 후기 과학 기술에 대한 설명으로 옳지 않은 것은? (   )

① 칠정산을 편찬하였다.
② 신속이 농사집성을 편찬하였다.
③ 서유구가 농법서인 임원경제지를 저술하였다.
④ 홍대용이 의산문답에서 지전설을 주장하였다.
⑤ 마테오 리치가 제작한 세계 지도인 곤여만국전도가 유입되었다.

2 빈칸에 들어갈 알맞은 말을 쓰시오.

(1) (   )은/는 에도 막부의 요청으로 일본에 파견한 사절단으로 문화 사절단 역할도 하였다.

(2) (   )은/는 청에 보낸 사절단으로 공식 외교 업무를 수행하며 중국의 학자들과 교류를 통해 서양 문물을 수용하였다.

답 1 ① 2 (1) 통신사 (2) 연행사

핵심 평가 16 주제

사회 풍속의 변화와 서민 문화의 발달

1 부계 중심의 가족 제도 강화

배경	양 난 이후 성리학적 생활 규범 정착
혼인 제도	친영례(혼인 후 바로 신랑 집에서 생활)
제사 · 재산 상속	적장자 중심의 제사 · 재산 상속, 아들이 없는 경우 양자 입양
족보 편찬 성행	양반 신분 유지 수단

2 서민 문화의 발달

배경	서민층의 경제력 성장, 서당 교육의 확대
문학	❶ ______ 소설(『홍길동전』, 『춘향전』, 『흥부전』 등), 사설시조
공연 예술	❷ ______ (창과 사설로 구성), 탈놀이

3 예술의 새로운 경향

한문학	『양반전』·『허생전』(박지원): 사회 부조리를 비판
서예	❸ ______ 의 추사체 개발
회화	• 진경산수화: 우리 산천의 모습을 사실적인 그림으로 표현, 「인왕제색도」(정선) • 풍속화: 당시 생활상을 생동감있게 표현(김홍도, 신윤복) • ❹ ______ : 작자 미상, 서민의 소망을 담음, 생활 공간 장식에 활용

답 ❶ 한글 ❷ 판소리 ❸ 김정희 ❹ 민화

1 조선 후기의 사회 모습으로 옳지 않은 것은? (　　　)

① 족보 편찬 성행
② 남녀 균분 상속
③ 양자 입양 보편화
④ 친영례 일반화
⑤ 적장자 중심의 제사 상속

2 다음 설명에 해당하는 그림으로 옳은 것은? (　　　)

> 정선이 우리 산천의 모습을 사실적으로 그린 그림이다.

①

▲「호랑이와 까치」

②
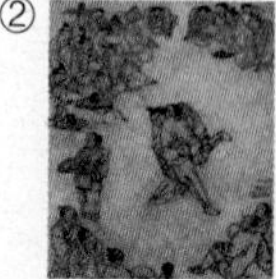
▲「씨름」

③
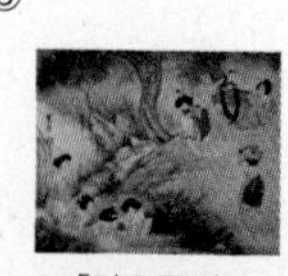
▲「단오풍정」

④

▲「인왕제색도」

⑤

▲「영통동구도」

답 1 ② 2 ④

근대 국민 국가의 수립 노력

1 문호 개방과 개화 정책

구분	내용
흥선 대원군의 통상 수교 거부 정책	병인양요(프랑스군 침입)·신미양요(미군 침입) 발생, 척화비 건립
강화도 조약(1876)	부산·원산·인천 개항, 영사 재판권·해안 측량권 등 보장
개화 정책의 추진	❶ ( ) 설치, 별기군 창설, 사절단(수신사, 영선사) 파견
위정척사 운동	보수 유생층 중심, 개항과 개화 정책 반대, 상소 운동 및 의병 투쟁
❷ ( )(1882)	구식 군인과 도시 빈민들의 봉기, 청군에 진압
갑신정변(1884)	김옥균 등 급진 개화파가 우정총국 개국일에 정변, 근대 국가 수립 추진 시도

2 근대적 개혁의 추진

구분	내용
동학 농민 운동(1894)	고부 농민 봉기 → 제1차 봉기(전봉준 주도) → 전주성 점령과 전주 화약 체결 → ❸ ( ) 설치 후 개혁 추진 → 제2차 봉기 → 우금치 전투 패배
갑오·을미개혁(1894~1895)	•갑오개혁: 군국기무처가 주도, 신분제 폐지·낡은 악습 개선 •을미개혁: 단발령 실시·태양력 사용
을미사변(1895)	청일 전쟁 이후 삼국 간섭 → 일본의 명성 황후 시해
아관 파천(1896)	고종이 ❹ ( ) 공사관으로 처소를 옮김 → 서양 열강의 이권 침탈 심화
대한 제국 수립(1897)	고종이 환구단에서 황제 즉위, 대한국 국제 반포, 광무개혁(구본신참), 지계 발급
독립 협회	서재필 주도, 독립문 건립, 만민 공동회 개최(헌의 6조)

답 ❶ 통리기무아문 ❷ 임오군란 ❸ 집강소 ❹ 러시아

1 빈칸에 들어갈 알맞은 용어를 쓰시오.

> 일본은 운요호 사건을 일으켜 조선에 개항을 요구하였다. 조선 정부도 개항의 필요성을 인식하고 일본과 (①   )을/를 체결하여 부산, 원산, 인천 등의 항구를 개항하였다. 이 조약은 일본에 영사 재판권과 해안 측량권 등을 허용한 (②   ) 조약이었다.

2 다음에서 설명하는 기구를 〈보기〉에서 골라 기호를 쓰시오.

보기
ㄱ. 집강소　　ㄴ. 별기군　　ㄷ. 군국기무처

(1) 제1차 갑오개혁 시기의 개혁 기구 (   )
(2) 동학 농민군이 전주 화약 체결 후 설치한 자치 기구 (   )
(3) 개화 정책 추진 기구인 통리기무아문에서 설치한 신식 군대 (   )

답 1 ① 강화도 조약 ② 불평등 2 (1) ㄷ (2) ㄱ (3) ㄴ

일제의 국권 침탈과 국권 수호 운동

1 일제의 국권 침탈: 러일 전쟁(1904~1905)에서 일본이 승리 → ❶ [ ] 체결(외교권 강탈, 통감부 설치) → 헤이그 특사 파견을 구실로 고종을 퇴위시킴 → 대한 제국 군대 해산, 사법권·경찰권 강탈 → 대한 제국 강제 병합(1910)

2 국권 수호 운동

항일 의병 운동	• 을미의병: 단발령과 을미사변 후 봉기 • 을사의병: 을사늑약 체결 후, 신돌석 등 평민 의병장 등장 • 정미의병: 해산된 군인 합류, 서울 진공 작전
애국 계몽 운동	• 지식인과 관료 중심, 국민 교육과 계몽 활동·산업 진흥을 통한 실력 양성 추구 • 활동: ❷ [ ] 조직(국권 회복과 공화정 체제의 근대 국민 국가 수립 추구, 민족 학교 설립, 신흥 강습소 설립), 언론의 대중 계몽 노력

3 독도

① **역사**: 지증왕 때 신라의 영토로 편입, 고종이 대한 제국 칙령 제41호(1900) 발표

② **일제의 침탈**: 일본이 ❸ [ ] 중에 독도를 자국 영토로 편입함

답 ❶ 을사늑약 ❷ 신민회 ❸ 러일 전쟁

1 (가)~(라)를 일어난 순서대로 바르게 나열하시오. ( )

(가) 을미의병 (나) 을사늑약
(다) 서울 진공 작전 (라) 대한 제국 수립

2 빈칸에 들어갈 알맞은 용어를 쓰시오.

러일 전쟁에서 승리한 일본은 고종과 대신들을 위협하여 을사늑약을 강제로 체결하여, 대한 제국의 (①)을/를 빼앗고, (②)을/를 설치하여 내정 전반을 간섭하였다. 고종은 을사늑약의 부당성을 국제 사회에 알리기 위해 (③)을/를 파견하였지만, 일본은 이를 구실로 고종을 강제로 퇴위시켰다.

3 다음에서 설명하는 것을 〈보기〉에서 골라 기호를 쓰시오.

보기

ㄱ. 을미의병 ㄴ. 을사의병 ㄷ. 애국 계몽 운동

(1) 단발령과 을미사변이 원인이 되어 일어난 항일 의병 운동이다. ( )

(2) 신돌석 등 평민 의병장이 을사늑약 이후 일으킨 항일 의병 운동이다. ( )

(3) 지식인과 관료들은 국민 교육과 계몽 활동, 산업 진흥을 통해 실력을 기르고자 하는 노력을 펼쳤다. ( )

답 1 (가) - (라) - (나) - (다) 2 ① 외교권 ② 통감부 ③ 헤이그 특사 3 (1) ㄱ (2) ㄴ (3) ㄷ

일제의 식민 통치, 3·1 운동과 대한민국 임시 정부

1 일제의 식민 통치

시기	내용
1910년대 무단 통치	• 식민 통치 기관인 ❶ ______ 설치, 헌병 경찰 통치, 조선 태형령 • 항일 운동: 국내는 비밀 결사, 국외는 독립군 기지 건설 노력(신흥 무관 학교)
1920년대 문화 통치	보통 경찰제(경찰의 수 증가), 친일 세력 양성 등
1930년대 이후 민족 말살 정책	• 신사 참배·황국 신민 서사 암송 강요, 일본식 성명 사용 강요, 우리말·역사 교육 금지 • 국가 총동원법(1938) 이후 인적 자원과 물적 자원을 수탈

2 3·1 운동과 대한민국 임시 정부

구분	항목	내용
3·1 운동 (1919)	배경	일제의 무단 통치, 파리 강화 회의에서 민족 ❷ ______ 발표, 고종 독살설 확산
	발생	종교계·학생 중심 준비, 학생과 시민들의 탑골 공원 시위 → 전국으로 확산
	의의	대한민국 임시 정부 수립, 일제 식민 통치 방식이 이른바 문화 통치로 바뀜
대한민국 임시 정부 수립	조직	삼권 분립의 원칙에 따른 민주 공화정 → 대통령 이승만 등을 지도부로 구성
	활동	연통제와 교통국, 독립 공채 발행, 구미 위원회 등을 통한 외교 활동

답 ❶ 조선 총독부 ❷ 자결주의

1 다음에서 설명하는 것을 〈보기〉에서 골라 기호를 쓰시오.

보기		
ㄱ. 무단 통치	ㄴ. 이른바 문화 통치	ㄷ. 민족 말살 통치

(1) 3·1 운동 이후 민족 분열을 꾀하였다. (　　)

(2) 헌병 경찰을 앞세워 강압적인 통치하였다. (　　)

(3) 신사 참배와 황국 신민 서사 암송을 강요하였다. (　　)

2 빈칸에 들어갈 알맞은 용어를 쓰시오.

3·1 운동을 계기로 중국 상하이에 (① 　　　　　　)이/가 수립되었다. 이것은 우리나라 최초로 삼권 분립의 원칙에 따른 (② 　　　　　　) 체제를 갖추었고, 비밀 조직인 (③ 　　　　　　) 와/과 교통국을 두어 국내와 연락하고 독립운동을 지도하였다.

답 **1** (1) ㄴ (2) ㄱ (3) ㄷ **2** ① 대한민국 임시 정부 ② 민주 공화정 ③ 연통제

민족 운동의 전개

1 국내의 민족 운동

실력 양성 운동	물산 장려 운동, 민립 대학 설립 운동, 브나로드 운동
노동자 · 농민 운동	사회주의 사상 확산, 계급 의식 고취, 소작 쟁의 · 노동 쟁의 등
❶ (1927)	민족 협동 전선 단체(비타협적 민족주의 계열과 사회주의 계열 연대), 광주 학생 항일 운동 지원
항일 학생 운동	6 · 10 만세 운동(1926. 순종 국장일에 사회주의 계열과 민족주의 계열 및 학생들이 대규모 만세 시위 전개), 광주 학생 항일 운동(1929. 한 · 일 학생 간 충돌이 계기)
민족 문화 수호 운동	❷ (한글 연구, 『우리말 큰사전』 편찬 노력) 등

2 항일 무장 투쟁과 의열 활동

항일 무장 투쟁	1920년대	봉오동 전투, 청산리 전투, 간도 참변, 3부 성립(참의부, 정의부, 신민부)
	1930년대	만주 사변 이후 한 · 중 연합 작전(조선 혁명군, 한국 독립군), 조선 의용대(1938)
	1940년대	한국광복군(대한민국 임시 정부 산하 부대, 국내 진공 작전 준비)
의열 활동	의열단	김원봉이 조직, 신채호의 ❸ 을/를 활동 지침으로 삼음
	한인 애국단	김구가 조직, 임시 정부가 중국 정부의 지원을 받게 됨

답 ❶ 신간회 ❷ 조선어 학회 ❸ 조선 혁명 선언

1 다음에서 설명하는 단체를 〈보기〉에서 골라 기호를 쓰시오.

보기
ㄱ. 한국광복군　　ㄴ. 한인 애국단　　ㄷ. 조선 의용대

(1) 김구가 조직한 의열 단체로, 이봉창과 윤봉길의 의거가 대표적인 활동이다. (　　)
(2) 대한민국 임시 정부가 충칭에 정착하고 창설한 부대로, 국내 진공 작전을 준비하였다. (　　)
(3) 중일 전쟁 이후 김원봉을 중심으로 중국 본토에서 조직되어 중국군과 함께 항일 투쟁을 벌였다. (　　)

2 빈칸에 들어갈 알맞은 용어를 쓰시오.

1920년대 일제가 이른바 (①　　　　) 통치를 시행하자 일부 민족주의 세력이 일제 식민 지배를 인정하고 민족의 역량을 키우자고 주장하였다. 이에 반발하여 비타협적 민족주의 계열과 (②　　　　) 계열이 힘을 합하여 신간회를 창립하였다. 신간회는 전국 각지에 지회를 만들어 강연회와 연설회를 열었고, 1929년 (③　　　　)이/가 발생하자 진상 조사단을 파견하며 이를 지원하려고 하였다.

답 1 (1) ㄴ (2) ㄱ (3) ㄷ 2 ① 문화 ② 사회주의 ③ 광주 학생 항일 운동

8·15 광복과 대한민국 정부의 수립

1 8·15 광복과 대한민국 정부 수립

8·15 광복	일본의 패망, 미군과 소련군 주둔(북위 38도선 분할), 건국 준비 위원회 결성(여운형)
모스크바 3국 외상 회의	임시 민주 정부 수립, 미소 공동 위원회 설치, 한반도 신탁 통치에 관한 협약 작성 → 좌우익 세력의 대립 격화
분단 가능성 대두	이승만의 정읍 발언(단독 정부 수립 주장), 여운형과 김규식의 좌우 합작 운동 → 유엔에서 남한만의 단독 선거 결정
통일 정부 수립 노력	❶ (김구와 김규식 등), 정부 수립을 둘러싼 갈등(제주 4·3 사건)
대한민국 정부 수립	5·10 총선거(제헌 국회 구성, 헌법 제정) → 대한민국 정부 수립(민주 공화정, 초대 대통령 ❷), 유엔 총회에서 한반도 내의 유일한 합법 정부로 승인

답 ❶ 남북 협상 ❷ 이승만

1 빈칸에 들어갈 알맞은 용어를 쓰시오.

(①) 결정에 따라 미소 공동 위원회가 열렸으나, 별다른 성과 없이 중단되었다. 미소 공동 위원회가 결렬되자 남한에서는 정읍 발언을 한 (②)을/를 중심으로 단독 정부 수립 주장이 제기되었고, 여운형과 김규식 등은 분단을 막기 위해 (③)을/를 전개하였다.

2 다음에서 설명하는 인물을 〈보기〉에서 골라 기호를 쓰시오.

보기

ㄱ. 김구 ㄴ. 여운형 ㄷ. 이승만

(1) 광복 직후 건국 준비 활동을 위해 조선 건국 준비 위원회를 결성하였다. ( )

(2) 제헌 헌법에 따라 국회에서 대통령으로 선출되어 대한민국 정부 수립을 선포하였다. ( )

(3) 분단 가능성이 대두하자 통일 정부 수립을 위해 북한과의 남북 협상을 진행하였다. ( )

3 (가)~(라)를 일어난 순서대로 바르게 나열하시오. ( )

(가) 5·10 총선거 (나) 제주 4·3 사건
(다) 이승만의 정읍 발언 (라) 모스크바 3국 외상 회의

답 1 ① 모스크바 3국 외상 회의 ② 이승만 ③ 좌우 합작 운동 2 (1) ㄴ (2) ㄷ (3) ㄱ 3 (라) – (다) – (나) – (가)

개항과 근대 경제 체제 수립을 위한 노력

1 개항 이후 경제 상황

개항장 무역	면직물 유입(국내 수공업 타격), 많은 양의 쌀 유출
청 · 일본 상인 내륙 진출	국내 상권 침탈 및 경쟁, 청일 전쟁 이후 ❶ ______ 상인 우위
열강의 이권 침탈	아관 파천 이후 철도 · 광산 · 삼림 등 이권 침탈 본격화
❷ ______ 정리 사업	러일전쟁 이후 일본이 대한 제국의 화폐 발행권 차지

2 경제적 구국 운동

방곡령	일부 지방의 지방관이 곡물의 유출을 막기 위해 반포함
경제적 구국 운동	이권 침탈 저지 운동(독립 협회), 상권 수호 운동(시전 상인) 등
❸ ______	일본의 황무지 개간을 구실로 한 국유지 강탈 시도 저지
대한 제국 식산흥업 정책	산업 육성, 실업 교육, 양전 사업으로 지계 발급
국채 보상 운동(1907)	정부가 일본에 진 빚 증가 → 대구에서 금연 등을 통한 모금 운동 시작, 언론 기관 지원으로 전국 확산 → 통감부의 방해와 탄압으로 중단

답 ❶ 일본 ❷ 화폐 ❸ 보안회

1 빈칸에 들어갈 알맞은 용어를 쓰시오.

> 대한 제국이 일본에 많은 빚을 지게 되자, 일본에 진 빚을 갚자는 (①)이/가 전국적으로 일어났다. 이 운동은 (②)에서 시작되어 여러 언론사의 적극적인 지원을 받으며 전국으로 확산되었다. 일본은 을사늑약으로 설치된 (③)을/를 이용하여 이 운동을 방해하고 탄압하여 결국 중단되었다.

2 밑줄 친 '정책'이 무엇인지 쓰시오. ( )

> 러일 전쟁 이후 일본의 경제 침략은 더욱 강화되었다. 일본은 제1차 한일 협약을 강요하고, 그에 따라 메가타를 재정 고문으로 앉혔다. 그는 국내에서 사용하던 화폐인 백동화를 사용하지 못하게 하고, 일본 제일 은행에서 발행한 돈으로 바꾸게 하는 <u>정책</u>을 실시하였고, 그 결과 일부 상공업자들이 타격을 입었다.

답 1 ① 국채 보상 운동 ② 대구 ③ 통감부 2 화폐 정리 사업

식민지 경제 체제로의 재편

1 식민지 경제 체제

시기	정책	내용
1910년대	❶ (　　　) 사업	기한 내 신고 원칙, 많은 토지 약탈
	회사령	회사 설립 시 조선 총독의 허가 필요, 한국인의 회사 설립 억제
1920년대	산미 증식 계획	일본의 식량 문제 해결 목적, 쌀 생산량 증대 시도 → 쌀 증산량<쌀 유출량, 만주에서 잡곡 수입
1930년대 이후	병참 기지화 정책	군수 물자 보급 목적의 식민지 공업화 → 북부에 군수 공장, 발전소 등 설립
	남면북양 정책	남쪽에 면화 재배·북쪽에 양 사육 강요 → 일본의 공산품 원료 공급
	❷ (　　　) 제정 (1938)	인적 자원(징용, 징병, 위안부 등)·물적 자원(쌀, 금속류 등) 수탈

답 ❶ 토지 조사 ❷ 국가 총동원법

1 토지 조사 사업에 대한 설명으로 옳은 것은? (　　　)

① 기한 내 신고가 원칙이었다.
② 군수 물자 보급을 목적으로 하였다.
③ 면화 재배와 양 사육을 강요하였다.
④ 미신고 토지는 토지 주인을 찾아 주었다.
⑤ 한국인의 회사 설립을 억제하기 위해 실시하였다.

2 빈칸에 들어갈 알맞은 말에 ○표 하시오.

(1) 1920년대 일제는 부족한 자국의 식량 문제를 완화하고자 (토지 조사 사업 / 산미 증식 계획)을 실시하였다.

(2) 1930년대 침략 전쟁을 일으킨 일제는 한국을 병참 기지로 만들기 위해 (회사령 / 국가 총동원법)을 제정하여 인력과 물자를 수탈하였다.

3 1930년대 이후 일제의 경제 정책에 대한 설명만을 〈보기〉에서 골라 기호를 쓰시오. (　　　　　　)

보기

ㄱ. 회사령을 실시하였다.
ㄴ. 징용과 징병을 동원하였다.
ㄷ. 화폐 정리 사업을 실시하였다.
ㄹ. 병참 기지화 정책으로 공장을 설립하였다.

답 1 ① 2 (1) 산미 증식 계획 (2) 국가 총동원법 3 ㄴ, ㄹ

광복 이후 경제 성장

1 경제 성장 과정

이승만 정부	농지 개혁	농지 소유 제한, 많은 농민이 토지를 소유하게 됨
	미국의 경제 원조	❶ ( ) 산업 발달, 농산물 가격 하락, 소비재 산업 위주의 발전
박정희 정부		• 정부 주도, 풍부한 노동력을 기반으로 수출 중심의 성장 정책(1960년대 경공업 위주, 1970년대 중화학 공업 위주 → 수출 증가, 국민 소득 증대, '한강의 기적') • 새마을 운동 전개
1980년대 이후		❷ ( )(으)로 고도성장, 반도체·자동차 등 산업 발전

답 ❶ 삼백 ❷ 3저 호황

1 다음에서 설명하는 것을 〈보기〉에서 골라 기호를 쓰시오.

보기
ㄱ. 삼백 산업　　ㄴ. 3저 호황

(1) 제분, 제당, 면방직 산업으로, 생산품이 모두 흰색이라 붙여진 이름이다. ( )

(2) 세계적으로 저유가, 저금리, 저달러 현상이 나타나 한국의 수출 경쟁력이 높아져 우리 경제가 큰 호황을 누렸다. ( )

2 빈칸에 들어갈 알맞은 용어를 쓰시오.

1960년대 (①) 정부 시기에 경제 개발 계획이 추진되면서 경제 성장의 발판이 마련되었다. 제1·2차 경제 개발 계획 시기에 정부는 외국 자본을 유치하여 (②)을/를 중심으로 수출에 힘썼다. 1970년대 제3·4차 경제 개발 계획 시기에는 중화학 공업 육성으로 고도성장과 수출 증대를 이룩하였다.

답 1 (1) ㄱ (2) ㄴ 2 ① 박정희 ② 경공업

신자유주의 경제 정책과 경제 성장에 따른 사회 변화

1 신자유주의 경제 정책 추진

구분		내용
신자유주의		무역 장벽 철폐, 농·축·수산물 시장 및 자본 시장 개방 요구
외환 위기 (1990년대 후반)	전개	환율 상승, 기업 도산, 실업자 증가, 국제 통화 기금(IMF)의 금융 지원
	극복 노력	금 모으기 운동 전개, 기업과 금융 개혁 및 구조 조정 → 외환 위기 극복
2000년대		칠레·미국 등과 ❶ ______ (FTA) 체결 등

2 경제 성장에 따른 사회 변화

구분		내용
사회 변화 모습		농업에서 공업 중심 산업 구조로 변화, 인구의 도시 집중(주택·교통·공해 등의 문제), 노동 문제 대두, 사회적 양극화로 계층 갈등 심화
노동 문제	1960년대	낮은 임금, 장시간 노동, 열악한 노동 조건
	1970년대	❷ ______ 이/가 노동 문제를 제기하며 분신, 노동 운동의 본격화
	1980년대	6월 민주 항쟁 이후 노동 운동 활성화, 많은 기업에 노동조합 결성
	1990년대	청년 고용 문제, 비정규직 문제, 외국인 노동자 인권 문제

답 ❶ 자유 무역 협정 ❷ 전태일

1 빈칸에 들어갈 알맞은 용어를 쓰시오.

> 1990년대 세계화 추세에 따른 시장 개방 압력이 거세지자, 정부는 신자유주의 정책을 폈다. 그러나 외국인 투자자들이 자금을 회수하면서 외환 보유고가 부족해졌고, 무분별하게 돈을 빌려 사업을 확장한 일부 대기업이 도산하였다. 이에 1997년 (① ______)(으)로부터 구제 금융을 지원받았다. 정부가 부실 기업과 금융 기관을 구조 조정하고, 민간에서 (② ______) 운동 등을 벌인 결과 2001년 국제 통화 기금의 지원금을 모두 갚았다.

2 다음 노동 문제와 관련된 상황이 발생한 시기를 〈보기〉에서 골라 기호를 쓰시오.

보기
ㄱ. 1970년대　　ㄴ. 1980년대　　ㄷ. 1990년대

(1) 6월 민주 항쟁 이후 전국적으로 수많은 노동조합이 생겨났다. (　　)
(2) 전태일이 근로 기준법 준수를 요구하며 자신의 몸을 불살라 노동 현실을 고발하였다. (　　)
(3) 비정규직 노동자, 청년 실업, 외국인 노동자 등의 문제가 해결해야 할 과제로 등장하였다. (　　)

답 **1** ① 국제 통화 기금(IMF) ② 금 모으기 **2** (1) ㄴ (2) ㄱ (3) ㄷ

헌법 제정과 4·19 혁명

1 제헌 헌법과 제헌 국회

제헌 헌법	전문	3·1 운동과 대한민국 임시 정부의 법통 계승
	내용	❶ ______ 중심제 채택, 주권 재민, 사회적 기본권과 참정권 보장
	의의	대한민국 임시 정부의 법통을 계승한 민주 공화정
제헌 국회		반민족 행위 처벌법 제정, 농지 개혁법 제정

2 이승만 정부의 장기 집권 시도와 4·19 혁명

이승만 정부의 장기 집권 시도		• ❷ ______ (1952): 대통령 직선제 개헌안을 강압적으로 통과시킴 • 사사오입 개헌(1954): 초대 대통령에 한해 중임 제한을 없애는 개헌 시도 → 최초 부결, 사사오입 논리를 내세워 통과 • 진보당 조봉암 사형, 국가 보안법 개정, 정부 비판적 언론 탄압
4·19 혁명 (1960)	계기	이승만 정부와 자유당의 ❸ ______ 부정 선거(부통령 후보 이기붕 당선 의도)
	전개	3·15 부정 선거 규탄 시위 → 실종된 김주열 학생 시신 발견 → 시위의 전국 확산 → 경찰이 시위대에 발포하여 사상자 발생 → 대학교수단의 시국 선언문 발표 → 이승만 대통령의 하야 → 허정 과도 정부 수립
	결과	내각 책임제와 양원제 개헌, 민주당 집권 → ❹ ______ 내각 수립

답 ❶ 대통령 ❷ 발췌 개헌 ❸ 3·15 ❹ 장면

1 빈칸에 들어갈 알맞은 용어를 쓰시오.

> 3·15 부정 선거에 분노한 학생과 시민들이 시위를 일으켜 저항하였다. 시위 과정에서 실종되었던 (①) 학생의 시신이 마산 앞바다에서 떠오르자 시위는 전국적으로 확산되었다. 정부는 계엄령을 선포하고 시위를 무력 진압하려 하였으나 국민의 저항을 막을 수가 없었다. 결국 (②) 은/는 하야 성명을 발표하고 대통령직에서 물러났다. 4·19 혁명 이후 (③) 체제의 장면 정부가 출범하였다.

2 다음에서 설명하는 것을 〈보기〉에서 골라 기호를 쓰시오.

> 보기
>
> ㄱ. 발췌 개헌　　　　ㄴ. 사사오입 개헌

(1) 초대 대통령에 한해서 연임 횟수 제한을 없앤다는 내용의 개헌을 추진하였다. ( )

(2) 이승만은 국회의 간접 선거로 대통령이 당선될 수 없다고 판단하여 대통령 직선제 개헌을 추진하였다. ( )

답 1 ① 김주열 ② 이승만 ③ 내각 책임제 2 (1) ㄴ (2) ㄱ

민주주의의 시련과 발전

1 민주주의의 시련과 발전

5·16 군사 정변	박정희 등 군부 세력의 정변, 국회 해산, 국가 재건 최고 회의를 설치하여 군정 실시	
박정희 정부	대통령 중심제 개헌, 박정희 대통령 당선(1963) → 한일 협정 체결, ❶ ________ 파병, 3선 개헌 등	
유신 체제	성립	국가 비상사태 선포, 국회 해산 → 유신 헌법 공포(1972)
	유신 헌법	❷ ________ 에서 대통령 선출, 대통령에게 긴급 조치권·국회 해산권·국회 의원 1/3 추천권 부여
	붕괴	유신 반대 운동 → 부마 민주 항쟁(1979) → 박정희 피살(10·26 사태)
신군부의 등장과 5·18 민주화 운동	신군부 세력 권력 장악 → 광주에서 대규모 시위 → 계엄군의 폭력적 진압 → 광주에서 시민군 조직 → 계엄군이 시민군 무력 진압 → 전두환 대통령 당선	
전두환 정부	언론사 통폐합, 야간 통행금지 해제, 학생 교복·두발 자율화 등의 유화 정책, 민주주의 억압, 국민 인권 침해	
6월 민주 항쟁 (1987)	박종철 고문치사 사건 → 진상 규명과 대통령 직선제 개헌 요구 확산 → 4·13 호헌 조치 → 전국적 시위 확산 → 이한열 사망으로 시위 격화 → 6·29 민주화 선언(대통령 ❸ ________ 개헌 수용)	

답 ❶ 베트남 ❷ 통일 주체 국민 회의 ❸ 직선제

1 빈칸에 들어갈 알맞은 용어를 쓰시오.

> 박정희는 3선 개헌을 통해 장기 집권의 기반을 마련하였다. 그러나 장기 집권과 성장 위주의 경제 정책이 가져온 문제점으로 국민들의 불만이 쌓여 갔다. 이에 박정희 정부는 국가 안보, 지속적인 경제 성장, 평화 통일을 위한 정치 체제 마련을 구실로 (   )을/를 제정하였다.

2 박정희 정부의 정책만을 〈보기〉에서 골라 기호를 쓰시오. (   )

보기

ㄱ. 베트남 파병　　ㄴ. 한일 협정 체결

ㄷ. 학생 교복 자율화　　ㄹ. 야간 통행 금지 해제

3 빈칸에 들어갈 알맞은 용어를 쓰시오.

> 1987년 1월에는 경찰의 가혹한 고문으로 대학생 (①   )이/가 사망하는 사건이 발생하였다. 정부는 이를 은폐하면서, 국민들의 요구를 받아들이지 않았다. 이에 분노한 학생과 시민들은 정권 퇴진과 (②   )을/를 요구하며 대규모 시위를 벌였다. 결국 당시 여당 대통령 후보였던 노태우는 (③   )을/를 발표하였다.

답 1 유신 헌법 2 ㄱ, ㄴ 3 ① 박종철 ② 대통령 직선제 개헌 ③ 6·29 민주화 선언

직선제 개헌 이후의 정부

1 직선제 개헌 이후 정부의 활동

노태우 정부	여소야대 정국, 서울 올림픽 개최, ❶ ______ 을/를 추진하여 사회주의 국가들과 수교, 지방 자치제를 부분적으로 실시
김영삼 정부	❷ ______ 전면 실시, 금융 실명제 시행, 역사 바로 세우기, 외환 위기 초래
김대중 정부	최초 여야 간 평화적 정권 교체, ❸ ______ 극복
노무현 정부	정경 유착 단절 및 권위주의 청산 노력, 호주제 폐지, 남북 정상 회담 성사
이명박 정부	선진 20개국(G20) 정상 회의 개최

답 ❶ 북방 외교 ❷ 지방 자치제 ❸ 외환 위기

1 노태우 정부에 대한 설명으로 옳은 것만을 〈보기〉에서 골라 기호를 쓰시오. (　　　　　)

보기
ㄱ. 외환 위기를 초래하였다.
ㄴ. 서울 올림픽을 개최하였다.
ㄷ. 사회주의 국가들과 수교하였다.
ㄹ. 지방 자치제를 전면 실시하였다.

2 다음 설명에 해당하는 정부를 〈보기〉에서 골라 기호를 쓰시오.

보기
ㄱ. 김대중 정부　　ㄴ. 김영삼 정부　　ㄷ. 노무현 정부

(1) 호주제를 폐지하였다. (　　)
(2) 외환 위기를 극복하였다. (　　)
(3) 금융 실명제를 시행하였다. (　　)

3 다음에서 설명하고 있는 정부를 쓰시오. (　　　　　)

- 최초로 평화적으로 여야 간 정권 교체가 이루어졌다.
- 국제 통화 기금(IMF)으로부터 받은 구제 금융을 모두 갚았다.
- 대북 화해 협력 정책을 추진하여 최초로 남북 정상 회담이 개최되었다.

답 1 ㄴ, ㄷ 2 (1) ㄷ (2) ㄱ (3) ㄴ 3 김대중 정부

남북 분단과 6·25 전쟁

1 냉전 체제와 남북 분단

38도선 설정	38도선 이남에는 미군, 이북에는 소련군 주둔
대한민국 정부 수립 (1948)	5·10 총선거로 ❶ ( ) 구성, 헌법 공포 → 정부 수립 선포(대통령 이승만)
북한 정권 성립	최고 인민 회의 구성과 헌법 제정 → 김일성을 수상으로 하는 조선 민주주의 인민 공화국 수립 선포(1948. 9.)

2 6·25 전쟁

배경	남북의 이념 대립 심화, 미국의 애치슨 선언
전개 (1950~1953)	북한군의 기습 남침 → 서울 함락 → 국군, 낙동강 방어선까지 후퇴 → 국군·유엔군의 ❷ ( ) 성공 → 서울 수복 → 압록강까지 진격 → 중국군 개입 → 1·4 후퇴 → 38도선 부근에서 치열한 공방전
정전 협정	정전 회담 장기화 → 군사 분계선(휴전선) 설정, 비무장 지대 설치 등의 내용을 담음
피해	군인과 민간인 사상자 발생, 이산가족 발생, 국토 황폐화, 산업 시설 파괴

답 ❶ 제헌 국회 ❷ 인천 상륙 작전

1 빈칸에 들어갈 알맞은 용어를 쓰시오.

> 38도선 부근에서는 남북 간의 크고 작은 충돌이 계속 일어났다. 1950년 1월 미국은 한반도를 미국의 태평양 방위선에서 제외하는 (   )을/를 발표하였다.

2 (가)~(라)를 발생한 시간의 순서대로 바르게 나열하시오. (   )

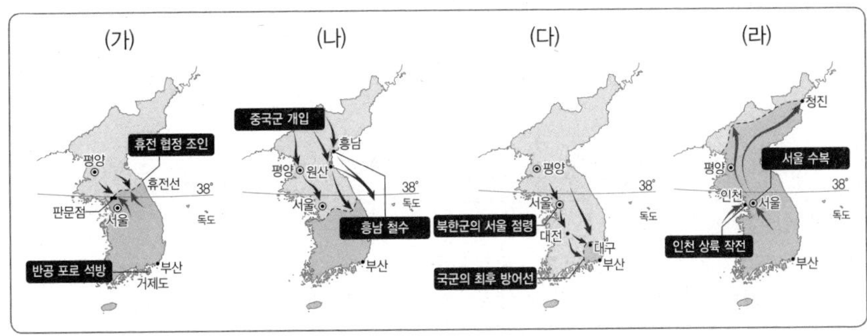

답 1 애치슨 선언 2 (다) - (라) - (나) - (가)

평화 통일을 위한 노력

1 정부의 통일 노력

박정희 정부	닉슨 독트린(냉전 체제 완화), ❶ (1972, 자주, 평화, 민족적 대단결의 원칙 합의) 발표
전두환 정부	최초로 남북한 이산가족 고향 방문, 예술 공연단 교환
노태우 정부	북방 외교 추진, 남북 고위급 회담 개최, 남북한 ❷ 동시 가입(1991), ❸ 채택과 한반도 비핵화 공동 선언(1991)
김대중 정부	대북 화해 협력 정책 추진, 소 떼 방북, 금강산 관광 사업 시작, 제1차 남북 정상 회담 실시(2000, 6·15 남북 공동 선언 발표), 이산가족 상봉 재개, 경의선 철도 연결 추진, 개성 공단 조성 추진
노무현 정부	제2차 남북 정상 회담(2007): 10·4 남북 공동 선언 채택
문재인 정부	제3차 남북 정상 회담(2018): 한반도의 평화와 번영, 통일을 위한 판문점 선언

답 ❶ 7·4 남북 공동 성명 ❷ 유엔 ❸ 남북 기본 합의서

1 빈칸에 들어갈 알맞은 용어를 쓰시오.

미국이 아시아 문제에 군사적 개입을 하지 않겠다는 내용을 담은 (①)을/를 발표한 이후 미국과 중국 간에 긴장이 완화되었다. 이후 남북 사이에도 대화를 위한 노력이 시작되었다. 남북한은 1970년대 초반 이산가족 상봉을 위해 남북 적십자 회담으로 접촉 통로를 열고, 1972년 서울과 평양에서 (②)을/를 동시에 발표하였다. 비밀 특사 파견으로 성사된 이 성명에는 (③), 평화, 민족적 대단결이라는 통일 원칙이 담겨 있었다.

2 다음과 같은 통일 노력을 전개한 정부를 〈보기〉에서 골라 기호를 쓰시오.

보기

ㄱ. 노태우 정부　　ㄴ. 노무현 정부　　ㄷ. 문재인 정부

(1) 남북 사이의 화해와 불가침 및 교류, 협력에 관한 합의서를 체결하였다. ( )

(2) 판문점에서 남북 정상 회담을 개최하고 한반도 평화와 번영, 통일을 위한 판문점 선언을 발표하였다. ( )

(3) 대북 화해 협력 정책을 지속하여 평양에서 남북 정상 회담을 하고 10·4 남북 공동 선언을 발표하였다. ( )

답 1 ① 닉슨 독트린 ② 7·4 남북 공동 성명 ③ 자주 2 (1) ㄱ (2) ㄷ (3) ㄴ

MEMO

미니북

역사를 한 권으로
가뿐하게!

사뿐

중학 역사 ② - 2

가뿐한 핵심 평가

5 **(가), (나) 시기 사이에 있었던 사실로 옳은 것은?**

(가) 논산에서 집결한 동학 농민군은 다시 봉기하여 공주 우금치에서 전투를 펼쳤지만 우세한 화력을 앞세운 일본군과 정부군에 크게 패하였다.
(나) 신변의 위협을 느낀 고종이 러시아 공사관으로 거처를 옮겼다. 이로 인해 국가의 위신이 크게 하락했으며 각국의 이권 침탈도 가속화되었다.

① 러일 전쟁이 발발하였다.
② 일본이 명성 황후를 시해하였다.
③ 고종이 황제 자리에서 강제로 밀려났다.
④ 독립 협회가 만민 공동회를 개최하였다.
⑤ 고종이 환구단에서 황제 즉위식을 거행하였다.

★ 중요 ★

6 **다음과 같이 실시된 개혁에 대한 설명으로 옳은 것은?**

▲ 탁지아문으로 재정 일원화

▲ 신분제 폐지

① 황제권의 강화를 목적으로 시행되었다.
② 동학 농민군의 요구가 일부 반영되었다.
③ 청의 개입으로 3일 만에 개혁이 중단되었다.
④ 개혁을 총괄하는 통리기무아문을 설치하였다.
⑤ 러일 전쟁이 진행되고 있는 시기에 추진되었다.

7 **동학 농민 운동에 대한 설명으로 옳은 것은?**

① 애국 계몽 운동을 주도하였다.
② 운요호 사건을 계기로 일어났다.
③ 정부와 전주 화약을 체결하였다.
④ 을사늑약에 반발하여 봉기하였다.
⑤ 공화정체의 근대 국가 수립을 지향하였다.

8 **다음 발표 이후에 발생한 일로 옳은 것은?**

지난번에 거처를 옮긴 후에 덧없이 한 해가 지나게 되니 모든 법도가 무너져서 여러 사람들이 우려하였다. 짐이 어찌 밤낮으로 이것을 생각하지 않았겠는가? 이제 의정부의 간청에 의하여 경운궁에 환궁하였으니 중앙과 지방 신하와 백성들의 기대에 어느 정도 부응했을 것이다.

① 일본이 명성 황후를 시해하였다.
② 전봉준이 동학 농민 운동을 일으켰다.
③ 지조법 개혁을 담은 개혁 정강이 발표되었다.
④ 군국기무처가 중심이 되어 개혁을 추진하였다.
⑤ 황제권의 강화를 담은 대한국 국제를 선포하였다.

9 **(가)에 들어갈 인물로 옳은 것은?**

독립 협회에서 활동하면서 정치 및 사회사상을 키운 (가) 은/는 1907년 양기탁을 비롯한 애국지사들과 비밀리에 신민회를 조직하였다. 신민회는 민족 교육을 실시하기 위해 학교를 세웠는데, (가) 은/는 평양에 대성 학교를 세웠고, 1912년에 첫 졸업생을 배출하기도 하였다.

① 안중근 ② 안창호 ③ 전봉준
④ 김옥균 ⑤ 이상설

10 **다음을 결의한 단체에 대한 설명으로 옳은 것은?**

> 제2조 외국과 맺는 이권에 관한 계약과 조약은 해당 부처의 대신과 중추원 의장이 함께 서명하여 시행할 것
> 제3조 재정은 탁지부에서 전담하고, 예산과 결산을 국민에게 공포할 것
> 제5조 칙임관(최고위 관료층)을 임명할 때는 의정부에 자문하여 과반수를 얻은 자를 임명할 것

① 신분제 폐지를 주장하였다.
② 영은문 자리에 독립문을 세웠다.
③ 프랑스 군대의 공격에 맞서 싸웠다.
④ 정변을 일으켜 개화당 정부를 세웠다.
⑤ 집강소에서 폐정 개혁을 실천하기 위해 노력하였다.

★ 중요 ★

11 **(가) 단체의 활동으로 옳은 것은?**

> (가) 의 활동
> - 남만주에 신흥 강습소 설립
> - 자기 회사와 태극 서관 등을 운영
> - 민족 교육을 위한 대성 학교와 오산 학교 설립

① 독립신문을 발간하였다.
② 개화 정책에 반대하는 상소를 올렸다.
③ 대중 집회인 만민 공동회를 개최하였다.
④ 구본신참을 바탕으로 개혁 정책을 추진하였다.
⑤ 공화정 체제의 근대 국민 국가 수립을 추구하였다.

12 **을사늑약 체결에 대한 우리 민족의 저항으로 옳은 것은?**

① 지계를 발급하며 상공업 진흥 정책을 펼쳤다.
② 독립 협회를 중심으로 이권 침탈에 저항하였다.
③ 김옥균이 정변을 주도하였으나 3일 만에 진압되었다.
④ 최익현, 신돌석 등이 주도한 의병 운동이 확산되었다.
⑤ 동학 농민군은 일본군을 물리치기 위해 다시 봉기하였다.

13 **자료에 나타난 의병 운동에 대한 설명으로 옳은 것은?**

> 군사장은 미리 군비를 신속히 정돈하여 철통과 같이함에 한 방울의 물도 샐 틈이 없는지라. 이에 전군에 명령을 전하여 일제히 진군을 재촉하여 동대문 밖으로 진격할 때, 대군은 긴 뱀의 형세로 천천히 전진하게 하고, …… 3백 명을 인솔하고 선두에 서서 동대문 밖 삼십 리 되는 곳에 나아가 전군이 모이기를 기다려 일거에 서울로 공격하여 들어가기로 계획하더니, 전군이 모이는 시기가 어긋나고 일본군이 갑자기 진격해 오는지라. 여러 시간을 격렬히 사격하다가 후원군이 이르지 않아 할 수 없이 퇴진하였다.
>
> – 대한매일신보 –

① 단발령의 시행에 반발하여 일어났다.
② 평민 출신 의병장 신돌석 부대가 등장하였다.
③ 서양 세력이 무력으로 통상 수교를 요구하였다.
④ 구식 군인들이 차별 대우에 불만을 품고 일어났다.
⑤ 해산된 군인의 합류로 조직력과 전투력이 향상되었다.

14 **밑줄 친 '특사' 파견의 배경에 대한 설명으로 옳은 것은?**

이 사진은 고종이 헤이그 만국 평화 회의에 파견한 특사의 모습입니다.

① 고종의 강제 퇴위에 반발하였다.
② 고종이 아관 파천을 단행하였다.
③ 청의 군대가 들어와 임오군란을 진압하였다.
④ 강화도 조약을 체결하여 문호를 개방하였다.
⑤ 일본이 대한 제국의 외교권을 빼앗고 국정 전반을 간섭하였다.

서술형 문제

1 다음 비석으로 대표되는 흥선 대원군의 정책이 갖는 의의와 한계를 서술하시오.

서양의 오랑캐가 침범하였을 때 싸우지 않으면 곧 화의하자는 것이요, 화의를 주장함은 나라를 파는 것이다.

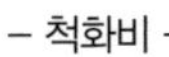

– 척화비 –

2 밑줄 친 '조약'의 역사적 의미와 불평등한 요소는 무엇이 있었는지 서술하시오.

일본 군함 운요호가 불법으로 들어와 조선군과 전투를 벌인 강화도 초지진의 모습이다. 이 사건이 빌미가 되어 조선은 일본과 조약을 체결하여 부산 외 2개 항구를 개항하였다.

3 다음 대화를 보고 물음에 답하시오.

(1) 두 학생의 대화와 관련된 사건을 쓰시오.

( )

(2) (1) 사건이 갖는 의의와 한계를 서술하시오.

4 다음을 보고 물음에 답하시오.

(1) 밑줄 친 '이 조약'의 명칭을 쓰시오.

( )

(2) (1)의 조약 내용을 두 가지 서술하시오.

02 국민 국가의 수립 (2)

학습 내용 들여다보기

■ 태형 도구(서대문 형무소 역사관)

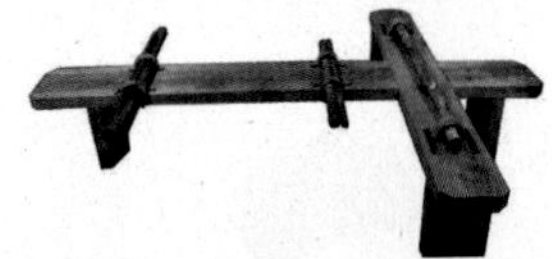

1910년대 헌병 경찰은 한국인들에게 태형을 가하고, 일상생활에 대한 감시를 강화하였다.

■ 민족 자결주의

각 민족은 다른 민족의 간섭을 받지 않으며, 정치적 운명 등 자기 민족의 문제를 스스로 결정할 권리가 있다는 주장이다. 식민 지배를 받던 나라들의 독립운동이 활발해지는 계기가 되었다.

■ 이른바 문화 통치

3·1 운동 이후 일제는 우리 민족의 문화와 관습을 존중한다는 구실을 내세워 이른바 문화 통치를 실시하였다. 그러나 이른바 문화 통치는 우리 민족을 회유하고 분열시켜 항일 민족 운동을 막는 데 그 목적이 있었다.

■ 황국 신민 서사

> 1. 우리들은 대일본 제국의 신민입니다.
> 2. 우리들은 마음을 합하여 천황 폐하에게 충의를 다하겠습니다.
> 3. 우리들은 인고 단련하여 훌륭하고 강한 국민이 되겠습니다.
>
> – 황국 신민 서사 –

일제가 이를 일상생활에서 암송하게 하였다.

용어 알기

- **결사** 뜻이 같은 사람들이 공통의 목적을 이루기 위해 모여 단체를 만듦
- **황국** 천황이 다스리는 나라
- **공고히** 흔들림 없이 단단하고 튼튼하게
- **고취** 의견이나 사상을 주장하여 불어넣음

1. 3·1 운동과 대한민국 임시 정부 수립

(1) **1910년대 무단 통치**: 조선 총독부 설치, 헌병 경찰 통치, 조선 태형령
→ 항일 운동: 국내 비밀 결사(신민회), 국외 독립군 기지 건설 노력(신흥 무관 학교)
(→ 조선 총독은 행정, 입법, 사법권을 장악하고 군대를 통솔하였어.)

(2) **3·1 운동(1919)**
(→ 관리와 교사로 군경과 같이 제복을 입고 칼을 착용하였어.)
① **배경**: 일제의 무단 통치, 민족 자결주의, 고종 독살설 확산, 2·8 독립 선언
② **발생**: 종교계·학생 중심 준비, 학생과 시민들의 탑골 공원 시위
→ 전국으로 확산(도시에서 농촌까지)
③ **의의**: 대한민국 임시 정부 수립, 일제는 식민 통치 방식을 이른바 문화 통치로 변경
(보통 경찰제를 시행하고, 친일 세력을 양성했어.)

(3) **대한민국 임시 정부 수립** 자료 1
① **수립**: 삼권 분립의 원칙에 따른 민주 공화정(대통령 이승만, 국무총리 이동휘)
② **활동**: 연통제와 교통국을 통해 국내와 연락, 독립 공채 등을 발행하여 독립 자금 모금, 구미 위원회 등을 통한 외교 활동
(→ 이승만을 중심으로 미국에서 외교 활동을 펼쳐 나갔어.)
③ **국민 대표 회의(1923)**: 독립운동 방향성 문제로 갈등

2. 민족 운동의 전개

(1) **1930년대 이후 일제의 민족 말살 정책(황국 신민화 정책)**: 신사 참배 및 황국 신민 서사 암송 강요, 일본식 성명 사용 강요, 우리말·역사 교육 금지
→ 중일 전쟁 이후 국가 총동원법(1938)을 공포하고 인적 자원과 물적 자원을 수탈
(우리 민족은 징용, 징병, 일본군 '위안부' 등으로 강제로 끌려갔어.)

(2) **국내 민족 운동**
(→ 민족 산업을 발전시켜 경제적으로 자립하는 것을 목표로 삼았어. "내 살림 내 것으로"가 대표적인 구호였어.)
① **실력 양성 운동**: 물산 장려 운동, 민립 대학 설립 운동, 브나로드 운동
② **노동자·농민 운동**: 사회주의 사상 확산, 계급 의식 고취, 소작 쟁의·노동 쟁의 등
③ **신간회**: 민족 협동 전선 단체(비타협적 민족주의 계열과 사회주의 계열 연대, 타협적 민족 운동 비판) 자료 2

(3) **항일 학생 운동**: 6·10 만세 운동(1926, 순종의 국장일을 이용), 광주 학생 항일 운동(1929, 한·일 학생 간 충돌이 계기)
(신간회가 지원하여 전국적으로 확산시키려 했어.)

자료 1 임시 정부의 통합

3·1 운동 이후 독립운동을 조직적으로 전개하고자 각 지역에 임시 정부가 수립되었으며, 이는 상하이의 대한민국 임시 정부로 통합되었다.

자료 2 신간회 창립

> 신간회 강령(1927)
> – 우리는 정치적·경제적 각성을 촉진함
> – 우리는 단결을 공고히 함
> – 우리는 기회주의를 일체 부인함

1927년 2월 15일, 신간회 창립 대회가 개최되었고, 회장으로 이상재가, 부회장으로 홍명희가 추대되었다. 신간회는 전국 140여 개의 지회와 4만여 명의 회원을 두었고, 강연회와 연설회를 개최하여 민족의식을 고취하였다.

자료 3 1920년대 만주 지역의 무장 투쟁

홍범도가 이끄는 대한 독립군은 1920년 6월에 일본군을 봉오동에서 크게 물리쳤다(봉오동 전투). 김좌진의 북로 군정서도 대한 독립군과 함께 청산리 일대에서 일본군과 싸워 이겼다(청산리 대첩).

(4) **항일 무장 투쟁**: 만주와 연해주 중심

① 1920년대: 봉오동 전투, 청산리 전투, 간도 참변, 3부 성립(참의부, 정의부, 신민부) 자료 3

② 1930년대: 만주 사변 이후 한중 연합 작전(양세봉의 조선 혁명군, 지청천의 한국 독립군), 조선 의용대(1938) 자료 4

→ 영릉가 전투, 흥경성 전투에서 승리하였어.

→ 김원봉이 창립하였고, 중국 관내에 조직된 첫 독립군 부대였어.

③ 1940년대: 한국광복군(대한민국 임시 정부 산하 부대, 국내 진공 작전 준비)

(5) **의열 활동**

→ 식민 통치 기관을 파괴하고 친일파를 처단하기 위해 노력하였어.

- 의열단: 김원봉이 조직, 신채호의 「조선 혁명 선언」을 활동 지침으로 삼음
- 한인 애국단: 김구가 조직, 임시 정부가 중국 정부의 지원을 받게 됨

의열단	김익상(조선 총독부에 폭탄 투척), 김상옥(종로 경찰서에 폭탄 투척), 나석주(동양 척식 주식회사에 폭탄 투척)
한인 애국단	이봉창(도쿄에서 일본 국왕 폭살 기도), 윤봉길(상하이 훙커우 공원에 폭탄 투척)

(6) **민족 문화 수호 운동**: 조선어 학회(한글 맞춤법 통일안 마련, 『우리말 큰사전』 편찬 노력)

3. 8·15 광복과 대한민국 정부의 수립

(1) **8·15 광복**: 일본의 패망, 미군과 소련군 주둔(북위 38도선 분할)

(2) **건국 준비 활동**: 여운형의 주도로 조선 건국 준비 위원회 결성

(3) **모스크바 3국 외상 회의**: 임시 민주 정부 수립, 미소 공동 위원회 설치, 한반도 신탁 통치에 관한 협약 작성 결의 → 좌우익 세력의 대립 격화

→ 김구와 이승만은 반탁 운동을 전개하였어.

(4) **분단 가능성 대두**: 이승만의 정읍 발언, 유엔에서 남한만의 단독 선거 결정 자료 5

(5) **통일 정부 수립을 위한 노력**

① 좌우 합작 운동: 여운형과 김규식 등이 추진

② 남북 협상: 김구와 김규식 등 평양 방문, 남한 단독 선거 반대 자료 6

③ 정부 수립을 둘러싼 갈등 심화: 제주 4·3 사건으로 많은 인명 피해

(6) **대한민국 정부 수립**

① 5·10 총선거: 제헌 국회 구성, 헌법 제정

② 대한민국 정부 수립: 민주 공화정, 초대 대통령 이승만 → 유엔 총회에서 한반도 내의 유일한 합법 정부로 승인

→ 제헌 헌법, 반민족 행위 처벌법과 농지 개혁법 등을 제정하였어.

학습 내용 들여다보기

■ 「조선 혁명 선언」

의열단원의 행동 지침이자 강령 차원에서 신채호가 작성한 문서로 민중 폭동에 의한 독립을 주장하였다.

■ 건국 준비 위원회

조선 건국 동맹을 기반으로 광복 이후에 최초로 조직된 단체로, 광복 직후 국내 질서를 자주적으로 유지하는 것을 목표로 정치 세력을 형성하였으나, 미군정이 수립되며 해체되었다.

■ 좌우 합작 운동

1946년 10월 우익 측의 김규식과 좌익 측의 여운형을 중심으로 좌우 합작 위원회를 구성하였고 7개의 원칙을 발표하며 통일 정부 수립을 주장하였다.

■ 제주 4·3 사건

1947년 3·1절 기념 대회 발포 사건을 기점으로 1948년 4월 3일부터 1954년 9월 21일까지 제주도에서 발생한 무력 충돌과 진압 과정에서 수많은 주민이 희생된 사건이다. 이 사건 당시 단독 선거 반대 등의 주장이 제기되었다.

용어 알기

- **산하** 어떤 조직의 통제나 보호 아래
- **진공** 방향이나 대상을 향해 나아가 공격함
- **주둔** 군대가 임무 수행을 위해 특정 지역에 머무름
- **좌우** 좌는 사회주의자들을, 우는 민족주의자들을 의미함
- **신탁 통치** 국제 연합의 위임을 받은 국가가 아직 자치 능력이 없는 지역을 일정 기간 통치하는 것

자료 4 1930년대 이후 무장 투쟁

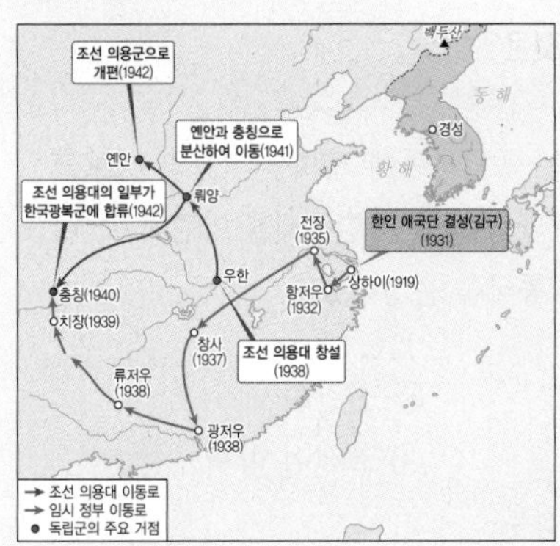

만주 사변(1931) 이후 한중 연합 작전이 펼쳐졌고, 김원봉은 중국 관내에서 최초로 조선 의용대를 결성하였다. 충칭에 정착한 대한민국 임시 정부는 한국광복군을 창설하였다.

자료 5 이승만의 정읍 발언

미소 공동 위원회가 결렬된 이후 다시 열릴 기미가 보이지 않습니다. 통일 정부가 수립되길 원했으나 뜻대로 되지 않으니, 우리 남한만이라도 임시 정부를 조직하고, 38도선 이북에서 소련이 물러가도록 세계에 호소해야 합니다!

1946년 미소 공동 위원회가 성과 없이 결렬되자, 이승만이 전라북도 정읍에서 남한만의 단독 정부 수립을 주장하였다.

자료 6 김구의 「삼천만 동포에게 읍고함」

우리는 자주 독립적 통일 정부를 수립하고 미·소 양군을 물러나게 해야 합니다. 통일 정부를 세우려다가 38도선을 베고 쓰러질 지언정 나의 구차한 안위 때문에 단독 정부를 세우는 일에 가담하지는 않을 것입니다!

김구는 통일 정부 수립을 위해 노력하였고, 단독 정부 수립에 참여하지 않았다.

기본 문제

간단 체크

1 빈칸에 들어갈 말을 쓰시오.

(1) 대한 제국을 병합한 일제는 식민 통치 최고 기관으로 (　　　　)을/를 설치하고 헌병 경찰을 이용하여 강압적인 통치를 하였다.

(2) 3·1 운동 이후에 통일된 독립운동을 전개하기 위해 중국 상하이에서 (　　　　　　)이/가 수립되었다.

(3) 1920년대에 비타협적 민족주의 계열과 사회주의 계열이 힘을 합하여 (　　　　)을/를 창립하였다.

(4) 국내외에서는 애국지사들의 의거 활동이 계속되었는데, 김원봉이 조직한 (　　　　　)와/과 김구가 조직한 (　　　　　) 단원들은 일제의 주요 기관을 폭파하고, 고위 관리와 친일파를 처단하였다.

(5) 중일 전쟁 이후 충칭으로 이동한 대한민국 임시 정부는 적극적으로 무장 투쟁을 하고자 (　　　　)을/를 창설하였다.

(6) 1945년 12월 (　　　　　　　　　)에서는 한반도에 임시 민주 정부의 수립, 이를 준비하기 위한 미소 공동 위원회의 설치, 최고 5년 기한의 한반도 신탁 통치에 관한 협약 작성을 결의하였다.

2 다음 인물과 관련된 활동을 바르게 연결하시오.

(1) 김익상 • 　　　　• ㉠ 일본 국왕 폭살 기도
(2) 김상옥 • 　　　　• ㉡ 훙커우 공원 폭탄 투척
(3) 이봉창 • 　　　　• ㉢ 종로 경찰서 폭탄 투척
(4) 윤봉길 • 　　　　• ㉣ 조선 총독부 폭탄 투척

3 다음에서 설명하는 사건을 〈보기〉에서 골라 쓰시오.

보기
물산 장려 운동, 6·10 만세 운동, 실력 양성 운동

(1) 경제적으로 실력을 양성하기 위해 국산품 애용 등으로 민족 자본을 육성하자는 운동을 전개하였다.
(　　　　　　)

(2) 민족주의 계열은 식민지 권력에 정면으로 맞서기보다는 실력을 키워 독립을 이루자는 운동을 전개하였다.
(　　　　　　)

(3) 1926년 순종의 국장일에 민족주의 계열과 사회주의 계열이 함께 대규모 만세 시위를 준비하였다.
(　　　　　　)

1 (가)에 해당하는 일제 통치 방식으로 옳은 것은?

> 일제는 헌병 경찰을 앞세워 폭력적이고 위압적인 (가) 을/를 시행했으며, 효율적인 식민지 경제 수탈을 위해 회사령 등을 제정하여 한국인 기업의 성장과 발전을 억제하였다.

① 문화 통치　② 무단 통치
③ 민족 말살 통치　④ 병참 기지화 정책
⑤ 황국 신민화 정책

★ 중요 ★

2 (가) 운동에 대한 설명으로 옳은 것은?

> • 주제: (가) 의 발생
> • 배경: 일제의 무단 통치, 민족 자결주의
> • 발생: 종교계·학생 중심으로 준비, 학생과 시민들의 탑골 공원 시위가 전국으로 확산

① 한국광복군이 창설되었다.
② 순종의 국장일에 일어났다.
③ 신간회가 진상 조사단을 파견하였다.
④ 대한민국 임시 정부의 지원을 받았다.
⑤ 일제 강점기 최대 규모의 민족 운동이었다.

3 (가) 조직으로 옳은 것은?

> (가) 은/는 독립운동에 필요한 자금과 정보를 모으기 위해 비밀 행정 조직인 연통제를 마련하고, 비밀 연락 조직인 교통국을 운영하였다.

① 신민회　② 신간회
③ 의열단　④ 조선어 학회
⑤ 대한민국 임시 정부

4 **다음 강령을 발표한 단체에 대한 설명으로 옳은 것은?**

- 우리는 정치적·경제적 각성을 촉진함
- 우리는 단결을 공고히 함
- 우리는 기회주의를 일체 부인함

① 만민 공동회를 개최하였다.
② 헌병 경찰 통치에 저항하였다.
③ 6·10 만세 운동에 참여하였다.
④ 대한민국 임시 정부 수립에 영향을 주었다.
⑤ 비타협적 민족주의 세력과 사회주의 세력이 연합하여 결성하였다.

5 **다음에서 설명하는 민족 운동으로 옳은 것은?**

1929년에 식민지 교육과 민족 차별에 반대하며 전개된 운동으로, 전국적으로 동맹 휴업과 시위가 벌어졌고, 1930년까지 320개 학교가 참여한 3·1 운동 이후 최대의 항일 독립운동이었다.

① 애국 계몽 운동　② 좌우 합작 운동
③ 6·10 만세 운동　④ 광주 학생 항일 운동
⑤ 민족 문화 수호 운동

6 **물산 장려 운동에 대한 설명으로 옳은 것은?**

① 차별적인 식민지 교육 제도 철폐를 요구하였다.
② 보통 선거를 통한 민주 공화국 수립을 목표로 삼았다.
③ 민족 산업을 발전시켜 경제적 자립을 목표로 삼았다.
④ 침체된 임시 정부 활동에 활기를 불어넣으려고 하였다.
⑤ 차별 교육에 맞서 민족의 힘으로 대학을 설립하려 하였다.

7 **자료와 관련된 시기의 사실로 옳은 것은?**

1. 우리들은 대일본 제국의 신민입니다.
2. 우리들은 마음을 합하여 천황 폐하에게 충의를 다하겠습니다.
3. 우리들은 인고 단련하여 훌륭하고 강한 국민이 되겠습니다.

① 봉오동 전투가 일어났다.
② 조선 태형령이 시행되었다.
③ 헌병 경찰 통치가 시행되었다.
④ 일본식 성명 사용을 강요하였다.
⑤ 무단 통치에 저항하며 3·1 운동이 일어났다.

★ 중요 ★

8 **(가) 인물이 소속된 단체에 대한 설명으로 옳은 것은?**

1926년 12월 28일 (가) 은/는 조선 식산 은행에 폭탄을 던졌지만, 폭탄이 불발되어 안타깝게 실패하였다. 이에 곧바로 근처 동양 척식 주식회사로 달려가 폭탄을 던졌다.

① 신민회의 지원을 받았다.
② 청산리 전투에서 승리하였다.
③ 조선 물산 장려회를 조직하였다.
④ 오산 학교와 대성 학교를 설립하였다.
⑤ 조선 혁명 선언을 활동 지침으로 삼았다.

9 **다음 결정문의 영향으로 가장 적절한 것은?**

1. 한국의 독립을 위해 임시 민주 정부를 수립한다.
2. 임시 정부 수립을 위하여 미소 공동 위원회를 설치하고 한국의 정당 및 사회단체와 협의한다.
3. 미소 공동 위원회의 제안은 조선 임시 정부와 협의 후 5년 이내를 기한으로 하는 조선에 대한 4개국 신탁 통치의 협정을 작성하기 위하여 미국, 소련, 영국, 중국 각국 정부의 공동 심의를 받아야 한다.

① 충칭에 한국광복군이 창설되었다.
② 좌익과 우익의 갈등이 더욱 격렬해졌다.
③ 친일파 처벌을 위한 특별법이 제정되었다.
④ 상하이에 대한민국 임시 정부가 수립되었다.
⑤ 남한과 북한에 각각 미군과 소련군이 들어오게 되었다.

실전 문제

1 다음 정책이 시행된 시기의 사실로 옳은 것은?

> 일본은 한국인들에게 태형을 가하고, 일상생활에 대한 감시를 강화하였다.

① 헌병 경찰 제도가 시행되었다.
② 황국 신민화 정책이 시행되었다.
③ 우리말과 우리 역사 교육을 금지시켰다.
④ 신사 참배와 황국 신민 서사 암송을 강요하였다.
⑤ 침략 전쟁에 동원하기 위해 징용, 징병을 시행하였다.

2 (가) 민족 운동의 영향으로 가장 적절한 것은?

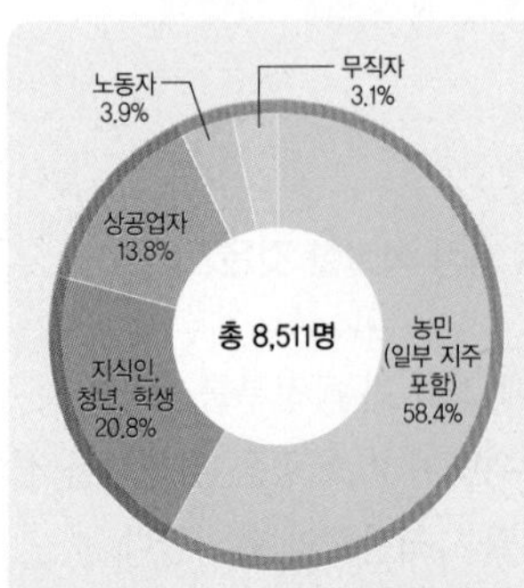

-『독립운동사 연구』-

> 자료는 (가) 당시 투옥된 사람들의 직업별 분포를 보여 준다. 자료를 보면 농민, 학생 노동자 등 다양한 계층이 참여하였다는 것을 알 수 있다. (가) 은/는 자주독립을 향한 한국인의 열망과 의지를 전 세계에 널리 알린 사건으로 일제의 통치 방식을 바꾸게 하였다.

① 을사늑약이 체결되었다.
② 신간회가 창립되어 활동하였다.
③ 일제의 통치 방식이 무단 통치로 바뀌었다.
④ 이상설, 이준, 이위종이 헤이그에 파견되었다.
⑤ 독립운동의 구심점으로 대한민국 임시 정부가 수립되었다.

★ 중요 ★

3 (가)의 주요 활동으로 옳은 것은?

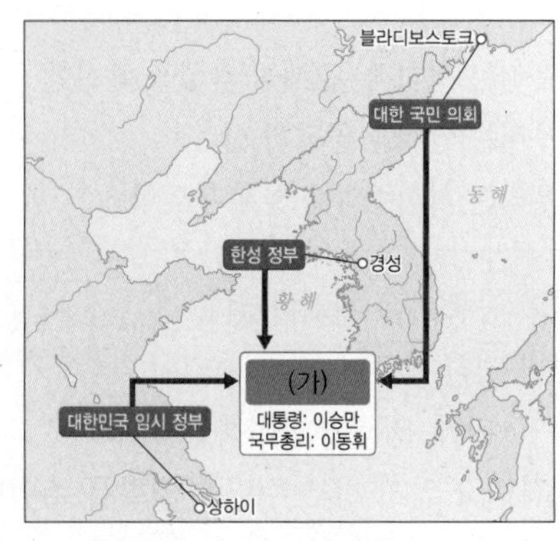

① 국채 보상 운동을 주도하였다.
② 물산 장려 운동을 주도하였다.
③ 오산 학교와 대성 학교를 설립하였다.
④ 민족 자결주의에 입각하여 만세 운동을 계획하였다.
⑤ 독립신문을 펴내 국내외에 독립운동 소식을 알렸다.

4 다음 법령이 적용된 시기에 볼 수 있는 모습으로 적절한 것은?

> 제1조 국가 총동원이란 전시(전시에 준할 경우도 포함)에 국방의 목적을 달성하기 위해 국가의 저력을 가장 유효하게 발휘하도록 인적 및 물적 자원을 통제, 운용하는 것을 말한다.
> 제4조 정부는 전시에 국가 총동원상 필요한 때는 정한 바에 따라 제국 신민을 징용하여 총동원 업무에 종사하게 할 수 있다.

① 태형을 당하는 독립운동가
② 일본식 성명의 사용을 강요받는 학생들
③ 칼과 제복을 착용하고 수업하고 있는 교사
④ 헌병 경찰을 피해 만주로 이주하는 애국지사
⑤ 순종의 장례일에 만세 시위를 벌이는 학생들

5 **다음 격문을 발표한 민족 운동에 대한 설명으로 옳은 것은?**

> 학생 대중아 궐기하자
> 검거자를 즉시 석방하라
> 교내에 경찰권 침입을 절대 반대하자
> 조선인 본위의 교육 제도를 확립하라

① 통감부의 탄압을 받았다.
② 민족 기업의 육성을 강조하였다.
③ 한글 맞춤법 통일안을 마련하였다.
④ 한·일 학생 간의 충돌을 계기로 일어났다.
⑤ 대한민국 임시 정부가 수립되는 계기가 되었다.

6 **다음 대화와 관련된 운동에 대한 설명으로 옳은 것은?**

조만식 등이 중심이 되어 평양에서 시작된 실력 양성 운동이야.

민족 자본을 육성하여 경제적인 자립을 추구한 운동이라고 들었어.

① 국채 보상 운동으로 불렸다.
② 광주 학생 항일 운동을 지원하였다.
③ '내 살림 내 것으로' 등의 구호를 외쳤다.
④ 대한매일신보 등 언론 기관의 후원을 받았다.
⑤ 독립 공채를 발행하여 독립운동 자금을 마련하였다.

★ 중요 ★

7 **다음 사건이 발생한 시기를 연표에서 옳게 고른 것은?**

▲ 의거 직후의 모습

윤봉길은 일본군의 상하이 사변 승전 기념식장에 폭탄을 던져 일본군 육군 대장을 비롯한 고위 관리를 처단하였다. 윤봉길의 의거를 계기로 중국 정부는 대한민국 임시 정부의 활동을 지원하였다.

대한 제국 수립		국권 피탈		3·1 운동		6·10 만세 운동		중일 전쟁		8·15 광복
	(가)		(나)		(다)		(라)		(마)	

① (가) ② (나) ③ (다) ④ (라) ⑤ (마)

8 **(가) 단체에 대한 설명으로 옳은 것은?**

> **역사 신문** ○○○○년 ○○월 ○○일
>
> 1927년 2월 15일, 조선 중앙 기독교 청년 회관 강당에서 창립 대회가 개최되었다. 회장으로 이상재가, 부회장으로 홍명희가 추대되었고, 강령이 제정되었다. (가) 창립은 6·10 만세 운동 이후 비타협적 민족주의 세력과 사회주의 세력의 연합 노력의 결과였다.

① 헌병 경찰의 탄압을 받았다.
② 브나로드 운동을 주도하였다.
③ 6·10 만세 운동을 주도적으로 준비하였다.
④ 해외 독립군 기지 건설을 위해 노력하였다.
⑤ 광주 학생 항일 운동을 지원하여 전국적으로 확산시키려 하였다.

9 **(가)에 들어갈 내용으로 가장 적절한 것은?**

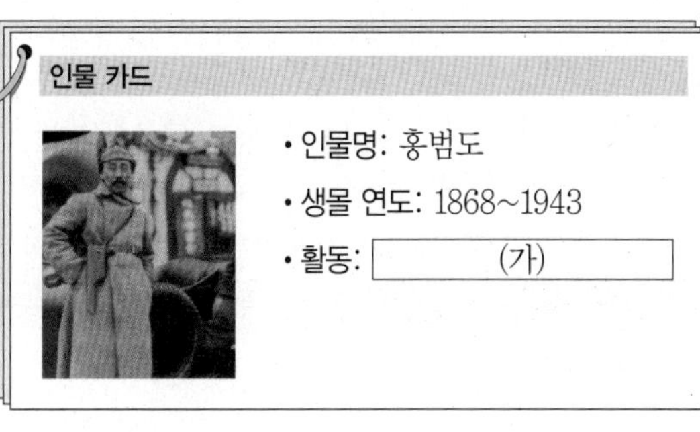

인물 카드

- 인물명: 홍범도
- 생몰 연도: 1868~1943
- 활동: (가)

① 조선 의용대를 창설하였다.
② 한인 애국단을 조직하였다.
③ 조선 혁명 선언을 작성하였다.
④ 한국광복군 창설을 주도하였다.
⑤ 봉오동 전투를 승리로 이끌었다.

10 밑줄 친 '이 부대'에 대한 설명으로 옳은 것은?

① 국민 대표 회의를 소집하였다.
② 김원봉을 중심으로 창립되었다.
③ 이봉창과 윤봉길이 의열 투쟁을 펼쳤다.
④ 미국과 합동으로 국내 진공 작전을 준비하였다.
⑤ 중국군과 연합하여 쌍성보 전투에서 승리하였다.

11 다음 사건이 발생하게 된 배경으로 옳은 것은?

1947년 3·1절 기념 시위 때 경찰의 발포로 사망자가 발생하여 갈등이 고조된 제주도에서 1948년 4월 3일, 좌익 세력을 중심으로 한 무장대가 경찰지서 등을 습격하는 무장 봉기를 일으켰다. 이후 무장대와 토벌대 간의 무력 충돌 과정에서 무고한 많은 제주도민이 희생되었다.

① 미국이 애치슨 선언을 발표하였다.
② 반민특위의 활동에 불만이 많았다.
③ 신탁 통치에 대한 반발로 일어났다.
④ 대통령 직선제로 헌법 개정을 시도하였다.
⑤ 남한 단독 선거를 둘러싸고 갈등이 고조되었다.

12 (가), (나) 시기 사이에 있었던 일로 옳은 것은?

(가) 미소 공동 위원회가 결렬된 이후 다시 열릴 기미가 보이지 않습니다. 통일 정부가 수립되길 원했으나 뜻대로 되지 않으니, 우리 남한만이라도 임시 정부를 조직하고, 38도선 이북에서 소련이 물러가도록 세계에 호소해야 합니다!

– 이승만의 정읍 발언 –

(나) 우리는 자주 독립적 통일 정부를 수립하고 미·소 양군을 물러나게 해야 합니다. 통일 정부를 세우려다가 38도선을 베고 쓰러질 수는 있습니다. 그러나 나의 구차한 안위 때문에 단독 정부를 세우는 일에 가담하지는 않을 것입니다!

– 남북 협상에 참여한 김구의 발언 –

① 5·10 총선거가 실시되었다.
② 대한민국 정부가 수립되었다.
③ 모스크바 3국 외상 회의가 열렸다.
④ 국회에서 제헌 헌법을 제정하였다.
⑤ 여운형과 김규식이 좌우 합작 운동을 이끌었다.

★ 중요 ★

13 밑줄 친 '이 선거'에 대한 설명으로 옳은 것만을 <보기>에서 고른 것은?

1948년에 실시된 총선거는 국민의 관심이 높아 당시 투표율이 95.5%에 달했다고 한다. 이 선거로 우리나라의 첫 국회 의원 198명이 선출되었다.

| 보기 |
ㄱ. 김구, 김규식 등이 참여하였다.
ㄴ. 대통령을 직접 선출하는 선거였다.
ㄷ. 우리나라 최초의 민주주의 선거였다.
ㄹ. 선출된 국회 의원들이 헌법을 제정하고 공포하였다.

① ㄱ, ㄴ　② ㄱ, ㄷ　③ ㄱ, ㄹ
④ ㄴ, ㄷ　⑤ ㄷ, ㄹ

서술형 문제

1 다음을 읽고 물음에 답하시오.

> 갑: 임시 정부가 실질적인 사업을 수행하려 했을 때도 준비가 되어 있지 않았고, 지금처럼 여러 갈래로 분열된 독립운동을 통합하는 데도 큰 어려움을 겪을 것입니다. 때문에 새로운 임시 정부를 수립해야 합니다.
>
> 을: 임시 정부가 많은 부족함을 지니고 있더라도, 그것은 개별적인 인사들의 능력 부족에 따른 것입니다. 지난 5년간을 반성하고 새로운 인물을 선출하여 잘못된 점을 바로잡고 보완하는 방향이 옳다고 생각합니다.
>
> – 1923년 ○월 ○일 –

(1) 갑과 을이 논의했던 회의를 쓰시오.
( )

(2) 위 회의가 개최된 배경을 서술하시오.

2 지도를 보고 1930년대 전반에 전개된 무장 독립 투쟁의 특징을 서술하시오.

✷ 주요 전투지
만주국
한국 독립군 (지청천)
쌍성보 전투 (1932)
대전자령 전투 (1933)
치치하얼
하얼빈
창춘
지린
닝안
옌지
블라디보스토크
조선 혁명군 (양세봉)
영릉가 전투 (1932)
흥경성 전투 (1933)
백두산
동해

3 다음을 읽고 물음에 답하시오.

> • 조선인 여학생 3명이 개찰구를 빠져나오려 할 때 일본인 남학생들이 한 학생을 밀쳐서 그 학생이 여학생들과 부딪쳤다.
>
> – 이광춘(당시 여학생 3명 중 1명)의 증언 –
>
> • 박기옥이 개찰구를 빠져나가는 순간, 2~3명의 학생이 한 명의 학생을 뒤에서 밀쳐 그에게 부딪쳤던 것이다.
>
> – 우치다(당시 나주 경찰서 순사) –
>
> • 나는 박기옥의 댕기를 잡고 장난을 친 후쿠다를 개찰구 밖 역전 광장에 불러 세우고 우선 점잖게 따졌다.
>
> – 박준채, 『신동아』 –

(1) 다음 증언에서 나오는 사건을 통해 발생한 민족 운동을 쓰시오. ( )

(2) (1)의 민족 운동이 지니는 역사적 의의, 이 운동에서 학생들이 요구한 내용을 서술하시오.

4 김구가 북한으로 건너가 남북 협상에 나선 이유를 한반도를 둘러싼 국제적 변화와 함께 서술하시오.

> 우리는 자주 독립적 통일 정부를 수립하고 미·소 양군을 물러나게 해야 합니다. 통일 정부를 세우려다가 38도선을 베고 쓰러질 수는 있습니다. 그러나 나의 구차한 안위 때문에 단독 정부를 세우는 일에 가담하지는 않을 것입니다!

03 자본주의와 사회 변화

학습 내용 들여다보기

■ **화폐 정리 사업**
대한 제국 내에 유통되던 백동화, 엽전 등을 모두 회수하고 일본 제일 은행권 화폐만을 통용하게 한 정책으로, 한국의 금융, 소상공인에게 큰 피해를 주었다.

■ **식산흥업**
'생산을 늘리고 산업을 일으킨다.'라는 의미로, 교통과 통신 시설을 정비하고 공장 건립, 은행 설립 등 근대 산업 육성을 위해 시행된 정책들을 말한다.

■ **지계**
대한 제국 정부가 양전 사업을 통해 토지를 조사하여, 지주에게 토지 소유권을 증명해 주기 위해 발행한 문서이다.

■ **동양 척식 주식회사**

1908년 일제가 식민지 농업 경영과 일본인 이주 사업을 위해 설립한 회사로, 토지 수탈의 중심 기구이자 조선 최대의 지주였다.

용어 알기
- **양전** 논밭을 측량함
- **병참 기지** 전쟁에 필요한 군수 물자를 효율적으로 생산하고, 이를 안전하게 수송하는 군사 기지

1. 개항과 근대 경제 체제 수립을 위한 노력

(1) 강화도 조약 체결과 개항

① 강화도 조약: 개항 이후 서양 각국과 통상 조약 체결 → 세계 자본주의 경제 체제에 편입 자료 1

② 조일 수호 조규 부록: 개항장에서 일본 화폐 유통 허용

③ 조일 무역 규칙: 양곡의 무제한 유출 가능 등

(2) 개항 이후 경제 상황

개항 이후	개항장 무역: 면직물 유입(국내 수공업자 타격), 많은 양의 쌀 유출
임오군란 이후	허가받은 청 상인의 내륙 진출 → 조선 상인 타격, 청·일본 상인 간 경쟁 심화
아관 파천 이후	열강의 이권 침탈 심화 자료 2
러일 전쟁 이후	화폐 정리 사업 실시 → 일본이 대한 제국의 화폐 발행권 차지

→ 제1차 한일 협약(1904)으로 재정 고문으로 파견된 메가타가 주도하였어.

(3) 경제적 구국 운동

① 방곡령 선포, 열강의 이권 침탈 저지 운동(독립 협회), 상권 수호 운동(시전 상인)

② 보안회: 일본의 황무지 개간을 구실로 한 국유지 강탈 시도 저지

③ 대한 제국의 식산흥업 정책: 산업 육성, 실업 교육, 양전 사업으로 지계 발급

④ 국채 보상 운동(1907): 일본에 진 빚을 갚자는 운동으로 대구에서 모금 운동 시작 → 대한매일신보 등 언론 기관의 지원 아래 확산 → 통감부의 탄압으로 실패 자료 3

남자들은 금연과 금주를 통해 돈을 모았고, 여자들은 비녀와 가락지를 팔았어.

2. 식민지 경제 체제로의 재편

1910년대	• 토지 조사 사업: 기한 내 신고 원칙 → 조선 총독부의 지세 수입 증가, 많은 농민이 소작농으로 전락 • 회사령: 회사 설립 허가제, 한국인의 기업 설립 억제
1920년대	• 산미 증식 계획: 일본의 식량 문제 해결 → 쌀 증산량 < 쌀 유출량 → 만주에서 잡곡 수입 • 회사령 폐지 → 일본 기업의 진출 본격화
1930년대 이후	• 병참 기지화 정책: 한반도에서 군수 물자 보급, 식민지 공업화 • 남면북양 정책: 남쪽에 면화 재배, 북쪽에 양 사육 강요, 일본의 공산물 원료 공급 • 국가 총동원법: 인적(징용·징병, 일본군 '위안부')·물적(쌀과 금속류 공출) 수탈

일본 방직 자본가를 보호하기 위해 실시했어.

자료 1 강화도 조약 체결

> 제1관 조선은 자주국으로서 일본과 평등한 권리를 가진다.
> 제4관 조선국은 부산 외에 두 곳의 항구를 개항하고 일본인이 와서 통상을 하도록 허가한다.
> 제7관 조선은 연안 항해의 안전을 위해 일본 항해자로 하여금 해안 측량을 허용한다.
> 제10관 일본인과 조선인이 개항장에서 죄를 범하였을 경우, 각각 자국의 법률에 근거하여 심문하고 판결한다.
> – 강화도 조약(조일 수호 조규) –

운요호 사건을 계기로 조선은 일본과 강화도 조약을 맺고 개항을 하였다. 강화도 조약은 일본에 해안 측량권과 영사 재판권 등을 허용한 불평등 조약이었다.

자료 2 열강의 이권 침탈

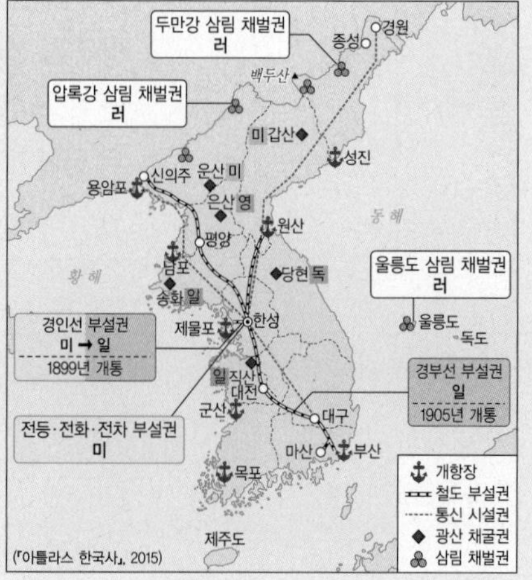

(『아틀라스 한국사』, 2015)

자료 3 국채 보상 운동

> 지금 나라의 빚이 1,300만 원이며, 이는 우리 대한 제국의 존망에 관계된 일이다. 이를 갚으면 나라를 보존하게 되고 못 갚으면 나라를 잃고 만다. …… 2,000만의 백성이 3개월 동안 담배를 끊고 그 돈을 각 사람마다 20전씩 낸다면 1,300만 원을 모을 수 있다.
> – 대한매일신보(1907. 2. 21.) –

일제는 한반도 지배에 필요한 시설이나 사업을 위해 대한 제국에 막대한 차관을 도입하도록 강요하였다. 이에 대한 제국이 일제에 많은 빚을 지게 되자 국민의 성금을 모아 나랏빚을 갚자는 국채 보상 운동이 대구에서 시작되었다.

3. 광복 이후 경제 성장과 사회·문화의 변화

(1) 국가 주도의 경제 성장

① 이승만 정부 시기

- 농지 개혁: 농지 소유 제한, 많은 농민이 토지를 소유하게 됨
  - → 한 가구당 토지 소유 제한을 최대 3정보로 하였고, 유상 매입과 유상 분배 방식으로 진행되었어.
- 미국의 경제 원조: 삼백 산업 발달
  → 국내 농산물 가격 하락, 소비재 위주의 산업 발전

② 박정희 정부 시기의 경제 성장: 정부 주도, 풍부한 노동력 기반, 수출 중심의 성장 정책(→ 수출 증가, 국민 소득 증대, '한강의 기적'), 새마을 운동 전개, 두 차례 석유 파동으로 위기

→ 1960년대는 노동 집약적 경공업을, 1970년대는 수출 주도형 중화학 공업을 집중적으로 육성하였어.

→ 도시와 농촌의 소득 격차를 해소하고 균형 발전을 위해 실시하였어.

③ 1980년대 이후: 3저 호황으로 고도성장, 반도체·자동차 등 산업 발전

(2) 신자유주의 경제 정책 추진

① 신자유주의 경제 정책: 무역 장벽 철폐, 농·축·수산물 시장 및 자본 시장 개방 요구

② 1990년대 후반 외환 위기: 외환 보유고 부족, 기업 도산 → 국제 통화 기금(IMF) 구제 금융 지원 → 금 모으기 운동, 기업과 금융 개혁 및 구조 조정 등으로 극복 자료 4

③ 2000년대: 칠레·미국 등과 자유 무역 협정 체결(FTA) 등

→ 자유로운 상품 이동을 위해 국가 간의 관세와 같은 무역 장벽을 없애는 협정이야.

(3) 경제 성장에 따른 사회 변화

① 사회 변화 모습: 농업에서 공업 중심 산업 구조로 변화, 인구의 도시 집중(주택·교통·공해 등의 문제), 노동 문제 대두, 사회적 양극화로 계층 갈등 심화 자료 5, 6

② 노동 문제

- 1960년대: 낮은 임금, 장시간 노동, 열악한 노동 조건
- 1970년대: 전태일 분신, 노동 운동의 본격화
  - → 평화 시장 노동자로 열악한 환경 같은 노동 문제를 알리고자 했어.
- 1980년대: 6월 민주 항쟁 이후 노동 운동 활성화, 많은 기업에서 노동조합이 결성됨
- 1990년대: 청년 고용 문제, 비정규직 문제, 외국인 노동자 인권 문제

③ 대중문화의 발달

- 1960년대: 텔레비전 방송 시작
- 1970년대: 청년층을 중심으로 문화 확산, 금지곡 지정 등 정부의 검열과 통제
- 1980년대: 프로 스포츠 출범, 컬러텔레비전 보급, 서울 올림픽 개최
- 1980년대 이후: 드라마·영화 성장(한류 열풍), 대중가요 성장(K-POP) 등

학습 내용 들여다보기

■ 삼백 산업
제분, 제당, 면방직 산업을 말하며 대체로 생산품이 흰색이어서 붙여진 이름이다.

■ 새마을 운동
농촌의 생활 환경 개선과 소득 증대를 통해 도시와 농촌의 균형 있는 발전을 모색하였다. 그러나 정부의 체제 유지에 이용되었다는 지적을 받기도 하였다.

■ 3저 호황
1980년대 중후반 세계적으로 유가 하락(저유가), 국제 금리 인하(저금리), 미국 달러의 가치가 낮게 유지되는(저달러) 현상이 나타나 한국 제품의 수출 경쟁력이 높아져 우리 경제가 큰 호황을 누렸다.

■ 신자유주의
경제에 대한 정부의 역할을 줄이려는 새로운 움직임을 말하며, 복지 예산 감축, 국영 기업의 민영화, 무역과 기업에 대한 규제 완화를 추구하고, 무한 경쟁을 부추기는 경향이 있다.

용어 알기

- **도산** 재산을 모두 잃고 망하게 된 상태
- **양극화** 두 대상이 서로 반대되는 쪽으로 점점 더 달라지고 멀어지게 됨
- **분신** 자기의 몸을 스스로 불태움
- **대중문화** 라디오, 텔레비전 등의 대중매체에 의해 대량 생산되어 대중에 의해 소비되는 문화

자료 4 금 모으기 운동

1990년대 후반 외환 위기로 인해 우리 정부는 국제 통화 기금(IMF)의 구제 금융을 지원받게 되었다. 외환 위기를 극복하기 위해 정부는 기업과 금융 개혁 및 구조 조정 등을 실시하였고, 민간에서는 금 모으기 운동이 전개되었다.

자료 5 1인당 국민 소득의 변화

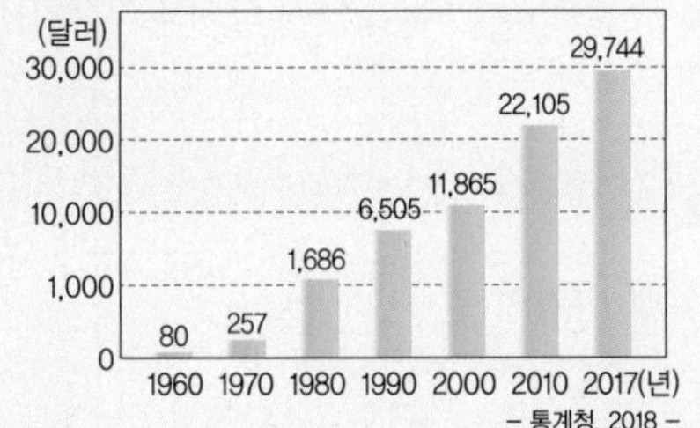

경제 성장으로 1인당 국민 소득이 빠르게 증가하였으며, 2010년에는 2만 달러를 넘어섰다. 이러한 성장 속도는 여러 개발 도상국의 모범이 되었다.

자료 6 상·하위 20%의 소득 격차

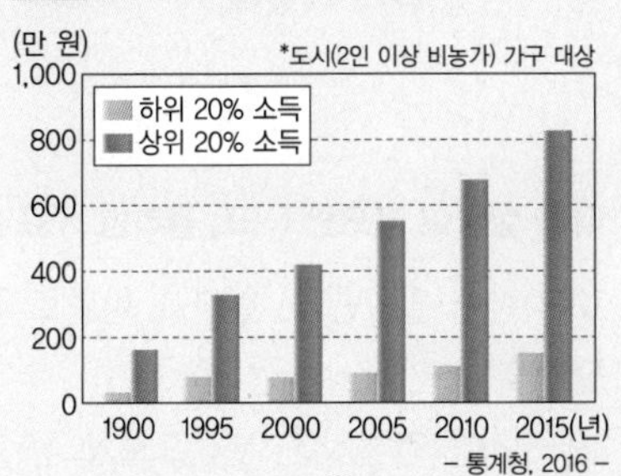

오늘날 우리 사회는 갈수록 계층 간의 빈부 격차가 커지고 있다. 특히 고용 불안과 계속 증가하는 비정규직 노동자 수는 이러한 격차를 심화시키고 있다.

기본 문제

간단 체크

1 빈칸에 들어갈 말을 쓰시오.

(1) 조선은 일본과 (　　　　　)을/를 체결하여 부산, 인천, 원산을 개항하였다.

(2) 메가타의 주도로 백동화 등을 제일 은행권으로 교환하는 (　　　　　)이/가 실시되었다.

(3) 정부가 일본에 진 빚을 갚기 위해 대구에서 시작된 (　　　　　)은/는 일제의 모금 운동 방해와 탄압으로 중단되었다.

(4) 1896년 (　　　　　) 이후 서양 열강의 철도, 광산, 삼림 등에 대한 이권 침탈이 본격화되었다.

(5) 일본이 황무지를 개간해 주겠다는 구실로 우리의 국유지를 강탈해 가려고 하자 (　　　　　)은/는 반대 운동을 전개하였다.

2 시기별 일제의 식민지 경제 정책을 바르게 연결하시오.

(1) 1910년대 •	• ㉠ 병참 기지화 정책
(2) 1920년대 •	• ㉡ 토지 조사 사업
(3) 1930년대 •	• ㉢ 회사령 폐지

3 다음에서 설명하는 내용을 〈보기〉에서 골라 쓰시오.

보기
외환 위기, 삼백 산업

(1) 6·25 전쟁 이후 한국의 식량난을 해소하기 위해 미국의 경제 원조가 이어졌고, 소비재 산업을 위주로 크게 성장하였다. (　　　　　)

(2) 1990년대 후반 환율이 갑자기 상승하고 기업이 파산하면서 급격하게 실업자가 증가하며 국제 통화 기금의 금융 지원을 받게 되었다. (　　　　　)

4 다음 설명이 맞으면 ○표, 틀리면 ×표 하시오.

(1) 1950년대 밀, 면화, 원당을 원료로 하는 삼백 산업이 발달하였다. (　　)

(2) 1970년대 전태일은 분신으로 노동 문제를 알리고자 하였다. (　　)

(3) 노태우 정부 때 새마을 운동을 처음 실시하였다. (　　)

[1~2] 다음 자료를 읽고 물음에 답하시오.

> 우리나라가 외국과 맺은 최초의 근대적 불평등 조약이었고, 이 조약을 통해 부산 이외에 두 곳의 항구를 개항하고 일본인이 와서 개항장에서 상거래를 할 수 있도록 허가하였다.

1 밑줄 친 '이 조약'의 주요 내용에 대한 것만을 〈보기〉에서 고른 것은?

보기	
ㄱ. 최혜국 대우	ㄴ. 통감부 설치
ㄷ. 영사 재판권 인정	ㄹ. 해안 측량권 허용

① ㄱ, ㄴ　② ㄱ, ㄷ　③ ㄱ, ㄹ　④ ㄴ, ㄷ　⑤ ㄷ, ㄹ

2 위 조약과 함께 체결된 부속 조약의 체결로 인한 영향으로 옳은 것은?

① 일본이 화폐 발행권을 차지하였다.
② 군수 물자 보급을 위한 산업이 발전하였다.
③ 일본이 철도, 광산, 삼림 등의 이권을 독점하게 되었다.
④ 쌀이 일본으로 유출되어 국내 곡물 가격이 폭등하였다.
⑤ 회사 설립이 어려워져 한국 기업이 성장할 수 없게 되었다.

★ 중요 ★

3 다음과 같은 열강의 이권 침탈에 저항한 민족 운동 단체로 옳은 것은?

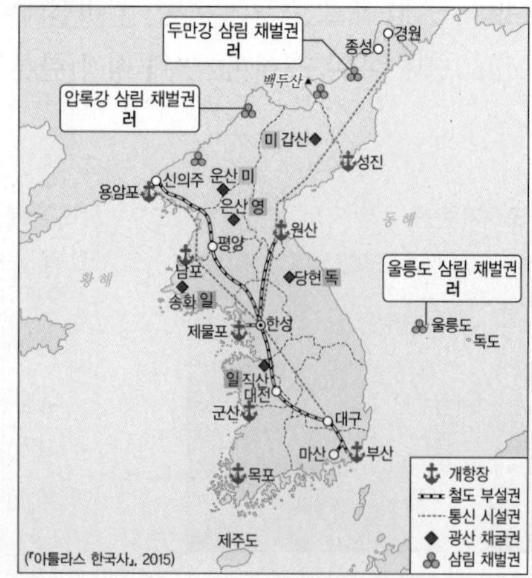

(『아틀라스 한국사』, 2015)

① 신민회　② 신간회　③ 의열단　④ 독립 협회　⑤ 대한민국 임시 정부

4 **밑줄 친 '경제적인 개혁 정책'으로 옳은 것은?**

> 1897년 고종은 환구단에서 즉위식을 거행하고, 연호를 '광무'로 제정하였다. 그리고 다양한 경제적인 개혁 정책을 추진하였다.

① 회사령을 실시하였다.
② 새마을 운동을 추진하였다.
③ 국채 보상 운동을 전개하였다.
④ 모든 화폐를 제일 은행권으로 통일하였다.
⑤ 식산흥업 정책으로 근대적 기업을 육성하고자 하였다.

5 **다음에서 설명하는 민족 운동에 대한 설명으로 옳은 것은?**

> 지금 나라의 빚이 1,300만 원이며, 이는 우리 대한제국의 존망에 관계된 일이다. 이를 갚으면 나라를 보존하게 되고 못 갚으면 나라를 잃고 만다. …… 2,000만의 백성이 3개월 동안 담배를 끊고 그 돈을 각 사람마다 20전씩 낸다면 1,300만 원을 모을 수 있다.

① 조선 총독부의 탄압으로 실패하였다.
② 전주에서 폐정 개혁안을 발표하였다.
③ '내 살림 내 것으로'라는 구호를 외쳤다.
④ 일제의 황무지 개간권 요구를 저지하였다.
⑤ 언론 기관의 지원으로 전국적으로 확산되었다.

6 **(가)에 들어갈 내용으로 옳은 것은?**

한국사 스피드 퀴즈

1908년 일제가 식민지 농업 경영과 일본인 이주 사업을 위해 설립하였고, 토지 수탈의 중심 기구이자 조선 최대의 지주였던 이 기구는?

① 통감부　　② 농광 회사
③ 조선 총독부　　④ 경성 방직 주식회사
⑤ 동양 척식 주식회사

7 **다음 법령이 시행된 시기의 사실로 옳은 것은?**

> 제1조 회사의 설립은 조선 총독의 허가를 받아야 한다.
> 제5조 회사가 본 법령 및 이에 의거하여 내리는 명령과 허가 조건을 위반하거나 또는 공공질서와 선량한 풍속을 위반하는 행위를 할 때 조선 총독은 사업의 정지 및 금지, 지점의 폐쇄 또는 회사의 해산을 명할 수 있다.

① 국가 총동원법이 제정되었다.
② 남면북양 정책이 실시되었다.
③ 국채 보상 운동이 전개되었다.
④ 토지 조사 사업이 시행되었다.
⑤ 통감부가 설치되고 외교권이 박탈되었다.

★ 중요 ★

8 **다음과 같은 경제 발전이 있었던 정부에 대한 설명으로 옳은 것은?**

▲ 포항 제철 건설

▲ 100억 불 수출 달성

① 3저 호황을 누렸다.
② 농지 개혁에 착수하였다.
③ 신자유주의 경제 정책을 추진하였다.
④ 한강의 기적이라는 고도성장을 이룩하였다.
⑤ 미국의 무상 원조를 바탕으로 삼백 산업이 발전하였다.

9 **다음 운동이 일어나게 된 배경으로 옳은 것은?**

> 금 모으기 운동
> 국가의 부채를 줄이자는 취지에서 범국민적인 운동으로 전개되었다.

① 석유 파동이 일어났다.
② 산미 증식 계획이 추진되었다.
③ 경공업 중심의 경제 성장이 이루어졌다.
④ 전태일이 노동 문제를 제기하며 분신하였다.
⑤ 국제 통화 기금(IMF)에서 긴급 구제 금융 지원을 받았다.

실전 문제

1 **밑줄 친 '이 조약'에 대한 설명으로 옳은 것은?**

> 운요호 사건을 계기로 협상에 나서게 되었는데, 일본 대표로 구로다가 참여하였고, 조선 대표로는 신헌과 윤자승 등이 참여하여 이 조약이 체결되었다.

① 최혜국 대우를 인정하였다.
② 영사 재판권이 포함되었다.
③ 일본 상인의 내륙 진출을 허용하였다.
④ 천주교에 대한 포교의 자유가 인정하였다.
⑤ 일본이 대한 제국의 화폐 발행권을 차지하였다.

2 **다음 경제 변화에 대한 대응으로 옳은 것만을 〈보기〉에서 고른 것은?**

> 일본 상인들은 개항장에서 일본 화폐 사용 등의 특권을 누리며 무역을 독점하였고, 일본으로의 곡물 유출이 늘어나면서 국내 곡물 가격은 상승하였다. 임오군란 이후에는 청 상인이 본격적으로 진출하면서 일본 상인과 청 상인의 경쟁이 치열해졌다.

보기

ㄱ. 조선 상인은 상권을 지키기 위해 노력하였다.
ㄴ. 지방관은 방곡령을 내려 곡물의 유출을 막고자 하였다.
ㄷ. 물산 장려 운동을 펼쳐 민족 기업의 성장을 돕고자 하였다.
ㄹ. 일본은 국가 총동원법을 시행하여 조선의 자원을 수탈해 갔다.

① ㄱ, ㄴ　② ㄱ, ㄷ　③ ㄱ, ㄹ
④ ㄴ, ㄷ　⑤ ㄷ, ㄹ

3 **(가) 시기의 경제 변화에 대한 설명으로 옳은 것은?**

아관 파천 이후 이권 침탈 본격화	→	(가)	→	국채 보상 운동 전국적 확산

① 부산이 개항되었다.
② 화폐 정리 사업이 실시되었다.
③ 조선 총독에게 회사 설립권을 주었다.
④ 국가 총동원법이 제정되어 금속이 공출되었다.
⑤ 쌀 부족 문제를 해결하기 위해 산미 증식 계획이 시행되었다..

★ 중요 ★

4 **(가) 사업에 대한 설명으로 옳지 않은 것은?**

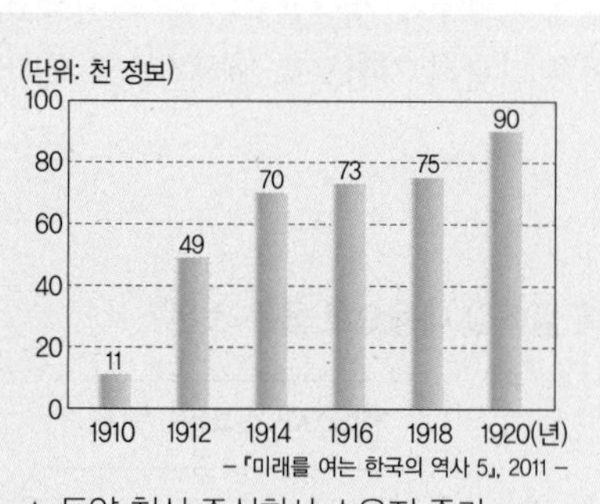

▲ 동양 척식 주식회사 소유지 증가

> 동양 척식 주식회사는 (가) (으)로 조선 총독부가 차지한 토지를 넘겨받아 한반도로 이주하는 일본인에게 토지를 헐값에 팔아넘겼다.

① 정해진 기간 내에 신고서를 제출하도록 하였다.
② 조선 총독부의 토지 소유와 지세 수입이 증가하였다.
③ 많은 소작농이 조상 대대로 인정받던 경작권을 잃었다.
④ 근대적 토지 소유권을 확립한다는 명분으로 추진하였다.
⑤ 수리 조합비 등의 비용이 증가하여 농민의 생활이 더욱 어려워졌다.

5 **다음 경제 정책이 초래한 결과로 옳은 것은?**

① 방곡령이 선포되었다.
② 물산 장려 운동이 전개되었다.
③ 동양 척식 주식회사가 설립되었다.
④ 한국인의 식량 사정이 악화되었다.
⑤ 전태일이 열악한 노동 환경 개선을 요구하였다.

6 **다음 사진과 관련된 시기의 사실로 옳은 것은?**

▲ 금속류 공출 기념 사진

① 토지 조사 사업을 시행하였다.
② 양전 사업과 지계 발급 사업을 추진하였다.
③ 헌병 경찰제에서 보통 경찰제로 전환되었다.
④ 회사 설립 시 조선 총독부의 허가를 받도록 하였다.
⑤ 지원병제, 징병제를 실시하여 한국 청년들이 전쟁터로 끌려갔다.

7 **다음 정책을 시행한 목적으로 가장 적절한 것은?**

> 일제는 1932년부터 한반도 남부 지방의 농민들에게 면화를 재배하게 하였고, 북부 지방의 농민들에게는 양을 사육하게 하였다.

① 열강의 이권 침탈이 본격화되었다.
② 일본의 식량 부족 문제를 해결하려고 하였다.
③ 백동화를 제일 은행권 화폐로 바꾸고자 하였다.
④ 한반도의 균형적인 산업 발전을 목표로 삼았다.
⑤ 일본인 방직 자본가를 보호하기 위해 실시되었다.

★ 중요 ★

8 **다음 법령에 대한 설명으로 옳은 것은?**

> 제5조 농사를 짓지 않는 사람의 농지, 3정보 이상을 초과하는 농지 부분 등은 정부가 지정된 가격에 매수한다.
> 제11조 정부가 매수한 농지는 현재 그 농지를 경작하고 있는 농민(소작농), 경작하는 농지 규모가 너무 적은 농민 등에게 지정된 가격으로 분배한다.

① 미군정이 제정한 법령이다.
② 친일파의 토지를 몰수하였다.
③ 국가가 지주의 토지를 무상으로 빼앗았다.
④ 동양 척식 주식회사가 주도적인 역할을 하였다.
⑤ 지주 계급이 사라지고 많은 농민이 농지를 소유하게 되었다.

9 **(가) 정부 시기에 있었던 사실로 옳은 것은?**

> (가) 시기에는 미국의 원조 물자를 이용하는 삼백 산업과 같은 소비재 산업이 발달하여, 식량과 생활필수품이 부족했던 상황에 큰 도움이 되었다.

① 새마을 운동이 전개되었다.
② 석유 파동으로 경제적인 위기를 맞았다.
③ 정부 주도의 수출 위주 정책을 추진하였다.
④ 원조 농산물로 국내 농산물 가격이 하락하였다.
⑤ 식량 문제 해결을 위해 만주에서 잡곡이 수입되었다.

10 (가)에 들어갈 내용으로 가장 적절한 것은?

① 3저 호황을 누렸다.
② 농지 개혁법이 만들어졌다.
③ 두 차례의 석유 파동을 겪었다.
④ 경공업을 중심으로 수출에 힘썼다.
⑤ 외환 위기로 인해 금 모으기 운동이 전개되었다.

11 (가) 인물을 주제로 한 탐구 활동으로 가장 적절한 것은?

> 동대문 평화 시장 노동자 (가) 은/는 열악한 노동 실태를 노동청을 비롯한 각계에 알렸으나 달라지는 것은 없었다. 오히려 노동자의 생존권 요구는 자칫하면 공산주의를 옹호하는 것으로 비춰졌고, 근로 기준법은 이름만 존재할 뿐이었다. 결국, 그는 동대문 평화 시장에서 근로 기준법의 준수를 외치다 쓰러졌다.

① 새마을 운동의 목적을 파악한다.
② 유신 헌법이 경제에 끼친 영향을 분석한다.
③ 전태일 분신 사건이 발생한 이유를 조사한다.
④ 병참 기지화 정책이 실시된 원인을 살펴본다.
⑤ 외환 위기로 구조 조정을 한 회사의 사례를 분석한다.

12 (가) 시기에 있었던 사실로 옳은 것은?

제1차 경제 개발 5개년 계획 시작	(가)	3저 호황

① 방곡령이 선포되었다.
② 새마을 운동이 시작되었다.
③ 국채 보상 운동이 전개되었다.
④ 미국의 원조로 삼백 산업이 발전하였다.
⑤ 칠레와의 자유 무역 협정을 체결하였다.

★ 중요 ★

13 다음과 같은 상황을 극복하기 위해 당시 국가가 실시했던 정책으로 옳은 것은?

> 정부는 외환 위기를 타개하기 위해 국제 통화 기금(IMF)에 2백억 달러 규모의 구제 금융 지원을 공식 요청하였다. 또한 미국, 일본 등의 협조 융자를 통해 나머지 145억 달러 규모의 구제 금융을 지원받는다는 방침을 세웠다.

① 유신 체제를 출범시켰다.
② 물산 장려 운동을 실시하였다.
③ 미국과 자유 무역 협정을 체결하였다.
④ 경공업 위주의 수출 산업을 육성하였다.
⑤ 기업의 구조 조정과 금융 개혁을 추진하였다.

14 다음 시기의 대중문화의 특징에 대한 설명으로 옳은 것은?

> 2000년대 들어 우리 대중음악이 '케이팝(K-POP)'이라는 이름으로 해외에서 인기를 얻었다. 우리 대중음악에 대한 해외의 관심이 높아지면서 국가 이미지에도 긍정적인 영향을 미치고 있다.

① 서울 올림픽이 성공적으로 개최되었다.
② SNS를 이용한 사회적 소통이 확대되었다.
③ 프로 야구, 프로 축구 등 프로 스포츠가 출범하였다.
④ 일부 대중가요가 금지곡으로 지정되어 탄압을 받았다.
⑤ 청바지와 통기타로 대표되는 청년 문화가 발달하였다.

서술형 문제

1 **다음을 읽고 물음에 답하시오.**

> 제1조 회사의 설립은 조선 총독의 허가를 받아야 한다.
> 제5조 회사가 본 법령 및 이에 의거하여 내리는 명령과 허가 조건을 위반하거나 또는 공공질서와 선량한 풍속을 위반하는 행위를 할 때 조선 총독은 사업의 정지, 지점의 폐쇄 또는 회사의 해산을 명한다.

(1) 위 법령의 명칭을 쓰시오.

( )

(2) 일제가 위 법령을 실시한 목적을 서술하시오.

______

______

______

2 **다음을 읽고 물음에 답하시오.**

> 일본 내 쌀 소비는 연간 6,500만 석인데, 생산량은 약 5,800만 석을 넘지 못해 그 부족분을 제국 반도 및 외국의 공급에 의지하는 형편이다.…… 따라서 지금 계획을 수립하여 <u>일본 제국의 식량 문제를 해결</u>하는 데 도움을 주는 것은 진실로 국책상 시급한 일이라고 믿는다.

(1) 밑줄 친 내용을 목적으로 시행한 식민지 시기 일본의 경제 정책을 쓰시오.

( )

(2) 위 경제 정책의 내용과 결과에 관해서 서술하시오.

______

______

______

3 **자료에 나타난 시기에 일본이 시행한 식민지 경제 정책을 세 가지 서술하시오.**

> 신고산이 우루루 화물차 가는 소리에
> 지원병 보낸 어머니 가슴만 쥐어뜯고요
> 어랑어랑 어하야
> 양곡 배급 적어서 콩 깻묵만 먹고 사누나
> ………
> 신고산이 우루루 화물차 가는 소리에 금붙이 쇠붙이 밥그릇마저 모조리 긁어 갔고요
> 어랑어랑 어하야
> 이름 석 자 잃고서 족보만 들고 우누나
>
> – 신고산 타령을 개작한 「화물차 가는 소리」 –

______

______

______

4 **다음과 같은 경제 성장의 긍정적 영향과 부작용을 각각 서술하시오.**

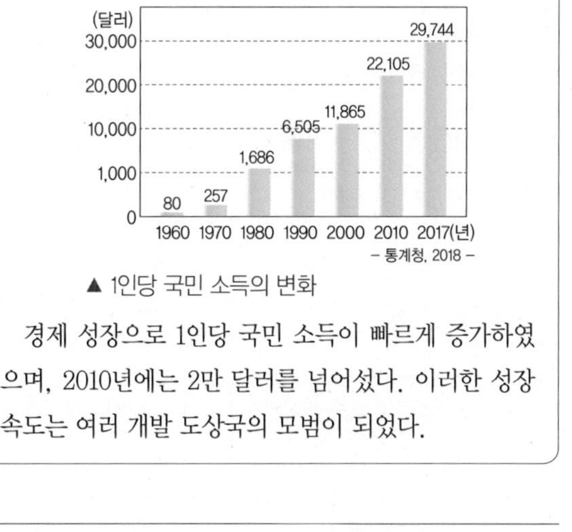

▲ 1인당 국민 소득의 변화

> 경제 성장으로 1인당 국민 소득이 빠르게 증가하였으며, 2010년에는 2만 달러를 넘어섰다. 이러한 성장 속도는 여러 개발 도상국의 모범이 되었다.

______

______

______

04 민주주의의 발전

학습 내용 들여다보기

■ **발췌 개헌**

정부가 제출한 대통령 직선제 개헌안과 국회에서 제시한 개헌안 중 일부를 발췌하여 절충하였다고 붙여진 이름이다.

■ **사사오입 개헌**

초대 대통령에 한해 3선 제한을 없애는 개헌안이 국회에서 통과되지 않았다. 그런데 이후 203명의 3분의 2가 135.3333… 이기 때문에 사사오입(반올림)하면 135명이라는 의견이 제시되면서, 다시 통과되는 사태가 벌어졌다.

■ **조봉암**

평화 통일을 주장하며 1956년 대통령 선거에서 낙선하였으나 유효 득표의 30% 이상을 획득하는 돌풍을 일으켰고, 이후 진보당을 창당하였다. 이승만 정부는 1958년 조봉암을 간첩 혐의로 체포하여 1959년 사형을 집행하였다. 이후 조봉암은 2011년 열린 재심에서 무죄를 선고받았다.

■ **계엄령**

전시, 사변 또는 이에 유사한 비상사태 발생 시 국가의 안녕과 공공질서 유지를 위해 대통령이 군대를 동원하여 치안과 사법을 담당하는 조치이다.

■ **내각 책임제**

의회의 다수 의석 정당이 실질적인 행정권을 담당하는 내각을 구성하여 책임을 지는 정치 제도이다.

용어 알기

- **공포** 이미 확정된 법률이나 조약을 일반 국민에 널리 알림
- **규탄** 잘못이나 죄상을 들추어 엄격하게 따지고 비난함
- **양원제** 국회를 두 개의 합의체로 나누어 구성한 제도. 장면 정부의 제2공화국 헌법에서는 민의원과 참의원이 존재함

1. 헌법 제정과 4·19 혁명

(1) 대한민국 임시 정부 헌법의 공포

① 대동단결 선언(1917): 국민 주권설 주장, 공화주의 정착에 기여 자료 1

② 대한민국 임시 정부 헌법(1919. 9. 11.): 민주 공화정 천명, 3·1 운동의 정신 계승

(2) 제헌 헌법의 공포(1948. 7. 17.): 대통령 중심제에 기반한 민주 공화정 채택, 주권 재민의 원칙, 사회적 기본권과 참정권 보장 자료 2

→ 대통령은 제헌 의원이 국회에서 간접 선거로 선출하였고, 임기 4년에 1회에 한해 중임할 수 있었어.

(3) 이승만 정부의 장기 집권 노력

① 발췌 개헌(1952): 대통령 직선제 개헌안을 강압적으로 통과시킴

② 사사오입 개헌(1954): 초대 대통령에 한하여 연임 횟수 제한을 없앰, 사사오입(반올림) 논리를 내세워 통과

③ 이승만 정부의 독재: 진보당 조봉암 사형, 국가 보안법 개정, 정부 비판적 언론 탄압

→ 신국가 보안법을 제정하였고, 정부에 반대하는 세력을 탄압하였어.

(4) 4·19 혁명(1960) 자료 3

① 계기: 이승만 정부와 자유당의 3·15 부정 선거(부통령 후보 이기붕 당선 의도)

② 전개: 3·15 부정 선거 규탄 시위 → 시위 중 실종된 김주열 학생 시신 발견 → 시위의 전국 확산 → 경찰이 시위대에 발포하여 사상자 발생 → 비상계엄 선포 → 대학교수단의 시국 선언문 발표 → 이승만 대통령의 하야 → 허정 과도 정부 수립

→ 대통령직에서 물러나 하와이로 망명하였어.

③ 결과: 내각 책임제와 양원제 개헌, 민주당 집권(장면 내각 수립)

더 알아보기 **4·19 혁명의 발생**

아침 하늘이 밝아 오면 달음박질 소리가 들려옵니다. 저녁놀이 사라질 때면 탕 탕 탕 탕 총소리가 들려옵니다. 아침 하늘과 저녁놀을 오빠와 언니들은 피로 물들였어요. 오빠와 언니들은 책가방을 안고서 왜 총에 맞았나요?

– 강명희 학생의 글 –

▲ 경찰의 무차별 사격에 친구를 잃은 수송 초등학교 학생의 시위

자료 1 대동단결 선언

융희 황제가 삼보(토지, 인민, 정치)를 포기한 8월 29일은 바로 우리 동지가 삼보를 계승한 8월 29일이니, 그간에 한 순간도 멈춘 적이 없음이라. 우리 동지는 완전한 상속자니 저 황제권이 소멸한 때가 곧 민권이 발생한 때이요, 구한국 최후의 날은 곧 신한국 최초의 날이다.

1917년 신규식·박은식·신채호 등이 작성한 것으로 공화정을 지향하였다.

자료 2 제헌 헌법의 제정

유구한 역사와 전통에 빛나는 우리들 대한 국민은 기미 3·1 운동으로 대한민국을 건립하여 세계에 선포한 위대한 독립 정신을 계승하여 이제 민주 독립 국가를 재건함에 있어서 …….

제1조 대한민국은 민주 공화국이다.

제2조 대한민국의 주권은 국민에게 있고 모든 권력은 국민으로부터 나온다.

– 제헌 헌법(1948. 7. 17.) –

제헌 헌법은 1948년 제정된 우리나라 최초의 헌법으로 대한민국이 민주 공화정 체제를 채택하며, 대한민국의 주권이 국민에게 있음을 밝혔다.

자료 3 3·15 부정 선거

투표함 미리 채워 넣기

3인조, 5인조 공개 투표

야당 참관인 쫓아내기

1960년 3월 15일에 실시된 정·부통령 선거에서 이승만 정부는 모든 행정력과 자금력을 동원하여 부정 선거를 자행하였다. 이에 반발하며 일어난 시위를 무력으로 진압하였고, 국민의 분노가 폭발하며 4·19 혁명이 일어났다.

2. 민주주의의 시련과 발전

(1) 5·16 군사 정변과 박정희 정부

① **5·16 군사 정변과 박정희 집권**: 박정희 등 군부 세력의 정변, 국회 해산, 국가 재건 최고 회의를 설치하여 군정 실시 → 대통령 중심제 개헌, 민주 공화당을 만들어 박정희 대통령 당선(1963)

② **박정희 정부의 주요 정책**: 한일 협정 체결, 베트남 파병
→ 일본의 사과와 반성 없이 추진되어 굴욕적인 한일 협정이라며 반대하는 시위가 일어났어.

③ **3선 개헌**: 대통령 3회 연임을 허용하는 개헌 실시(1969)

(2) 유신 체제

① **성립**: 국가 비상사태 선포, 국회 해산 → 유신 헌법 공포(1972)

② **유신 헌법**: 통일 주체 국민 회의에서 임기 6년의 대통령 선출, 대통령에게 긴급 조치권·국회 해산권·국회 의원 1/3 추천권 부여 자료 4
→ 대통령에게 입법, 사법, 행정권이 집중되었어.

③ **붕괴**: 유신 반대 운동 → 부마 민주 항쟁(1979) → 박정희 피살(10·26 사태)

(3) 신군부의 등장과 5·18 민주화 운동

① **12·12 사태(1979)**: 전두환 등의 신군부 세력이 정권 장악

② **5·18 민주화 운동(1960)**: 광주에서 계엄령 철회와 신군부 퇴진을 요구하는 시위 발생 → 신군부가 계엄군을 투입하여 폭력 진압 → 광주 시민군 결성 → 계엄군이 시민군 진압

③ **전두환 정부 수립**: 전두환이 대통령에 당선 → 헌법 개정(7년 단임의 대통령제) → 다시 당선

(4) 6월 민주 항쟁

① **전두환 정부**: 언론사 통폐합, 삼청 교육대 운영, 유화 정책(야간 통행금지 해제, 학생 교복·두발 자율화 등) 추진
→ 사회 정화를 명분으로 많은 사람을 끌고 가 가혹한 노동과 훈련을 시켰어.

② **6월 민주 항쟁(1987)** 자료 5

- 배경: 국민의 대통령 직선제와 민주화 요구 확산
- 전개: 박종철 고문치사 사건 → 진상 규명 및 대통령 직선제 개헌 요구 확산 → 4·13 호헌 조치 → 전국적 시위 확산 → 이한열이 최루탄에 맞아 쓰러짐 → 시위 격화 → 노태우가 6·29 민주화 선언 발표(대통령 직선제 개헌 수용)
  → 전두환은 개헌 요구를 거부하였어.

③ **직선제 개헌 이후의 정부**

- 노태우 정부: 여소야대 정국, 서울 올림픽 개최, 북방 외교 추진
- 김영삼 정부: 지방 자치제 및 금융 실명제 전면 시행, 역사 바로 세우기
- 김대중 정부: 최초 여야 간 평화적 정권 교체, 외환 위기 극복
- 노무현 정부: 정경 유착 단절 및 권위주의 청산 노력
- 이명박 정부: 선진 20개국(G20) 정상 회의 개최
- 박근혜 정부: 최초의 여성 대통령, 국정 농단 사건 등으로 임기 중 파면(탄핵 가결)

학습 내용 들여다보기

■ **국가 재건 최고 회의**
5·16 군사 정변의 주도 세력이 입법·사법·행정의 3권을 완전히 장악하고 행사하였던 과도기의 국가 최고 통치 의결 기구이다.

■ **유신 헌법**
대통령의 중임 제한을 없애고 간접 선거에 의해 영구 집권이 가능하도록 고친 헌법이다. 통일 주체 국민 회의에서 대통령을 선출하고, 이렇게 선출된 대통령에게 막강한 권력을 부여하였다.

■ **통일 주체 국민 회의**
'유신 헌법'에 의해 설치된 기관으로 대통령 선출, 헌법 개정안의 최종 확정 등 막강한 권력을 행사하며 군사 정권의 장기 집권에 활용되었다.

■ **긴급 조치권**
유신 헌법에 규정되어 있던 대통령의 권한으로, 천재지변 또는 국가의 안전 보장 또는 공공의 안녕질서가 중대한 위협을 받거나 받을 우려가 있을 때 대통령 행정 명령으로 헌법상에 보장된 국민의 자유와 권리를 잠정적으로 제한할 수 있는 권한이다. 유신 체제에 반대하는 민주화 운동을 탄압하는 도구로 이용되었다.

■ **부마 민주 항쟁**
유신 체제에 대한 국민의 불만이 쌓여 가던 중 야당 대표였던 김영삼이 국회에서 제명된 일을 계기로 1979년 10월 부산과 마산 등지에서 일어난 민주화 운동이다.

■ **금융 실명제**
금융 거래를 할 때 실제 이름을 쓰도록 하는 제도로, 금융 거래를 정상화하고 세금을 합리적으로 부과하는 데 그 목적이 있다.

용어 알기

- **피살** 남에게 죽임을 당함
- **유화** 너그럽게 대하여 사이좋게 지냄
- **치사** 죽음에 이르게 함

자료 4 긴급 조치

> – 대한민국 헌법을 부정, 반대, 왜곡 또는 비방하는 일체의 행위를 금한다.
> – 대한민국 헌법의 개정 또는 폐지를 주장, 발의, 제안 또는 청원하는 일체의 행위를 금한다.
> – 이 조치에 위반한 자와 이 조치를 비방한 자는 법관의 영장 없이 체포·구속·압수·수색하며 15년 이하의 징역에 처한다.
>
> – 긴급 조치 제1호(1974) –

유신 체제가 성립하자 재야 인사, 종교인, 학생들은 유신 헌법의 개정을 요구하였다. 그러나 정부는 긴급 조치를 잇달아 발동하여 민주화 운동을 탄압하였다.

자료 5 6월 민주 항쟁

> 친애하는 국민 여러분! …… 여야 합의하에 조속히 대통령 직선제 개헌을 하고 새 헌법에 의한 대통령 선거를 통해 88년 2월 평화적 정부 이양을 실현토록 해야 하겠습니다.
>
> – 6·29 민주화 선언(1987) –
>
> 제67조 ① 대통령은 국민의 보통·평등·직접·비밀선거에 의하여 선출한다.
> 제70조 대통령의 임기는 5년으로 하며, 중임할 수 없다.
>
> – 제9차 개헌 헌법(1987) –

6월 민주 항쟁이 일어나자 당시 대통령 후보이자 여당 대표였던 노태우는 직선제 개헌을 약속하는 선언을 하였고, 이후 헌법 개정이 이루어졌다.

간단 체크

1 빈칸에 들어갈 말을 쓰시오.

(1) 1948년 공포된 제헌 헌법에서는 (　　　　　)의 정부 형태를 채택하였다.

(2) 1954년 사사오입으로 논란이 된 개헌안에는 초대 대통령에 한해서 (　　　　　)을/를 없애는 내용을 담고 있었다.

(3) 1960년에 치러진 3·15 부정 선거를 비판하는 목소리가 전국적으로 확산되며 (　　　　　)이/가 일어났다.

(4) 1972년 국제 정세의 변화를 빌미로 국가 비상사태를 선포하고 국회를 해산한 가운데 대통령에게 모든 권한을 독점시키는 내용을 담은 (　　　　　)이/가 공포되었다.

(5) 전두환은 대통령 직선제 개헌을 요구하는 목소리가 높아졌으나 (　　　　　)을/를 발표하며 헌법 개정을 사실상 거부하였다.

2 다음 인물과 관련된 역사적 사건을 바르게 연결하시오.

(1) 김주열 •　　　　• ㉠ 4·19 혁명
(2) 박종철 •　　　　• ㉡ 6월 민주 항쟁
(3) 노태우 •　　　　• ㉢ 6·29 민주화 선언

3 다음에서 설명하는 내용과 관련된 정부를 〈보기〉에서 골라 쓰시오.

보기
노태우 정부, 김영삼 정부, 김대중 정부

(1) 서울 올림픽을 성공적으로 개최하였고, 북방 외교를 추진하였다. (　　　　　)

(2) 최초의 여야 간 평화적인 정권 교체를 이루었고, 외환 위기를 극복하기 위해 노력하였다. (　　　　　)

(3) 지방 자치제와 금융 실명제를 전면적으로 실시하였고, 5·18 민주화 운동의 책임 등을 물어 전직 대통령 2명을 구속시켰다. (　　　　　)

1 다음 헌법으로 옳은 것은?

> 유구한 역사와 전통에 빛나는 우리들 대한 국민은 기미 3·1 운동으로 대한민국을 건립하여 세계에 선포한 위대한 독립 정신을 계승하여 …… 자유로이 선거된 대표로써 구성된 국회에서 단기 4281년(1948년) 7월 12일 이 헌법을 제정한다.
> **제1조** 대한민국은 민주 공화국이다.
> **제2조** 대한민국의 주권은 국민에게 있고 모든 권력은 국민으로부터 나온다.

① 유신 헌법　② 제헌 헌법
③ 내각제 개헌　④ 대동단결 선언
⑤ 대한민국 임시 정부 헌법

2 다음 과정을 통해 개정된 헌법에 대한 설명으로 옳은 것은?

> 당시 개헌안이 1표 차이로 국회에서 통과되지 않았다. 그런데 이후 203명의 3분의 2가 135.3333… 이기 때문에 반올림하면 135명이라는 의견이 제시되면서 다시 개헌안이 통과되는 사태가 벌어졌다.

① 장면 내각 시기에 발생하였다.
② 대통령 직선제로 헌법을 개정하였다.
③ 내각 책임제와 양원제를 명시하였다.
④ 초대 대통령에 한해 중임 제한 규정을 없앴다.
⑤ 대통령을 통일 주체 국민 회의에서 선출하도록 하였다.

★ 중요 ★

3 다음과 같은 방법으로 치러진 부정 선거에 저항하여 일어난 사건으로 옳은 것은?

① 4·19 혁명　② 6월 민주 항쟁
③ 부마 민주 항쟁　④ 5·18 민주화 운동
⑤ 유신 헌법 반대 운동

4 다음 조치를 실시한 정부에 대한 설명으로 옳은 것은?

〈긴급 조치 제1호〉

- 대한민국 헌법을 부정, 반대, 왜곡 또는 비방하는 일체의 행위를 금한다.
- 대한민국 헌법의 개정 또는 폐지를 주장, 발의, 청원하는 일체의 행위를 금한다.

① 4·13 호헌 조치를 발표하였다.
② 대통령을 직선제로 선출하였다.
③ 대통령이 국회를 해산할 수 있었다.
④ 내각 책임제 형태의 정부를 구성하였다.
⑤ 발췌 개헌과 사사오입 개헌을 추진하였다.

★ 중요 ★

5 5·18 민주화 운동에 대한 설명으로 옳은 것은?

① 3·15 부정 선거를 규탄하였다.
② 김주열의 죽음이 시위를 격화시켰다.
③ 이승만이 대통령에서 물러나게 되었다.
④ 일본과의 국교 수립에 반대하여 일어났다.
⑤ 계엄군에 맞서 시민군이 조직되어 저항하였다.

6 다음 민주화 운동의 결과로 옳은 것은?

1987년 6월 10일부터 전국 각지에서 벌어진 시위는 명동 성당 농성으로 이어졌다. 6월 26일에는 1백만 명의 시민이 시위에 참여하였으며, 이때 넥타이 부대라고 불린 직장인들도 동참하였다.

① 한국과 일본이 국교를 수립하였다.
② 내각 책임제 형태의 정부가 수립되었다.
③ 초대 대통령에 한해 중임 제한 규정이 없어졌다.
④ 평화적인 정권 교체로 김대중 정부가 출범하였다.
⑤ 국민들의 직접 선거로 대통령을 선출하게 되었다.

7 (가) 정부가 시행한 정책으로 옳은 것은?

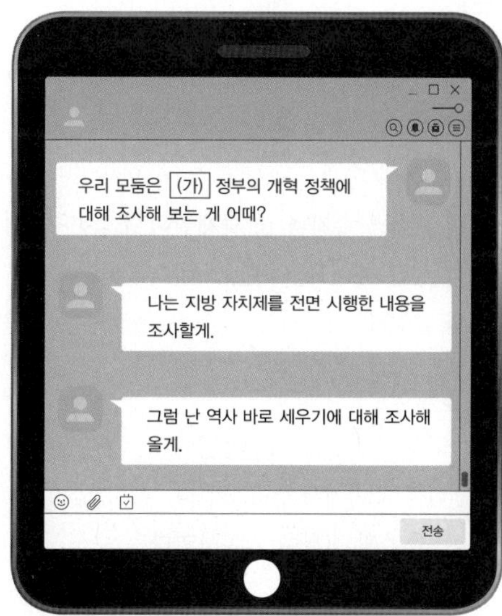

① 유신 헌법 제정
② 삼청 교육대 설치
③ 금융 실명제 시행
④ 남북 정상 회담 개최
⑤ 반민족 행위자 처벌법 제정

8 다음 법령에 따라 만들어진 기구로 옳은 것은?

제1조 일본 정부와 통모하여 한·일 합병에 적극 협력한 자, 한국의 주권을 침해하는 조약 또는 문서에 조인한 자와 모의한 자는 사형 또는 무기 징역에 처하고, 그 재산과 유산의 전부 혹은 2분의 1 이상을 몰수한다.
제2조 일본 정부로부터 작위를 받은 자 또는 일본 제국 의회의 의원이 되었던 자는 무기 또는 5년 이상의 징역에 처하고, 그 재산과 유산의 전부 혹은 2분의 1 이상을 몰수한다.

① 노사정 위원회
② 대통령 선거인단
③ 국가 재건 최고 회의
④ 통일 주체 국민 회의
⑤ 반민족 행위 특별 조사 위원회

실전 문제

1 **다음 선언에 대한 설명으로 옳은 것만을 〈보기〉에서 고른 것은?**

융희 황제가 삼보(토지, 인민, 정치)를 포기한 8월 29일은 바로 우리 동지가 삼보를 계승한 8월 29일이니, 그간에 한순간도 멈춘 적이 없음이라. 우리 동지는 완전한 상속자니 저 황제권이 소멸한 때가 곧 민권이 발생한 때이요, 구한국 최후의 날은 곧 신한국 최초의 날이다.

보기

ㄱ. 국민 주권설을 주장하였다.
ㄴ. 제헌 국회에서 발표되었다.
ㄷ. 공화주의 정착에 기여하였다.
ㄹ. 대통령 직선제를 규정하였다.

① ㄱ, ㄴ ② ㄱ, ㄷ ③ ㄴ, ㄷ
④ ㄴ, ㄹ ⑤ ㄷ, ㄹ

★ 중요 ★

2 **다음 선거를 통해 구성된 국회 의원에 대한 설명으로 옳은 것만을 〈보기〉에서 고른 것은?**

1948년 유엔 한국 임시 위원단의 감시 아래 한반도에서 최초의 민주적인 선거가 실시되었다. 5월 10일에 치러진 선거는 우리 역사상 최초의 민주 선거로, 그 결과 198명의 국회 의원이 선출되었다.

보기

ㄱ. 반민족 행위 처벌법을 제정하였다.
ㄴ. 대통령에게 긴급 조치권을 보장하였다.
ㄷ. 주권 재민의 원칙이 담긴 제헌 헌법을 제정하였다.
ㄹ. 총리가 국정을 책임지는 정치 체제를 마련하였다.

① ㄱ, ㄴ ② ㄱ, ㄷ ③ ㄱ, ㄹ
④ ㄴ, ㄷ ⑤ ㄷ, ㄹ

3 **(가)에 들어갈 인물로 옳은 것은?**

〈탐구 활동 보고서〉

- 주제: (가) 의 일대기
- 약력
  - 1857년 황해도 평산에서 출생
  - 1898년 독립 협회에 적극적으로 참여
  - 1905년 미국의 조지 워싱턴 대학에 입학
  - 1919년 대한민국 임시 정부의 대통령으로 선출됨
  - 1948년 대한민국 초대 대통령이 됨

① 김구 ② 이승만 ③ 여운형
④ 김규식 ⑤ 홍범도

4 **(가), (나) 시기 사이에 있었던 일로 옳은 것은?**

(가) 임시 수도인 부산에서 야당 의원들이 헌병대에 연행되는 일이 벌어졌다. 이러한 공포 분위기 속에서 국회에서는 기립 표결을 진행하였고 그 결과 대통령 직선제 개헌안이 국회를 통과하였다.
(나) 초대 대통령에 한하여 중임 제한을 철폐한다는 요지의 개헌안이 한 표 차로 부결되었지만, 자유당은 억지 논리로 개헌안의 통과를 선포하였다.

① 진보당 사건이 일어났다.
② 정전 협정이 체결되었다.
③ 한일 회담 반대 시위가 확산되었다.
④ 이승만이 대통령에서 물러나게 되었다.
⑤ 북한의 남침으로 6·25 전쟁이 시작되었다.

5 **(가) 시기에 있었던 일로 옳은 것만을 <보기>에서 고른 것은?**

1960년 3월 15일 정·부통령 선거 실시	→	(가)	→	허정 과도 정부 수립

보기
ㄱ. 계엄군에 맞서 시민군이 조직되었다.
ㄴ. 실종된 김주열 학생의 시신이 발견되었다.
ㄷ. 이승만 대통령이 사임 성명을 발표하였다.
ㄹ. 박정희 대통령이 피살되는 사건이 발생하였다.

① ㄱ, ㄴ ② ㄱ, ㄷ ③ ㄱ, ㄹ
④ ㄴ, ㄷ ⑤ ㄷ, ㄹ

6 **밑줄 친 '새로운 정부'에 대한 설명으로 옳은 것은?**

① 발췌 개헌을 주도하였다.
② 사사오입 개헌을 단행하였다.
③ 5·16 군사 정변으로 붕괴되었다.
④ 서울 올림픽 대회를 개최하였다.
⑤ 국민의 직접 선거로 대통령이 선출되었다.

7 **다음 헌법에 대한 설명으로 옳은 것은?**

제39조 ① 대통령은 통일 주체 국민 회의에서 토론 없이 무기명 투표로 선거한다.
제59조 ① 대통령은 국회를 해산할 수 있다.

① 6·25 전쟁 중에 만들어졌다.
② 6월 민주 항쟁의 원인이 되었다.
③ 대통령의 임기를 7년 단임으로 규정하였다.
④ 국민들의 민주화 운동의 결과 제정되었다.
⑤ 대통령이 국회 의원의 1/3을 추천할 수 있도록 하였다.

8 **다음 선언문을 발표한 사람들이 외쳤을 구호로 가장 적절한 것은?**

첫째로 우리는 국민의 자유를 억압하는 긴급 조치를 곧 철폐하고 민주주의를 요구하다가 투옥된 민주 인사들과 학생들을 석방하라고 요구한다. 국민의 의사가 자유로이 표명될 수 있도록 언론, 집회, 출판의 자유를 국민에게 돌리라고 요구한다.

– 1976년 3월 1일 –

① 유신 헌법을 철폐하라.
② 3·15 부정 선거는 무효다.
③ 일본과의 협정을 취소하라.
④ 4·13 호헌 조치를 철폐하라.
⑤ 남한만의 단독 선거에 반대한다.

9 **밑줄 친 '군정' 시기에 있었던 사실로 옳은 것은?**

1961년 5월 16일 박정희를 중심으로 한 일부 군인들은 무력으로 의회를 해산하고, 민주화와 민족 통일의 열망을 단숨에 식혀 버렸다. 정변을 일으킨 군부 세력은 <u>군정</u>을 실시하며 중앙 정보부를 신설하여 비판 세력을 탄압하고, 장기적인 독재의 기반을 마련하였다.

① 금융 실명제를 실시하였다.
② 내각 책임제 정부가 수립되었다.
③ 국가 재건 최고 회의를 조직하였다.
④ 통일 주체 국민 회의에서 대통령을 선출하였다.
⑤ 박종철이 고문을 받다가 사망한 사건이 발생하였다.

10 **다음의 시위를 무력으로 진압한 후 수립된 정부에 대한 설명으로 옳은 것은?**

> 광주 시민은 시민 수습 대책 위원회를 구성하여 자발적으로 무기를 회수하고, 정부에 평화적 협상을 요구하고 나섰다. 그러나 계엄군은 탱크와 헬기까지 동원하여 무자비한 학살을 자행하면서 시민군이 모여 있던 전남 도청을 장악하였다.

① 12·12 사태로 붕괴되었다.
② 한·일 국교 정상화를 추진하였다.
③ 베트남 전쟁에 국군을 파견하였다.
④ 사회 정화를 내세워 삼청 교육대를 운영하였다.
⑤ 3·15 부정 선거에 항의하는 시위를 진압하였다.

11 **(가)~(라)를 일어난 순서대로 옳게 나열한 것은?**

> (가) 7년 단임의 대통령을 간접 선거로 선출하는 개헌이 이루어졌다.
> (나) 이한열이 시위 중 최루탄을 맞고 쓰러지자 분노한 시민들의 시위가 격화되었다.
> (다) 부통령 후보 이기붕의 당선을 위해 정부와 자유당이 부정 선거를 감행하였다.
> (라) 군부 세력이 정변을 일으켜 국회를 해산하고 국가 재건 최고 회의를 설치하였다.

① (가) – (나) – (다) – (라)
② (나) – (라) – (가) – (다)
③ (다) – (나) – (가) – (라)
④ (다) – (라) – (가) – (나)
⑤ (라) – (다) – (가) – (나)

12 **다음 선언 직후 수립된 정부에 대한 설명으로 옳은 것은?**

> 친애하는 국민 여러분! …… 여야 합의하에 조속히 대통령 직선제 개헌을 하고 새 헌법에 의한 대통령 선거를 통해 88년 2월 평화적 정부 이양을 실현토록 해야 하겠습니다.

① 사사오입 개헌을 단행하였다.
② 부마 민주 항쟁이 발생하였다.
③ 평화적인 여야 정권 교체가 이루어졌다.
④ 야간 통행금지 해제 등 유화 정책을 폈다.
⑤ 소련 등 사회주의 국가들과 국교를 맺었다.

★ 중요 ★

13 **자료에 나타난 민주화 운동에 대한 설명으로 옳은 것은?**

> 우리는 희망찬 민주 국가를 건설하기 위한 거보를 전 국민과 함께 내딛는다. 국가의 미래요 소망인 꽃다운 젊은이를 야만적인 고문으로 죽여 놓고, 그것도 모자라서 뻔뻔스럽게 국민을 속이려 했던 현 정권에게 국민의 분노가 무엇인지 분명히 보여 주고, 국민적 열망인 개헌을 일방적으로 파기한 4·13 폭거를 철회시키기 위한 민주 장정을 시작한다.

① 긴급 조치에 저항하며 전개되었다.
② 대통령 직선제 개헌을 요구하였다.
③ 굴욕적인 한·일 국교 정상화에 반대하였다.
④ 김주열의 시신 발견으로 시위가 확산되었다.
⑤ 정부가 시위 진압을 위해 계엄군을 투입하였다.

14 (가) 정부에서 실시한 정책으로 옳은 것은?

(가) 정부의 정책

- 지방 자치제 전면 실시
- 조선 총독부 건물 철거
- 역사 바로 세우기(두 전직 대통령 기소)

① 제헌 헌법을 공포하였다.
② 북방 외교를 추진하였다.
③ 금융 실명제를 전면 실시하였다.
④ 서울 올림픽 대회를 개최하였다.
⑤ 두발 자율화 정책을 실시하였다.

15 밑줄 친 '이 정부'에 대한 설명으로 옳은 것은?

① 외환 위기를 극복하였다.
② 서울 올림픽을 개최하였다.
③ 사사오입 개헌을 단행하였다.
④ 대통령 3선 연임을 허용하는 개헌을 실시하였다.
⑤ 시민들의 촛불 시위를 배경으로 대통령이 탄핵되었다.

서술형 문제

1 다음과 같은 저항을 받았던 유신 헌법이 이전의 헌법과 어떤 차이가 있었는지를 세 가지 서술하시오.

> 유신 헌법이 발표된 후 일본 도쿄에서 유신 반대 운동을 준비하던 김대중이 괴한들에게 납치되는 사건이 벌어졌다(1973). 이에 사건의 해명을 요구하는 움직임이 전개되었으며, 전국적으로 유신 헌법의 폐기를 요구하는 시위가 벌어졌다. 박정희 정부는 긴급 조치 제1호를 발표하여 유신 헌법에 반대하는 사람들을 단속하였으나 시위는 좀처럼 진정되지 않았다.

2 다음을 읽고 물음에 답하시오.

> 5·18 민주화 운동을 무력으로 진압한 신군부는 본격적으로 권력 장악에 나섰다. 각 신문사에는 '보도 지침'을 내려 언론 보도를 통제하였고, 불량배를 소탕한다는 명목으로 삼청 교육대를 만들어 국민을 절차 없이 가두고 폭력을 행사하였다. 이후 헌법을 개정하고 새로운 헌법에 따라 대통령 선거인단의 간접 선거로 대통령을 선출하였다.

(1) 자료에 나타난 사건의 결과로 세워진 정부를 쓰시오.
( )

(2) 위 정부가 억압적인 통치를 감추기 위해 시행한 유화 정책을 세 가지 서술하시오.

05 평화 통일을 위한 노력

학습 내용 들여다보기

■ 냉전 체제

직접적으로 무력을 사용하지 않고 경제나 외교 등의 수단으로 국제적 대립이 이루어지는 것을 뜻한다. 제2차 세계 대전 이후 미국 중심의 자본주의 체제와 소련 중심의 공산주의 체제 간 고도의 대립 및 긴장 상태가 지속되었다.

■ 정전 협정(휴전 협정)

유엔군, 중국군, 북한군의 서명으로 1953년 7월 27일에 판문점에서 군사 분계선 설정 등의 내용을 기반으로 하는 정전 협정이 체결되었다.

■ 6·25 전쟁의 피해

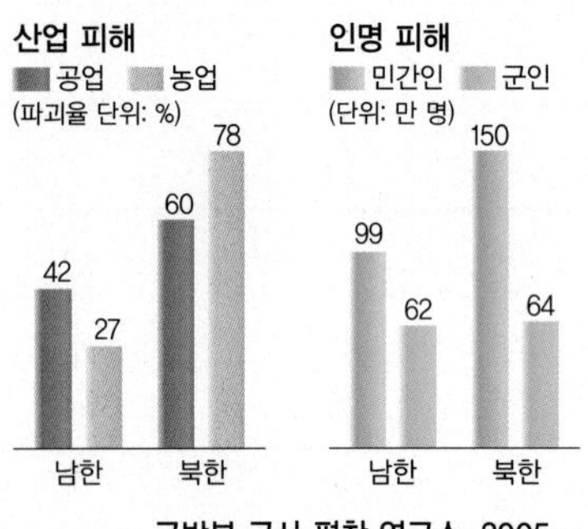

– 국방부 군사 편찬 연구소, 2005 –

용어 알기

- **함락** 성이나 지역 등이 공격을 받아 점령을 당함
- **수복** 잃었던 땅이나 권리 등을 도로 찾음
- **공방전** 서로 공격하고 방어하는 전투

1. 남북 분단과 6·25 전쟁

(1) 냉전과 남북 분단

① **냉전 체제의 형성:** 제2차 세계 대전 이후 자유주의 진영과 공산주의 진영 대립

② **38도선 설정:** 38도선 이남에는 미군, 이북에는 소련군 주둔하여 분할 점령

→ 일본군의 무장 해제를 위해 실시되었어.

(2) 남·북한 정부의 수립

① **통일 정부 수립을 위한 노력:** 좌우 합작 운동, 제주 4·3 사건 등

→ 이승만의 정읍 발언 이후 일어났고, 김규식과 여운형이 주도하였어.

② **대한민국 정부 수립:** 5·10 총선거 실시 → 제헌 국회 구성, 국호 '대한민국' → 7월 17일에 헌법 공포 → 이승만과 이시영을 초대 대통령과 부통령으로 선출 → 정부 수립 선포(1948. 8. 15.)

③ **북한 정권 성립:** 최고 인민 회의 구성과 헌법 제정, 김일성을 수상으로 하는 조선 민주주의 인민 공화국 수립 선포(1948. 9.)

(3) 6·25 전쟁의 발발

① **배경:** 남북의 이념 대립 심화, 미국의 애치슨 선언 자료 1

② **전개(1950~1953):** 북한군의 기습 남침 → 서울 함락 → 국군, 낙동강 방어선까지 후퇴 → 국군·유엔군의 인천 상륙 작전 → 서울 수복 → 압록강까지 진격 → 중국군 개입 → 1·4 후퇴 → 38도선 부근에서 치열한 공방전 자료 2

→ (1·4 후퇴) 다시 서울을 빼앗겼고, 이 무렵 흥남 철수도 이루어졌어.

③ **정전 협정:** 정전 회담 장기화 → 군사 분계선(휴전선) 설정, 비무장 지대 설치 등의 내용을 담은 정전 협정 조인(1953. 7. 27.)

(4) 6·25 전쟁의 피해와 영향

구분	내용
피해	• 인적 피해: 군인과 민간인 사상자 발생, 이산가족 발생 • 물적 피해: 국토 황폐화, 산업 시설 파괴
영향	• 남북이 분단 상황을 이용해 독재 체제 강화 • 서로에 대한 적대감 확산, 분단의 고착화

자료 1 애치슨 라인

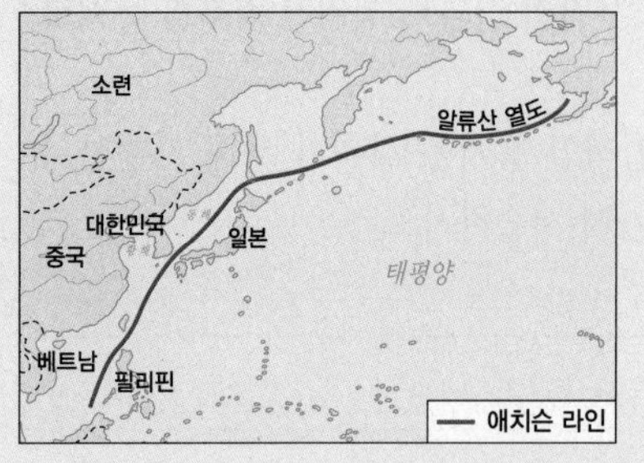

1950년 1월 미국 국무 장관 애치슨이 발표한 미국의 극동 방위선이다. 한국과 타이완을 방위선에서 제외한다는 내용으로 북한이 6·25 전쟁을 일으키는 한 요인이 되었다는 비판을 받기도 하였다.

자료 2 6·25 전쟁의 전개 과정

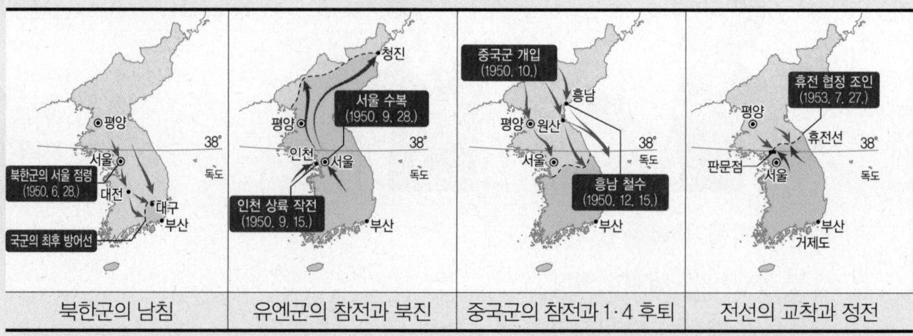

3년 이상 지속된 6·25 전쟁으로 수많은 사상자와 전쟁고아, 이산가족이 생겨났고, 전 국토가 황폐해졌다. 그 뒤 남북한은 서로에 대한 적대감과 불신으로 오랜 기간 동안 대립하였다.

2. 평화 통일을 위한 노력

(1) 정부의 통일 노력

박정희 정부	• 닉슨 독트린(1969)으로 냉전 체제 완화 → 남북 대화의 시작, 남북 적십자 회담 개최 • 7·4 남북 공동 성명(1972): 자주, 평화, 민족적 대단결의 통일 원칙 합의 → 이후 독재 체제 강화에 이용 자료 3
전두환 정부	최초로 남북 이산가족 고향 방문단, 예술 공연단 교환(1985)
노태우 정부	• 냉전 체제의 붕괴: 북방 외교 추진 → 사회주의 국가와 수교(소련, 중국, 베트남 등) → 남북 총리를 수석 대표로 하여 회담이 열렸어. • 남북 고위급 회담 개최 • 남북한 유엔 동시 가입(1991) • 남북 기본 합의서(1991) 채택: 남북 사이의 화해와 불가침 및 교류 협력에 관한 합의 자료 4 • 한반도 비핵화 공동 선언(1991)
김대중 정부	• 대북 화해 협력 정책(햇볕 정책) 추진 • 정주영의 '소 떼 방북', 금강산 관광 시작(1998) → 남북 정상 회담 이전 1998년부터 시작되었어. • 제1차 남북 정상 회담(2000): 6·15 남북 공동 선언 발표 → 이산가족 상봉 재개, 경의선 철도 연결 추진, 개성 공단 조성 추진, 민간 차원(사회, 문화, 체육 등)의 교류 등 남북 교류 확대 자료 5
노무현 정부	• 대북 화해 협력 정책 계승 • 제2차 남북 정상 회담(2007) → 남북 관계 발전과 평화 번영을 위한 선언(10·4 남북 공동 선언) 채택
문재인 정부	제3차 남북 정상 회담(2018) → 한반도의 평화와 번영, 통일을 위한 판문점 선언(4·27 판문점 선언)

(2) **남북 관계 경색**: 북한의 핵 개발과 장거리 미사일 발사, 금강산 관광객 피살 사건, 천안함 사건, 연평도 포격 사건, 개성 공단 폐쇄 등으로 남북 관계 경색

→ 이명박 정부 때 일어났어.

(3) 화해와 협력을 위한 교류와 협력

① 경제 협력: 개성 공단 사업 추진(남한 자본과 기술, 북한의 노동력 결합)

② 민간 교류: 올림픽과 아시안게임 등에서 남북 스포츠 단일팀 구성, 대중문화 교류

→ 2018년 평창 동계 올림픽 대회에서도 한반도기를 들고 동시에 입장하였어.

학습 내용 들여다보기

■ 닉슨 독트린

1969년에 미국 대통령 닉슨이 밝힌 아시아 안보에 관한 새로운 외교 전략으로 베트남 전쟁과 같이 아시아에 대한 직접적인 군사적 개입을 피한다는 내용을 담고 있다.

■ 이산가족 고향 방문(1985)

남북한 고향 방문단은 서울과 평양에서 6·25 전쟁 이후 처음으로 헤어진 가족을 만났다.

■ 6·15 남북 공동 선언(2000) 이후 남북 교류

경제	개성 공단 설치, 남북 철도 연결
사회·문화	금강산 관광, 『겨레말 큰사전』 편찬
보건	남북 전염병 공동 대응
인도 지원	이산가족 상봉, 북한 식량 지원
체육	올림픽 공동 입장, 국제 대회 남북 단일팀 구성
환경	DMZ 남북 공동 생태 보전

용어 알기

- **수교** 두 나라가 국교를 맺음
- **비핵화** 어떤 나라나 지역이 핵무기나 핵 관련 시설을 가지지 않게 됨
- **번영** 번성하고 발전하여 영화롭게 됨

자료 3 7·4 남북 공동 성명(1972)

> 첫째, 통일은 외세의 의존과 간섭 없이 자주적으로 해결한다.
> 둘째, 통일은 상대방을 반대하는 무력행사에 의하지 않고 평화적 방법으로 실현한다.
> 셋째, 사상과 이념, 제도의 차이를 넘어 하나의 민족으로서 민족적 대단결을 도모한다.

남북한 당국은 서울과 평양에서 성명서를 동시에 발표하였고, 분단 이후 최초로 통일을 위한 합의를 이끌어 냈다는 점에서 의의가 크다.

자료 4 남북 기본 합의서(1991)

> 제1조 남과 북은 서로 상대방의 체제를 인정하고 존중한다.
> 제4조 남과 북은 상대방을 파괴·전복하려는 일체 행위를 하지 아니한다.
> 제9조 남과 북은 상대방에 대하여 무력을 사용하지 않으며 상대방을 무력으로 침략하지 아니한다.

남과 북은 남북 기본 합의서를 통해 상대방의 체제를 존중하고, 평화 통일을 위한 상호 교류와 협력의 길을 모색하였다.

자료 5 6·15 남북 공동 선언

> 1. 남과 북은 나라의 통일 문제를 그 주인인 우리 민족끼리 서로 힘을 합쳐 자주적으로 해결해 나가기로 하였다.
> 2. 남과 북은 나라의 통일을 위한 남측의 연합제 안과 북측의 낮은 단계의 연방제 안이 공통성이 있다고 인정하고 앞으로 이 방향에서 통일을 지향해 나가기로 하였다.

2000년 6·15 남북 공동 선언을 토대로 다양한 분야에서 남북 교류가 이루어졌다.

기본 문제

간단 체크

1 빈칸에 들어갈 말을 쓰시오.

(1) 미국과 소련이 일본군의 무장 해제를 위해 임시로 그은 경계선인 (　　　　　)을/를 사이에 놓고 남북의 대립이 격화되었다.

(2) 1950년 미국이 (　　　　　)을/를 발표하여 태평양 방어선에서 타이완과 한국을 제외하였다.

(3) 6·25 전쟁이 시작된 지 3일 만에 북한군은 서울을 빼앗고 낙동강 일대를 제외한 대부분 지역을 장악하였다. 그러나 국군과 유엔군은 (　　　　　) 작전에 성공하여 서울을 되찾았다.

2 다음 정부와 관련된 역사적 사건을 바르게 연결하시오.

(1) 박정희 정부 •　　　• ㉠ 남북 기본 합의서

(2) 노태우 정부 •　　　• ㉡ 7·4 남북 공동 성명

(3) 김대중 정부 •　　　• ㉢ 6·15 남북 공동 선언

3 다음에서 설명하는 사건을 〈보기〉에서 골라 쓰시오.

보기
제주 4·3 사건, 좌우 합작 운동

(1) 1947년 3·1절 기념 시위 때 경찰의 발포로 사망자가 발생하여 갈등이 고조된 상황에서 남한만의 단독 선거에 반대하는 무장봉기가 일어나자, 무장대와 이를 진압하려는 토벌대 간의 무력 충돌 과정에서 수많은 제주도민이 희생된 사건이다. (　　　　)

(2) 이승만의 정읍 발언으로 단독 정부 수립에 관한 주장이 나오자, 김규식, 여운형 등이 통일 정부를 수립하고자 벌인 운동이다. (　　　　)

4 (가)~(라)를 일어난 순서대로 바르게 나열하시오.

(가) 남북한 유엔 동시 가입
(나) 7·4 남북 공동 성명 발표
(다) 최초 남북 정상 회담 개최
(라) 최초 남북 이산가족 고향 방문

(　　　　　　　　　　　　)

1 다음 내용과 관련된 시기를 연표에서 옳게 고른 것은?

> 북한에서는 최고 인민 회의를 구성하여 헌법을 채택하고 조선 민주주의 인민 공화국 수립을 선포하였다.

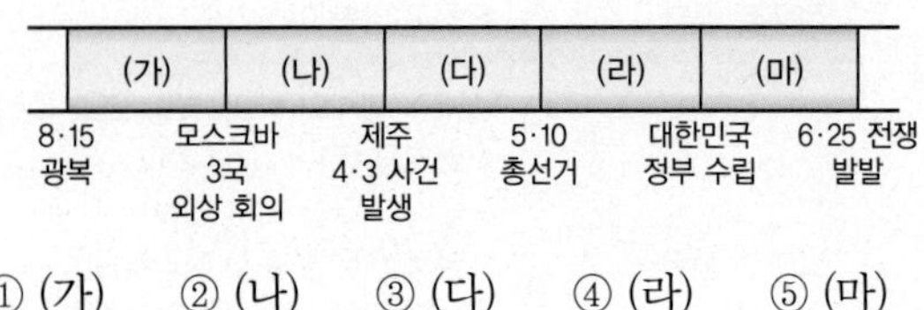

① (가)　② (나)　③ (다)　④ (라)　⑤ (마)

2 (가), (나) 가상 일기에 나타난 시기 사이에 들어갈 내용으로 옳은 것은?

> (가) 믿어지지 않는다. 드디어 광복을 맞이했다는 소식을 들었고, 우리 모두는 태극기를 직접 그리고 사람들이 많이 모여 있는 곳으로 나가 다 함께 만세를 부르며 뛰어다녔다.
> (나) 시장에 가니 사람들이 모여서 이야기를 나누고 있다. 유엔 소총회의 결의에 따라 오늘 실시된 최초의 국회 의원 선거에서 누가 선출될 지 다들 궁금해하고 있다.

① 한국광복군이 창설되었다.
② 이승만 정부가 출범하였다.
③ 친일파 청산을 위한 반민특위가 조직되었다.
④ 조선 민주주의 인민 공화국 수립이 선포되었다.
⑤ 김규식과 여운형 등이 좌우 합작 운동을 펼쳤다.

3 제주 4·3 사건에 대한 설명으로 옳은 것은?

① 반민특위의 활동에 저항하였다.
② 한·일 국교 정상화에 반대하였다.
③ 단독 정부 수립에 반발하여 일어났다.
④ 신탁 통치를 둘러싸고 갈등이 고조되었다.
⑤ 애치슨 선언의 발표로 긴장감이 높아졌다.

4 **밑줄 친 '국회'의 활동만을 〈보기〉에서 고른 것은?**

> 김구와 김규식 등이 통일 정부 수립을 위해 노력하였으나 좌절되고, 유엔 한국 임시 위원단의 감시 아래 실시된 선거에 의해 <u>국회</u>가 구성되었다.

보기

ㄱ. 정전 협정 체결을 주도하였다.
ㄴ. 국호를 대한민국으로 정하였다.
ㄷ. 대통령 직선제 개헌을 시행하였다.
ㄹ. 주권 재민과 공화정에 기반한 헌법을 제정하였다.

① ㄱ, ㄴ ② ㄱ, ㄷ ③ ㄱ, ㄹ
④ ㄴ, ㄹ ⑤ ㄷ, ㄹ

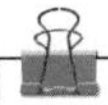

★ 중요 ★

5 **(가)에 들어갈 내용으로 적절한 것은?**

- 주제: 6·25 전쟁의 배경과 발발
- 배경
  - 남북 관계의 대립이 격화되었다.
  - (가)
- 발발: 북한의 남침으로 전쟁 시작

① 애치슨 선언이 발표되었다.
② 조선 의용대가 창설되었다.
③ 인천 상륙 작전이 성공하였다.
④ 한국이 세계 무역 기구에 가입하였다.
⑤ 대한 제국의 군대가 강제로 해산되었다.

★ 중요 ★

6 **다음과 같은 피해를 준 전쟁의 결과에 대한 설명으로 옳지 <u>않은</u> 것은?**

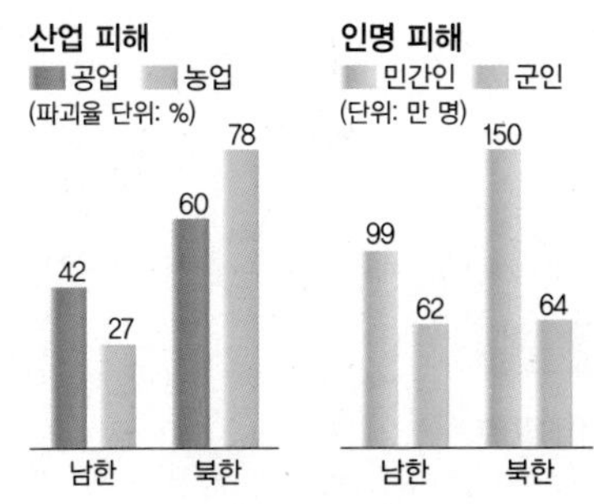

– 국방부 군사 편찬 연구소, 2005 –

① 수많은 이산가족이 발생하였다.
② 군인과 민간인 사상자가 많았다.
③ 서로에 대한 적대감이 확산되었다.
④ 국토가 황폐화되고 산업 시설이 파괴되었다.
⑤ 김일성을 수상으로 하는 정부가 수립되었다.

7 **다음 질문에 대한 답변으로 옳은 것은?**

① 정전 협정
② 4·27 판문점 선언
③ 남북 기본 합의서
④ 7·4 남북 공동 성명
⑤ 6·15 남북 공동 선언

실전 문제

★ 중요 ★

1 (가), (나) 시기 사이에 있었던 일로 옳은 것만을 〈보기〉에서 고른 것은?

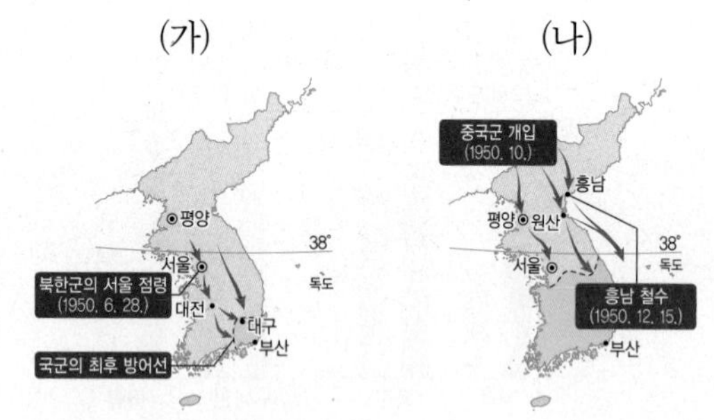

| 보기 |

ㄱ. 정전 협정이 체결되었다.
ㄴ. 애치슨 선언이 발표되었다.
ㄷ. 인천 상륙 작전이 실시되었다.
ㄹ. 국군과 유엔군이 압록강 유역까지 진출하였다.

① ㄱ, ㄴ ② ㄱ, ㄷ ③ ㄱ, ㄹ
④ ㄴ, ㄷ ⑤ ㄷ, ㄹ

2 (가)에 들어갈 내용으로 적절한 것은?

중국군의 참전으로 후퇴하였던 국군과 유엔군은 서울을 다시 되찾았다. 이후 38도선 부근에서 북한군과 밀고 밀리는 전투가 계속되었다. 이런 상황에서 정전 협상이 시작되었으나, (가) 등을/를 두고 갈등하다 1953년에 정전 협정이 체결되었다.

① 포로 송환 문제
② 신탁 통치 문제
③ 미국의 경제 원조
④ 대통령 직선제 실시
⑤ 미소 공동 위원회의 개최

3 밑줄 친 '성명'에 대한 설명으로 옳은 것은?

이번에 7월에 합의된 공동 <u>성명</u>의 내용을 어떻게 평가하십니까?

이 <u>성명</u>은 분단 이후 남북한이 최초로 통일 원칙에 합의하고 발표한 의미 있는 <u>성명</u>이라고 생각합니다.

① 금강산 관광을 합의하였다.
② 한반도의 비핵화에 합의하였다.
③ 노태우 정부 시기에 발표되었다.
④ 최초의 남북 정상 회담 이후 발표되었다.
⑤ 자주, 평화, 민족 대단결의 통일 원칙에 합의하였다.

★ 중요 ★

4 (가), (나) 발표가 있었던 시기 사이의 사실로 옳은 것은?

(가) 쌍방은 다음과 같은 조국 통일 원칙들에 합의를 보았다.
첫째, 통일은 외세에 의존하거나 외세의 간섭을 받음이 없이 자주적으로 해결하여야 한다.
둘째, 통일은 서로 상대방을 반대하는 무력행사에 의거하지 않고 평화적으로 실현하여야 한다.
셋째, 사상과 이념·제도의 차이를 초월하여 하나의 민족으로서 민족적 대단결을 도모하여야 한다.

(나) 제1조 남과 북은 서로 상대방의 체제를 인정하고 존중한다.
제4조 남과 북은 상대방을 파괴·전복하려는 일체 행위를 하지 아니한다.
제9조 남과 북은 상대방에 대하여 무력을 사용하지 않으며 상대방을 무력으로 침략하지 아니한다.

① 개성 공단 건설이 추진되었다.
② 10·4 남북 공동 선언이 발표되었다.
③ 남북이 판문점에서 정상 회담을 개최하였다.
④ 처음으로 이산가족의 고향 방문이 이루어졌다.
⑤ 연평도 포격 사건으로 남북 관계가 위기를 맞이하였다.

5 **(가) 선언의 영향으로 가장 적절한 것은?**

① 김영삼 정부 시기에 발표되었다.
② 한반도 비핵화에 처음으로 합의하였다.
③ 남북한이 최초로 통일 방안에 합의하였다.
④ 냉전 체제가 완화되는 정세 속에 발표되었다.
⑤ 경의선 복원과 개성 공단 건설 등에 합의하였다.

6 **다음 남북 공동 선언이 발표된 시기를 연표에서 옳게 고른 것은?**

1. 남과 북은 나라의 통일 문제를 그 주인인 우리 민족끼리 서로 힘을 합쳐 자주적으로 해결해 나가기로 하였다.
2. 남과 북은 나라의 통일을 위한 남측의 연합제 안과 북측의 낮은 단계의 연방제 안이 서로 공통성이 있다고 인정하고 앞으로 이 방향에서 통일을 지향해 나가기로 하였다.

4·19 혁명	(가)	5·16 군사 정변	(나)	한일 협정 체결	(다)	유신 체제 성립	(라)	5·18 민주화 운동	(마)	노무현 정부 수립

① (가)　② (나)　③ (다)　④ (라)　⑤ (마)

서술형 문제

1 **다음을 읽고 물음에 답하시오.**

(1) (가)에 들어갈 답을 쓰시오.
( )

(2) (가) 선언 이후 남북 교류의 내용을 세 가지 서술하시오.

______

______

______

2 **다음을 읽고 물음에 답하시오.**

(가) 분단 이후 처음으로 자주, 평화, 민족 대단결의 통일 3대 원칙에 합의했다는 점에서 큰 의의를 지닌다.
(나) 남북한 정부 간에 이루어진 최초의 공식 합의서로, 서로의 체제를 인정하고 상호 불가침에 합의하였다는 점에서 큰 의의를 지닌다.

(1) (가), (나)에 해당하는 합의를 각각 쓰시오.
(가) – ______ (나) – ______

(2) (가), (나)의 합의서 채택의 배경을 냉전 체제의 변화라는 국제 정세와 관련지어 서술하시오.

______

______

______

대단원 정리

❶ 대한국 국제

> **제1조** 대한국은 세계 만국에 공인된 자주독립 제국이다.
> **제2조** 대한 제국의 정치는 만세토록 변하지 않을 전제 정치이다.
> **제3조** 대한국 황제는 무한한 군주권을 지니고 있다.
> **제5조** 대한국 황제는 육해군을 통솔하고 계엄의 시행을 명할 수 있다.
> **제6조** 대한국 황제는 법률을 제정할 수 있고, …… 법률을 개정할 권리를 가진다.

고종은 (①   )(으)로 국호를 바꾸고 연호를 광무로 정하였으며, 대한국 국제를 발표하며 전제 군주국임을 천명하였다. 또한 구본신참을 표방하며 (②   )을/를 추진하였다.

답 ① 대한 제국 ② 광무개혁

❷ 대한민국 임시 정부 수립

(①   ) 전후 독립운동의 중추적 기능을 할 임시 정부의 필요성이 대두되어 각 지역에서 임시 정부가 세워졌다. 이들 임시 정부는 (②   )에서 대한민국 임시 정부로 통합되었다.

답 ① 3·1 운동 ② 상하이

❸ 모스크바 3국 외상 회의

> 1. 한국의 독립을 위해 임시 민주 정부를 수립한다.
> 2. 임시 정부 수립을 위하여 미소 공동 위원회를 설치하고 한국의 정당 및 사회단체와 협의한다.
> 3. 미소 공동 위원회의 제안은 조선 임시 정부와 협의 후 5년 이내를 기한으로 하는 조선에 대한 4개국 신탁 통치의 협정을 작성하기 위하여 미국, 소련, 영국, 중국 각국 정부의 공동 심의를 받아야 한다.

(①   )에서 신탁 통치안에 관한 협약 작성을 결의하자, (②   ) 세력의 대대적인 반대 운동이 일어났다. 반면 (③   ) 세력은 회의의 본질이 '임시 정부 수립'에 있다며, 회의안 결정 지지 대회를 개최하였다.

답 ① 모스크바 3국 외상 회의 ② 우익 ③ 좌익

1. 국민 국가의 수립 (1)

1. 문호 개방과 근대적 개혁의 추진

강화도 조약 (1876)	• 배경: 운요호 사건 • 내용: 부산 외 2개 항구 개항
갑신정변 (1884)	• 김옥균 등 급진 개화파의 정변 • 근대 국가 수립 시도(개혁 정강 발표)
동학 농민 운동 (1894)	• 신분제 및 낡은 악습 개혁(반봉건), 외세 배척 주장(반외세) • 전주성 점령, 집강소 설치, 폐정 개혁안
갑오·을미개혁 (1894~1895)	• 일본의 간섭 아래 군국기무처 설치 • 개혁 내용: 신분제·과거제 폐지, 사법권 독립, 태양력·단발령 시행 • 아관 파천으로 중단

2. 국민 국가 수립을 위한 노력

국민 국가 수립	• 대한 제국(1897): 광무개혁(구본신참, 식산흥업 정책), 국호(대한 제국), 연호(광무), 대한국 국제 발표 ❶ • 독립 협회(1896): 서재필 주도, 독립문 건립, 만민 공동회와 관민 공동회 개최(헌의 6조)
국권 수호 운동	• 국권 침탈: 러일 전쟁 → 을사늑약(1905) → 군대 해산(1907) → 한국 강제 병합(1910) • 저항: 헤이그 특사 파견(→ 고종의 강제 퇴위), 애국 계몽 운동과 항일 의병 운동 전개, 안중근의 이토 히로부미 저격

2. 국민 국가의 수립 (2)

1. 일제의 통치 정책과 항일 민족 운동

일제의 통치 정책	• 무단 통치(1910년대): 조선 총독부 설치, 헌병 경찰 통치, 조선 태형령 시행 • 이른바 문화 통치(1920년대): 보통 경찰제(경찰의 수 증가) • 민족 말살 정책(1930년대 이후): 신사 참배, 황국 신민 서사 암송, 일본식 성명 강요
항일 민족 운동	• 3·1 운동(1919) → 대한민국 임시 정부 수립 ❷ • 실력 양성 운동: 물산 장려 운동, 민립 대학 설립 운동, 브나로드 운동 • 신간회 설립(1927): 좌우익 연합의 민족 협동 전선 • 학생 운동: 6·10 만세 운동(1926), 광주 학생 항일 운동(1929) • 무장 투쟁: 청산리 전투, 봉오동 전투, 의열단, 한인 애국단 • 민족 문화 수호 운동: 조선어학회의 『우리말 큰사전』 편찬 노력

2. 8·15 광복과 대한민국 정부 수립

건국 준비	대한민국 임시 정부: 대일 선전 포고, 한국광복군 창설, 대한민국 건국 강령 제정
광복과 분단 과정	8·15 광복(1945) → 38도선 분할 → 모스크바 3국 외상 회의 ❸ → 유엔 소총회에서 남한만의 총선거 결정 → 남북 협상, 제주 4·3 사건 발생 → 5·10 총선거 → 대한민국 정부 수립

3. 자본주의와 사회 변화

1. 개항과 식민지 경제 체제

개항 이후	경제 침탈	• 청 상인과 일본 상인들의 내륙 진출 • 화폐 정리 사업
	경제적 구국 운동	• 독립 협회의 러시아 절영도 조차 요구 거부 • 국채 보상 운동 전개 ❹
식민지 경제 체제		• 1910년대: 토지 조사 사업(조선 총독부의 소유지 증가), 회사령(1910, 한국인의 회사 설립 억제) • 1920년대: 산미 증식 계획(일본의 쌀 부족 문제 해결 목적) • 1930년대: 남면북양 정책, 병참 기지화 정책(1930년대 이후), 국가 총동원법 제정(1938)

2. 국가 주도의 경제 성장과 신자유주의 경제 정책

전후 복구	미국 경제 원조 → 밀가루, 면화, 설탕 등 삼백 산업 발달
경제 성장	• 1962년부터 경제 개발 5개년 계획을 추진하여 고도성장 이룩 • 1990년대 이후: 신자유주의 경제 정책, 시장 개방
외환 위기	국제 통화 기금(IMF)의 긴급 구제 금융 지원 → 금 모으기 운동
노동 운동	열악한 노동 환경(저임금, 장시간 노동) 개선을 요구한 전태일 분신, 노동조합 결성

4. 민주주의의 발전

제헌 헌법 (1948)	3·1 운동의 독립 정신 계승, 대통령 중심제 기반 민주 공화정
4·19 혁명 (1960)	• 배경: 3·15 부정 선거에 저항 • 결과: 이승만 하야, 내각 책임제 개헌 → 장면 내각 성립
5·18 민주화 운동(1980)	10·26 사태 이후 신군부가 권력 장악 → 계엄 확대 → 광주에서 민주화 요구 시위 전개 → 계엄군의 폭력적 진압(시민군 조직)
6월 민주 항쟁 (1987) ❺	박종철 고문치사 사건, 4·13 호헌 조치 → 시위 전개 → 6·29 민주화 선언(대통령 직선제 수용)

5. 6·25 전쟁과 평화 통일을 위한 노력

6·25 전쟁	• 배경: 남북 대립 격화, 애치슨 선언 • 전개: 북한의 남침(1950) → 인천 상륙 작전 → 서울 수복 → 중국군 개입 → 정전 협정 체결(1953)
통일을 위한 노력 ❻	• 박정희 정부: 7·4 남북 공동 성명 • 노태우 정부: 남북한 동시 유엔 가입, 남북 기본 합의서 채택, 한반도 비핵화 공동 선언 • 김대중 정부: 햇볕 정책 추진, 최초로 남북 정상 회담 개최(6·15 남북 공동 선언 발표) • 노무현 정부: 제2차 남북 정상 회담 개최, 10·4 남북 공동 선언 • 문재인 정부: 4·27 판문점 선언

❹ 국채 보상 운동

> 지금 나라의 빚이 1,300만 원이며, 이는 우리 대한 제국의 존망에 관계된 일이다. 이를 갚으면 나라를 보존하게 되고 못 갚으면 나라를 잃고 만다. …… 2,000만의 백성이 3개월 동안 담배를 끊고 그 돈을 각 사람마다 20전씩 낸다면 1,300만 원을 모을 수 있다.
>
> – 대한매일신보(1907. 2. 21.) –

일제는 근대 시설을 설치한다는 구실로 대한 제국에 차관을 강요하였다. 그 결과 대한 제국이 일제에 큰 빚을 지게 되자, (①)이/가 일어났다. 이 운동은 (②)에서 시작되어 전국으로 확산되었다.

답 ① 국채 보상 운동 ② 대구

❺ 6월 민주 항쟁

> 친애하는 국민 여러분! …… 여야 합의하에 조속히 대통령 직선제 개헌을 하고 새 헌법에 의한 대통령 선거를 통해 88년 2월 평화적 정부 이양을 실현토록 해야 하겠습니다.
>
> – 6·29 민주화 선언(1987) –

(①)군이 고문으로 사망하는 사건이 발생하고 대통령 직선제를 요구하는 대규모 시위가 전개되었다. 전두환 정부는 (②)(으)로 개헌을 거부하고 시위를 탄압하였으나 전국적으로 시위가 확산되었다. 결국 정부는 대통령 직선제 요구를 받아들인 6·29 민주화 선언을 발표하였다.

답 ① 박종철 ② 4·13 호헌 조치

❻ 평화 통일을 위한 노력

▲ 7·4 남북 공동 성명

▲ 남북 기본 합의서

▲ 6·15 남북 공동 선언

(1) 남과 북은 (①) 체제가 완화되는 분위기 속에서 7·4 남북 공동 성명을 발표하여 (②), 평화, 민족 대단결의 통일 3대 원칙에 합의하였다.

(2) 냉전 체제가 종식되면서 남북한은 (①)에 동시 가입하였으며, 남북 기본 합의서를 채택하는 성과를 이루었다. 그리고 (②) 공동 선언에도 합의하였다.

(3) (①) 정부는 '햇볕 정책'이라는 대북 화해 협력 정책을 추진하였고, 2000년 평양에서 (②)이/가 개최되었다. 이 회담에서 6·15 남북 공동 선언이 발표되었고 남북한 사이에 교류와 협력이 더욱 활발해졌다.

답 (1) ① 냉전 ② 자주 (2) ① 국제 연합(UN) ② 한반도 비핵화 (3) ① 김대중 ② 남북 정상 회담

대단원 마무리

1 **(가) 시기 조선의 상황에 대한 설명으로 옳은 것만을 〈보기〉에서 고른 것은?**

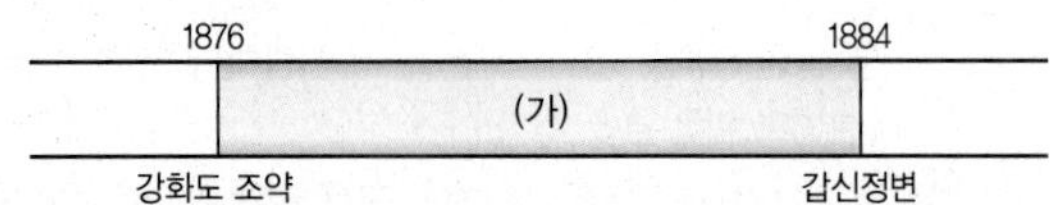

| 보기 |
ㄱ. 흥선 대원군이 척화비를 건립하였다.
ㄴ. 청과 일본 상인의 경쟁이 본격화되었다.
ㄷ. 급진 개화파와 온건 개화파의 대립이 심하였다.
ㄹ. 청과 일본이 한반도 패권을 두고 전쟁을 일으켰다.

① ㄱ, ㄴ ② ㄱ, ㄷ ③ ㄱ, ㄹ
④ ㄴ, ㄷ ⑤ ㄷ, ㄹ

2 **다음 개혁안을 발표한 정치 세력에 대한 탐구 활동으로 가장 적절한 것은?**

• 문벌을 폐지하여 인민 평등의 권리를 세워, 능력에 따라 관리를 임명한다.
• 지조법을 개혁하여 관리의 부정을 막고 국가 재정을 확충한다.
• 대신들은 의정부에 모여 정령을 의결하고, 반포한다.

① 임오군란을 주도한 인물을 조사한다.
② 위정척사 운동의 시기적 특징을 살펴본다.
③ 정부와 맺은 전주 화약의 내용을 분석한다.
④ 통리기무아문과 별기군이 설치된 배경을 파악한다.
⑤ 우정총국 개국 축하연에서 정변을 일으킨 과정을 조사한다.

3 **(가) 단체에 대한 설명으로 옳은 것은?**

1898년 3월 서울 종로에서 우리나라 최초의 대중 집회인 만민 공동회가 열렸다. 이 집회는 (가) 이/가 주도한 것으로 관료뿐만 아니라 학생, 시민 등 각계각층이 모여 근대 시민 의식의 성장을 보여 준 사건이었다.

① 단발령 시행을 발표하였다.
② 대성 학교와 오산 학교를 설립하였다.
③ 폐정 개혁안을 통해 사회 변화를 요구하였다.
④ 러시아의 절영도 조차 요구 저지 운동을 펼쳤다.
⑤ 일본에 진 빚을 갚기 위해 모금 운동을 전개하였다.

4 **밑줄 친 '나'에 대한 설명으로 옳은 것은?**

나는 의병의 참모 중장이지 폭도가 아니다. 일본군이야말로 폭도다. 적장은 그 우두머리이다. 내가 적장을 공격한 이유는 다음과 같다. 첫째, 을사 5조약을 강제 체결한 것 …… 셋째, 황제를 폐위시킨 것, 넷째 군대를 해산시킨 것, 다섯째 이권을 약탈한 것

① 평민 출신 의병장으로 명성을 날렸다.
② 동학 농민군을 이끌고 일본군과 맞서 싸웠다.
③ 해산된 군인과 함께 서울 진공 작전을 펼쳤다.
④ 독립신문을 발간하여 자주 국권 의식을 높였다.
⑤ 만주 하얼빈역에서 이토 히로부미를 사살하였다.

5 **(가)에 대한 설명으로 옳은 것은?**

일본은 러일 전쟁 승리 후 군대를 동원하여 고종을 압박하여 (가) 을/를 체결하였다. 고종은 조약의 부당성을 알리기 위해 1907년 네덜란드의 헤이그에서 열린 만국 평화 회의에 이상설, 이준, 이위종을 특사로 파견하였다.

① 부산 외 2개 항구 개항을 명시하였다.
② 조선 총독부가 설치되는 배경이 되었다.
③ 모든 화폐가 제일 은행권으로 통일되었다.
④ 구본신참을 바탕으로 한 개혁이 추진되었다.
⑤ 통감부가 설치되어 일본의 내정 간섭이 강화되었다.

6 (가) 단체에 대한 설명으로 옳은 것은?

주제 1. 애국 계몽 운동
• 주요 단체의 활동
– (가) : 대성 학교, 오산 학교 설립
만주에 독립운동 기지 건설

① 영은문이 있던 자리에 독립문을 건립하였다.
② 민족주의 세력과 사회주의 세력이 연대하였다.
③ 평양에서 시작된 물산 장려 운동을 주도하였다.
④ 공화정 체제의 근대 국가 수립을 목표로 하였다.
⑤ 일제의 황무지 개간권 요구 반대 운동을 펼쳤다.

7 다음 격문이 발표된 사건으로 옳은 것은?

우리 국모의 원수를 생각하며 이미 이를 갈았는데, 참혹한 일이 더하여 우리 부모에게서 받은 머리털을 풀 베듯이 베어 버리니 이 무슨 변고란 말인가. …… 이에 감히 의병을 일으키고 마침내 이 뜻을 세상에 포고하노니 …….

① 을사의병 ② 을미의병
③ 동학 농민 운동 ④ 강화도 조약 체결
⑤ 헤이그 특사 파견

8 다음 법령이 적용된 시기에 있었던 사실로 옳은 것은?

제1조 3개월 이하 징역 또는 구류에 처한 자는 그 정상에 따라 태형에 처할 수 있다.
제4조 본령에 의거해 태형에 처하거나 또는 벌금, 과료를 태형으로 바꿀 경우에는 1일 또는 1원을 태1로 계산한다.
제13조 본령은 조선인에 한해 적용한다.

① 화폐 정리 사업을 실시하였다.
② 국가 총동원법을 제정하여 발표하였다.
③ 임시 정부가 국민 대표 회의를 소집하였다.
④ 고종이 황제의 자리에서 강제로 퇴위당하였다.
⑤ 회사령을 실시하여 조선 기업의 활동을 억제하였다.

9 (가) 단체의 활동을 두 가지 서술하시오.

3·1 운동 이후 독립운동의 구심점이 필요하다는 문제 의식이 제기되어 각지에서 임시 정부가 수립되었다. 각지의 임시 정부는 (가) (으)로 통합되었다.

10 다음 사건들을 일어난 순서대로 옳게 나열한 것은?

(가) 2·8 독립 선언서를 발표하였다.
(나) 신간회 창립 총회가 개최되었다.
(다) 상하이에 대한민국 임시 정부가 수립되었다.
(라) 순종의 장례식을 이용하여 만세 운동이 일어났다.

① (가) – (나) – (다) – (라)
② (가) – (다) – (라) – (나)
③ (나) – (다) – (가) – (라)
④ (다) – (가) – (라) – (나)
⑤ (라) – (가) – (다) – (나)

대단원 마무리

서술형

11 다음 내용을 강령으로 삼은 단체의 특징을 서술하시오.

- 우리는 정치적·경제적 각성을 촉진함
- 우리는 단결을 공고히 함
- 우리는 기회주의를 일체 부인함

12 (가), (나) 시기 사이에 있었던 일로 옳지 않은 것은?

(가) 북로 군정서와 대한 독립군이 연합하여 청산리 지역에서 여러 차례 전투를 벌인 끝에 일본군을 크게 물리쳤다.
(나) 근거지를 옮겨 다니던 대한민국 임시 정부는 충칭에 정착하고 한국광복군을 창설하였다.

① 김원봉이 조선 의용대를 조직하였다.
② 만주로 돌아온 독립군은 3부를 결성하였다.
③ 일제 강점기 최대 규모의 만세 운동이 일어났다.
④ 일제는 간도 지역의 주민을 무차별 학살하였다.
⑤ 김구는 한인 애국단을 조직해 의열 투쟁에 나섰다.

13 다음 자료를 활용한 탐구 활동으로 가장 적절한 것은?

1932년 4월 윤봉길은 일본군의 상하이 사변 승전 기념식장에 폭탄을 던져 일본군 육군 대장을 비롯한 고위 관리를 처단하였다.

① 조선 혁명 선언이 작성된 과정을 이해한다.
② 서울 진공 작전이 실패한 원인을 분석한다.
③ 김구가 조직한 단체의 활동과 성과를 살펴본다.
④ 청산리 전투 이후 무장 투쟁의 변화를 파악한다.
⑤ 만주에서 한중 연합 작전이 전개된 배경을 알아본다.

14 (가) 인물에 대한 설명으로 옳은 것은?

역사 인물 카드

(가)

1. 1886년 경기도 양평 출생
2. 1919년 상하이 임시 정부 임시 의정원 의원
3. 1933 ~ 1936년 조선 중앙일보사 사장 역임
4. 1944년 조선 건국 동맹 위원장
5. 1947년 서울 혜화동 로터리에서 암살됨

① 제헌 국회에서 헌법 제정에 참여하였다.
② 조선 건국 준비 위원회 구성을 주도하였다.
③ 정읍 발언으로 단독 정부 수립을 주장하였다.
④ 통일 정부 수립을 위해 남북 협상에 참여하였다.
⑤ 조선 의용대를 이끌고 한국광복군에 합류하였다.

15 (가) 시기에 있었던 일로 옳은 것만을 〈보기〉에서 고른 것은?

모스크바 3국 외상 회의 결정문 발표	→	(가)	→	김구, 김규식이 남북 협상 진행

보기

ㄱ. 반민족 행위 처벌법이 제정되었다.
ㄴ. 조선 건국 준비 위원회가 결성되었다.
ㄷ. 신탁 통치에 대한 찬반 갈등이 확산되었다.
ㄹ. 이승만이 정읍 발언을 통해 단독 정부 수립을 주장하였다.

① ㄱ, ㄴ ② ㄱ, ㄷ ③ ㄴ, ㄷ
④ ㄴ, ㄹ ⑤ ㄷ, ㄹ

16 지도를 활용한 탐구 활동의 주제로 가장 적절한 것은?

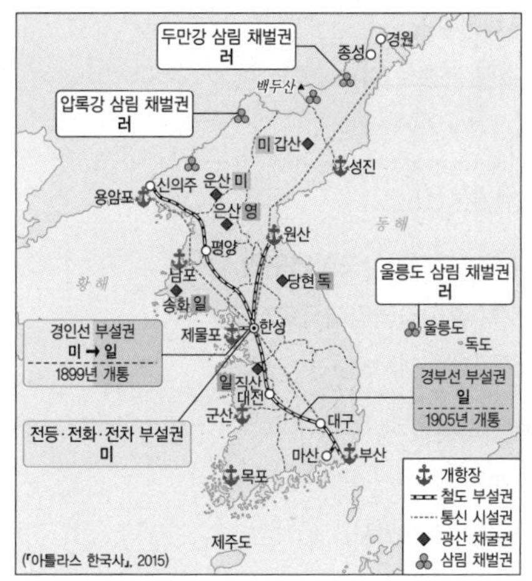

① 조선 후기 광산 개발
② 토지 조사 사업의 과정
③ 일제의 식민지 수탈 정책
④ 광복 이후 경제 개발 정책
⑤ 개항 이후 열강들의 이권 침탈

17 다음에서 설명하고 있는 정책으로 옳은 것은?

한국사 스피드 퀴즈

일제가 일본의 공업 원료를 확보하기 위해 남부 지방의 농민들에게 면화를, 북부 지방의 농민들에게는 양을 재배하게 한 경제 정책은?

① 남면북양 정책
② 토지 조사 사업
③ 산미 증식 계획
④ 병참 기지화 정책
⑤ 어업령, 삼림령 시행

서술형

18 이승만 정부가 정권을 유지하기 위해 한 일을 두 가지 서술하시오.

19 5·18 민주화 운동에 대한 설명으로 옳은 것은?

① 대통령이 하야하는 결과를 가져왔다.
② 유신 헌법의 공포에 반발하여 일어났다.
③ 대학교수단이 시국 선언문을 발표하고 시위를 벌였다.
④ 일본의 사과와 반성 없는 한일 협정 체결에 반대하였다.
⑤ 관련 기록물이 유네스코 세계 기록 유산으로 등재되었다.

20 (가) 정부에 대한 설명으로 옳은 것은?

(가) 정부는 고위 공직자의 재산 등록제, 금융 실명제를 시행하고 지방 자치제를 전면적으로 실시하였다. 또 '역사 바로 세우기'를 통해 전두환, 노태우 전 대통령을 반란 및 내란죄로 법정에 세웠다.

① 경의선을 복구하고 개성 공단을 설치하였다.
② 통일 주체 국민 회의에서 대통령이 선출되었다.
③ 최초로 남북한 이산가족 고향 방문이 이루어졌다.
④ 북방 외교를 추진하여 소련, 중국 등과 수교하였다.
⑤ 외환 위기로 국제 통화 기금에 자금 지원을 요청하였다.

21 (가), (나) 사건에 대한 설명으로 옳은 것은?

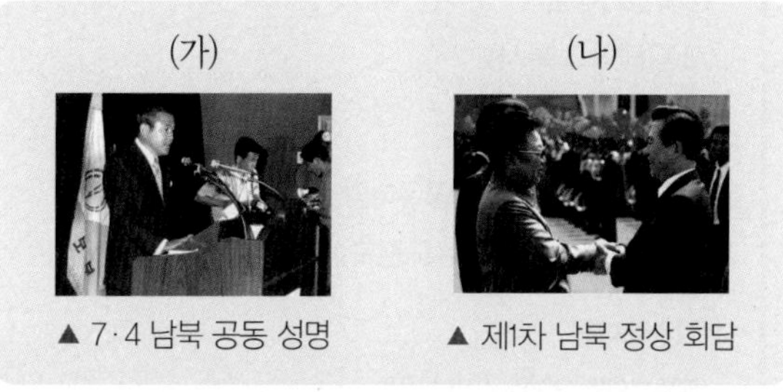

▲ 7·4 남북 공동 성명 ▲ 제1차 남북 정상 회담

① (가) – 남북한이 상호 불가침에 합의했다.
② (가) – 최초로 남북 정상 회담이 이루어졌다.
③ (나) – 냉전 체제가 완화되는 과정에서 이루어졌다.
④ (나) – 남북한이 통일 3대 원칙을 처음으로 합의하였다.
⑤ (가), (나) 사건 시기 사이에 남북 기본 합의서가 채택되었다.

출처

본문

ⓒ고려대학교박물관
34쪽(「야연사준도」)

ⓒ국가기록원
103쪽(남북 기본 합의서 체결)

ⓒ국립고궁박물관
20쪽(자격루)
20쪽, 24쪽, 33쪽(앙부일구)
60쪽(영조 어진)

ⓒ국립민속박물관
33쪽(「천상열차분야지도」)
46쪽, 50쪽, 60쪽(공명첩)

ⓒ국립중앙박물관
8쪽, 34쪽(호패)
9쪽, 12쪽(『경국대전』)
21쪽, 22쪽(『삼강행실도』)
21쪽, 23쪽(백자)
41쪽(마패)
46쪽(상평통보)
53쪽(청화백자)
55쪽, 59쪽, 63쪽(「호랑이와 까치」)
57쪽(「영통동구도」)
57쪽(「고사관수도」)

ⓒ국립진주박물관
21쪽, 23쪽(분청사기)

ⓒ대한민국신문아카데미
67쪽(독립신문)

ⓒ독립기념관
72쪽(헤이그 특사)
79쪽(윤봉길 의거)

ⓒ몽유도원도, 안견, 공유마당, CC BY
21쪽, 23쪽, 57쪽(「몽유도원도」)

ⓒ문화재청
15쪽, 18쪽, 32쪽(소수서원)
24쪽(측우기)
41쪽(규장각)
53쪽, 55쪽, 59쪽(「인왕제색도」)
53쪽, 57쪽(「금강전도」)
73쪽(척화비)

ⓒ민족문제연구소
87쪽(금속물 공출 기념)

ⓒ서문당
80쪽(한국광복군)

ⓒ서울대학교규장각한국학연구원
20쪽, 25쪽(「혼일강리역대국도지도」)
52쪽, 56쪽(「대동여지도」)

ⓒ서울역사박물관
8쪽(도성도)
82쪽(동양척식주식회사)

ⓒ연합뉴스
26쪽, 37쪽(아리타 자기)
83쪽, 85쪽(금모으기 운동)
103쪽, 107쪽(7 · 4 남북 공동 성명 발표)
103쪽, 107쪽(제1차 남북 정상 회담)

ⓒ이화여자대학교박물관
66쪽, 69쪽(군국기무처)

ⓒ풍속화첩_씨름, 김홍도, 공유마당, CC BY
55쪽, 59쪽(「씨름」)

ⓒ풍속화첩_타작, 김홍도, 공유마당, CC BY
57쪽(「벼타작」)

ⓒ한국학중앙연구원
41쪽, 43쪽, 61쪽(탕평비)

ⓒ혜원 전신첩_단오풍정, 신윤복, 공유마당, CC BY
55쪽(「단오풍정」)

ⓒ혜원 전신첩_월하정인, 신윤복, 공유마당, CC BY
55쪽(「월하정인」)

ⓒ홍범도 장군 기념 사업회
79쪽(홍범도)

ⓒ(사) 3 · 15 의거 기념 사업회
90쪽(4 · 19 혁명)

ⓒCPA Media Pte Ltd / Alamy Stock Photo
52쪽(「곤여만국전도」)

ⓒ KTV 국민방송
85쪽(100억 불 수출 달성 기념 현수막)

실전모의고사

ⓒ(사)3.15의거기념사업회
35쪽(4 · 19 혁명 당시 초등학생 시위)

ⓒCPA Media Pte Ltd / Alamy Stock Photo
22쪽(「곤여만국전도」)

ⓒ강화역사박물관
23쪽(「비변사 등록」)

ⓒ국가기록원
34쪽(새마을 운동)
39쪽(헌법 제정 기념 우표)

ⓒ국립고궁박물관
8쪽(앙부일구)

ⓒ국립민속박물관
18쪽(공명첩)

ⓒ국립중앙박물관
4쪽(「몽유도원도」)
8쪽, 26쪽(「호랑이와 까치」)
8쪽(「고사관수도」)
14쪽(「삼강행실도」)

ⓒ국립진주박물관
13쪽(분청사기)

ⓒ국사편찬위원회
21쪽(「조선 통신사 등성행렬도」)

ⓒ대한민국신문아카데미
30쪽(독립신문)

ⓒ독립기념관
28쪽(독립공채)
32쪽(국채 보상 운동 모금표)

ⓒ문화재청
8쪽(측우기)
8쪽, 26쪽(「인왕제색도」)
16쪽(규장각)

ⓒ민족문제연구소
39쪽(금속류 공출 기념)

ⓒ서울기록원
33쪽(일본군 '위안부')

ⓒ연합뉴스
34쪽(6 · 25 전쟁)
35쪽(5 · 10 총선거)
40쪽(박종철 추모 집회)
40쪽(6월 민주 항쟁)

ⓒ증권박물관
28쪽(독립 공채)

ⓒ풍속화첩_씨름, 김홍도, 공유마당, CC BY
8쪽, 22쪽, 26쪽(「씨름」)

ⓒ한국학중앙연구원
23쪽(탕평비)

ⓒ혜원 전신첩_단오풍정, 신윤복, 공유마당, CC BY
8쪽(「단오풍정」)

『그들이 본 한국 전쟁 1』 ⓒ눈빛아카이브
34쪽(6 · 25 전쟁 때 압록강을 건너는 중국군)

가뿐한 핵심 평가

ⓒ국립중앙박물관
17쪽(「호랑이와 까치」)
17쪽(「영통동구도」)

ⓒ풍속화첩_씨름, 김홍도, 공유마당, CC BY
17쪽(「씨름」)

ⓒ혜원 전신첩_단오풍정, 신윤복, 공유마당, CC BY
17쪽(「단오풍정」)

ⓒ문화재청
17쪽(「인왕제색도」)

MEMO

필독 중학 국어로 수능 잡기 시리즈

문학 – 비문학 독해 – 문법 – 교과서 시 – 교과서 소설

중학도 역시 EBS

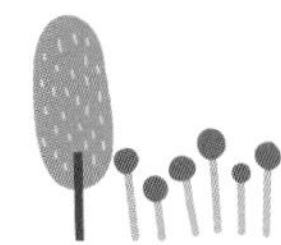

사뿐

실전모의고사

역사를 한 권으로
가뿐하게!

중학 역사
②-2

역사를 한 권으로
가뿐하게!

사뿐

실전모의고사

실전모의고사(1회)

1. 다음 사건 이후 상황으로 옳지 않은 것은?

> 명은 고려에 철령위 설치를 통보하였다. 이에 정부는 요동 정벌을 추진하였다. 그러나 군대를 이끌고 출전한 이성계는 결국 회군하였다.

① 호족을 사심관으로 임명하였다.
② 권문세족의 토지가 몰수되었다.
③ 신진 사대부의 경제적 기반이 마련되었다.
④ 이성계와 신진 사대부가 정치·군사적 권력을 장악하였다.
⑤ 온건 개혁파 신진 사대부와 급진 개혁파 신진 사대부의 갈등이 심화되었다.

2. 조선 초기 왕과 그 업적의 연결이 옳지 않은 것은?

① 태조 – 한양으로 천도하였다.
② 태종 – 사병을 혁파하였다.
③ 세종 – 집현전을 설치하였다.
④ 세조 – 집현전을 없애고 경연을 폐지하였다.
⑤ 성종 – 전시과를 실시하였다.

3. (가), (나), (다)에 들어갈 용어를 옳게 짝지은 것은?

> (가) 은/는 정치를 토론하고 모든 관리를 감찰하고 풍속을 바로 잡고 억울한 사정을 풀어주며 옳지 아니한 행위나 거짓된 행동을 단속하는 등의 일을 담당한다. …… (나) 은/는 임금의 결함을 간언하고 관리들의 잘못을 규탄하는 일을 담당한다. …… (다) 은/는 왕궁 서고에 보관된 도서를 관리하고 임금의 물음에 응한다.
> –『경국대전』–

	(가)	(나)	(다)
①	사간원	사헌부	홍문관
②	사간원	홍문관	사헌부
③	사헌부	사간원	홍문관
④	사헌부	홍문관	사간원
⑤	홍문관	사간원	사헌부

4. 지도와 같은 행정 구역이 운영된 시기의 사실로 옳은 것만을 〈보기〉에서 고른 것은?

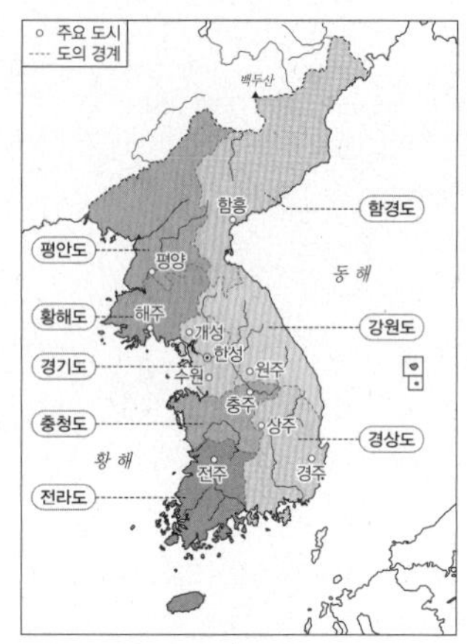

〈보기〉
ㄱ. 지방에서 호족이 성장하였다.
ㄴ. 각 도에 관찰사가 파견되었다.
ㄷ. 대부분의 군현에 수령이 파견되었다.
ㄹ. 중앙에서 파견된 향리가 행정 실무를 담당하였다.

① ㄱ, ㄴ ② ㄱ, ㄷ ③ ㄴ, ㄷ
④ ㄴ, ㄹ ⑤ ㄷ, ㄹ

5. 조선 전기의 군사 제도에 대한 설명으로 옳지 않은 것은?

① 각 도에 병영과 수영을 설치하였다.
② 중앙 군사 조직으로 2군 6위를 조직하였다.
③ 5위를 설치하여 궁궐과 한성을 수비하였다.
④ 각 도에 병마절도사와 수군절도사를 파견하였다.
⑤ 양인 남자가 일정 기간 군사 훈련을 받거나 국방 비용을 부담하였다.

6. 조선 전기의 대외 관계에 대한 설명으로 옳은 것은?

① 일본에 김종서를 파견하여 견제하였다.
② 최윤덕을 파견하여 6진 지역을 개척하였다.
③ 류큐, 시암, 자와 등 여러 지역과도 교류하였다.
④ 여진에게 3포를 개방하며 교린 정책을 실시하였다.
⑤ 명과는 조선 건국 이래로 친선 관계를 유지하였다.

7. 밑줄 친 '세력'으로 옳은 것은?

① 사림 ② 호족 ③ 훈구
④ 권문세족 ⑤ 신진 사대부

8. 다음을 계기로 발생한 사건으로 옳은 것은?

① 갑자사화 ② 기묘사화 ③ 무오사화
④ 을사사화 ⑤ 중종반정

9. (가) 시기에 있었던 사실로 옳은 것은?

김종직을 비롯한 사림이 정계에 진출하였다.	→	 (가)	→	조광조가 개혁 정치를 주도하였다.

① 칠정산이 편찬되었다.
② 경복궁을 건설하였다.
③ 훈민정음이 반포되었다.
④ 청이 조선을 침략하였다.
⑤ 연산군이 왕위에서 쫓겨났다.

10. (가)에 들어갈 용어로 적절한 것은?

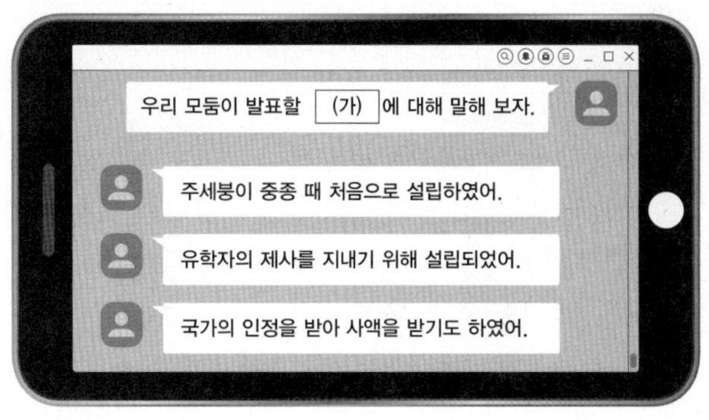

① 서당 ② 서원 ③ 향도
④ 향약 ⑤ 유향소

11. 붕당이 형성된 배경으로 옳은 것은?

① 훈구와 사림이 대립하였다.
② 소수의 가문이 정치를 주도하게 되었다.
③ 세조가 정변을 일으켜 왕위를 찬탈하였다.
④ 이조 전랑의 임명 문제로 사림 세력 내에서 갈등이 발생하였다.
⑤ 효종과 효종비 사후 자의 대비의 상복 착용 기간을 두고 논쟁이 발생하였다.

12. (가)에 들어갈 문화재로 옳은 것은?

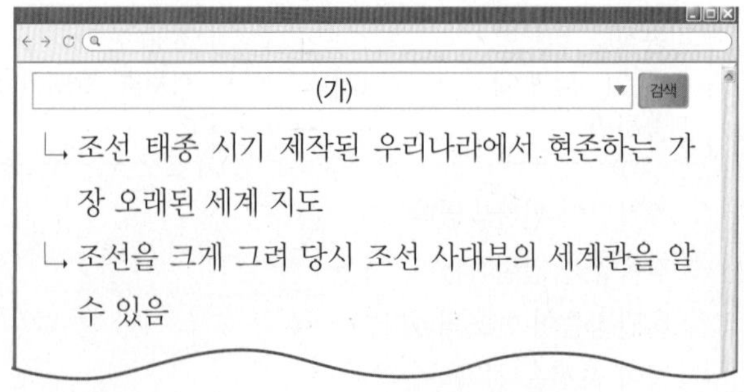

① 동국통감 ② 대동여지도
③ 동국여지승람 ④ 곤여만국전도
⑤ 혼일강리역대국도지도

13. (가)에 들어갈 내용으로 적절한 것을 〈보기〉에서 고른 것은?

〈 보기 〉
ㄱ. 경국대전을 편찬하였어.
ㄴ. 농사직설을 간행하였어.
ㄷ. 동의보감을 보급하였어.
ㄹ. 훈민정음을 반포하였어.

① ㄱ, ㄴ ② ㄱ, ㄷ ③ ㄴ, ㄷ
④ ㄴ, ㄹ ⑤ ㄷ, ㄹ

14. 조선 전기에 편찬된 서적과 설명이 옳게 연결된 것은?
① 용비어천가 – 우리나라 최초의 한문 소설
② 농사직설 – 한성(서울)을 기준으로 한 역법서
③ 국조오례의 – 국가 행사에 필요한 예법 정리
④ 의방유취 – 우리 풍토에 맞는 약재와 치료 방법 소개
⑤ 악학궤범 – 성종 때 완성된 법전으로 유교적 통치 체제 완성

15. 다음 그림에 대한 설명으로 옳은 것은?

① 전문 화원이 아닌 선비가 그렸다.
② 서민들의 일상생활을 표현하였다.
③ 금강산의 모습을 직접 보고 그렸다.
④ 서민들의 소망이 그림에 포함되어 있다.
⑤ 안평 대군이 꿈에서 본 이상 세계의 모습을 그렸다.

16. (가) 전쟁에 대한 설명으로 적절한 것은?

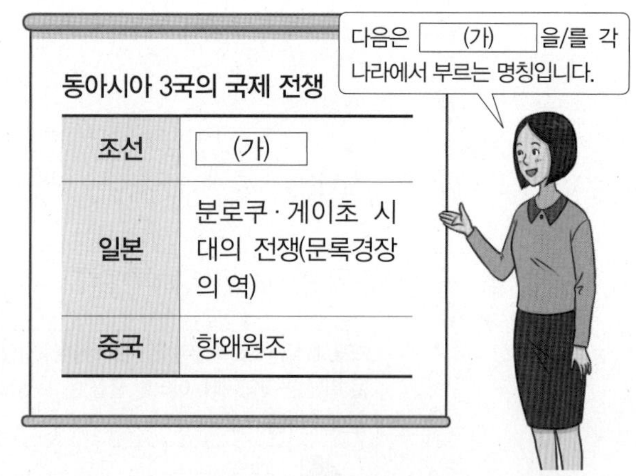

조선	(가)
일본	분로쿠 · 게이초 시대의 전쟁(문록경장의 역)
중국	항왜원조

① 전쟁 당시 인조가 강화도로 피신하였다.
② 전후에 명의 국력이 강화되는 배경이 되었다.
③ 전쟁 결과 인조가 삼전도에서 청과 화의를 맺었다.
④ 후금이 국호를 청으로 바꾸고 조선에 군신 관계를 요구하였다.
⑤ 명을 정벌하는 길을 빌려달라는 구실로 일본이 조선을 침략하였다.

17. 자료의 상황이 나타난 시기를 연표에서 옳게 고른 것은?

> 여러 도에서 의병이 일어났다. …… 마침내 도내의 거족, 명인이 유생 등과 함께 조정의 명을 받들어 창의하여 일어나니, 그것을 들은 자들이 격동하여 원근에서 모집에 응하였다. …… 호남의 고경명과 김천일, 영남의 곽재우와 정인홍, 호서의 조헌이 가장 먼저 의병을 일으켰다.
> – 『선조수정실록』 –

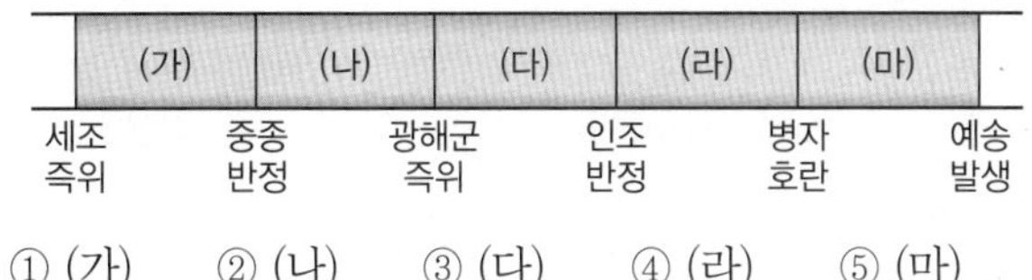

① (가) ② (나) ③ (다) ④ (라) ⑤ (마)

18. 임진왜란 이후의 동아시아 상황으로 옳지 않은 것은?

① 조선이 4군 6진을 설치하였다.
② 만주에서는 여진족이 일어나 명을 위협하였다.
③ 일본은 도쿠가와 이에야스가 에도 막부를 수립하였다.
④ 명은 후금과의 전쟁을 위해 조선에 병력 지원을 요청하였다.
⑤ 일본으로 끌려간 조선의 수많은 도공에 의해 일본의 도자기 문화가 크게 발전하였다.

19. 밑줄 친 '국왕'에 대한 설명으로 옳은 것만을 〈보기〉에서 고른 것은?

> 명에 대한 의리를 배반하고 동생을 죽이고 어머니를 폐위하였다는 것을 명분으로 국왕이 쫓겨나고 인조가 왕위에 올랐다.

〈보기〉

ㄱ. 6조 직계제를 시행하였다.
ㄴ. 서인과 함께 반정을 주도하였다.
ㄷ. 왜란 이후 복구 정책을 실시하였다.
ㄹ. 실리를 추구하는 중립 외교를 실시하였다.

① ㄱ, ㄴ ② ㄱ, ㄷ ③ ㄴ, ㄷ
④ ㄴ, ㄹ ⑤ ㄷ, ㄹ

20. (가)에 들어갈 내용으로 가장 적절한 것은?

> **〈한국사 정리 노트〉**
>
> 주제: (가)
>
> 내용
> • 청을 정벌하여 치욕을 씻고 명의 원수를 갚자는 움직임이다.
> • 효종은 성곽·무기 정비, 군대 양성 등을 추진하였다.

① 북벌의 추진 ② 서양 문물의 수용
③ 왜란의 전개 과정 ④ 실학 사상의 발전
⑤ 광해군의 외교 정책

서술형

21. (가) 왕이 누구인지 쓰고, (가)의 재위 시기 실시된 정책을 두 가지 이상 서술하시오.

> 조선의 (가) 은/는 호패법을 실시하여 16세 이상의 남자에게 호패를 발급하여 지니고 다니게 하였다.

서술형

22. 조선의 정치 기구 중 (가), (나), (다)의 기능을 각각 서술하시오.

> (가) 승정원 (나) 의금부 (다) 춘추관

실전모의고사(2회)

1. 왕권 강화를 위해 태종과 세조가 공통적으로 추진한 정책으로 옳은 것은?

① 경연을 실시하였다.
② 집현전을 폐지시켰다.
③ 6조의 권한을 약화시켰다.
④ 의정부의 권한을 약화시켰다.
⑤ 재상 중심의 정치를 확립하였다.

2. 다음 자료를 발표한 왕의 업적만을 〈보기〉에서 고른 것은?

> (우리) 나라의 말씀이 중국과 달라 문자와 서로 통하지 않는다. 이런 이유로, 백성이 말하고자 하는 바가 있어도 마침내 제 뜻을 펴지 못하는 사람이 많다. 내 이를 가엾게 여겨 새로 스물여덟 글자를 만드니 모든 사람들이 쉽게 익혀 날마다 씀에 편안하게 할 따름이니라.

〈 보기 〉
ㄱ. 집현전 설치　　ㄴ. 경복궁 건설
ㄷ. 직전법 실시　　ㄹ. 삼강행실도 편찬
ㅁ. 쓰시마섬 정벌

① ㄱ, ㄴ, ㄹ　② ㄱ, ㄷ, ㅁ　③ ㄱ, ㄹ, ㅁ
④ ㄴ, ㄹ, ㅁ　⑤ ㄷ, ㄹ, ㅁ

3. 다음 역사적 사실들을 시기순으로 옳게 나열한 것은?

> (가) 집현전을 설치하여 학문을 연구하였다.
> (나) 사병을 혁파하고 호패법을 시행하였다.
> (다) 직전법을 마련하여 현직 관리에게만 수조권을 주었다.
> (라) 경국대전을 완성하여 유교 중심의 중앙 집권적 통치 체제를 마련하였다.

① (가) – (나) – (다) – (라)
② (가) – (다) – (나) – (라)
③ (나) – (가) – (다) – (라)
④ (나) – (다) – (가) – (라)
⑤ (다) – (나) – (가) – (라)

4. (가) 직책에 대한 설명으로 옳은 것은?

① 양계 지역에 파견되었다.
② 향·부곡·소의 행정을 담당하였다.
③ 행정·사법·군사권 등을 행사하였다.
④ 6방으로 나뉘어 수령을 보좌하였다.
⑤ 지방 자치 기구로서 유교 질서를 보급하였다.

5. (가), (나)에 들어갈 내용으로 옳은 것은?

〈조선의 교린 정책 실시〉

	여진	일본
강경책	(가)	(나)
회유책	국경 지역에 무역소 설치	3포(제포, 부산포, 염포) 개방

① (가) – 4군 6진 지역 개척
② (가) – 동북 9성을 축조한 이후 돌려줌
③ (나) – 조선 통신사 파견
④ (나) – 청천강 이북의 강동 6주 확보
⑤ (가), (나) – 정기적인 조공 사절 파견

실전모의고사(2회)

6. (가), (나) 세력에 대한 설명으로 옳은 것은?

> (가) 세조의 집권을 도운 공신 세력이 정치적 실권을 장악한 이후 형성된 세력이다.
> (나) 고려 말 정몽주, 길재 등의 학통을 계승하여 지방에서 성리학 연구와 후학 양성에 힘쓰던 학자 출신의 세력이다.

① (가) - 향약 보급을 위해 노력하였다.
② (가) - 성종이 집권 세력 견제를 위해 등용하였다.
③ (나) - 한명회가 대표적인 인물이다.
④ (나) - 세력이 나뉘며 붕당이 형성되었다.
⑤ (가), (나) - 두 세력의 대립으로 환국이 발생하였다.

7. 밑줄 친 '개혁'의 내용으로 옳지 않은 것은?

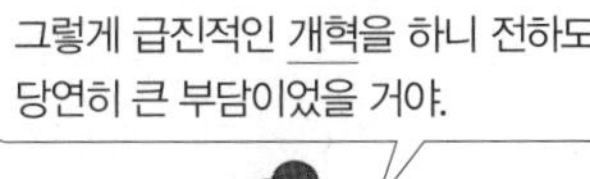

① 위훈을 삭제하였다.
② 소격서를 폐지하였다.
③ 현량과를 실행하였다.
④ 중종반정에 큰 공을 세웠다.
⑤ 왕도 정치의 실현을 주장하였다.

8. (가)에 해당하는 인물로 옳은 것은?

> (가) 은/는 조선의 학자로 선조에게 『성학십도』를 지어 올려 올바른 정치를 하도록 권하였고, 제자들이 동인 세력을 형성하였다.

① 이황 ② 이이 ③ 김종서
④ 김종직 ⑤ 조광조

9. (가) 교육 기관에 대한 설명으로 옳지 않은 것은?

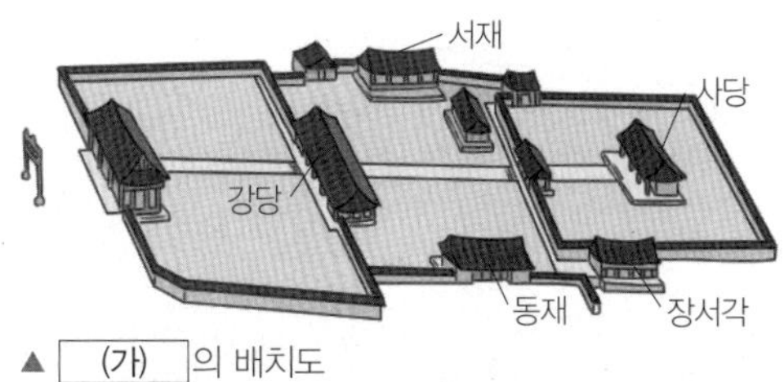

▲ (가) 의 배치도

① 유학자의 제사를 지냈다.
② 주세붕이 최초로 설립하였다.
③ 붕당의 근거지가 되기도 하였다.
④ 학문 연구 및 제자를 양성하였다.
⑤ 훈구 세력의 여론과 학파를 형성하였다.

10. 다음 논쟁의 결과로 옳은 것은?

① 비변사의 기능이 강화되었다.
② 사림 세력이 화를 입어 제거되었다.
③ 소론과 노론으로 붕당이 나뉘어졌다.
④ 사림이 동인과 서인으로 분화되었다.
⑤ 유력한 세도 가문이 권력을 독점하였다.

실전모의고사(2회)

11. (가) 붕당에 대한 설명으로 옳은 것만을 〈보기〉에서 고른 것은?

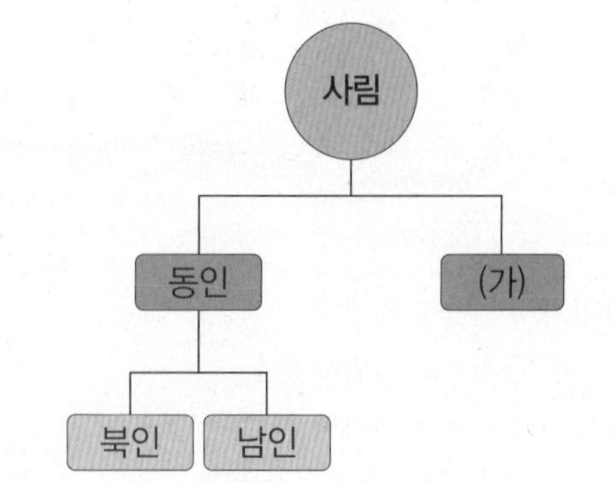

〈 보기 〉

ㄱ. 이황의 학문을 계승하였다.
ㄴ. 노론과 소론으로 분화되었다.
ㄷ. 인조반정을 통해 집권하였다.
ㄹ. 광해군 때 정치를 주도하였다.

① ㄱ, ㄴ ② ㄱ, ㄹ ③ ㄴ, ㄷ
④ ㄴ, ㄹ ⑤ ㄷ, ㄹ

12. (가) 서적에 대한 설명으로 옳은 것은?

> 우리나라 일관들은 역법과 천문으로 때를 맞추는 방법에 소홀한 지 오래되었다. 이에 왕께서는 역법과 천문의 책을 두루 연구하여서 신하들에게 대명력, 수시력, 회회력 등을 참고하여 (가) 을/를 편찬하도록 하였다.
> -『세종실록』-

① 우리 풍토에 맞는 농서이다.
② 우리나라에 현존하는 최고(最古) 세계 지도이다.
③ 우리 풍토에 맞는 약재와 치료법을 소개하였다.
④ 한성(서울)을 기준으로 천체 운동을 계산하여 만들었다.
⑤ 강우량을 측정할 수 있어 농사에 많은 도움이 되었다.

13. 다음 기구들의 공통점으로 옳은 것은?

① 천체 관측 기구이다.
② 세종 시기에 처음 제작되었다.
③ 전쟁에 대비하기 위해 만들어졌다.
④ 시간을 파악하는 용도로 사용되었다.
⑤ 향촌에서 유교 윤리 보급에 기여하였다.

14. (가)에 들어갈 그림으로 적절한 것은?

> **〈특별 기획전〉 조선 전기 회화 기획전**
>
> (가)
>
> 조선 전기 유교 윤리를 바탕으로 한 양반 중심의 문화를 엿볼 수 있는 조선 전기 회화 기획전이 열립니다. 많은 관람 바랍니다.
>
> 일시: 20△△년 △△월 ○○일
> 장소: ○○ 박물관

①
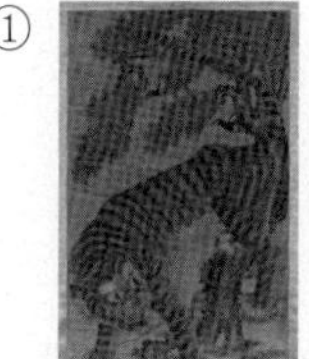

▲「호랑이와 까치」

②

▲「씨름」

③

▲「고사관수도」

④

▲「단오풍정」

⑤

▲「인왕제색도」

15. 조선 전기 문화에 대한 역사 신문을 제작할 때 기사의 제목으로 적절하지 않은 것은?

① 물을 이용해 시간을 알리는 자격루
② 조선의 의학 체계를 마련한 의방유취
③ 현존 최고의 금속 활자본, 직지심체요절
④ 별자리 관측 천문 지도, 천상열차분야지도
⑤ 안평 대군이 꿈에서 본 이상 세계, 몽유도원도

16. (가)에 들어갈 내용으로 적절한 것만을 〈보기〉에서 고른 것은?

〈보기〉
ㄱ. 왜군의 해상 보급로를 차단하였어요.
ㄴ. 주로 정식 훈련을 받은 군인들이었어요.
ㄷ. 유생, 농민, 승려 등 다양하게 구성되었어요.
ㄹ. 익숙한 지형을 이용하여 적은 병력으로도 일본군에게 큰 타격을 주었어요.

① ㄱ, ㄴ ② ㄱ, ㄹ ③ ㄴ, ㄷ
④ ㄴ, ㄹ ⑤ ㄷ, ㄹ

17. (가)에 들어갈 내용으로 적절한 것만을 〈보기〉에서 고른 것은?

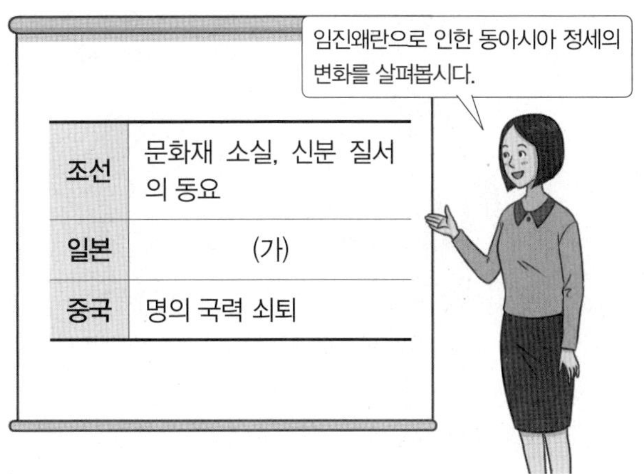

조선	문화재 소실, 신분 질서의 동요
일본	(가)
중국	명의 국력 쇠퇴

〈보기〉
ㄱ. 여진족이 성장하여 후금 건국
ㄴ. 도쿠가와 이에야스가 에도 막부 수립
ㄷ. 토지의 황폐화와 토지 대장과 호적 등 소실
ㄹ. 포로로 끌고 간 기술자·성리학자 등을 통한 문화 발전

① ㄱ, ㄴ ② ㄱ, ㄹ ③ ㄴ, ㄷ
④ ㄴ, ㄹ ⑤ ㄷ, ㄹ

18. (가)에 들어갈 사건으로 옳지 않은 것은?

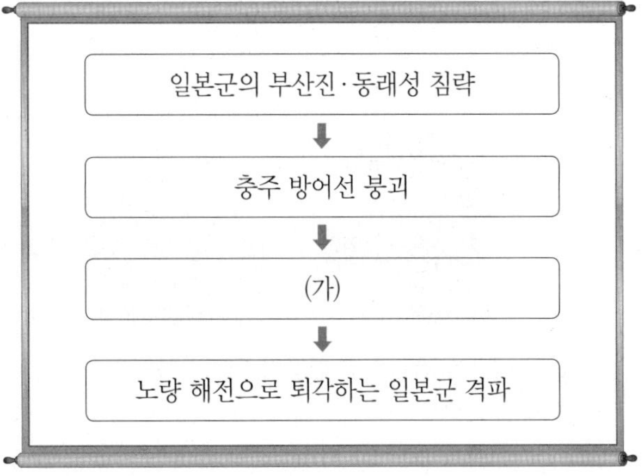

① 선조의 의주 피란
② 도요토미 히데요시 사망
③ 강홍립이 후금군에 항복
④ 조명 연합군의 평양성 탈환
⑤ 권율의 행주산성에서의 승리

정답과 해설 36~38쪽

19. 밑줄 친 '이 왕'에 대한 설명으로 옳은 것은?

① 호란 중 강화도로 피란을 갔다.
② 삼전도에서 굴욕 속에 청에 항복하였다.
③ 실리를 중시하는 외교 정책을 실시하였다.
④ 북벌 운동을 추진하여 군대를 양성하였다.
⑤ 조광조를 등용하여 개혁 정책을 추진하였다.

20. 다음 논쟁이 일어난 시기에 있었던 사실로 옳은 것은?

① 휴전 회담이 결렬되고 왜적이 재침입하였다.
② 왕이 남한산성으로 피신해 장기간 항전하였다.
③ 이순신 등 수군의 활약으로 서남해 제해권을 장악하였다.
④ 허준에게 명하여 동의보감을 편찬하고 민생을 안정시켰다.
⑤ 일본이 명을 정벌하는 길을 빌려달라는 구실로 조선을 침략하였다.

서술형

21. 조선 정부가 훈민정음을 보급하기 위해 실시한 정책을 세 가지 서술하시오.

서술형

22. 자료를 읽고 물음에 답하시오.

> (가) 오랑캐들의 노여움을 도발하여 마침내 백성이 도탄에 빠지고 종묘와 사직에 제사를 지내지 못하게 된다면 그 허물이 이보다 클 수 있겠습니까?
>
> – 최명길, 『지천집』 –
>
> (나) 중국(명)은 우리나라에 있어 곧 부모요, 오랑캐는 우리나라에 있어서 곧 부모의 원수입니다. …… 차라리 나라가 없어질지라도 의리를 저버릴 수 없습니다.
>
> – 『인조실록』 –

(1) 위 논쟁이 발생한 배경을 서술하시오.

(2) (가), (나) 주장의 내용을 각각 서술하시오.

Ⅳ. 조선의 성립과 발전

실전모의고사(3회)

1. 밑줄 친 '이 사람'으로 옳은 것은?

① 길재 ② 이색 ③ 이황
④ 정도전 ⑤ 정몽주

2. 조선 태종의 정책으로 옳은 것만을 〈보기〉에서 고른 것은?

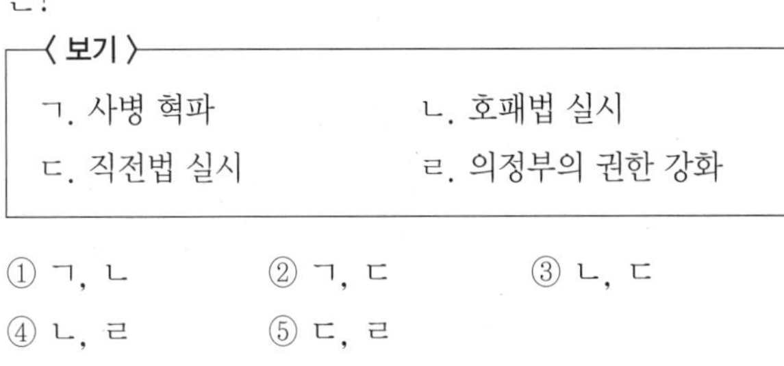
〈 보기 〉
ㄱ. 사병 혁파 ㄴ. 호패법 실시
ㄷ. 직전법 실시 ㄹ. 의정부의 권한 강화

① ㄱ, ㄴ ② ㄱ, ㄷ ③ ㄴ, ㄷ
④ ㄴ, ㄹ ⑤ ㄷ, ㄹ

3. 조선의 통치 제도에 대한 설명으로 옳은 것은?

① 춘추관은 국왕 비서 기구이다.
② 승정원은 국왕 직속 사법 기구이다.
③ 홍문관은 국왕의 자문을 담당하였다.
④ 6조에서 3정승이 합의하여 정책을 심의·결정하였다.
⑤ 3사는 사헌부, 사간원, 의금부로 언론 기능을 담당하였다.

4. 지도의 ◌ 표시된 지역을 개척한 왕에 대한 설명으로 옳은 것은?

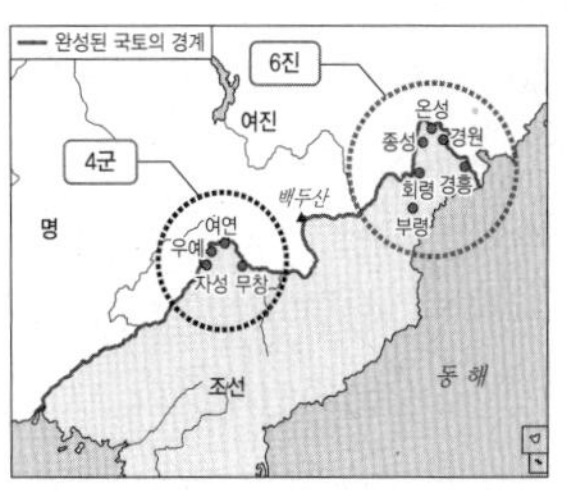

① 한양으로 천도하였다.
② 직전법을 시행하였다.
③ 경국대전을 완성하였다.
④ 훈민정음을 창제하였다.
⑤ 천상열차분야지도를 제작하였다.

5. (가)에 들어갈 내용으로 가장 적절한 것은?

① 향약을 실시하였어요.
② 성종 때 정계에 진출하였어요.
③ 중앙 집권 체제를 강조하였어요.
④ 지방에서 성리학 연구에 힘썼어요.
⑤ 정몽주와 길재의 학풍을 이어받았어요.

6. (가) 규약에 대한 설명으로 옳은 것은?

의 4대 덕목

좋은 일은 서로 권한다.
잘못된 것은 서로 규제한다.
예의 바른 풍속으로 서로 교제한다.
어려운 일은 서로 돕는다.

① 유학자의 제사를 지냈다.
② 예송 논쟁의 계기가 되었다.
③ 주세붕이 최초로 설립하였다.
④ 사림의 향촌 사회 주도권을 강화시켰다.
⑤ 학문을 연구하고 제자 양성을 실시하였다.

7. (가)에 들어갈 용어로 옳은 것은?

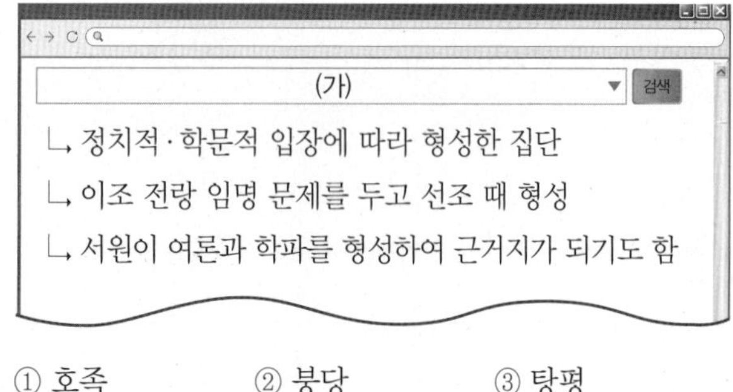

① 호족 ② 붕당 ③ 탕평
④ 훈구 ⑤ 예송

8. (가)에 들어갈 서적으로 옳은 것은?

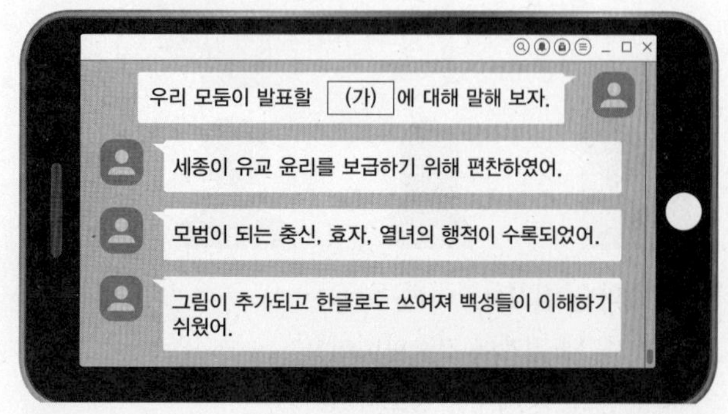

① 소학 ② 주자가례 ③ 국조오례의
④ 삼강행실도 ⑤ 용비어천가

9. (가), (나), (다)에 해당하는 서적을 옳게 짝지은 것은?

(가) 우리 풍토에 맞는 농법 소개
(나) 최초로 한성(서울)을 기준으로 만든 역법서
(다) 우리 풍토에 맞는 약재와 치료 방법 소개

	(가)	(나)	(다)
①	칠정산	농사직설	향약집성방
②	칠정산	향약집성방	농사직설
③	농사직설	칠정산	향약집성방
④	농사직설	향약집성방	칠정산
⑤	향약집성방	칠정산	농사직설

10. 조선 전기 유교 윤리 보급과 관련된 설명으로 적절하지 않은 것은?

① 족보 편찬을 금지시켰다.
② 종묘 제례를 실시하였다.
③ 소학, 주자가례를 보급하였다.
④ 국가에서 충신 · 효자 · 열녀를 표창하였다.
⑤ 성리학 중심의 사회 질서가 자리 잡는 데 성공하였다.

11. 조선 전기의 문화에 대한 설명으로 옳지 않은 것은?

① 서민 중심의 문화가 발달하였다.
② 최초의 한문 소설인 금오신화가 만들어졌다.
③ 선비의 지조를 나타내는 사군자화가 유행하였다.
④ 16세기 이후 깨끗하고 고상한 백자가 유행하였다.
⑤ 강희안은 선비의 정신세계를 표현한 고사관수도를 그렸다.

12. (가) 시기의 문화에 대한 설명으로 옳은 것은?

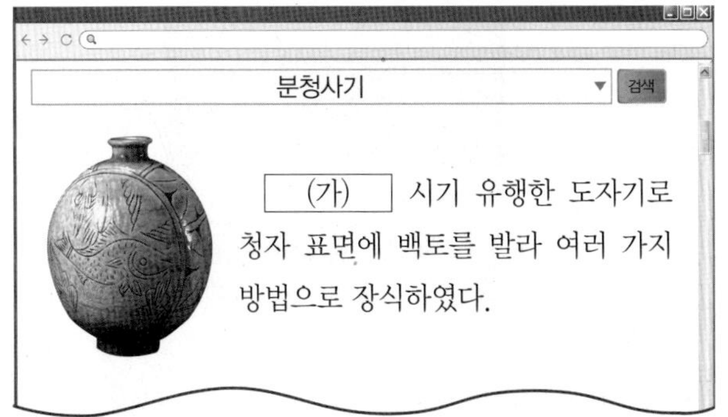

① 작가 미상의 민화가 유행하였다.
② 상감 기법으로 만든 청자가 유행하였다.
③ 궁중 음악인 종묘 제례악이 정리되었다.
④ 당시 생활상을 생동감 있게 표현한 풍속화가 유행하였다.
⑤ 우리 산천의 실제 모습을 사실적으로 그린 진경산수화가 유행하였다.

13. 지도의 상황이 나타난 배경으로 적절한 것만을 〈보기〉에서 고른 것은?

〈보기〉
ㄱ. 명의 쇠퇴를 틈타 여진족이 성장하였다.
ㄴ. 청이 조선에 형제 관계를 맺을 것을 요구하였다.
ㄷ. 도요토미 히데요시가 일본의 전국 시대를 통일하였다.
ㄹ. 조선에서 군역 제도의 문란으로 국방력이 약화되었다.

① ㄱ, ㄴ　② ㄱ, ㄹ　③ ㄴ, ㄷ　④ ㄴ, ㄹ　⑤ ㄷ, ㄹ

14. (가) 인물에 대한 설명으로 옳은 것만을 〈보기〉에서 고른 것은?

사진은 복원한 거북선으로 임진왜란 당시 (가) 이/가 이끄는 수군의 전투에서 크게 활약한 전선이다. 또한, (가) 은/는 지형지물을 이용한 전술을 이용하여 한산도 대첩, 옥포 해전 등에서 승리를 이끌었다.

〈보기〉
ㄱ. 노량 해전에서 전사하였다.
ㄴ. 명량 해전을 승리로 이끌었다.
ㄷ. 행주산성에서 일본군에 승리하였다.
ㄹ. 충주 방어선을 지키기 위해 맞서 싸웠다.

① ㄱ, ㄴ　② ㄱ, ㄷ　③ ㄴ, ㄷ　④ ㄴ, ㄹ　⑤ ㄷ, ㄹ

15. (가) 전쟁에 대한 학생의 발표로 적절하지 않은 것은?

다음은 (가) 시기 의병을 모으는 격문입니다.

섬 오랑캐가 쳐들어왔다. …… 충의란 마땅히 나라를 위해 죽는 것이니, 무기를 들고 군량을 모으며, 말에 올라타 앞장서 전쟁터로 달리자. 기꺼이 쟁기를 던지고 논밭에서 일어나 능력이 되는 데까지 오직 충의로 돌아가라. – 고경명, 『제봉집』 –

① 친명배금 정책으로 인해 발생한 전쟁입니다.
② 조명 연합군에 의해 평양성을 탈환하였습니다.
③ 퇴각하는 일본군을 노량 해전에서 격파하였습니다.
④ 권율 장군이 행주산성에서 일본군을 무찔렀습니다.
⑤ 김시민 목사가 진주 대첩에서 큰 승리를 거뒀습니다.

실전모의고사(3회)

정답과 해설 39~40쪽

16. (가) 인물에 대한 설명으로 옳은 것은?

역사 인물 카드

• 인물: (가)

• 활동: 후금의 침입을 받은 명이 조선에 구원군을 요청하자 광해군의 명으로 군대를 이끌고 출병하였다.

① 4군 6진을 개척하였다.
② 쓰시마섬을 정벌하였다.
③ 중종반정으로 권력을 잡았다.
④ 명이 후금에 패하자 후금에 항복하였다.
⑤ 일본군에 맞서 진주에서 크게 승리하였다.

17. 밑줄 친 '이 전쟁'에 대한 설명으로 옳은 것은?

이 비석은 삼전도비로, 이 전쟁이 끝난 이후 청 태종이 인조의 항복을 받고 자신의 공을 자랑하기 위해 세운 비석이다.

① 청이 군신 관계를 요구하였다.
② 인조가 전쟁을 피해 강화도로 피신하였다.
③ 조선의 중립 외교 정책에 반발하여 일어났다.
④ 화의를 통해 조선은 형제 관계를 수락하였다.
⑤ 여진이 성장하여 후금을 건국한 후 침략하였다.

서술형

18. 자료를 보고 물음에 답하시오.

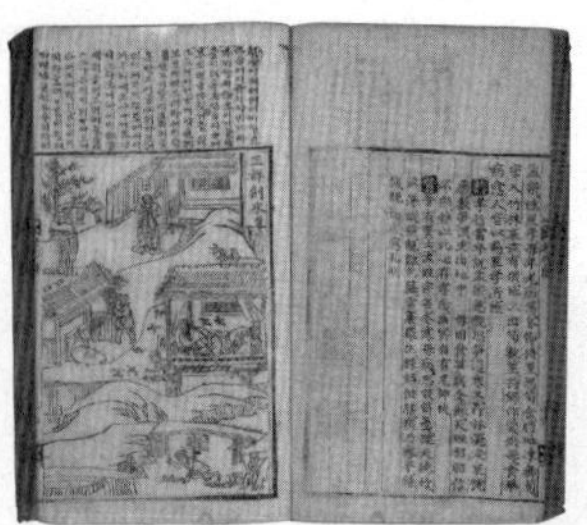

▲ 조선 전기에 편찬된 윤리서

(1) 위 책의 명칭을 쓰시오. ( )

(2) 위 책의 특징을 두 가지 쓰시오.

서술형

19. 자료에서 알 수 있는 향약의 보급 목적을 서술하시오.

〈이황의 예안 향약 처벌 조항〉

• 극벌에 처할 죄: 부모에게 불손한 자, 형제가 서로 싸우는 자, 마을 어른을 욕보이는 자

• 중벌에 처할 죄: 이웃과 화합하지 않는 자, 염치없이 선비의 품위를 더럽힌 자, 마을의 규약을 어긴 자

• 하벌에 처할 죄: 회의에 늦은 자, 좌중에서 떠들썩하게 다투는 자, 자리를 마음대로 바꾸는 자

실전모의고사(1회)

1. (가)에 들어갈 내용으로 적절한 것만을 〈보기〉에서 고른 것은?

〈 보기 〉
ㄱ. 의정부가 약해졌어요.
ㄴ. 5위 체제가 확립되었어요.
ㄷ. 6조의 기능이 축소되었어요.
ㄹ. 집현전이 없어지고 경연이 폐지되었어요.

① ㄱ, ㄴ　② ㄱ, ㄷ　③ ㄴ, ㄷ　④ ㄴ, ㄹ　⑤ ㄷ, ㄹ

2. 다음 대화에서 옳은 설명을 하는 학생만을 고른 것은?

갑: 양 난 이후 정부는 국가 재정을 확보하고 민생을 안정시키기 위해 조세 제도의 개혁을 추진했어.
을: 맞아, 토지세와 관련해서는 영정법을 실시해서 풍흉과 관계없이 토지 1결당 쌀 4~6두로 고정했어.
병: 토산물 대신 토지 1결당 쌀, 옷감, 동전 등을 징수하는 개혁도 추진했어.
정: 병의 말대로 실시한 조세 제도를 균역법이라고 해.
무: 그리고 군역에서의 개혁으로 공인이라는 상인이 등장하였어.

① 갑, 을, 병　② 갑, 병, 정　③ 을, 병, 무　④ 을, 정, 무　⑤ 병, 정, 무

3. 다음 대화에 나타난 논쟁에 대한 설명으로 옳은 것만을 〈보기〉에서 고른 것은?

〈 보기 〉
ㄱ. 의례를 둘러싼 논쟁이다.
ㄴ. 광해군 때 발생한 사건이다.
ㄷ. 동인이 남인과 북인으로 분화된 계기였다.
ㄹ. 1차 때는 서인, 2차 때는 남인의 주장이 받아들여졌다.

① ㄱ, ㄴ　② ㄱ, ㄹ　③ ㄴ, ㄷ　④ ㄴ, ㄹ　⑤ ㄷ, ㄹ

4. 다음 대화에 나타난 사건이 일어난 시기를 연표에서 옳게 고른 것은?

중종 반정	(가)	임진왜란	(나)	인조 반정	(다)	균역법 실시	(라)	장용영 설치	(마)	홍경래의 난

① (가)　② (나)　③ (다)　④ (라)　⑤ (마)

5. (가) 왕에 대한 설명으로 옳은 것은?

사진은 (가) 이/가 설치한 규장각이 있었던 창덕궁 주합루의 모습이다. 규장각은 왕실 도서관이면서 학문 및 정책을 연구하던 기관이다. 이덕무, 박제가 등이 규장각의 검서관으로 등용되었다.

① 군포를 1년에 1필로 줄였다.
② 청계천 정비 사업을 추진하였다.
③ 왕의 친위 부대인 장용영을 설치하였다.
④ 북벌을 실시하기 위해 성곽·무기를 수리하였다.
⑤ 왕권 강화를 위해 집권 붕당을 급격히 교체하였다.

6. (가)에 들어갈 용어로 옳은 것은?

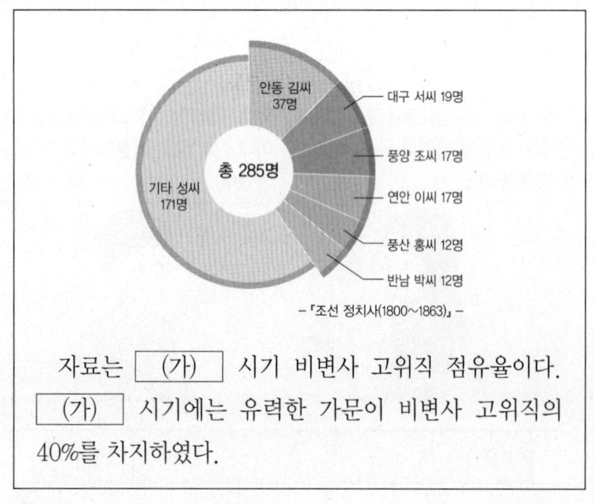

-「조선 정치사(1800~1863)」-

자료는 (가) 시기 비변사 고위직 점유율이다. (가) 시기에는 유력한 가문이 비변사 고위직의 40%를 차지하였다.

① 사화 ② 환국 ③ 세도 정치
④ 탕평 정치 ⑤ 붕당 형성

7. (가) 농사법이 전국으로 확대된 시기의 사실로 옳은 것은?

(가) 의 이로움이라는 것은 봄보리를 갈아먹고 물을 몰아 모내기를 하여 벼를 수확하니 1년에 두 번 농사지음이 그것이다. -「석천유집」-

① 신진 사대부가 등장하였다.
② 대다수의 농민이 부유해졌다.
③ 백운동 서원이 현판을 하사받았다.
④ 상평통보가 전국적으로 유통되었다.
⑤ 민간인에게 광산 채굴이 금지되었다.

8. 다음을 보고 나눈 대화의 내용으로 적절하지 않은 것은?

허생은 밤, 대추, 감, 배, 귤 등의 과일을 모두 두 배 값으로 사서 저장하였다. 허생이 과실을 몽땅 사들이자 온 나라가 잔치나 제사를 치르지 못하게 되었다. 그런지 얼마 안 되어서 두 배 값을 받은 장사꾼들이 도리어 열 배의 값을 (허생에게) 치렀다. - 박지원, 「허생전」-

① 매점매석 행위를 보여 주고 있어.
② 상업이 발달한 조선 후기의 작품이야.
③ 전국 곳곳에 장시가 형성된 시기였어.
④ 조선 후기에는 독점적 도매 상인인 도고가 있었어.
⑤ 조선 후기 정부가 상업을 억제하여 사상이 성장하지 못하였어.

9. 자료를 활용한 탐구 활동의 주제로 가장 적절한 것은?

양반이 가난하여 관곡을 갚을 수 없으므로 양반을 보전하기가 어렵게 되었으니, 내가 사서 가지겠다고 사사로이 의논하였다. …… 드디어 양반을 찾아가 관곡 갚기를 청하자 양반은 기뻐서 허락하였으며, 부자는 그 자리에서 관곡을 실어 보냈다. -「양반전」-

① 서원의 건립 ② 유교 윤리의 확산
③ 한글 소설의 발달 ④ 신진 사대부의 등장
⑤ 조선 후기 신분제의 동요

10. (가)에 들어갈 책으로 옳은 것은?

① 정감록 ② 택리지
③ 동국통감 ④ 목민심서
⑤ 용비어천가

11. 조선 후기에 유행한 종교와 사상에 대한 설명으로 옳은 것은?

① 국가의 주도로 불교가 성행하였다.
② 동학은 제사를 부정하여 정부의 탄압을 받았다.
③ 천주교는 인내천 사상을 중심으로 한 평등사상을 강조하였다.
④ 천주교는 우리나라에 신앙으로 알려지다 학문으로 전파되었다.
⑤ 백성들 사이에서 미륵 신앙과 같은 예언 사상이 널리 유행하였다.

12. (가) 기구에 대한 설명으로 적절하지 않은 것은?

〈 (가) 의 개혁안 〉

전정은 각종 부가세를 없애고 세금을 법대로 징수한다.
군정은 연령 규정을 엄격히 준수한다.
환곡을 없애고 토지 1결당 2냥씩 부과한다.

– 1862 –

① 세도 정치기에 설립된 기구이다.
② 개혁안을 제시했지만 큰 성과가 없었다.
③ 농민 봉기를 수습하기 위해 설치되었다.
④ 삼정의 폐단을 고치기 위해 만들어진 관청이다.
⑤ 기구 설치로 인해 평안도에 대한 차별이 완화되었다.

13. 다음 실학자들의 공통적인 주장으로 옳지 않은 것은?

박제가, 박지원, 유수원, 홍대용

① 상공업을 진흥해야 한다.
② 화폐의 유통을 억제해야 한다.
③ 청의 선진 문물을 수용해야 한다.
④ 기술 개발을 통한 부국강병을 이루어야 한다.
⑤ 각종 사회 문제를 해결하기 위해 개혁을 실시해야 한다.

14. (가), (나)를 주장한 인물에 대한 설명으로 옳은 것은?

(가) 마을을 단위로 공동 농장을 만들어 농민들이 함께 농사 짓고, 세금을 제한 나머지를 일한 만큼 나눠야 한다. –『경세유표』–
(나) 국가는 한 집의 생활에 맞추어 재산을 계산해서 영업전으로 정하여 주고, 그 토지는 매매하지 말아야 한다. –『곽우록』–

① (가) – 목민심서를 저술하였다.
② (나) – 열하일기를 저술하였다.
③ (나) – 화성을 건축하는 데 일조하였다.
④ (가), (나) – 북학파에 해당한다.
⑤ (가), (나) – 기묘사화로 정계에서 축출되었다.

15. (가)에 들어갈 내용으로 가장 적절한 것은?

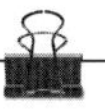

〈탐구 활동 보고서〉

• 주제: 조선 후기 국학의 발달
• 내용
– 「대동여지도」: 10리마다 방점 표시
– 『동사강목』: 고조선부터 고려 말까지 우리 역사 정리
– (가)

①『국조오례의』: 국가 행사의 의례 정리
②『칠정산』: 한성을 기준으로 계산한 역법서
③「동국지도」: 100리를 1척으로 축척하여 표시
④『향약집성방』: 우리 풍토에 맞는 약재와 치료 방법 소개
⑤『동국여지승람』: 조선의 지리와 문화 등을 정리한 지리지

실전모의고사(1회)

정답과 해설 41~42쪽

16. 조선 후기 과학 기술의 발달에 대한 설명으로 옳은 것은?

① 간의와 혼천의가 처음 제작되었다.
② 혼일강리역대국도지도가 만들어졌다.
③ 농법을 정리한 농사직설이 편찬되었다.
④ 천문도인 천상열차분야지도를 돌에 새겼다.
⑤ 김육 등이 청에서 사용되던 시헌력을 도입하였다.

17. (가)에 해당하는 사절단으로 옳은 것은?

> (가) 이/가 일본을 방문하면 일본 화가들이 앞다투어 달려와 그 모습을 그림으로 그릴 정도로 인기가 많았다. (가) 이/가 오면 일본에서는 조선에 대한 열기가 들끓고, 유행이 바뀔 정도였다. (가) 은/는 외교 사절의 역할뿐만 아니라 조선의 선진 문화를 전하는 역할도 하였다.

① 보빙사 ② 수신사 ③ 연행사
④ 통신사 ⑤ 영선사

18. 조선 후기 예술에 대한 설명으로 옳지 않은 것은?

① 민화가 유행하였다.
② 분청사기가 유행하였다.
③ 풍속화가 많이 그려졌다.
④ 진경산수화가 등장하였다.
⑤ 김정희가 추사체를 개발하였다.

서술형

19. 조선 후기 정부에서 다음 문서를 발행한 목적과 이로 인한 사회 변화를 서술하시오.

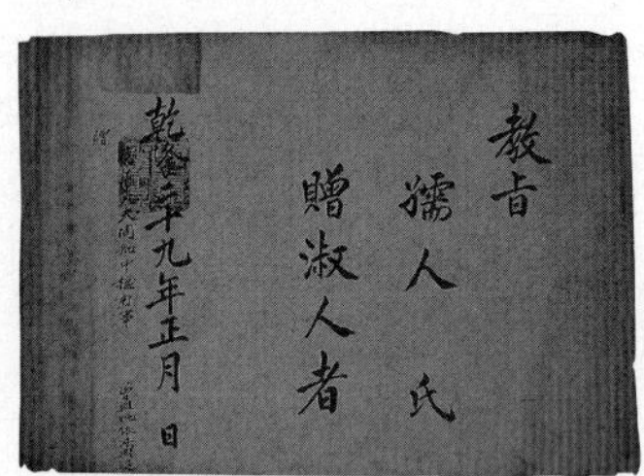

▲ 공명첩

서술형

20. 다음과 같은 작품이 나오게 된 사회적 배경을 두 가지 서술하시오.

> 두터비 파리를 물고 두엄 위에 올라 앉아
> 건넛산을 바라보니 흰 송골매가 떠 있구나
> 가슴이 섬뜩하여 풀떡 뛰어 도망가다가 두엄 아래 자빠졌구나
> 내 몸이 날래기 망정이지 멍들 뻔하였구나
>
> – 작자 미상, 『청구영언』 –

실전모의고사(2회)

1. (가)에 들어갈 통치 기구로 옳은 것은?

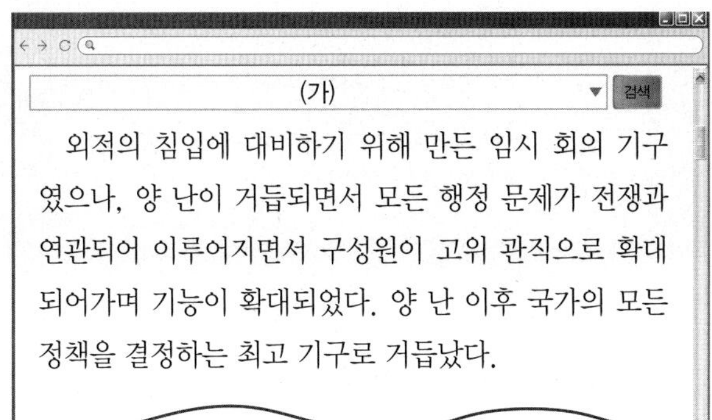

① 6조　② 비변사　③ 의정부
④ 훈련도감　⑤ 삼정이정청

2. 훈련도감에 대한 설명으로 옳은 것은?
① 속오군으로 구성되었다.
② 5위 중 하나의 군영이다.
③ 임진왜란 발발 이후 조직되었다.
④ 4군 6진을 개척할 때 활약하였다.
⑤ 북벌 운동을 추진하기 위해 설치되었다.

3. 붕당에 대한 설명으로 옳은 것만을 〈보기〉에서 고른 것은?

〈 보기 〉
ㄱ. 서인은 인조반정을 주도하였다.
ㄴ. 남인은 광해군 때 정권을 독점하였다.
ㄷ. 서인은 두 차례의 예송에서 승리하였다.
ㄹ. 서인과 남인은 숙종 때 세 차례의 환국을 겪었다.

① ㄱ, ㄴ　② ㄱ, ㄹ　③ ㄴ, ㄷ
④ ㄴ, ㄹ　⑤ ㄷ, ㄹ

4. 자료에 나타난 문제를 해결하기 위해 실시한 정책으로 옳은 것은?

> 붕당의 폐해가 요즈음보다 심한 적이 없다. 처음에는 학문의 문제에서 분쟁이 일어나더니, 이제는 한쪽 사람을 모두 역적으로 몰아붙이고 있다. …… 근래에 들어 인재를 등용할 때 같은 붕당의 사람들만 등용하고자 한다. …… 피차가 서로를 공격하여 공평무사한 언론을 막고 역적으로 지목하면 옥석이 구분되지 않을 것이다. …… 관리 임용을 담당하는 부서는 탕평의 정신을 받들어 사람들을 거두어 쓰라.
> –『영조실록』–

① 대동법을 시행하였다.
② 호패법을 시행하였다.
③ 경국대전을 편찬하였다.
④ 삼정이정청을 설치하였다.
⑤ 이조 전랑의 권한을 약화시켰다.

5. (가) 인물이 추진한 편찬 사업에 대한 설명으로 옳은 것은?

① 백과사전 형식의 동국문헌비고를 편찬하였다.
② 고려의 역사를 정리한 고려사절요를 편찬하였다.
③ 조선의 의학 체계를 마련한 의방유취를 편찬하였다.
④ 문물제도와 통치 규범을 정리하여 대전통편을 편찬하였다.
⑤ 각 지방의 연혁, 인물, 풍속 등을 기록한 동국여지승람을 편찬하였다.

6. 밑줄 친 '정치 형태'에 대한 설명으로 옳은 것은?

① 집권 붕당이 급격하게 바뀌었다.
② 집권 세력 외 소론, 남인도 등용하였다.
③ 여러 붕당이 서로 비판하며 공존하였다.
④ 예법 적용 문제로 서인과 남인이 대립하였다.
⑤ 소수의 유력한 가문이 정치 권력을 장악하였다.

7. 조선 후기 농촌 사회의 모습으로 적절하지 않은 것은?
① 쌀과 보리의 이모작이 가능해졌다.
② 모내기법이 전국적으로 보급되었다.
③ 담배 등의 상품 작물이 재배되었다.
④ 대다수의 농민들이 부농으로 성장하였다.
⑤ 양반 지주층과 일부 농민에게만 토지가 집중되었다.

8. 조선 후기 신분 제도에 대한 설명으로 옳지 않은 것은?
① 신분 질서가 흔들렸다.
② 잔반의 권력이 강화되었다.
③ 노비종모법의 시행으로 노비의 수가 줄어들었다.
④ 양반의 수가 증가하고 상민과 천민의 수가 줄었다.
⑤ 노비 신분을 벗어나기 위해 도망을 가는 사례가 많았다.

9. (가)에 들어갈 내용으로 적절한 것은?

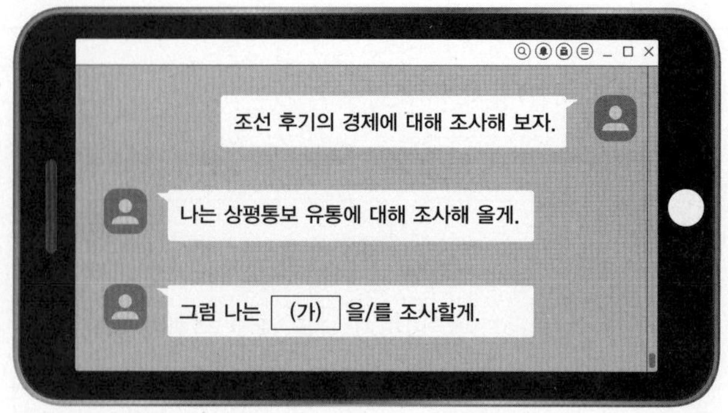

① 호패법 실시 목적
② 3포를 개방한 이유
③ 금난전권 폐지의 영향
④ 과전법과 직전법의 차이
⑤ 벽란도를 통한 국제 무역의 양상

10. (가)에 들어갈 내용으로 가장 적절한 것은?

> 조선 후기 대동법이 시행되면서 공인이 등장하였다. 정조 때는 금난전권의 폐지로 사상이 성장하였다. 그 결과
> (가)

① 상업이 발달하였다.
② 신분제가 동요되었다.
③ 광산 채굴이 금지되었다.
④ 농업 생산력이 증대되었다.
⑤ 노비 제도의 변화가 일어났다.

11. (가) 시기에 있었던 사실로 옳지 않은 것은?

정조의 죽음 → (가) → 고종의 즉위

① 공노비 해방 ② 균역법 마련
③ 삼정의 문란 ④ 홍경래의 난
⑤ 임술 농민 봉기

12. (가), (나)에 들어갈 사건으로 옳은 것은?

	(가)	(나)
원인	평안도 사람들에 대한 차별과 세도 정치의 폐단	세도 정권의 수탈 심화
전개	청천강 이북 지역을 장악했으나 관군의 진압으로 정주성에서 패배하였다.	진주 농민 봉기를 출발로 삼남 지방으로 확산되었다.

	(가)	(나)
①	이괄의 난	임술 농민 봉기
②	홍경래의 난	임술 농민 봉기
③	홍경래의 난	이괄의 난
④	임술 농민 봉기	홍경래의 난
⑤	임술 농민 봉기	이괄의 난

13. (가) 인물에 대한 설명으로 옳은 것은?

① 여전론을 주장하였다.
② 소비를 통한 생산 증대를 주장하였다.
③ 지구가 돈다는 지전설을 주장하였다.
④ 서얼 출신으로 규장각에 등용되었다.
⑤ 현량과의 실시를 중종에게 건의하였다.

14. 밑줄 친 '학문'에 대한 학생의 발표 내용으로 가장 적절한 것은?

> 양 난 이후 조선 사회에 나타난 사회 문제를 해결하기 위해 등장한 새로운 경향의 <u>학문</u>으로 사회 개혁론 등을 주장하였다. 대표적인 학자로는 이익, 박제가 등이 있다.

① 인내천 사상을 바탕으로 하였어요.
② 천주교와 서양 세력의 침투를 경계하는 성격을 가지고 있어요.
③ 크게 농업 중심 개혁론과 상공업 중심 개혁론으로 나뉘었어요.
④ 학문적 탐구 대상에서 18세기 후반에 이르러 신앙으로 받아들여졌어요.
⑤ 중국 중심 세계관에서 벗어나 새로운 세계관과 우주관 형성에 영향을 주었어요.

15. (가) 사절단에 대한 설명으로 옳은 것은?

그림은 일본에 파견된 사절단인 (가) 이/가 에도로 향하는 모습이다.

① 두 차례의 왜란 이후 파견되지 않았다.
② 무로마치 막부의 요청으로 파견하였다.
③ 문화적·경제적으로 다양하게 교류하였다.
④ 연경을 다녀오는 사신이라는 뜻을 가지고 있다.
⑤ 서양 선교사들과 교류하면서 서양 문물을 접하는 경우가 많았다.

16. 다음 그림에 대한 설명으로 옳은 것은?

① 선비들의 정신 세계를 그린 작품이다.
② 당시 생활상을 생동감 있게 표현하였다.
③ 이름을 알 수 없는 화가에 의해 제작되었다.
④ 우리 산천의 실제 모습을 사실적으로 그렸다.
⑤ 겸재 정선에 의해 독특한 화풍이 완성되었다.

17. (가)에 들어갈 내용으로 가장 적절한 것은?

① 조선의 자주성을 드러냅니다.
② 조선인의 세계관을 확대시켰습니다.
③ 일본을 통해 조선에 소개되었습니다.
④ 중국 중심 세계관이 반영되어 있습니다.
⑤ 성리학적 사상을 토대로 제작되었습니다.

18. 조선 후기의 가족 제도에 대한 설명으로 옳은 것만을 〈보기〉에서 고른 것은?

〈 보기 〉
ㄱ. 친영례가 일반적이었다.
ㄴ. 적장자가 제사를 주관하였다.
ㄷ. 재산은 남녀가 균등하게 상속되었다.
ㄹ. 모계 중심의 가족 제도가 강화되었다.

① ㄱ, ㄴ ② ㄱ, ㄷ ③ ㄴ, ㄷ
④ ㄴ, ㄹ ⑤ ㄷ, ㄹ

서술형
19. 밑줄 친 ㉠의 내용을 사례를 들어 서술하시오.

세도 정치기 정치 기강이 무너지면서 ㉠ 전정, 군정, 환곡의 삼정이 문란해졌다. 이에 고통받게 된 농민들은 세금 납부를 거부하거나 탐관오리를 비방하는 벽보를 붙여 불만을 표출하기도 하였다.

서술형
20. (가)에 들어갈 내용을 서술하시오.

조선 후기 부계를 중심으로 한 성리학적 생활 규범이 정착되면서 혼인 풍속도 변화하였다. 조선 중기까지는 혼인 후에 신랑이 신부 집에 가서 상당 기간 생활하였으나 조선 후기에는 (가)

서술형
21. 조선 후기 서민 문화가 발달하게 된 배경을 두 가지 서술하시오.

실전모의고사(3회)

1. (가) 기구에 대한 설명으로 옳은 것만을 〈보기〉에서 고른 것은?

(가) 에서 처리한 일을 작성한 책으로 다양한 국정에 관한 사항이 담겨 있어요. 이를 통해 조선 후기에는 (가) 에서 국정을 총괄하였음을 알 수 있습니다.

〈 보기 〉
ㄱ. 5군영 중 가장 먼저 설치되었다.
ㄴ. 원래 임시 회의 기구로 설치되었다.
ㄷ. 양 난을 거치면서 기능이 강화되었다.
ㄹ. 국정을 총괄함에 따라 의정부의 권한이 강화되었다.

① ㄱ, ㄴ ② ㄱ, ㄷ ③ ㄴ, ㄷ
④ ㄴ, ㄹ ⑤ ㄷ, ㄹ

2. 다음과 같은 변화를 가져온 조세 제도로 옳은 것은?

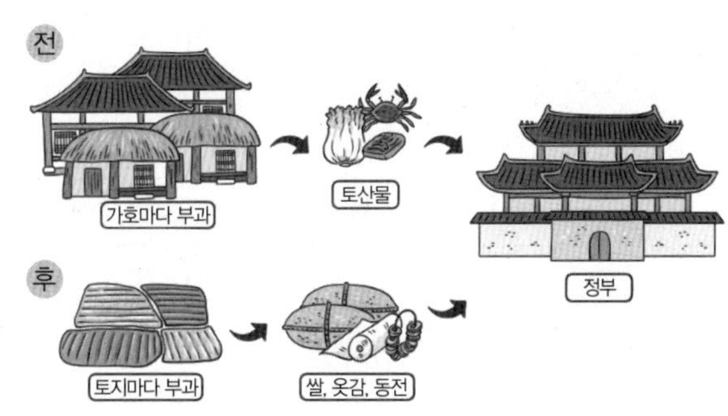

① 과전법 ② 균역법 ③ 대동법
④ 영정법 ⑤ 환곡(환정)

3. (가)에 대한 설명으로 옳은 것은?

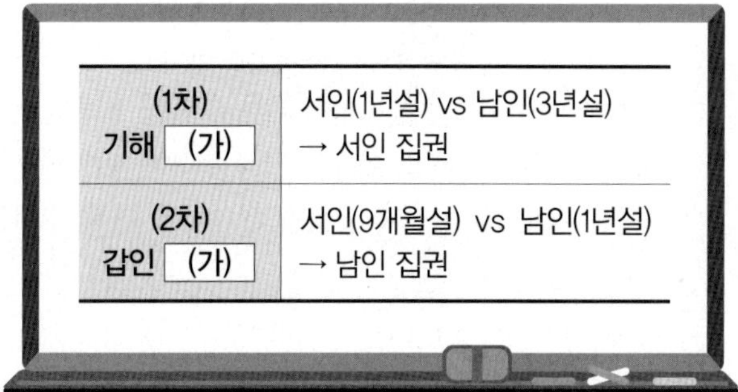

(1차) 기해 (가)	서인(1년설) vs 남인(3년설) → 서인 집권
(2차) 갑인 (가)	서인(9개월설) vs 남인(1년설) → 남인 집권

① 효종의 정통성을 둘러싼 문제이다.
② 훈구와 사림의 대립으로 발생하였다.
③ 붕당이 나타나게 된 계기가 된 사건이다.
④ 노론과 소론이 분화되는 계기가 된 사건이다.
⑤ 집권 붕당이 급격히 바뀌는 정치 상황을 나타내는 말이다.

4. (가) 왕이 실시한 정책으로 옳은 것은?

① 훈구 세력을 견제하기 위해 사림을 등용하였다.
② 붕당의 근거지로 변질된 서원을 대폭 정리하였다.
③ 집권 붕당의 급격한 교체로 왕권을 강화시키고자 하였다.
④ 왕의 친위 부대인 장용영을 설치하여 군사권을 장악하였다.
⑤ 규장각을 설치하여 정책 자문 기구로 삼고 인재를 양성하였다.

실전모의고사(3회)

5. 다음 정책에 대한 설명으로 옳은 것은?

육의전을 제외한 시전 상인의 금난전권을 폐지하였다.

① 광해군의 전후 복구 정책으로 실시되었다.
② 영조가 민생 안정을 위해 추진한 정책이다.
③ 중종이 훈구 세력을 견제하기 위해 추진한 정책이다.
④ 정조가 자유로운 상업 활동을 위해 추진한 정책이다.
⑤ 숙종이 붕당 간의 세력 균형을 유지하기 위해 추진한 정책이다.

6. 교사의 질문에 대한 답으로 옳은 것은?

① 사화　② 붕당 정치　③ 세도 정치
④ 탕평 정치　⑤ 환국 정치

7. 조선 후기의 사회·경제적 변화 모습으로 옳은 것만을 〈보기〉에서 고른 것은?

〈 보기 〉
ㄱ. 민간 수공업 쇠퇴　ㄴ. 전국에 장시 감소
ㄷ. 공인과 사상의 성장　ㄹ. 상평통보 전국적 유통

① ㄱ, ㄴ　② ㄱ, ㄷ　③ ㄴ, ㄷ
④ ㄴ, ㄹ　⑤ ㄷ, ㄹ

8. (가)에 들어갈 내용으로 적절한 것만을 〈보기〉에서 고른 것은?

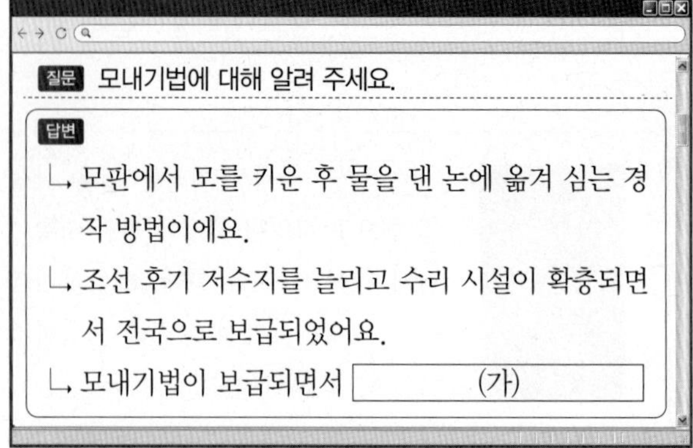

〈 보기 〉
ㄱ. 생산량이 증가하였어요.
ㄴ. 전시과가 도입되었어요.
ㄷ. 쌀과 보리의 이모작이 가능해졌어요.
ㄹ. 대다수의 농민이 부농으로 성장하였어요.

① ㄱ, ㄴ　② ㄱ, ㄷ　③ ㄴ, ㄷ
④ ㄴ, ㄹ　⑤ ㄷ, ㄹ

9. 자료에 나타난 시기의 모습으로 옳지 않은 것은?

> 근래 세상의 도리가 점점 교활해져서 부유한 백성들이 거의 모두 군역을 피하고자 도모하여 간사한 아전과 임장과 한통속이 되어 기어코 뇌물을 써서 호적에 농간을 부려 허위로 벼슬을 하지 않는 유생이라고 기록하고 …… 혹은 다른 고을로 피해 가서 스스로 양반처럼 행세하기도 하니, 호적이 분명하지 않아서 명분이 문란해진 것이 이보다 심한 경우가 없습니다. -『일성록』-

① 몰락한 양반들이 많아졌다.
② 공명첩과 납속책이 성행하였다.
③ 어머니에 따라 노비의 신분이 정해졌다.
④ 족보를 매입하여 신분을 상승시키기도 하였다.
⑤ 양반의 인구가 급증하여 잔반의 권력이 강해졌다.

10. 세도 정치기와 관련한 영상을 제작할 때 영상에 쓰일 장면으로 적절하지 않은 것은?

① 지주의 세금까지 내야 하는 소작농
② 정감록에 대해 이야기를 나누는 백성들
③ 족보를 구매하여 신분 상승을 꿈꾸는 농민
④ 돌아가신 아버지의 군포를 내라고 독촉하는 향리
⑤ 군포를 1년에 1필로 줄인 정책의 실시를 알리는 수령

11. (가), (나) 봉기에 대한 설명으로 옳은 것은?

> (가) 조정에서는 이곳(평안도)을 더러운 흙과 같이 여겨 노비들마저 이곳 사람을 평안도 놈이라고 일컫는다.
> (나) 임술년 2월 19일, 진주민 수만 명이 머리에 흰 수건을 두르고 손에는 몽둥이를 들고 무리를 지어 진주 읍내에 모여 향리들의 가옥 수십 호를 불사르고 부수어, 그 움직임이 결코 가볍지 않았다.

① (가)로 인해 삼정이정청이 설치되었다.
② (가)는 삼남 지방을 중심으로 확산되었다.
③ (나)는 지역 차별에 대한 불만으로 일어났다.
④ (나)는 진주 농민 봉기를 시작으로 확산되었다.
⑤ (나)는 관군의 진압으로 정주성에서 패배하였다.

12. 대화의 소재가 되고 있는 학문 경향으로 옳은 것은?

① 동학 ② 서학 ③ 실학
④ 성리학 ⑤ 천문학

13. 조선 후기 실학자에 대한 설명으로 옳은 것은?

① 유수원은 목민심서를 저술하였다.
② 박제가는 열하일기를 저술하였다.
③ 유형원은 직업의 평등을 주장하였다.
④ 박지원은 수레와 선박, 화폐의 사용 등을 주장하였다.
⑤ 이익은 토지 공동 소유·경작과 노동량에 따른 분배를 주장하였다.

14. 다음 서적들의 공통점으로 가장 적절한 것은?

> •『발해고』 •『택리지』 •『훈민정음운해』

① 중국 중심의 세계관을 지니고 있다.
② 연행사로 파견된 사신들에 의해 전해졌다.
③ 우리의 역사, 언어, 지리 등을 연구하였다.
④ 18세기 후반에 이르러 신앙으로 받아들여졌다.
⑤ 조선 후기 발생한 사회 문제를 해결하고자 하였다.

15. 조선 후기 사상과 학문에 관한 기사를 쓸 때 제목으로 적절한 것은?

① 제사를 부정하는 실학
② 신앙으로 수용된 국학
③ 인내천의 사상을 내세운 동학
④ 조선이 망하고 새 왕조가 들어선다는 성리학
⑤ 우리의 역사, 언어, 지리 등을 연구하는 서학

16. (가), (나)의 명칭이 옳게 짝지어진 것은?

	(가)	(나)
①	수신사	보빙사
②	수신사	영선사
③	통신사	연행사
④	영선사	통신사
⑤	조사 시찰단	연행사

17. 교사의 질문에 대한 학생의 답변으로 가장 적절한 것은?

① 풍속화에 속하는 작품이에요.
② 서민의 소박한 소망이 반영되었어요.
③ 중국 중심의 세계관이 잘 드러나요.
④ 당시 생활상을 생동감 있게 표현하였어요.
⑤ 우리나라 산천을 사실적으로 표현하였어요.

18. 조선 후기 문화의 특징으로 옳지 않은 것은?

① 양반을 조롱하는 내용의 탈놀이가 공연되었다.
② 삼강행실도, 국조오례의 등의 서적이 처음 편찬되었다.
③ 전통적인 시조의 형식에서 벗어난 사설시조가 유행하였다.
④ 까치, 호랑이, 소나무, 학 등 다양한 소재를 그린 민화가 유행하였다.
⑤ 장시, 포구 등과 같이 많은 사람이 모이는 곳에서 판소리가 공연되었다.

19. 다음 상황이 나타난 시기의 사회 모습으로 적절하지 않은 것은?

> 아비와 자식 사이의 정이라는 면에서 본다면 아들과 딸 사이에 차별이 있어서는 안 되겠지만 생전에 봉양할 방법이 없고 사후에 제사의 예마저 차리지 않는데 어찌 유독 재산만은 남자 형제와 균등하게 나누어 가질 수 있겠는가. 그러므로 딸들은 재산의 3분의 1만 나누어 갖도록 해라. -『부안 김씨 우반 고문서』-

① 친영 제도가 확산되었다.
② 아들이 없는 경우 양자를 들였다.
③ 양반 가문에서 족보 편찬이 성행하였다.
④ 적장자 중심의 제사와 상속이 이루어졌다.
⑤ 남녀 구별 없이 태어난 순서대로 족보에 기입하였다.

서술형

20. 다음 두 그림의 공통된 특징을 서술하시오.

실전모의고사(1회)

1. (가) 민족 운동에 대한 설명으로 옳은 것만을 〈보기〉에서 고른 것은?

> (가) 은/는 고종의 죽음을 계기로 조선 민족이 단결하여 자유와 독립을 찾으려고 수없이 죽어 가고, 일본 경찰에게 잡혀 가서 모진 고문을 당하면서 굴하지 않았던 숭고한 독립운동이었다. 그들은 이러한 이상을 위해 희생하고 순국하였다.
>
> – 네루가 자신의 딸에게 쓴 편지 –

〈보기〉

ㄱ. 민족 자결주의의 영향을 받았다.
ㄴ. 광주에서 시작되어 전국으로 확산되었다.
ㄷ. 국채 보상 운동이 일어나는 계기가 되었다.
ㄹ. 일제가 이른바 문화 통치를 실시하는 계기가 되었다.

① ㄱ, ㄴ ② ㄱ, ㄷ ③ ㄱ, ㄹ
④ ㄴ, ㄷ ⑤ ㄷ, ㄹ

2. (가), (나) 조약에 대한 설명으로 옳은 것은?

> (가) 제7관 일본국 국민은 본국에서 사용되는 화폐로 조선국 국민이 보유하고 있는 물자와 마음대로 교환할 수 있다. – 조일 수호 조규 부록 –
>
> (나) 제6칙 조선국 항구에 머무르는 일본인은 쌀과 잡곡을 수출입할 수 있다.
> 제7칙 무역을 위한 상선은 선박의 크기에 따라 정해진 항세를 납부해야 하며, 일본국 소속의 선박은 항세를 내지 않는다. – 조일 무역 규칙 –

① (가) – 양곡의 무제한 유출의 계기가 되었다.
② (가) – 청 상인이 내륙으로 진출할 수 있는 발판을 마련하였다.
③ (나) – 일본이 화폐 발행권을 차지하였다.
④ (나) – 쌀값이 폭등해 일부 지역에서 방곡령이 내려지는 배경이 되었다.
⑤ (가), (나) – 열강의 이권 침탈이 본격화된 아관 파천 이후에 체결되었다.

3. 다음 개혁이 추진된 시기를 연표에서 옳게 고른 것은?

> 김홍집 내각은 그동안 제기되었던 사회문제를 군국기무처에서 논의하였다. 그 결과 신분제가 폐지되고, 조세의 금납화 등의 개혁 조치가 단행되었다.

신미양요	(가)	강화도 조약	(나)	임오군란	(다)	갑신정변	(라)	을미사변	(마)	아관파천

① (가) ② (나) ③ (다) ④ (라) ⑤ (마)

4. (가) 단체에 대한 설명으로 옳은 것은?

> 고종이 환궁하고 대한 제국의 수립을 선포한 이후에도 열강의 이권 요구가 끊이지 않았다. 그러자 (가) 은/는 이러한 현실을 비판하면서 이권 수호 운동을 전개하여 러시아의 절영도 조차 요구를 저지하고 한러 은행을 폐쇄시켰다.

① 정변을 일으켜 개화당 정부를 세웠다.
② 해외 독립군 기지 건설을 위해 노력하였다.
③ 위정척사를 주장하며 의병 운동을 주도하였다.
④ 대한국 국제를 반포하여 황제권을 강화하였다.
⑤ 관민이 협력하여 국정을 운영하자는 헌의 6조를 채택하였다.

5. (가) 사업에 대한 설명으로 옳은 것은?

> 일본은 제1차 한일 협약을 조선과 강제로 체결한 후, 메가타를 재정 고문으로 파견하였다. 메가타는 (가) 을/를 추진하였다. 이로 인해 조선의 상공업자들이 경제적으로 크게 타격을 입었다.

① 방곡령을 시행하여 쌀 유출을 막고자 하였다.
② 백동화를 일본 제일 은행의 화폐로 바꾸게 하였다.
③ 일본 내의 식량 부족을 해결하기 위해 실시하였다.
④ 회사령을 실시하여 민족 기업의 성장을 억제하였다.
⑤ 국가의 채무를 갚고자 전 국민적 모금 운동을 실시하였다.

실전모의고사(1회)

6. 다음 법령이 시행된 시기에 있었던 사실로 옳은 것만을 〈보기〉에서 고른 것은?

> 제1조 조선 주둔 헌병은 치안 유지에 관한 경찰과 군사 경찰을 관장한다.
>
> ……
>
> 제3조 헌병 장교, 준사관, 하사, 상등병에게는 조선 총독이 정하는 바에 의하여 재직하면서 경찰관의 직무를 집행하게 한다.
>
> 제4조 경찰관의 직무를 집행하는 자가 그 경찰 사무에 관해 직권을 가진 상관의 명령을 받은 때에는 즉시 이를 복종하여 실행해야 한다.
>
> -『조선 총독부 관보』-

〈 보기 〉

ㄱ. 국가 총동원법이 제정되었다.
ㄴ. 남면북양 정책이 실시되었다.
ㄷ. 토지 조사 사업이 시행되었다.
ㄹ. 조선 총독이 행정권과 사법권을 장악하였다.

① ㄱ, ㄴ ② ㄱ, ㄷ ③ ㄱ, ㄹ
④ ㄴ, ㄷ ⑤ ㄷ, ㄹ

7. 교사의 질문에 대한 학생의 답변으로 가장 적절한 것은?

① 연통제를 조직하고 교통국을 설치하였어요.
② 헤이그 만국 평화 회의에 특사를 파견하였어요.
③ 해외 독립군 기지로 신흥 무관 학교를 세웠어요.
④ 광주 학생 운동을 전국적으로 확산시키려 하였어요.
⑤ 청산리와 봉오동에서 일본군과 싸워 크게 승리하였어요.

8. (가), (나) 시기 사이에 있었던 사실로 옳은 것은?

> (가) 순종의 인산일을 기해 추진된 만세 운동으로 전개 과정에서 학생들이 주도적인 역할을 담당하였다.
>
> (나) 한·일 학생 간의 충돌에서 비롯되어 광주에서 시작된 항일 운동으로 시위와 동맹 휴학이 전국에서 진행되었다.

① 화폐 정리 사업이 실시되었다.
② 대한민국 임시 정부가 수립되었다.
③ 안중근이 이토 히로부미를 처단하였다.
④ 신간회가 결성되어 창립 총회가 열렸다.
⑤ 함경도와 황해도에서 방곡령이 선포되었다.

9. (가) 단체에 대한 설명으로 옳은 것만을 〈보기〉에서 고른 것은?

> 일제가 만주를 점령하자(1931), 만주에서 활동하던 독립군 부대는 중국 관내로 이동하였다. 이후 중일 전쟁이 일어나자 김원봉은 (가) 을/를 조직하고 항일 투쟁을 전개하였다.

〈 보기 〉

ㄱ. 중국군과 함께 항일 투쟁을 벌였다.
ㄴ. 조선 혁명 선언을 활동 지침으로 삼았다.
ㄷ. 일부 세력들은 한국광복군에 편입되었다.
ㄹ. 청산리 지역에서 일본군을 크게 물리쳤다.

① ㄱ, ㄴ ② ㄱ, ㄷ ③ ㄱ, ㄹ
④ ㄴ, ㄷ ⑤ ㄷ, ㄹ

10. 다음 구호를 내세워 전개된 민족 운동에 대한 설명으로 옳은 것만을 〈보기〉에서 고른 것은?

> – 남이 만든 상품을 사지 말자, 사면 우리는 점점 못 살게 된다.
> – 조선 물산을 팔고 사자, 먹고 입고 쓰자.
> – 우리의 원료, 자본, 기술로 우리의 물품을 만들자.

〈 보기 〉

ㄱ. 통감부의 탄압으로 실패하였다.
ㄴ. 평양에서 시작되어 전국으로 확산되었다.
ㄷ. 민족 산업을 발전시켜 경제적 자립을 목표로 삼았다.
ㄹ. 대한매일신보 등 언론사의 적극적인 지원을 받았다.

① ㄱ, ㄴ ② ㄱ, ㄷ ③ ㄱ, ㄹ
④ ㄴ, ㄷ ⑤ ㄷ, ㄹ

11. (가) 지역에서 있었던 사실로 옳은 것은?

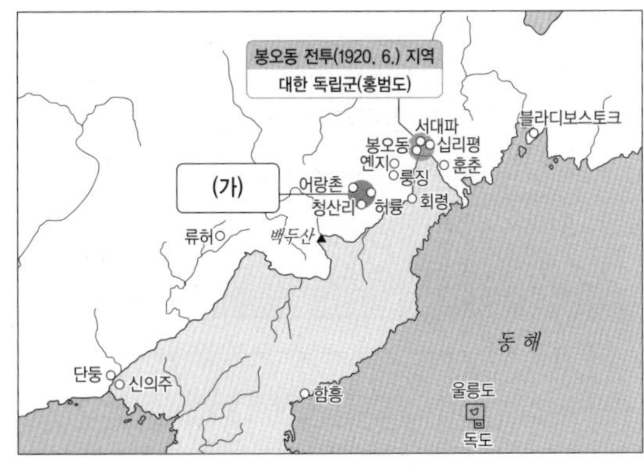

① 신민회가 결성되었다.
② 이토 히로부미가 피살되었다.
③ 북로 군정서군이 활약하였다.
④ 김원봉이 독립군 부대를 창설하였다.
⑤ 쌍성보·대전자령 전투가 전개되었다.

12. 다음과 같이 주장한 인물에 대한 설명으로 옳은 것은?

> 미소 공동 위원회가 결렬된 이후 다시 열릴 기미가 보이지 않습니다. 통일 정부가 수립되길 원했으나 뜻대로 되지 않으니, 우리 남한만이라도 임시 정부를 조직하고, 38도선 이북에서 소련이 물러가도록 세계에 호소해야 합니다!

① 남북 협상에 참여하였다.
② 조선 혁명 선언을 작성하였다.
③ 조선 건국 준비 위원회를 주도하였다.
④ 대한민국의 초대 대통령으로 선출되었다.
⑤ 모스크바 3국 외상 회의 결정을 지지하였다.

13. (가) 회의에 대한 설명으로 옳은 것은?

① 남한만의 단독 선거를 결정하였다.
② 독립운동의 방향성을 두고 개최되었다.
③ 신탁 통치 문제로 좌우 갈등을 일으켰다.
④ 통일 정부 수립을 위해 남북 협상을 벌였다.
⑤ 반민족 행위자를 처벌하기 위한 위원회의 조직으로 이어졌다.

14. 다음 헌법이 시행된 시기의 사실로 옳은 것만을 〈보기〉에서 고른 것은?

> 제39조
> 1) 대통령은 통일 주체 국민 회의에서 토론 없이 무기명 투표로 선거한다.
>
> ……
>
> 제40조
> 1) 통일 주체 국민 회의는 국회 의원 정수의 3분의 1에 해당하는 수의 국회 의원을 선거한다.

〈 보기 〉
ㄱ. 부마 민주 항쟁이 일어났다.
ㄴ. 부산에서 발췌 개헌이 이루어졌다.
ㄷ. 한일 협정에 반대하는 시위가 일어났다.
ㄹ. 긴급 조치를 발동하여 민주화 운동을 탄압하였다.

① ㄱ, ㄴ ② ㄱ, ㄷ ③ ㄱ, ㄹ
④ ㄴ, ㄷ ⑤ ㄷ, ㄹ

15. (가) 시기에 있었던 사실로 옳은 것은?

대한민국 정부 수립	→	(가)	→	사사오입 개헌

① 한일 협정이 체결되었다.
② 장면 내각이 수립되었다.
③ 대통령 직선제로 헌법이 개정되었다.
④ 조선 건국 준비 위원회가 결성되었다.
⑤ 모스크바 3국 외상 회의가 개최되었다.

16. 자료에 나타난 민주화 운동에 대한 탐구 활동으로 가장 적절한 것은?

> 우리는 왜 총을 들 수밖에 없었는가? 그 대답은 너무 간단합니다. 무자비한 만행을 더 이상 보고 있을 수만 없어서 너도 나도 총을 들고 나섰던 것입니다. …… 계엄 당국은 18일 오후부터 공수 부대를 대량 투입하여 시내 곳곳에서 학생, 젊은이들에게 무차별 살상을 자행하였으니!
> – 광주 시민의 궐기문(1980. 5. 25.) –

① 한일 협정을 추진한 배경을 분석한다.
② 대통령이 하야를 결정하는 과정을 파악한다.
③ 3·15 부정 선거의 편법과 실행 과정을 조사한다.
④ 4·13 호헌 조치에 시민들이 반발한 이유를 알아본다.
⑤ 신군부가 시민들을 폭도로 왜곡 보도한 이유를 살펴본다.

서술형

17. 다음 신문의 특징에 대해 서술하시오. (〈조건〉의 내용을 반드시 포함할 것)

독닙신문

〈 조건 〉
창간자, 역사적 의의

실전모의고사(2회)

1. 지도에 나타난 운동에 대한 설명으로 옳은 것만을 〈보기〉에서 고른 것은?

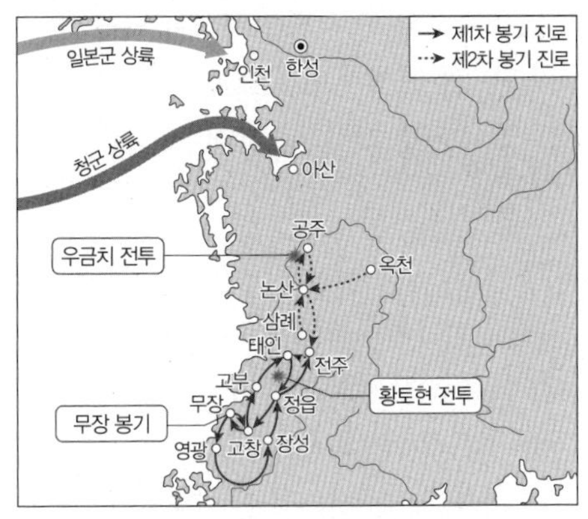

〈보기〉
ㄱ. 신분제 개혁을 요구하였다.
ㄴ. 입헌 군주제 실시를 주장하였다.
ㄷ. 개혁을 요구하며 전주 화약을 체결하였다.
ㄹ. 일본의 황무지 개간권 요구를 반대하였다.

① ㄱ, ㄴ ② ㄱ, ㄷ ③ ㄱ, ㄹ
④ ㄴ, ㄷ ⑤ ㄷ, ㄹ

2. 다음 법령을 발표한 국가에 대한 설명으로 옳은 것만을 〈보기〉에서 고른 것은?

제1조 대한국은 세계 만국에 공인된 자주독립 제국이다.
제2조 대한 제국의 정치는 만세토록 변하지 않을 전제 정치이다.
제3조 대한국 황제는 무한한 군주권을 지니고 있다.
-『고종실록』-

〈보기〉
ㄱ. 공화정을 지향하였다.
ㄴ. 군국기무처가 핵심 기관이었다.
ㄷ. 모든 권한을 황제에게 집중시켰다.
ㄹ. 구본신참의 원칙으로 개혁을 추진하였다.

① ㄱ, ㄴ ② ㄱ, ㄷ ③ ㄴ, ㄷ
④ ㄴ, ㄹ ⑤ ㄷ, ㄹ

3. 다음 사건들을 발생한 순서대로 옳게 나열한 것은?

(가) 정부와 농민군이 전주 화약을 체결하였다.
(나) 고종이 환구단에서 황제 즉위식을 거행하였다.
(다) 일본 군대와 낭인들이 경복궁에 난입하여 왕비를 시해하였다.
(라) 왕과 왕세자는 이른 아침에 궁녀의 가마를 타고 위장하여 러시아 공사관으로 처소를 옮겼다.

① (가) - (나) - (다) - (라)
② (가) - (다) - (라) - (나)
③ (나) - (다) - (가) - (라)
④ (다) - (가) - (라) - (나)
⑤ (라) - (가) - (다) - (나)

4. (가), (나) 조약에 대한 설명으로 옳은 것은?

(가) 제4관 조선은 부산 외에 두 곳의 항구를 개항하고 일본인이 와서 통상하도록 허가한다.
제7관 조선국 해안을 일본국 항해자가 자유로이 측량하도록 허가한다.
(나) 제3조 대일본 제국 정부는 그 대표자로 하여금 대한 제국 황제의 밑에 1명의 통감을 두되, 통감은 오직 외교에 관한 사항을 관리하기 위해 한성에 주재하고 친히 대한 제국 황제 폐하를 알현하는 권리를 가진다.

① (가) - 화폐 발행권을 일본에 넘기게 되었다.
② (가) - 의병 운동이 일어나는 배경이 되었다.
③ (나) - 일본 상인을 위한 영사 재판권을 명시하였다.
④ (나) - 고종이 헤이그 특사를 파견하는 배경이 되었다.
⑤ (가), (나) - 일제가 경찰권, 사법권을 박탈하고 맺었다.

5. (가) 운동에 대한 설명으로 옳은 것은?

〈탐구 활동 보고서〉

• 주제: (가) 운동
• 배경: 당시 국가 채무액이 약 1,300만 원에 달함
• 극복 노력: 자발적 모금 운동
 – 남성: 금주, 금연 등
 – 여성: 비녀, 가락지 등 판매
• 자료

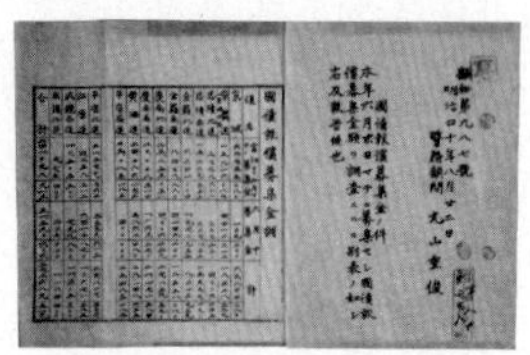

▲ 모금표

① 만민 공동회에서 결의되었다.
② 평양에서 시작되어 전국으로 확산되었다.
③ 일본이 강요한 차관을 갚기 위해 일어났다.
④ 재정 고문인 메가타가 주도하여 진행하였다.
⑤ 우리가 만든 것, 우리가 쓰자라는 구호를 외쳤다.

6. 다음 법령이 시행된 시기의 일제 통치 정책으로 옳은 것만을 〈보기〉에서 고른 것은?

제1조 회사 설립은 조선 총독의 허가를 받아야 한다.
제5조 회사가 본령 혹은 본령에 기초해 발표된 명령 및 허가의 조건을 위반하거나 또는 공공의 질서 및 선량한 풍속에 반하는 행위를 했을 때에는 조선 총독은 사업의 정지, 금지, 지점의 폐쇄 또는 회사의 해산을 명령할 수 있다.

〈 보기 〉
ㄱ. 조선 태형령이 시행되었다.
ㄴ. 화폐 정리 사업을 실시하였다.
ㄷ. 교사들에게 칼을 차고 제복을 입도록 하였다.
ㄹ. 신사 참배와 황국 신민 서사 암송을 강요하였다.

① ㄱ, ㄴ ② ㄱ, ㄷ ③ ㄴ, ㄷ
④ ㄴ, ㄹ ⑤ ㄷ, ㄹ

7. 다음 선언서가 작성된 배경으로 적절한 것만을 〈보기〉에서 고른 것은?

우리는 이에 우리 조선이 독립한 나라임과 조선 사람이 자주적인 민족임을 선언한다. 이로써 세계 만국에 알리어 인류 평등의 큰 도의를 분명히 하는 바이며, 이로써 자손만대에 깨우쳐 일러 민족의 독자적 생존의 정당한 권리를 영원히 누려 가지게 하는 바이다.

–「기미 독립 선언서」–

〈 보기 〉
ㄱ. 일제가 이른바 문화 통치를 실시하였다.
ㄴ. 대한민국 임시 정부가 독립운동을 전개하였다.
ㄷ. 도쿄 유학생들이 2·8 독립 선언서를 발표하였다.
ㄹ. 미국의 윌슨 대통령이 민족 자결주의 원칙을 제시하였다.

① ㄱ, ㄴ ② ㄱ, ㄷ ③ ㄴ, ㄷ
④ ㄴ, ㄹ ⑤ ㄷ, ㄹ

8. 다음 조약 체결에 저항하여 일어난 의병에 대한 설명으로 옳은 것은?

일본 정부는 한국과 타국 간에 현존하는 조약의 실행을 완수하는 임무를 담당하고 한국 정부는 지금부터 일본 정부의 중재를 거치지 않고서는 국제적 성질을 가진 어떤 조약이나 약속을 맺지 않을 것을 서로 약속한다.

① 서울 진공 작전을 전개하였다.
② 전봉준을 중심으로 봉기하였다.
③ 명성 황후 시해 사건의 계기가 되었다.
④ 해산된 군인의 합류로 전투력이 강화되었다.
⑤ 신돌석을 비롯한 평민 출신 의병장이 활약하였다.

9. (가)에 들어갈 내용으로 적절한 것은?

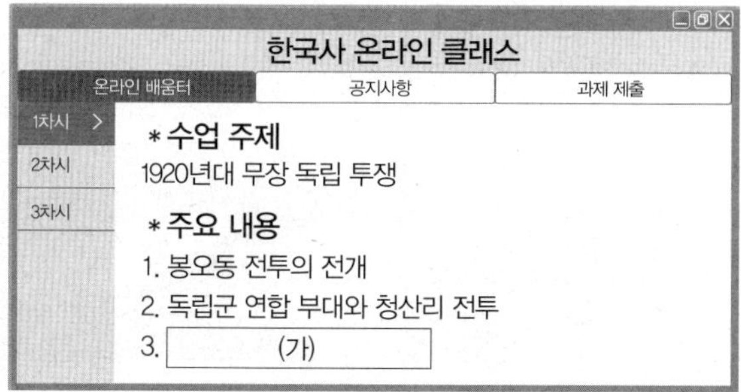

① 김구와 한인 애국단 활동
② 김원봉과 조선 의용대 조직
③ 해산 군인과 서울 진공 작전
④ 대한민국 임시 정부의 한국광복군 창설
⑤ 만주에서 수립된 참의부, 정의부, 신민부

10. 다음 민족 운동에 대한 설명으로 옳은 것은?

> 1926년 6월 10일 돈화문에서 홍릉까지 수많은 인파가 길가에 늘어선 가운데 순종의 장례 행렬이 단성사 앞에 이르렀다. 이때 중앙고보생 30~40명이 이선호의 선창으로 조선 독립 만세를 외치며 격문 1,000여 매를 살포하였다. 수백 명의 학생이 태극기를 흔들며 만세를 부르자 모여 있던 군중들도 이에 동조하였다. 서울 시내 여덟 곳에서 일어난 이날의 만세 시위로 210여 명의 학생이 검거되었다.

① 국산품 사용을 주장하였다.
② 광주에서 시작되어 전국으로 확산되었다.
③ 통감부의 감시와 탄압을 받아 해산되었다.
④ 대한민국 임시 정부 수립에 영향을 주었다.
⑤ 전개 과정에서 학생들이 주도적인 역할을 하였다.

11. (가)에 들어갈 내용으로 가장 적절한 것은?

> 일제 강점기 세상에 쓰이는 모든 조선말을 모으려는 말모이 작전이 펼쳐졌다. 전국 각지의 사람들은 자신이 쓰고 있는 말을 적어 보냈고, 이를 전달받은 조선어 학회는 각 지역에서 쓰이는 어휘를 비교 및 분석한 후 정리하였다. 이 사업은 일제의 탄압으로 위기를 겪었으나 ((가))하였고 해방 이후 결실을 맺었다.

① 우리말 큰 사전 편찬을 시도
② 민립 대학 설립 운동을 전개
③ 대한민국 임시 정부를 수립
④ 민족 협동 전선 단체를 결성
⑤ 조선 건국 준비 위원회가 성립

12. 밑줄 친 '이 시기'의 사실로 옳은 것은?

① 토지 조사 사업이 실시되었다.
② 한국인에 한해 태형이 적용되었다.
③ 토지 소유자에게 지계가 발급되었다.
④ 허가제에 기초한 회사령이 실시되었다.
⑤ 국가 총동원법에 근거한 물자 수탈이 이루어졌다.

13. (가) 부대에 대한 설명으로 옳은 것은?

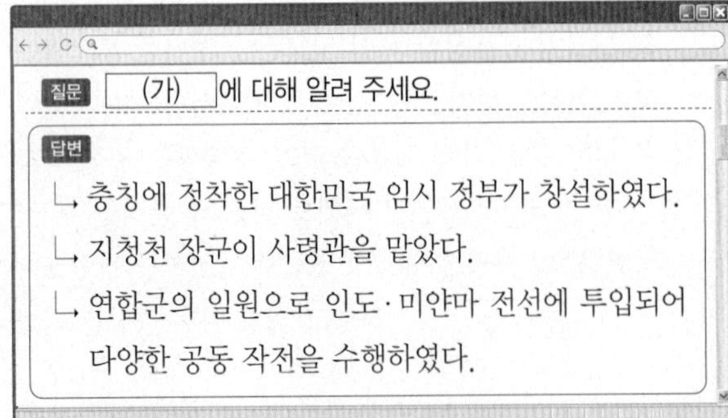

① 쌍성보·대전자령 전투에서 승리하였다.
② 봉오동 전투와 청산리 전투에 참여하였다.
③ 옌안 지역에서 조선 독립 동맹을 결성하였다.
④ 미국과 합동으로 국내 진공 작전을 준비하였다.
⑤ 중국 관내에서 조직된 최초의 독립군 부대이다.

15. (가), (나) 시기 사이에 있었던 사실로 옳은 것만을 〈보기〉에서 고른 것은?

▲ 전쟁 발발과 북한의 서울 점령
▲ 중국군의 참전

〈 보기 〉

ㄱ. 정전 협정이 체결되었다.
ㄴ. 미국이 애치슨 선언을 발표하였다.
ㄷ. 국군은 낙동강 유역까지 후퇴하였다.
ㄹ. 인천 상륙 작전을 통해 서울이 수복되었다.

① ㄱ, ㄴ ② ㄱ, ㄷ ③ ㄴ, ㄷ
④ ㄴ, ㄹ ⑤ ㄷ, ㄹ

14. (가)에 들어갈 내용으로 옳은 것은?

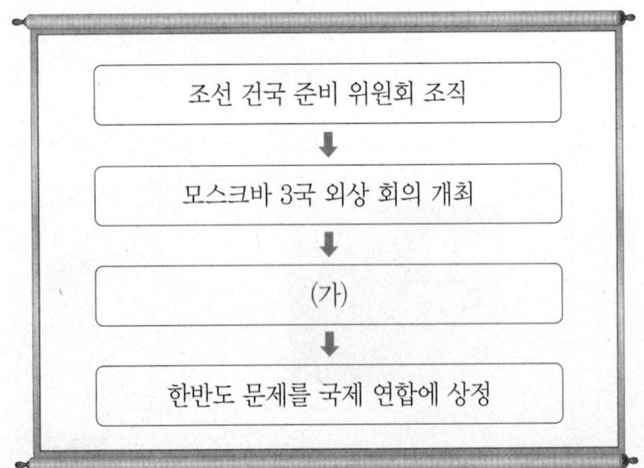

① 제헌 국회 구성
② 이승만이 대통령으로 선출
③ 반민족 행위 처벌법을 제정
④ 김구와 김규식이 남북 협상 추진
⑤ 통일 정부 수립을 위한 좌우 합작 운동 전개

16. (가) 정부 시기에 일어난 사실로 옳지 않은 것은?

① 경부 고속 국도가 완공되었다.
② 전태일 분신 사건이 발생하였다.
③ 미국의 요청으로 베트남에 국군이 파병되었다.
④ 저금리, 저유가, 저달러의 3저 호황이 나타났다.
⑤ 한·일 국교 정상화로 경제 개발 자금이 확보되었다.

실전모의고사(2회)

17. 다음 선거에 대한 설명으로 옳은 것은?

5·10 총선거 투표소에서 투표하고 있는 사람들의 모습이다. 우리 역사상 최초의 민주 선거로, 95.5%라는 높은 투표율을 기록하였다.

① 대통령을 국민의 직접 투표로 선출하였다.
② 국회 의원 선출을 위한 총선거가 실시되었다.
③ 부정 선거가 실시되어 4·19 혁명이 일어났다.
④ 내각 책임제와 양원제 형태의 헌법을 제정하였다.
⑤ 남한과 북한에서 동시에 실시된 최초의 선거였다.

18. 밑줄 친 '시위' 당시에 볼 수 있는 모습으로 적절한 것은?

아침 하늘이 밝아 오면 달음박질 소리가 들려옵니다. 저녁놀이 사라질 때면 탕 탕 탕 탕 총소리가 들려옵니다. 아침 하늘과 저녁놀을 오빠와 언니들은 피로 물들였어요. 오빠와 언니들은 책가방을 안고서 왜 총에 맞았나요?

▲ 경찰의 무차별 사격에 친구를 잃은 수송 초등학교 학생의 시위

– 시위에 대한 강명희 학생의 글 –

① 베트남으로 파병되는 군인
② 신군부 퇴진을 요구하는 광주 시민
③ 박종철 사망 사건에 분노하는 대학생
④ 대통령의 긴급 조치 발동으로 구속되는 정치인
⑤ 시국 선언문을 낭독하고 거리로 나온 대학교수단

19. (가) 정부에 대한 설명으로 옳은 것은?

한국사 온라인 클래스

온라인 배움터 | 공지사항 | 과제 제출

1차시 > / 2차시 / 3차시

- 수업 주제: (가) 정부의 이해
- 주요 정책 내용
  1. 구조 조정 등으로 외환 위기 극복 노력
  2. 금강산 관광 등으로 대북 화해 협력 정책
  3. 6·15 남북 공동 선언 발표

① 3저 호황이 나타나 경제적으로 성장하였다.
② 긴급 조치권을 통해 반대 세력을 탄압하였다.
③ 최초로 평화적 여야 정권 교체가 이루어졌다.
④ 제1, 2차 경제 개발 계획을 수립하고 실행하였다.
⑤ 최초로 남북 이산가족의 고향 방문이 이루어졌다.

서술형

20. 자료를 읽고 물음에 답하시오.

> 유구한 역사와 전통에 빛나는 우리들 대한 국민은 기미 3·1 운동으로 대한민국을 건립하여 세계에 선포한 위대한 독립 정신을 계승하여 …… 자유로이 선거된 대표로써 구성된 국회에서 단기 4281년(1948년) 7월 12일 이 헌법을 제정한다.
> **제1조** 대한민국은 민주 공화국이다.
> **제2조** 대한민국의 주권은 국민에게 있고 모든 권력은 국민으로부터 나온다.

(1) 위 법령을 제정한 국회를 쓰시오.

( )

(2) (1)의 국회에서 한 일을 세 가지 서술하시오.

실전모의고사(3회)

1. 다음 조약에 대한 설명으로 옳지 않은 것은?

> 제1관 조선은 자주국이며, 일본과 대등한 권리를 가진다.
> 제4관 조선은 부산 외에 두 곳의 항구를 개항하고 일본인이 와서 통상하도록 허가한다.
> 제7관 조선국 해안을 일본국 항해자가 자유로이 측량하도록 허가한다.
> 제10관 일본국 인민이 조선국 항구에서 죄를 지은 사건은 모두 일본국 관원이 심판한다.

① 정치·경제·군사적 침략의 목적이 있었다.
② 우리나라 최초의 근대적 불평등 조약이다.
③ 조선에 대한 청의 간섭을 배제하려 하였다.
④ 해상권을 장악하고 독도를 차지하기 위한 조약이었다.
⑤ 일본 상인을 보호하기 위해 영사 재판권을 허용하였다.

2. 밑줄 친 '이 운동'을 주제로 한 탐구 활동으로 가장 적절한 것은?

① 헌의 6조가 담고 있는 의미를 분석한다.
② 갑신정변의 개혁 정강의 내용을 분석한다.
③ 대한국 국제의 역사적 의미에 대해 이해한다.
④ 폐정 개혁안과 전주 화약의 내용을 비교해 본다.
⑤ 구식 군인들이 차별 대우에 반발한 이유를 알아본다.

3. (가)에 들어갈 사건의 결과로 옳은 것은?

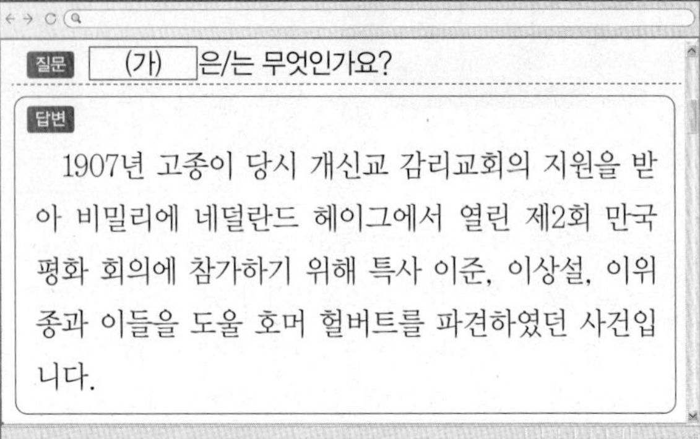

① 고종을 강제로 퇴위시켰다.
② 을사늑약 체결을 강요하였다.
③ 3·1 운동이 발생하는 계기가 되었다.
④ 고종이 러시아 공사관으로 거처를 옮겼다.
⑤ 만주에 독립군 기지를 건설하는 계기가 되었다.

4. 다음과 같은 일본의 요구에 반대하여 일어난 활동으로 옳은 것은?

> **황무지 개척권 위임 계약안(1904)**
>
> 조선 정부는 대한 제국 팔도에 흩어져 있는 토지, 임야 및 기타의 황무지 개간과 정리, 개량과 척식 등 모든 경영을 일본 측의 나가모리에게 위임한다. 단, 현재 왕실이나 관청이 소유한 개간된 땅이나 소유 관계가 명백한 민유지는 제외한다.

① 해외 독립군 기지 건설을 위해 노력하였다.
② 독립문을 건립하고 만민 공동회를 개최하였다.
③ 국채 보상 운동을 지원하고 전국적으로 확산시켰다.
④ 보안회를 조직하여 대규모 집회를 열고 저항하였다.
⑤ 국산품 애용 운동을 통해 민족 기업의 성장을 도왔다.

실전모의고사(3회)

5. (가)~(마)에 들어갈 내용으로 옳지 않은 것은?

개혁 운동	주요 특징
갑신정변	(가)
동학 농민 운동	(나)
갑오개혁	(다)
독립 협회	(라)
광무개혁	(마)

① (가) – 문벌 폐지와 인민 평등권 확립을 추진하였다.
② (나) – 농민을 위한 토지 제도의 개혁을 요구하였다.
③ (다) – 신분제와 과거제를 폐지하는 개혁을 추진하였다.
④ (라) – 민권 사상으로 민중을 계몽하고 의회 설립을 주장하였다.
⑤ (마) – 공화정체의 근대 국민 국가 건설의 필요성을 주장하였다.

6. 다음 상황이 끼친 영향으로 가장 적절한 것은?

① 해산 군인들이 의병에 가담하였다.
② 서양 열강의 이권 침탈이 심화되었다.
③ 외교권이 박탈되고 통감부가 설치되었다.
④ 우정총국 개국 축하연에서 정변이 발생하였다.
⑤ 조선 총독부가 설치되고 무단 통치가 실시되었다.

7. 밑줄 친 '개화당의 실패'에 해당하는 사건에 대한 설명으로 옳은 것은?

> 개화당의 실패를 어떤 이는 애석하게 생각한다. …… "저들 일본인이 어찌 순수하게 다른 나라 사람을 위하여 일을 하겠는가?"…… 대저 혁명가는 …… 오로지 자기의 힘으로써 나와야 하는데 오히려 외국인이 우리나라의 내부 분열을 이용하여 간섭함에 있어서랴 …… 다른 나라의 힘에 의지하여 얻을 것 같으면 소위 독립이 되었다고 하더라도 어찌 고귀하다고 하리요.
>
> – 박은식, 『한국통사』 –

① 김옥균 등 급진 개화파의 주도로 추진되었다.
② 태양력을 채택하고 단발령 시행을 결정하였다.
③ 이준, 이상설, 이위종이 만국 평화 회의에 파견되었다.
④ 일본이 무력으로 경복궁을 점령하고 내정 개혁을 강요하였다.
⑤ 옛것을 근본으로 삼고 새것을 참고한다는 원칙에 따라 추진되었다.

8. 밑줄 친 '석도'에 대한 탐구 활동으로 가장 적절한 것은?

> 제1조 울릉도를 울도로 개칭해서 강원도에 부속시키고, 도감을 군수로 개정하여 관제에 편입하며 군의 등급을 5등으로 한다.
>
> 제2조 군청의 위치는 태하동으로 정하고, 구역은 울릉 전도와 죽도, 석도를 관할한다.

① 러시아가 조차를 요구한 지역을 분석해본다.
② 병인양요 발생 당시 저항한 주요 지역을 찾아본다.
③ 국채 보상 운동이 처음 발생한 지역의 특징을 알아본다.
④ 일본이 만주의 이권 확보를 위해 체결한 협약을 살펴본다.
⑤ 러일 전쟁 때 불법적으로 일본 영토로 편입한 지역을 조사한다.

9. 다음 사건을 일으킨 인물이 소속된 의열 단체에 대한 설명으로 옳은 것은?

> 집 밖으로 나오자 거리 분위기가 술렁이며 평소와는 달랐고, 아니나 다를까 호외가 돌고 있었다. 훙커우 공원에서 중국 청년이 상하이 사변의 원흉 시라카와 대장을 즉사시키고, 여러 명을 부상시켰다는 것이었다. 얼른 신문을 사 들고 집으로 돌아왔다. 몇 시간이 지난 후 다시 나온 호외에서는 폭탄을 던진 사람이 중국인이 아니고 한인 청년이라고 고쳐 보도되었다.

① 소속 단원으로 나석주가 있었다.
② 단원들이 신흥 무관 학교에서 훈련을 받았다.
③ 신채호의 조선 혁명 선언을 활동 지침으로 삼았다.
④ 중국 관내에서 결성된 최초의 한인 독립군 부대였다.
⑤ 김구가 대한민국 임시 정부에 활기를 불어 넣기 위해 조직하였다.

10. (가) 민족 운동이 끼친 영향으로 옳은 것은?

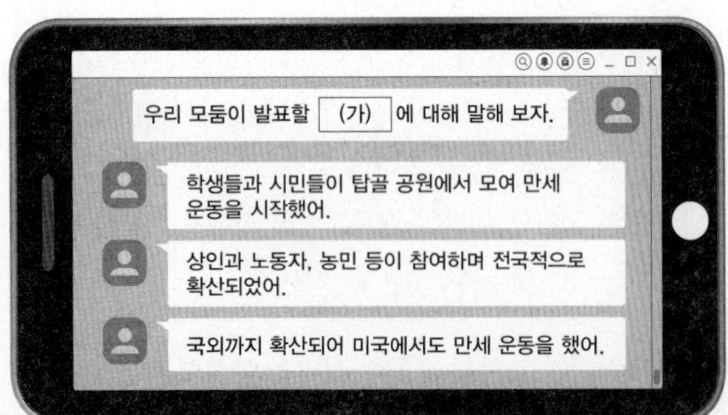

① 국채 보상 운동이 일어났다.
② 대한민국 임시 정부가 수립되었다.
③ 헤이그 만국 평화 회의에 특사가 파견되었다.
④ 해외 독립군 기지로 신흥 무관 학교가 세워졌다.
⑤ 일본에서 유학생들이 2·8 독립 선언서를 발표하였다.

11. (가) 단체에 대한 설명으로 옳은 것은?

> (가) 은/는 일부 민족주의 세력이 자치론을 주장하자, 이에 반대하던 민족주의자들과 사회주의자들이 연합하여 창립되었다. (가) 은/는 '정치적·경제적 각성 촉진', '단결 공고', '기회주의 일체 부인'의 3대 강령을 가지고 탄생하였으며, 전국 각지에서 민족 의식과 항일 의식을 고취하는 강연회를 열고 일제의 식민 통치를 비판하였다.

① 광주 학생 항일 운동을 지원하였다.
② 상하이에서 국민 대표 회의를 개최하였다.
③ 민립 대학 설립을 위한 모금 운동을 전개하였다.
④ 만주에 신흥 강습소를 세워 무장 투쟁을 준비하였다.
⑤ 대성 학교와 오산 학교를 세워 민족 교육을 전개하였다.

12. (가), (나) 전투에서 활약한 부대에 대한 설명으로 옳은 것은?

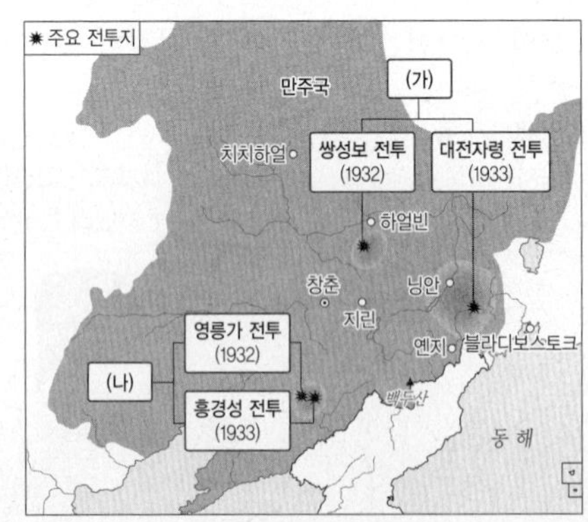

① (가) – 김원봉의 주도로 창설되었다.
② (가) – 신채호의 조선 혁명 선언을 활동 지침으로 삼았다.
③ (나) – 국내 진공 작전을 준비하였다.
④ (나) – 중국 부대와 연합 작전을 펼쳤다.
⑤ (나) – 대한민국 임시 정부의 산하 부대이다.

실전모의고사(3회)

13. 다음 사진이 찍힌 시기의 상황으로 옳은 것은?

① 대한 제국의 군대가 해산되었다.
② 동양 척식 주식회사가 설립되었다.
③ 대한국 국제를 제정하여 공포하였다.
④ 헌병이 경찰 업무를 수행하도록 하였다.
⑤ 한국인이 징용 등으로 끌려가 강제 노역에 시달렸다.

14. 다음 인물에 대한 설명으로 옳은 것은?

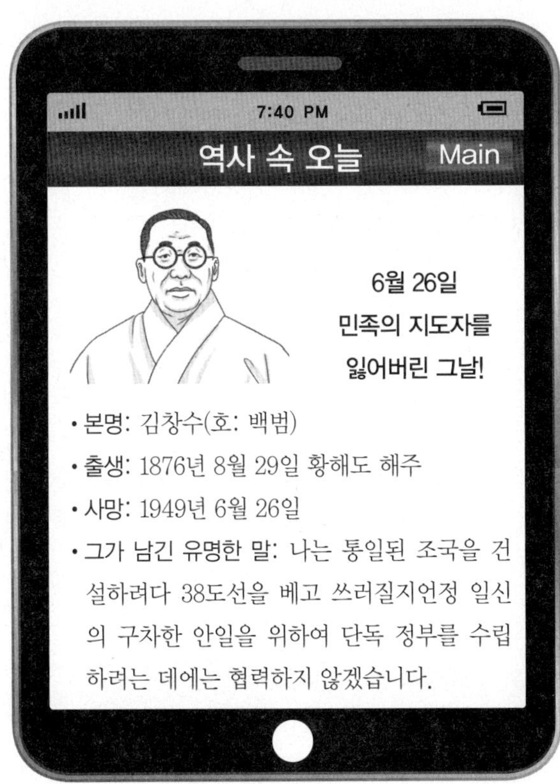

① 건국 준비 위원회를 주도하였다.
② 대한민국 초대 대통령으로 당선되었다.
③ 모스크바 3상 회의 결정을 지지하였다.
④ 통일 정부 수립을 위해 남북 협상을 추진하였다.
⑤ 제헌 의원으로 선출되어 개혁 입법을 주도하였다.

15. (가) 단체에 대한 설명으로 옳은 것은?

〈광복 직전 독립 준비 단체〉

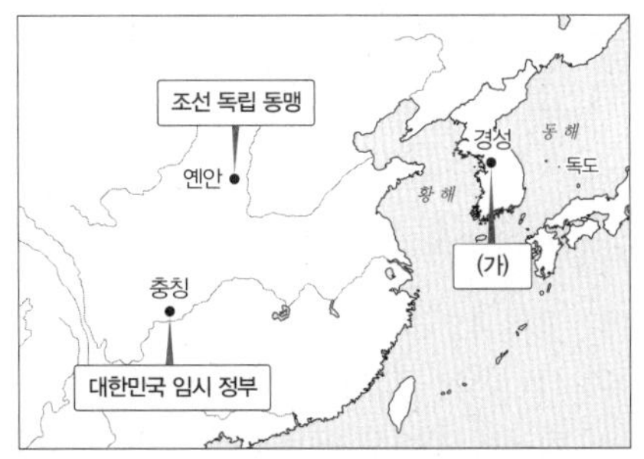

① 참의부 · 정의부 · 신민부를 조직하였다.
② 이후 조선 건국 준비 위원회의 기반이 되었다.
③ 순종의 국장일에 대규모 만세 시위를 준비하였다.
④ 조선 의용대는 중국군과 함께 항일 투쟁을 벌였다.
⑤ 한인 애국단을 조직하여 일제의 주요 기관을 파괴하였다.

16. 교사의 질문에 대한 학생의 답변으로 가장 적절한 것은?

① 반민족 행위 처벌법을 제정하였다.
② 대통령에게 긴급 조치권을 보장하였다.
③ 내각 책임제로 헌법 개정을 추진하였다.
④ 대통령이 국회 의원 중 3분의 1을 추천하였다.
⑤ 사사오입의 논리로 헌법 개정안을 통과시켰다.

17. (가)에 들어갈 내용으로 옳은 것은?

박정희가 5·16 군사 정변을 일으켜 정권을 잡았다.	→	(가)	→	유신 헌법을 공포하였다.

① 부마 민주 항쟁이 일어났다.
② 베트남 전쟁에 국군이 파병되었다.
③ 광주의 시민군이 계엄군과 맞서 싸웠다.
④ 신군부 세력이 정변을 일으켜 권력을 장악하였다.
⑤ 해외 여행 자유화, 학생 두발 자율화 등의 정책이 시행되었다.

18. 다음 사진과 관련된 민주화 운동에 대한 설명으로 옳은 것은?

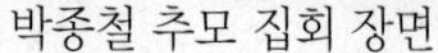
박종철 추모 집회 장면

직선제 개헌을 요구하는 시민들

① 유신 체제 반대 운동이 일어났다.
② 대통령이 하야하는 결과를 낳았다.
③ 굴욕적 한·일 국교 정상화에 반대하였다.
④ 노태우는 6·29 민주화 선언을 발표하였다.
⑤ 3·15 부정 선거를 계기로 시위가 벌어졌다.

19. 자료와 같은 합의서를 체결한 정부 시기에 있었던 일로 옳은 것은?

> 제1조 남과 북은 서로 상대방의 체제를 인정하고 존중한다.
> ……
> 제4조 남과 북은 상대방을 파괴·전복하려는 일체 행위를 하지 아니한다.
> 제9조 남과 북은 상대방에 대하여 무력을 사용하지 않으며 상대방을 무력으로 침략하지 아니한다.
> 제15조 남과 북은 민족 경제의 통일적이며 균형적인 발전과 민족 전체의 복리 향상을 도모하기 위하여 자원의 공동 개발, 민족 내부 교류로서의 물자 교류, 합작 투자 등 경제 교류와 협력을 실시한다.

① 개성 공단 사업에 합의하였다.
② 남북 적십자 회담이 시작되었다.
③ 평창 올림픽에 공동으로 입장하였다.
④ 남과 북이 동시에 유엔에 가입하였다.
⑤ 처음으로 이산가족 상봉이 이루어졌다.

서술형

20. 자료를 읽고 물음에 답하시오.

> – 대한민국 헌법을 부정, 반대, 왜곡 또는 비방하는 일체의 행위를 금한다.
> – 대한민국 헌법의 개정 또는 폐지를 주장, 발의, 청원하는 일체의 행위를 금한다.
> – 이 조치에 위반한 자와 이 조치를 비방한 자는 법관의 영장 없이 체포·구속·압수·수색하며 15년 이하의 징역에 처한다.
>
> – 긴급 조치 제1호(1974) –

(1) 위 조치가 규정된 헌법을 쓰시오.
( )

(2) 위 헌법의 내용을 세 가지 서술하시오.

실전모의고사

중학 역사 ② - 2

중학도 역시 EBS

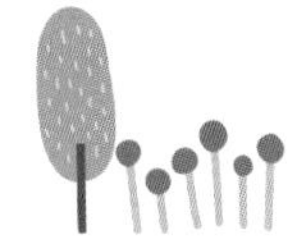

사뿐

정답과 해설

역사를 한 권으로
가뿐하게!

중학 역사
②-2

정답과 해설

Ⅳ. 조선의 성립과 발전

01 통치 체제와 대외 관계

기본 문제

본문 10~11쪽

간단 체크

1 (1) ○ (2) × (3) ○ **2** (1) ㉡ (2) ㉠ (3) ㉢ **3** (1) 6조 (2) 승정원 (3) 의정부 (4) 3사 **4** (1) 성균관 (2) 과거 (3) 봉수제 (4) 관찰사
5 (1) 사대 (2) 이종무 (3) 4군 (4) 일본

기본 문제

1 ⑤ **2** ② **3** ② **4** ③ **5** ① **6** ④
7 ② **8** ③ **9** ③

1 이성계가 위화도 회군으로 권력을 장악한 후 과전법을 실시하여 신진 사대부의 경제적 기반을 갖추었다. 그 후 급진 개혁파 신진 사대부에 의하여 왕으로 추대되어 조선을 건국하였고, 한양으로 천도하였다. (가) 조선의 한양 천도는 1394년, (나) 과전법 실시는 1391년, (다) 조선 건국은 1392년, (라) 위화도 회군은 1388년의 일이다. (라) – (나) – (다) – (가)의 순이다.

2 태종은 국왕 중심의 정치를 강화하였으며 공신과 왕족이 다스린 사병을 혁파하여 군사력을 중앙으로 집중하였다. 또한 호패법 실시로 군역 및 부역 대상자를 파악하여 국가에 필요한 재정 수입을 확보하였다.

3 언론 기능을 담당하며 권력의 독점과 부정을 방지하였던 3사에는 국왕에 대한 간쟁 등을 하는 사간원, 관리의 감찰을 하는 사헌부, 국왕의 학문적·정치적 자문을 담당하는 홍문관이 있다.

오답 피하기
ㄷ. 승정원은 국왕 비서 기구이다.
ㄹ. 성균관은 최고 교육 기관이다.
ㅁ. 의금부는 국왕 직속 사법 기구이다.

4 조선은 전국을 8도로 나누어 그 아래 부·목·군·현을 설치하였다. 각 도에 관찰사를 파견하였으며, 대부분의 군현에 수령을 파견하였다. 관찰사는 수령을 지휘·감독하였고, 수령은 군현의 행정·사법·군사권을 가졌다. 고을에는 파견된 수령을 보좌하는 향리와 지방 자치 기구인 유향소가 있었다. ③ 양계는 고려 시대에 국경을 방어하기 위해 설치하였다.

5 (가)는 횃불과 연기로 급한 소식을 전한다는 내용으로 봉수제, (나)는 세금으로 거둔 곡식을 물길을 통해 운송한다는 점에서 조운 제도에 해당하는 내용임을 알 수 있다.

오답 피하기
② 역참제는 역참이라는 숙박 시설에 말을 갖추어 물자 수송 및 통신을 담당하였다.

6 성균관은 조선 최고 국립 교육 기관이었다.

오답 피하기
③ 국자감은 고려 시대의 최고 교육 기관이다.

7 조선 시대 관리 등용 제도는 과거(문과, 무과, 잡과), 천거, 음서 등이 있다. 문무 양반 관리는 주로 과거를 통해 선발되었다.

오답 피하기
① 추천으로 관직에 등용되는 천거 제도가 있었다.
③ 조선의 과거는 문과, 무과, 잡과로 나뉘었다.
④ 법적으로 양인이면 누구나 응시 가능하였다.
⑤ 음서는 고려에 비해 대상이 축소되었으며, 과거에 합격하지 못하면 고위 관직에 오르기 힘들었다.

8 조선은 태종 이후 명과 친선 관계를 유지하며 정치적 안정과 경제적·문화적 실리를 추구하였다.

오답 피하기
① 왜관 설치는 조선이 일본에 대한 회유책으로 실시하였다.
② 조선은 명에 대해 사대 정책을 실시하였다.
④ 조선이 여진에 대한 회유책으로 무역소를 설치하였다.
⑤ 조선 건국 당시 요동 정벌 추진으로 일시적 갈등 관계가 형성되었다.

9 조선은 여진에 대해 교린 정책을 시행하였다. 국경 지방에 무역소를 설치하여 교역을 허용하였기도 하였고, 세종 때에는 압록강과 두만강 부근의 여진족을 몰아내고 4군 6진 지역을 개척하여 강경하게 대응하기도 하였다.

오답 피하기
ㄱ, ㄹ은 일본에 대한 외교 정책이다.

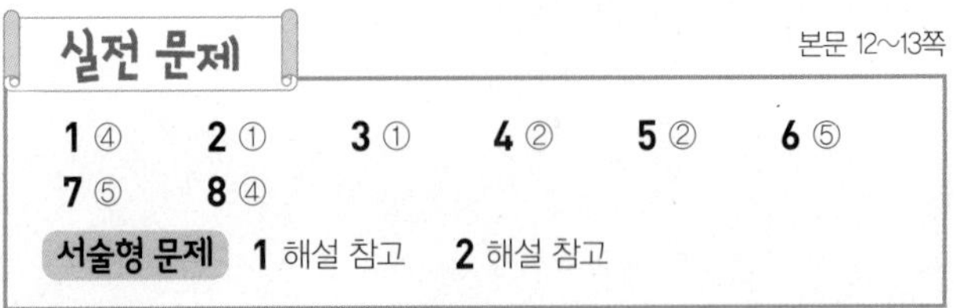

실전 문제

본문 12~13쪽

1 ④ **2** ① **3** ① **4** ② **5** ② **6** ⑤
7 ⑤ **8** ④
서술형 문제 **1** 해설 참고 **2** 해설 참고

1 집현전 설치와 훈민정음을 반포한 시기는 세종 때이다. 위화도 회군은 고려 말, 조선 건국은 태조, 호패법 실시는 태종, 홍문관 설치는 성종 때이다.

2 자료는 『경국대전』에 대한 설명이다. 『경국대전』은 세조 때 편찬이 시작되어 성종 때 완성된 후 조선의 기본 법전이 되었다.

오답 피하기

②는 조선 세조, ③는 고려 시대, ④는 조선 태조, ⑤는 고려 말에 해당한다.

3 (가)는 국가의 행정 실무를 담당하는 6조에 대한 설명이고, (나)는 3정승의 합의를 통해 국가 중요 정책을 결정하는 의정부에 대한 설명이다.

오답 피하기

② 승정원은 국왕 비서 기구로서 왕명 출납 역할을 하였다.

4 3사는 언론 기능을 담당하여 권력의 독점과 부정을 방지하였다. 3사로는 국왕에 대한 간쟁 등을 하는 사간원, 관리의 감찰을 하는 사헌부, 국왕의 학문적·정치적 자문을 담당하는 홍문관이 있다. ② 의금부는 국왕 직속 사법 기구이다.

5 조선은 8도 아래 부·목·군·현을 설치하였는데, 대부분의 군현에 수령을 파견하였고, 수령에게 군현의 행정·사법·군사권을 주었다.

오답 피하기

① 고려는 5도에 안찰사를 파견하였다.
③ 통일 신라 때 수도가 치우치는 것을 극복하기 위해 5소경을 설치하였다.
④ 조선 시대에는 대부분의 군현에 수령이 파견되어 주현이 더 많았다.
⑤ 고려는 지방 세력을 견제하기 위해 사심관 제도를 시행하였다.

6 조선 시대에는 유학 교육 기관으로 수도에 성균관과 4부 학당이 설치되었다. 국자감은 고려 시대 최고 유학 교육 기관이다.

7 (가)는 명, (나)는 여진, (다)는 일본이다. 조선은 명에 대해서는 사대 정책을, 여진과 일본에 대해서는 교린 정책을 실시하였다.

오답 피하기

① 조선은 일본에 3포를 개방하여 제한적 무역을 허용하였다.
② 조선은 여진을 몰아내고 4군 6진을 설치하였으며, 국경 지역에 무역소를 설치하여 제한적 교역을 허용하였다.
③, ④ (가) 명에 대한 설명이다.

8 조선은 명에 대해서는 사대 정책을, 여진과 일본에 대해서는 강경책과 회유책을 사용하여 교린 정책을 실시하였다. ④ 세종 시기 여진에 대한 강경책으로 4군과 6진 지역을 개척하였다.

서술형 문제

1 (1) (가) 사헌부 (나) 사간원 (다) 홍문관

(2) **[예시 답안]** 언론 기능을 담당하여 권력의 독점과 부정을 방지하였다.

[평가 기준]

상	언론 기능을 담당하였고, 권력의 독점과 부정을 방지하였다는 내용을 모두 서술한 경우
중	언론 기능이라는 점만 서술한 경우
하	제대로 서술하지 못한 경우

2 (1) 명, 사대 정책

(2) **[예시 답안]** 큰 나라에 예물을 바치는 조공은 경제적·문화적 교류의 통로가 되었고, 왕의 지위를 국제적으로 인정받는 책봉은 국내 정치 안정에 도움이 되었다.

[평가 기준]

상	경제적·문화적 교류의 통로가 되고 정치 안정의 도움을 모두 서술한 경우
중	경제적·문화적 교류의 통로를 서술한 경우
하	정치 안정의 도움을 서술한 경우

02 사림 세력과 정치 변화

기본 문제

본문 16~17쪽

간단 체크

1 (1) 사 (2) 사 (3) 훈 **2** (1) ㉠ (2) ㉢ (3) ㉣ (4) ㉡ **3** (1) ○ (2) × (3) × (4) ○ **4** (1) 백운동 서원 (2) 서원 (3) 유교 (4) 붕당

기본 문제

1 ③ **2** ② **3** ③ **4** ⑤ **5** ② **6** ④
7 ⑤ **8** ③ **9** ①

1 훈구 세력이 중앙 집권과 부국강병을 정치의 이상으로 보았다면, 사림 세력은 향촌 자치를 중시하고 왕도 정치를 이상적인 정치 형태로 여겼다.

2 사림은 정몽주, 길재 등 유학자의 학통을 이어받아 학문과 교육에 힘썼다. 성리학을 학문의 주류로 삼고 의리와 도덕을 중요시하였다. 이들은 훈구를 견제하려는 성종에 의해 중앙 정계에 진출하였다.

오답 피하기
① 붕당은 정치적·학문적 입장에 따라 형성된 집단으로 선조 때 사림이 정치의 주도권을 장악한 후 이조 전랑 임명 문제를 두고 대립하면서 형성되었다.
③ 훈구는 세조의 집권을 도운 공신 세력이 정치적 실권을 장악한 이후 형성된 세력이다.
④ 고려 말 공민왕의 개혁 과정에서 성장한 세력이다.
⑤ 고려 말 홍건적과 왜구의 침입을 물리치는 과정에서 성장한 세력이다.

3 자료는 김종직의 「조의제문」에 대한 설명이다. 훈구파는 「조의제문」이 세조의 왕위 찬탈을 비난한 것이라고 문제 삼아 사림을 공격하였다. 이로 인해 발생한 사건은 무오사화이다.

오답 피하기
① 갑자사화는 연산군의 친어머니 폐위와 관련 있는 훈구·사림 세력을 제거한 사건이다.
② 기묘사화는 조광조의 급진적인 개혁에 대한 반발로 발생한 사건이다.
④ 중종반정은 연산군을 몰아내고 중종이 왕으로 오른 사건이다.
⑤ 인조반정은 인조와 서인 세력이 광해군과 북인 세력을 몰아낸 사건이다.

4 (가)는 연산군 때 발생한 갑자사화, (나)는 중종 때의 일이다. 연산군 때는 무오사화, 갑자사화의 두 차례의 사화가 발생하였다. 연산군의 폭정에 저항하여 중종반정(1506)이 일어나 연산군이 쫓겨나고 중종이 왕위에 올랐다. 중종은 반정에 공을 세운 공신 세력을 견제하기 위해 조광조 등 사림을 등용하였다.

오답 피하기
① 동서 분당의 형성은 선조 때의 일로, (나) 이후이다.
② 중종 때 등용된 조광조는 위훈 삭제와 소격서 폐지 등의 개혁 정치를 실시하였다. 이에 반발한 중종이 기묘사화를 일으켰다.
③ 을사사화는 명종 때 발생한 것으로 (나) 이후이다.
④ 무오사화는 (가) 이전에 일어난 일이다.

5 조광조 등 사림 세력은 위훈 삭제, 현량과 실시, 소격서 폐지, 『소학』과 향약 보급을 실시하는 등의 개혁을 추진하였다.

오답 피하기
ㄴ. 호패법은 조선 태종 때 실시된 정책이다.
ㄷ. 직전법은 세조가 실시한 제도이다.

6 최초의 서원은 '백운동 서원'이고, 이 서원은 왕으로부터 '소수 서원'이라는 현판을 받아 최초의 사액 서원이 되었다.

오답 피하기
① 도산 서원은 안동에 위치하며 영남 사림의 중심이자 퇴계 이황을 배향하는 서원이다.
③ 병산 서원은 안동에 위치하며 류성룡과 그 아들 류진을 배향하는 서원이다.

7 제시된 내용은 향약의 4대 덕목이다. 향약은 상부상조 풍속에서 유교 윤리를 더하여 만든 향촌 자치 규약으로 풍속 교화와 사회 질서 유지를 담당하였다.

오답 피하기
① 사액 서원, ③ 서원에 대한 설명이다.
② 향약은 사림이 향촌 사회에서 주도권을 강화하는 수단이 되었다.
④ 수령은 지방의 행정, 사법, 군사권을 장악하였다.

8 훈구와 사림의 대립으로 사화가 발생하였다. 총 4차례의 사화가 발생하여 사림이 많은 피해를 입었다.

9 사림 세력은 네 차례 사화로 중앙 정치에서 큰 피해를 입었다. 하지만 향촌에서 향약과 서원을 기반으로 학문적 입지와 영향력을 넓혀 선조 때 다시 중앙 정계에 진출하여 정치의 주도권을 잡을 수 있었다.

실전 문제

본문 18~19쪽

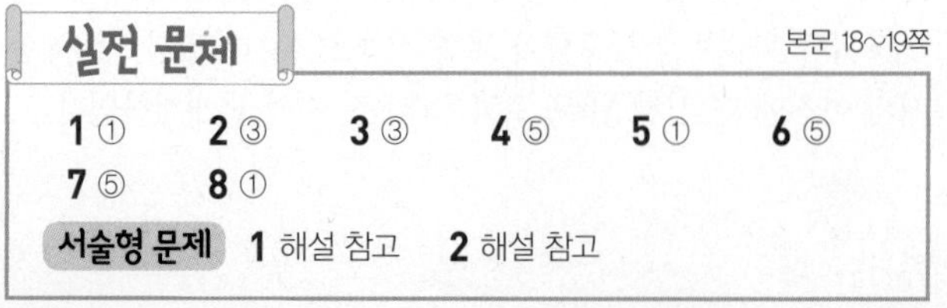
1 ① **2** ③ **3** ③ **4** ⑤ **5** ① **6** ⑤
7 ⑤ **8** ①
서술형 문제 **1** 해설 참고 **2** 해설 참고

1 훈구는 세조의 집권 이후 정권을 장악하였으며 중앙 집권을 주장하였다. 사림은 향촌 자치를 중시하고 왕도 정치를 이상적인 정치 형태로 여겼다.

2 (가)는 을사사화(1545), (나)는 무오사화(1498), (다)는 갑자사화(1504), (라)는 기묘사화(1519)에 대한 설명이다. 따라서 (나)-(다)-(라)-(가)의 순이다.

3 자료는 조선 성종 때 사림 세력이 중앙 정계에 진출하게 된 계기에 대한 설명이다. 위화도 회군은 조선 건국 이전, 호패법 실시는 태종 때, 동서 분당은 선조 때, 병자호란은 인조 때의 사건이다.

4 조광조는 중종 때 중앙 정계에 진출하여 왕도 정치를 강조하였다. 그는 위훈 삭제, 현량과 실시, 소격서 폐지 등 급격한 개혁을 추구하였다. 이에 부담을 느낀 중종과 반발하는 훈구 세력에 의해 화를 입었다.

오답 피하기

① 조선 태종은 왕권을 강화하기 위해 공신들의 사병을 혁파하였다.
② 조선 성종은 홍문관을 설치하였다.
③ 세조 때 편찬이 시작된 『경국대전』은 성종 때 완성되었다.
④ 훈민정음은 세종 때 창제·반포되었다.

5 서원에 대한 설명이다. 최초의 서원은 중종 때 주세붕이 설립한 백운동 서원이다.

오답 피하기

②, ④ 성균관에 대한 설명이다.
③ 서원은 사림 세력의 정치적 기반이 되었다.
⑤ 향약에 대한 설명이다.

6 자료에서 설명하고 있는 규약은 향약이다. 중종 때 조광조가 처음 실시했던 향약을 이이, 이황 등이 우리나라 실정에 맞게 시행하였다.

오답 피하기

① 서원에 대한 설명이다.
② 소격서가 도교의 제사를 담당하다 중종 때 폐지되었다.
③ 향촌에서 유학 교육을 담당하던 조직은 향교와 서원이 있다.
④ 서원에서 덕망 높은 유학자의 제사를 지냈다.

7 자료는 이조 전랑 임명 문제로 사림 내부의 갈등이 심해진 상황을 보여 주는 사료이다. 사림이 선조 때 정치의 주도권을 장악한 후 척신 정치의 잔재 청산 문제를 둘러싸고 갈등이 발생하였다. 이후 이조 전랑 임명 문제로 갈등이 심해져 동인과 서인으로 나뉘어 붕당을 형성하였다.

8 (가)는 사화, (나)는 붕당에 해당하는 설명이다.

오답 피하기

④ 예송은 성리학의 예법을 어떻게 적용시킬지를 두고 서인과 남인 사이에 벌어진 논쟁이다. 현종 때 두 차례 발생하였다.
⑤ 환국은 집권당이 급격하게 교체되는 사건으로 숙종 때 3차례에 걸쳐 일어났다.

서술형 문제

1 (1) (가) 훈구 (나) 사림

(2) **[예시 답안]** 훈구 세력은 국가로부터 토지와 재산을 하사받았고, 왕실과 혼인하여 세력을 키우기도 하였다. 사림은 지방에서 학문 연구와 교육에 힘썼으며, 향촌 자치와 왕도 정치를 추구하였다.

[평가 기준]

상	훈구와 사림의 특징을 옳게 서술한 경우
중	훈구와 사림 중 하나의 특징만 옳게 서술한 경우
하	훈구와 사림의 특징을 제대로 서술하지 못한 경우

2 **[예시 답안]** 사림은 향촌 사회에 자리 잡은 서원을 중심으로 결속을 다지고 여론을 형성하였고, 향약을 통해 지방민을 교화하거나 통제하면서 향촌에서 주도권을 장악할 수 있었다.

[평가 기준]

상	서원과 향약이 사림의 기반이 된 내용을 둘 다 서술한 경우
중	서원 또는 향약이 사림의 기반이 된 내용을 하나만 서술한 경우
하	단순히 서원과 향약만 기입한 경우

03 문화의 발달과 사회 변화

기본 문제

본문 22~23쪽

간단 체크

1 (1) × (2) ○ (3) ○ **2** (1) ㉡ (2) ㉣ (3) ㉢ (4) ㉠ **3** (1) ㄷ (2) ㄱ (3) ㄴ (4) ㄹ **4** (1) 분청사기 (2) 악학궤범 (3) 사군자화

기본 문제

1 ② **2** ⑤ **3** ④ **4** ④ **5** ⑤ **6** ⑤
7 ① **8** ④ **9** ④

1 자료는 『훈민정음 해례본』의 서문이다. 훈민정음의 창제 및 반포로 고유한 문자를 가지게 되었으나, 지배층에서는 여전히 한자를 사용하였다.

2 자료에서 훈민정음으로 지은 최초의 작품으로 조선 왕조의 정당성을 노래하고 있다는 내용을 통해 (가)에 들어갈 검색어는 『용비어천가』임을 알 수 있다.

오답 피하기

① 『칠정산』은 한성(서울)을 기준으로 천체 운동을 계산한 역법서이다.
② 「관동별곡」은 정철이 지은 조선 전기 문학 작품이다.
③ 『금오신화』는 김시습이 지은 우리나라 최초의 한문 소설이다.
④ 『삼강행실도』는 유교 윤리 보급을 위해 간행한 윤리서로 한글, 그림, 한자로 이루어져 백성들이 이해하기 쉬웠다.

3 제시된 사진은 그림과 한자, 한글이 같이 쓰여진 『삼강행실도』이다. 『삼강행실도』는 군신, 부자, 부부의 모범이 되는 사례를 모아 편찬한 책이다.

오답 피하기

ㄱ. 세종 때 편찬되었다.
ㄷ. 유교 윤리를 쉽게 설명한 책이다.

4 『조선왕조실록』에 대한 설명이다. 왕이 승하하면 여러 자료를 참고하여 실록을 편찬하였다. 이렇게 완성된 실록은 각지의 사고에 보관되었다.

오답 피하기

① 『고려사』는 고려 시대의 역사를 정리한 책으로 세종 시기 편찬을 시작하여 문종 때 완성되었다.
② 『동국통감』은 고조선부터 고려 말까지의 역사를 정리한 책이다.
③ 『고려사절요』는 『고려사』를 참고하여 내용을 축약한 역사서이다.
⑤ 『동국여지승람』은 조선 성종 때 만들어진 지리지이다.

5 자격루는 물시계, 앙부일구는 해시계이다.

오답 피하기

ㄱ, ㄷ. 간의와 혼천의는 천체를 관측하는 기구이다.
ㄴ. 측우기는 강우량을 측정하는 기구이다.

6 세종 때 편찬되었고, 우리 풍토에 맞는 약재와 치료 방법을 소개하였다는 내용을 통해 (가)가 『향약집성방』임을 알 수 있다.

오답 피하기

① 『농사직설』은 우리 풍토에 맞는 농법을 소개한 농서이다.
② 『악학궤범』은 궁중 음악을 그림과 함께 설명한 책이다.
③ 『의방유취』는 의학 백과사전으로 조선의 의학 체계를 마련하였다.
④ 『주자가례』는 중국 남송의 주희가 가정에서 지켜야 할 관례, 혼례, 상례, 제례 등에 대한 유교 윤리를 종합하여 만든 책이다.

7 조선은 유교 윤리 보급 및 확산을 위해 노력하였다. 국가적 차원에서 충신과 효자, 열녀에 대해 표창을 실시하고 유교 윤리와 의례 서적을 간행하였으며, 종묘 제례를 실시하였다. 사림 세력은 유교 윤리의 확산으로 향촌 지배력을 강화하고자 하였다. ① 「천상열차분야지도」는 별자리를 관측한 천문도를 돌에 새긴 것이다.

8 세종 때 그려진 「몽유도원도」는 화원 출신인 안견이 안평 대군의 꿈 이야기를 듣고 현실 세계와 이상 세계를 조화롭게 표현한 그림이다.

오답 피하기

① 청자 표면에 백토를 발라 여러 가지 방법으로 장식한 자기로 고려 말에서 조선 초에 유행하였다.
② 사군자화는 선비들의 정신세계를 표현한 작품으로 조선 전기에 유행하였다.
③ 『삼강행실도』는 군신, 부자, 부부의 모범이 되는 사례를 모아 편찬한 책이다.
⑤ 「고사관수도」는 강희안의 작품으로 선비의 정신 세계를 표현하였다.

9 (가)는 분청사기로 청자 표면에 백토를 발라 장식한 자기이다. (나)는 백자로 순백색의 바탕흙에 투명한 유약을 발라 구워 만든 자기이다. 백자는 깨끗하고 고상한 멋이 있어 검소함을 중시하던 선비들의 취향에 맞아 16세기 이후 유행하였다.

오답 피하기

① 백자 표면에 청색으로 그림을 그린 자기는 청화백자이다.
② 청동의 표면에 은으로 무늬를 장식한 것은 청동 은입사 기법이다.
③ 순청자가 아니라 순백자이다.
⑤ 분청사기는 고려 말부터 조선 전기까지, 순백자는 16세기 이후 유행하였다.

실전 문제

본문 24~25쪽

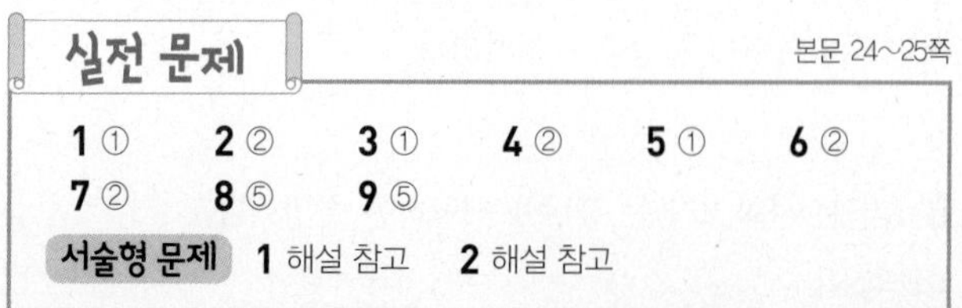

1 ① **2** ② **3** ① **4** ② **5** ① **6** ②
7 ② **8** ⑤ **9** ⑤
서술형 문제 **1** 해설 참고 **2** 해설 참고

1 훈민정음 창제는 국문학 발전의 계기가 되었다. 또한 훈민정음은 누구나 배우기 쉬워 국가 정책을 전달하기에 용이하였다.

오답 피하기
ㄷ. 일부 양반들은 한글 사용을 반대하였다.
ㄹ. 훈민정음 창제 이후 하급 관리 선발 시 한글을 활용하기도 하였다.

2 『칠정산』, 앙부일구, 『삼강행실도』는 세종 때 만들어진 것이다.

오답 피하기
ㄴ, ㅁ. 『악학궤범』과 『동국여지승람』은 조선 성종 때 편찬되었다.
ㅂ. 「천상열차분야지도」는 태조 때 제작되었다.

3 (가)는 『농사직설』, (나)는 『소학』에 해당하는 내용이다.

오답 피하기
② 『삼강행실도』는 글과 그림으로 정리한 윤리서이다.
③ 『의방유취』는 의학을 체계화해 정리한 책이다.

4 성종 때 완성되어 조선의 기본 법전이 되었다는 내용을 통해 『경국대전』에 대해 설명하고 있음을 알 수 있다.

오답 피하기
① 「팔도도」는 조선 전기에 간행된 전국 지도이다.
③ 『국조오례의』는 국가 주요 행사의 절차를 정리해 놓은 의례서이다.
④ 『용비어천가』는 훈민정음으로 조선 왕조의 정당성을 강조하여 지은 책이다.
⑤ 『조선왕조실록』은 역대 왕의 통치를 기록한 역사서이다.

5 『동국통감』과 『고려사절요』는 조선 전기에 편찬한 역사서이다.

오답 피하기
ㄷ. 『삼강행실도』는 조선 전기에 편찬된 윤리서이다.
ㄹ. 『동국여지승람』은 조선 전기에 편찬된 지리서이다.

6 측우기는 강우량을 측정하던 도구이고, 앙부일구는 시간 및 절기를 측정하던 해시계이다. 강우량과 절기는 농사에 중요한 요소로, 농업을 중시하던 당시의 상황을 추론할 수 있다.

7 『소학』은 유교 윤리 기본서로 이를 바탕으로 교육을 실시해 유교적 질서를 실현하고자 하였다. 『주자가례』는 가정에서 지켜야 할 유교 예법을 정리한 책이다. 족보는 부계의 계보를 중시하는 유교 이념에 따라 편찬되었으며 종족 내부의 결속을 강화하는 데 사용되었다.

8 조선의 법적인 신분제는 양천제였지만, 점차 양인 중에서 양반과 상민의 구분이 엄격해져 양반, 중인, 상민, 천민으로 신분이 나뉘게 되었다. ⑤ 중인에는 기술관, 서리, 지방의 향리 등이 속하였다.

오답 피하기
① 상민의 대다수는 농민이었다. 노비는 천민에 해당한다.
② 노비는 국가나 주인에게 예속되어 있었기 때문에 조세·공납·역의 의무를 지지 않았다.
③ 노비는 재산처럼 상속·매매가 가능하였다.
④ 과거는 법적으로 양인 이상만 응시할 수 있었다.

9 청자 표면에 백토를 발라 장식한 토기는 분청사기이다. 백자는 순백색의 바탕흙에 투명한 유약을 발라 구워 만든 자기이다. 분청사기는 고려 말~조선 초에 유행하였으며, 백자는 16세기 이후 유행하였다.

서술형 문제

1 (1) 「혼일강리역대국도지도」
(2) **[예시 답안]** 「혼일강리역대국도지도」는 태종 때 만들어졌으며, 현존하는 우리나라에서 가장 오래된 세계 지도이다. 지도에는 한반도가 실제보다 크게 그려져 있고, 아프리카, 아라비아, 유럽 등이 나타나 있다.

[평가 기준]

상	두 가지 이상 서술한 경우
중	한 가지만 서술한 경우
하	서술하지 못한 경우

2 **[예시 답안]** 『칠정산』은 한성(서울)을 기준으로 한 역법서이고, 『농사직설』은 우리 풍토에 맞는 농사법을 정리한 농서이며, 『향약집성방』은 국산 약재를 활용한 치료법을 소개한 의학서이다. 이 책들은 모두 우리나라 실정에 맞는 내용으로 편찬되었다.

[평가 기준]

상	각각의 책에 대해 간략히 설명하고 공통점을 바르게 서술한 경우
중	책에 대한 설명은 하였으나, 공통점을 언급하지 않은 경우
하	책에 대한 서술이 미흡하고, 공통점을 언급하지 않은 경우

04 왜란·호란의 발발과 영향

기본 문제

본문 28~29쪽

간단 체크

1 (1) ㉡ (2) ㉠ (3) ㉢ **2** (마) – (가) – (나) – (다) – (라) **3** (1) 조선 (2) 일본 (3) 명, 여진 **4** (1) ○ (2) ○ (3) × (4) ×

기본 문제

1 ② **2** ④ **3** ⑤ **4** ④ **5** ⑤ **6** ④
7 ⑤ **8** ⑤

1 임진왜란 이전 조선은 오랜 평화와 군역 제도 문란으로 국방력이 약화되었다.

오답 피하기

① 일본은 서양식 신무기인 조총으로 무장하고 조선을 침략하였다.
③ 임진왜란 전 조선은 큰 전쟁 없이 평화가 오래 지속되고 있었다.
④ 명은 환관들의 횡포와 몽골·왜구의 침입으로 정치적·사회적 혼란이 계속되었다.
⑤ 일본은 도요토미 히데요시가 전국 시대를 통일하였다.

2 (가)에 들어갈 인물은 진주성 싸움을 승리로 이끈 김시민이다.

오답 피하기

① 권율은 행주 대첩에서 활약하였다.
② 신립은 충주 전투에서 일본군과 맞섰다.
③ 곽재우는 의령 일대에서 활약한 의병장이다.
⑤ 이순신은 수군을 이끌고 서남해 제해권을 지켰다.

3 지도는 임진왜란의 전개 과정을 나타낸 것이다. 임진왜란 이후 조선은 토지가 황폐화되었으며, 많은 문화재가 약탈되거나 소실되었다. 일본에서는 도요토미 정권이 무너지고 도쿠가와 이에야스의 에도 막부가 탄생하였다. 명은 무리한 지원군 파병으로 크게 쇠퇴하고, 만주의 여진족 세력이 성장하였다. ⑤ 북벌 운동은 호란 이후에 청을 정벌하자는 움직임이었다.

4 광해군은 전후 복구 정책으로 토지 및 인구 조사를 실시하여 국가 재정 수입을 확충하고, 성곽과 무기를 수리하여 국방력을 강화하고 토지 개간에 힘썼다.

오답 피하기

① 성종과 관련된 설명이다.
②, ③ 세종과 관련된 설명이다.
⑤ 고려 말 권문세족의 토지를 몰수하고 신진 사대부의 경제적 기반을 마련한 토지 제도이다.

5 광해군은 전후 복구 정책으로 토지 및 인구 조사를 실시하여 국가 재정 수입을 확충하였고, 명과 후금 사이에서 중립 외교를 통해 실리를 추구하였으며, 『동의보감』을 보급해 민생 안정에 힘썼다.

오답 피하기

ㄱ. 북벌 운동은 호란 이후 효종 때 추진되었다.
ㄷ. 『농사직설』 편찬은 세종 시기이다.

6 (다) 정묘호란(1627) 당시 인조가 강화도로 피신하였고, 후금이 조선과 형제의 맹약을 맺고 철수하였다. (가) 후금이 세력을 키운 후 청으로 국호를 바꾸고 조선에 군신 관계를 요구하였다. (라) 병자호란 때 강화도로 가는 길목이 막혀 인조가 남한산성으로 피신하였다(1636). (나) 병자호란(1636)의 결과로 삼전도의 굴욕(1637)을 통해 청과 강화하였다. 따라서 (다) – (가) – (라) – (나)의 순이다.

7 자료는 삼전도의 굴욕과 관련된 사료로 밑줄 친 '임금'은 인조이다. 인조는 병자호란 당시 삼전도에서 청과 강화하였다.

오답 피하기

①, ④는 광해군, ② 선조, ③ 효종에 대한 설명이다.

8 자료는 북벌 운동과 관련이 있다. 병자호란 이후 청에 인질로 끌려갔다가 돌아와 즉위한 효종은 북벌을 위해 군대를 양성하고 성곽을 수리하였다.

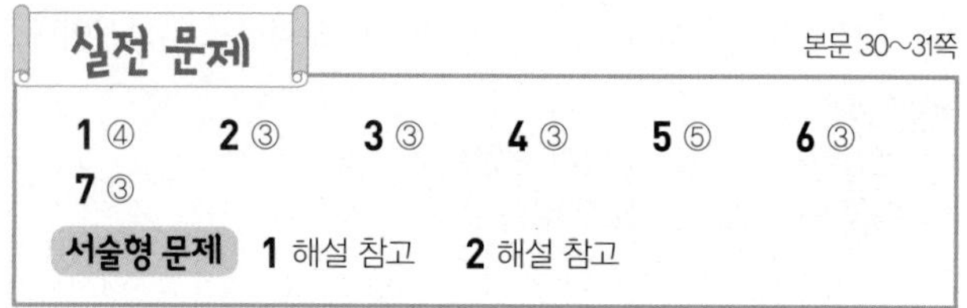

실전 문제

본문 30~31쪽

1 ④ **2** ③ **3** ③ **4** ③ **5** ⑤ **6** ③
7 ③

서술형 문제 **1** 해설 참고 **2** 해설 참고

1 자료의 밑줄 친 '전쟁'은 임진왜란(1592)이다. 임진왜란은 동아시아 3국에 영향을 준 국제 전쟁으로 한국, 중국, 일본에서 사용하는 명칭이 각각 다르다. 훈민정음 반포는 1446년, 세조 즉위는 1455년, 중종반정은 1506년, 을사사화는 1545년, 인조반정은 1623년, 병자호란은 1636년의 일이다.

2 임진왜란 당시 선조는 평양을 거쳐 의주로 피란을 가며 명에 지원군을 요청하였다.

오답 피하기

①, ② 호란과 관련한 내용으로 적절하다.
④ 병자호란 이후 북벌 운동 관련 내용으로 적절하다.
⑤ 인조반정과 관련된 제목이다.

3 임진왜란 당시 의병들은 주로 정식 훈련을 받은 군인들은 아니었지만, 향토 지리에 익숙한 장점을 활용하여 전국 각지에서 일본군을 교란시켰다. ③ 의병은 정식 훈련을 받은 군인이 아니라 유생, 농민, 승려 등 다양하게 구성되었으며 각지에서 자발적으로 일어났다.

오답 피하기
① 의병으로 활약한 승려에는 휴정, 유정 등이 있다.
② 임진왜란이 일어나자 의병들이 자발적으로 봉기하였다.
④ 의병들이 관군에 편입되어 관군과 함께 싸우기도 하였다.
⑤ 의병들은 향토 지리에 익숙하다는 장점이 있었다.

4 지도에는 이순신이 이끈 수군이 승리한 전투가 나타나 있다. 이순신은 판옥선과 거북선을 앞세워 큰 승리를 이끌었다. 수군의 승리는 전라도의 곡창 지대를 수호하고 서남해 제해권을 장악해 서해안을 통해 물자를 보급하려던 일본군의 계획에 큰 타격을 주었다. ③ 충주 전투에서는 신립이 일본군과 싸우다 전사하였다.

5 자료의 (가) 왕은 명과 후금 사이에서 중립 외교를 실시한 광해군이다. 광해군은 명의 요청으로 강홍립이 이끄는 지원군을 보냈다. 그러나 광해군의 명을 받은 강홍립은 후금에 투항한 후 명의 요청에 따른 부득이한 출병임을 해명하여 후금의 침략을 모면하였다.

오답 피하기
①, ④는 인조와 관련된 내용이다.
② 호란 이후 북벌론과 관련된 내용이다.
③ 북학파에 대한 내용이다.

6 지도의 (가)는 정묘호란(1627), (나)는 병자호란(1636)이다. ③ 병자호란 당시 인조는 강화도로 가는 길목이 막혀 남한산성에서 40여 일간 항전하였다.

오답 피하기
① 후금은 형제 관계를 맺기를 요구하며 조선을 침입하였다(정묘호란). 조선은 후금에 항복하며 형제 관계를 맺었다.
② 이괄의 난은 1624년 일어난 반란이다. 이괄의 난이 진압된 후 주동자 중 일부가 후금으로 도망해 국내의 불안한 정세를 알린 것이 정묘호란의 한 원인이 되었다.
④ 병자호란 당시 인조는 삼전도에서 청 태종에 항복하였다.
⑤ 후금은 청으로 나라 이름을 바꾼 후 조선에 군신 관계를 요구하였으나, 요구가 받아들여지지 않자 조선을 침략하였다.

7 (가)는 최명길 등이 주장한 주화론의 입장, (나)는 김상헌 등이 주장한 척화론의 입장이다. 실리를 중시한 입장은 (가) 주화론이다.

오답 피하기
① 최명길은 주화파의 대표적인 인물이다.
② 주화론은 전쟁을 피하기 위해 청의 군신 관계 요구를 외교적으로 해결하자는 주장이다.
④ 척화론은 명에 대한 의리를 지키기 위해 청과 전쟁을 벌일 수 있다는 주장이다.
⑤ 청이 군신 관계를 요구하자 이를 둘러싸고 주화론과 척화론이 대립하였다.

서술형 문제

1 [예시 답안] 임진왜란 당시 조선을 지원하여 명의 국력이 약화되고 만주의 여진족이 성장하였다.

[평가 기준]

상	명의 쇠퇴와 여진족의 성장을 바르게 기술한 경우
하	명의 쇠퇴와 여진족의 성장 중 하나만 기술한 경우

2 [예시 답안] 광해군은 명과 후금 사이에서 실리를 추구하는 중립 외교 정책을 펼쳐 성장하는 후금과의 직접적인 전쟁을 모면하였다.

[평가 기준]

상	광해군이 후금과의 전쟁을 막고자 명과 후금 사이에서 중립 외교를 실시하였음을 서술한 경우
하	광해군의 외교 정책을 제대로 서술하지 못한 경우

대단원 마무리

본문 34~37쪽

1 ④ **2** ⑤ **3** ① **4** ④ **5** ⑤
6 해설 참고 **7** ④ **8** ④ **9** ② **10** ②
11 ② **12** ② **13** ④ **14** ⑤ **15** ③ **16** ⑤
17 ⑤ **18** 해설 참고 **19** ③ **20** ⑤ **21** ④
22 ②

1 자료는 위화도 회군(1388)에 관한 내용이다. 위화도 회군을 통해 이성계와 신진 사대부가 권력을 장악하였다.

2 자료에서 김종서가 여진인을 몰아내고 6진 지역을 개척하였다는 내용을 통해 밑줄 친 '왕'이 세종임을 알 수 있다. 세종은 왕권과 신권의 조화를 추구하여 유능한 정승을 등용하고 경연을 실시하였으며, 집현전을 설치하여 학문 및 정책 연구를 실시하였다.

오답 피하기
① 한양으로 천도한 것은 조선 태조 때의 일이다.
②, ③ 홍문관을 설치하고 『경국대전』을 완성한 왕은 성종이다.
④ 태종과 세조는 6조 직계제를 실시하여 의정부의 권한을 축소하였다.

3 자료에서 사림이 주로 등용되었다는 점에서 (가)에 들어갈 기구는 3사임을 알 수 있다. 3사는 언론 기능을 담당하여 권력의 독점과 부정을 막았다.

오답 피하기
② 승정원에 대한 설명이다.
③ 3사는 사헌부, 사간원, 홍문관으로 구성되어 있다.
④ 한성부에 관한 설명이다.
⑤ 3사는 왕권과 신권의 조화와 균형을 꾀하였다.

4 수령은 대부분의 군현에 파견되었으며, 고을의 행정·사법·군사권을 가졌다. 파견된 마을에는 향리와 유향소가 있어 수령을 보좌하였다.

오답 피하기
① 수령의 지위는 세습되지 않았다.
② 역사서 편찬은 춘추관의 역할이다.
③ 국왕의 비서 역할을 한 것은 승정원이다.
⑤ 조선 시대에는 고려에 비해 수령의 권한이 컸고 향리의 지위가 낮아졌다.

5 조선은 지방에 병영과 수영을 설치하고, 병마절도사와 수군절도사를 파견하였다.

오답 피하기
① 9서당은 통일 신라의 중앙군이다.
② 양인 남자가 군역을 부담하였다.
③ 양반은 군역에서 면제되었다.
④ 중앙에 5위가 설치되었다.

6 [예시 답안] 호구를 파악하여 이를 기반으로 조세 징수와 군역 부과를 하기 위해서이다.

[평가 기준]

상	호구를 파악하여 조세 징수와 군역을 부과하였다는 내용을 모두 서술한 경우
중	호구 파악만 서술한 경우
하	제대로 서술하지 못한 경우

7 자료는 사림의 계보도이다. 사림은 조선 건국에 반대하였던 정몽주, 길재의 학통을 이어 받았으며, 향촌 자치와 왕도 정치를 추구하였다.

오답 피하기
① 조광조 등은 도교 행사를 주관하던 소격서 폐지를 주장하였다.
② 사림은 불교를 비판하고 성리학을 연구하였다.
③ 고려 말 권문세족이 친원 정책을 추진하였다.
⑤ 사림은 조선 건국에 반대하였던 온건파 신진 사대부의 학통을 계승하였다.

8 조선은 태종 이후 명과 친선 관계를 유지하며 조공·책봉의 형식으로 사대 외교를 표방하여 실리를 추구하였다.

오답 피하기
① 여진과 일본 등에 실시한 교린 정책에 대한 설명이다.
② 일본과의 외교 정책이다.
③, ⑤ 여진에 대한 교린 정책이다.

9 조선의 관리를 뽑는 시험이라는 점에서 (가)가 과거제라는 것을 알 수 있다. 조선의 과거제는 문과, 무과, 잡과로 이루어졌는데 정기 시험은 3년마다 실시되었고, 알성시, 증광시 등의 비정기 시험이 있었다.

오답 피하기
① 고려의 과거는 무과가 거의 실시되지 않았으나 조선에서는 무과가 실시되었다.
③ 기술관을 뽑는 잡과에는 주로 중인들이 응시하였다.
④ 문과의 소과가 생원과와 진사과로 나뉘었다.
⑤ 과거 외에도 음서나 천거 등을 통해 관직에 오를 수 있었다.

10 자료의 「조의제문」은 항우가 어린 의제를 죽이고 왕위에 오른 사실을 비판한 김종직의 글이다. 훈구 세력은 이 글이 세조의 왕위 찬탈을 비난한 것이라고 주장하였다. 이로 인해 무오사화가 발생하였다.

11 자료의 내용은 조광조가 실시한 개혁 내용이다. 중종은 훈구 세력을 견제하기 위해 조광조 등의 사림을 등용하였다. 조광조는 왕도 정치의 이상을 강조하고 현량과 시행, 소격서 폐지, 위훈 삭제 등 급격한 개혁 정책을 추진하였다. 이에 훈구 세력이 반발하였고, 결국 기묘사화로 조광조가 정계에서 축출되었다.

12 유학자의 제사를 지냈으며, 중종 때 주세붕이 처음으로 설립하였다는 점에서 교사의 질문에 대한 답은 서원이다.

오답 피하기

① 서당은 초보적 유학 교육을 실시하는 교육 기관이다.
③ 정부는 지방에 향교를 설치하여 유학 교육을 실시하였다.
④ 향약은 지방의 사림들이 주도한 향촌 자치 규약이다.
⑤ 4부 학당은 수도에 설치된 유학 교육 기관이다.

13 향약은 상부상조의 풍속에 유교 윤리를 더한 자치 규약이다. 조광조가 처음 보급하였으나, 16세기 이후 이황, 이이 등 사림의 노력으로 전국으로 확산되었다.

14 (가)는 역대 왕의 통치 기록을 모은 『조선왕조실록』이다. 『조선왕조실록』은 왕이 죽은 뒤 사초를 모아 편찬하고 한성의 춘추관과 충주, 전주, 성주의 사고에 1부씩 보관하였다. 왜란 이후 전주 사고를 제외한 나머지 사고의 실록들이 불 타 없어지자, 오대산, 묘향산 등에 마련된 사고에 보관하였다.

15 세종 대에 우리의 독자적인 역법서인 『칠정산』 편찬, 우리 풍토에 맞는 농사법을 정리한 『농사직설』 편찬, 우리 약재를 사용한 처방전을 정리한 『향약집성방』 간행, 물시계인 자격루와 해시계인 앙부일구 제작 등이 이루어졌다. ③ 『경국대전』은 세조 때 편찬이 시작되어 성종 때 완성되었다.

16 (가)에는 천문 관측과 관련된 내용이 들어가야 한다. 혼천의는 천체를 관측하는 기구이고, 「천상열차분야지도」는 태조 때 돌에 새긴 별자리 관측 천문도이다.

오답 피하기

ㄱ. 계미자는 태종 때 주조한 금속 활자이다.
ㄴ. 신기전은 화약이 달린 화살이다.

17 분청사기는 고려 말부터 조선 전기까지, 백자는 16세기 이후 유행하였고, 사군자화는 양반들이 그린 문인화이다. 『금오신화』는 조선 전기에 김시습이 지은 최초의 한문 소설이다. ⑤ 불국사 3층 석탑은 통일 신라 때 제작되었다.

18 **[예시 답안]** 성리학을 통치 규범으로 삼은 조선은 일상생활에서 성리학적 질서를 보급하고자 노력하였다. 따라서 유교 윤리와 예법을 보급하여 백성들이 성리학적 생활 규범을 익힐 수 있도록 자료와 같은 정책을 실시하였다.

[평가 기준]

상	유교 윤리와 예법을 보급하고 성리학적 생활 규범을 익히도록 하기 위한 것이라는 목적을 잘 서술한 경우
하	제대로 서술하지 못한 경우

19 정유재란(1597)이 발생한 이후 이순신이 이끄는 수군이 크게 승리하였다. 이후 도요토미 히데요시 사망으로 일본군의 철수가 시작되자, 퇴각하는 일본군을 이순신이 이끄는 수군이 노량에서 격파(노량 해전)하면서 전쟁이 종결되었다.

20 도공 이삼평 등이 포로로 끌려갔다는 내용을 통해 (가) 전쟁이 임진왜란임을 알 수 있다. 임진왜란 이후 여진이 성장하여 후금을 건국하였고, 명이 쇠퇴하였다.

오답 피하기

① 병자호란의 결과 조선과 청이 군신 관계를 맺었다.
② 정묘호란 이후 조선과 후금은 형제 관계를 맺었다.
③ 도요토미 히데요시가 일본을 통일한 후 조선을 침략해 임진왜란이 발발하였다.
④ 조선은 임진왜란 이후 신분 질서가 크게 흔들렸다.

21 강홍립에게 상황에 따라 대처하라고 지시하였다는 내용을 통해 밑줄 친 '이 왕'은 광해군임을 알 수 있다. 광해군은 명의 원군 요청에 강홍립을 파병하면서 정세를 보아 적절히 판단할 것을 지시하였다. 이와 같이 광해군은 명과 후금 사이에서 중립적인 외교를 실시하였다.

오답 피하기

①, ②, ③, ⑤는 인조에 대한 설명이다.

22 자료에서 청과 군신 관계를 체결하였다는 점에서 자료가 병자호란과 관련한 내용임을 알 수 있다. 후금이 국호를 청으로 바꾸고 조선에 군신 관계를 요구하였다. 그러나 조선이 거부하자 청이 조선을 침략하였고, 인조가 남한산성으로 피신하여 항전하였으나 결국 청에 항복하였다.

V. 조선 사회의 변동

01 조선 후기의 정치 변동

기본 문제

본문 42~43쪽

간단 체크

1 (1) 비변사 (2) 5군영 (3) 속오군 **2** (1) ㉠ (2) ㉢ (3) ㉡ **3** (1) 환국 (2) 탕평 정치 (3) 세도 정치 (4) 예송 **4** (1) 정 (2) 정 (3) 영 (4) 영 (5) 정 (6) 영

기본 문제

1 ③ **2** ⑤ **3** ③ **4** ③ **5** ① **6** ①
7 ② **8** ② **9** ②

1 외적의 침입에 대비하기 위해 설치한 임시 회의 기구였다는 점, 왜란과 호란을 거쳐 최고 기구가 되었다는 점에서 밑줄 친 '이 기구'가 비변사임을 알 수 있다. 비변사가 최고 기구가 되면서 6조와 의정부의 기능은 약화되었다.

오답 피하기

① 6조는 정책 집행 기관이다.
② 3사는 사간원, 사헌부, 홍문관으로 언론 기능을 담당하는 기구이다.
④ 의정부는 3정승이 주도하는 국정 총괄 기구이다.
⑤ 도병마사는 고려 시기 국방 회의 기구이다.

2 조선 정부는 임진왜란 도중 삼수병으로 구성된 훈련도감을 설치하였고, 이후 어영청, 총융청, 수어청, 금위영을 설치함으로써 5군영 체제를 갖추었다.

3 대동법에 해당하는 내용이다. 대동법은 기존의 토산물을 바치던 공납을 토산물 대신 토지 1결당 쌀, 옷감, 동전 등으로 징수하는 제도였다.

4 서인은 이이와 성혼의 학통, 동인은 이황과 조식의 학통을 계승하였다.

오답 피하기

① 광해군 때 북인이 권력을 독점하였다.
② 서인이 주도하여 인조반정이 이루어졌다.
④ 선조 때 동인이 북인과 남인으로 분화되었다.
⑤ 예송에서는 남인과 서인이 대립하였다.

5 현종 때 두 차례에 걸친 예송이 발생하였다. 예송은 효종과 효종비가 사망하자 인조의 계비이자 효종의 계모인 자의 대비의 상복 입는 기간을 놓고 둘러싼 논쟁이다.

6 (가)는 숙종 때 발생한 환국이다. 환국으로 급격한 정권 교체가 일어났고, 그 과정에서 서인이 노론과 소론으로 나뉘었다.

7 탕평비를 세운 왕은 영조이다. 영조는 군포를 1년에 1필로 줄이는 균역법을 실시하여 농민의 부담을 경감시켰다.

오답 피하기

①, ④는 정조, ③은 현종, ⑤는 숙종에 대한 설명이다.

8 정조는 규장각을 설치하여 인재를 양성하고, 초계문신제를 실시하여 신진 관료를 재교육하였다.

오답 피하기

ㄴ. 『속대전』은 영조 때 편찬되었다.
ㄹ. 대동법은 광해군이 경기도에 최초로 시행하였다.

9 세도 정치는 소수의 유력 가문이 주도하는 정치로 순조, 헌종, 철종 3대에 걸쳐 실시되었다.

실전 문제

본문 44~45쪽

1 ⑤ **2** ④ **3** ① **4** ① **5** ② **6** ②
7 ⑤ **8** ② **9** ③

서술형 문제 **1** 해설 참고 **2** 해설 참고 **3** 해설 참고

1 자료에서 큰일이든 작은 일이든 모두 처리한다는 데에서 (가)는 비변사임을 알 수 있다. 비변사는 원래 임시 회의 기구였으나, 기능이 점차 강화되어 양 난 이후 국가 최고 기구로 국가의 주요 정책을 논의하고 결정하였다.

오답 피하기

① 장용영은 국왕의 친위 부대였다.
② 이조 전랑이 3사 관원의 추천권을 가졌다.
③ 비변사는 임진왜란 전에 임시 기구로 설치되었다가 임진왜란 이후 상설 기구가 되었다.
④ 사간원, 사헌부, 홍문관은 3사에 해당한다.

2 양 난 이후 중앙군은 5군영 체제, 지방군은 속오군을 창설하여 군사 제도를 개편하였다. 5군영은 서울과 외곽 지역을 방어하기 위해 설치하였으며, 훈련도감이 맨 처음 설치되었고, 총융청, 어영청, 수어청, 금위영이 포함되었다. 속오군은 왜란 중에 실시한 제도로 평상시 생업에 종사하며 훈련을 받다가 유사시 전투에 동원되는 형태로 운영되었다. ④ 속오군은 양반을 비롯하여 양인, 천인 등으로 구성되어 있다.

3 양 난 이후 국가 재정 확보와 민생 안정을 위해 조세 제도를 개혁하였다. (가)는 군포를 줄여 주는 균역법, (나)는 전세를 고정하는 영정법, (다)는 공납을 토산물 대신 쌀, 옷감, 동전 등으로 징수하는 대동법에 해당한다.

4 숙종 때 서인이 집권한 뒤 남인 처리 문제를 두고 노론과 소론으로 분화되었다.

5 현종 때 두 차례에 걸친 예송을 통해 붕당 간의 갈등이 깊어졌고, 숙종 때 집권 붕당을 급격히 교체하는 환국을 통해 붕당 정치가 급격히 변질되었다.

6 (가) 갑술환국은 숙종 때, (나) 기해예송은 현종 때, (다) 탕평비 설치는 영조 때, (라) 장용영 설치는 정조 때의 일이다. 따라서 시기순으로 나열하면 (나) – (가) – (다) – (라)의 순이다.

7 자료는 붕당 정치의 폐해에 대해 설명하고 있다. 영조는 이 문제를 해결하고 붕당 간의 세력 균형을 위해 탕평책을 실시하였다. 그러면서 붕당 간의 분쟁의 원인이 되는 이조 전랑의 권한을 약화시켰다.

오답 피하기

①, ②는 영조의 개혁 정치이긴 하나, 탕평책과는 관련이 없다.
③, ④는 정조의 개혁 정치에 해당된다.

8 아버지 사도 세자의 묘를 옮기고 수원 화성을 건축한 왕은 정조이다. 성균관에 탕평비를 건립한 것은 영조의 업적이다.

9 세도 정치는 소수의 유력 가문이 주도하는 정치이다. 이 시기 관리들의 부정부패가 발생하면서 삼정의 문란이 심화되고, 매관매직이 성행하였다. 이를 해결하기 위해 정부는 암행어사를 파견하기도 하였으나 효과를 거두지 못하였다.

서술형 문제

1 [예시 답안] 임진왜란과 병자호란을 거치면서 비변사가 국가 최고 정무 기구로 변화되어 국정을 총괄하였다. 군사 제도에서는 훈련도감을 시작으로 중앙의 5군영 체제가 완성되었고, 지방군으로는 양반부터 천민까지 포함하여 속오군을 창설하였다.

[평가 기준]

상	정치 운영과 군사 제도의 변화를 중앙군과 지방군으로 나누어 명확히 서술한 경우
중	정치 운영을 쓰고 군사 제도의 변화를 한 가지만 서술한 경우
하	정치 운영과 군사 제도의 변화를 통틀어 한 가지만 쓴 경우

2 [예시 답안] 영조는 붕당 정치의 폐해를 바로잡고 왕권을 강화하고자 탕평 정치를 시행하였다. 노론과 소론의 온건파를 중심으로 붕당과 관계없이 등용하였으며, 탕평교서 반포, 탕평비 건립 등의 탕평책을 실시하였다.

[평가 기준]

상	영조의 정책을 세 가지 서술한 경우
중	영조의 정책을 두 가지 서술한 경우
하	영조의 정책을 한 가지 서술한 경우

3 [예시 답안] 세도 정치 시기에는 왕실의 외척을 중심으로 노론의 몇몇 가문이 권력을 장악하고, 비변사의 주요 관직을 독차지하였다. 이 시기 정치 기강이 해이해지면서 매관매직이 성행하는 등 부정부패가 심화되었다. 또한 삼정의 문란이 심화되어 농민들의 고통이 커졌다.

[평가 기준]

상	도표에 나타난 세도 정치의 특징을 잘 서술한 경우
중	세도 정치의 특징을 서술하였으나 도표에 드러난 특징이 아닌 경우
하	세도 정치의 특징에 대한 서술이 미흡한 경우

02 사회 변화와 농민 봉기

기본 문제

본문 48~49쪽

간단 체크

1 (1) 모내기법 (2) 공인 (3) 상평통보 **2** (1) 잔반 (2) 양반 (3) 노비종모법 **3** (1) ㉢ (2) ㉠ (3) ㉡ **4** (1) ○ (2) × (3) ○ (4) ×

기본 문제

1 ④ **2** ⑤ **3** ⑤ **4** ④ **5** ③ **6** ②
7 ① **8** ④

1 (가)는 모내기법이다. 모내기법의 전국 확대로 노동력이 절감되어 광작이 가능해지고 생산력이 증가하였으며 이모작이 가능해졌다. 일부 농민은 부농으로 성장하였지만 대다수 농민은 몰락하여 농민의 계층 분화가 일어났다.

2 조선 전기에는 부역으로 동원된 노동력에 의해 채굴이 이루어졌으나, 조선 후기에는 광물 수요 증가로 민간인에게 채굴을 허용하였다.

3 조선 후기에는 양반 중심 신분 질서가 붕괴되고, 신분 상승에 대한 노력으로 양반의 수가 크게 늘어나고 상민과 노비의 수가 줄었다.

오답 피하기

① 신진 사대부는 고려 말 등장한 세력이다.
② 공명첩, 납속책 등으로 신분 상승이 가능하였다.
③ 소수의 양반만 권력이 강화되고 몰락한 양반인 잔반이 증가하였다.
④ 조선 후기 서얼의 문과 응시 제한이 사라지고, 관직 진출의 제한도 완화되기도 하였다.

4 자료는 공노비, 사노비를 막론하고 어머니의 역에 따르도록 한다는 내용을 통해 노비종모법과 관련된 것임을 알 수 있다. 노비종모법으로 인해 노비의 신분 상승이 촉진되었고 이에 따라 양인을 늘려 국가의 재정을 확충하고자 하였다.

5 자료는 환곡에 대한 것으로 삼정 가운데 환곡의 문란이 가장 심해 농민 봉기의 주요 원인이 되었다.

6 예언 사상은 불안한 현실을 살아가는 백성들의 정신적 위안과 사회의식을 성장시켜 주어 사회 모순이 심화될수록 더욱 확산되었다. ② 훈구와 사림의 대립은 조선 전기의 상황이다.

7 자료의 (가)는 홍경래의 난이다. 홍경래의 난은 세도 정치의 폐단과 평안도 사람들에 대한 차별로 일어난 농민 봉기이다.

8 (가)는 홍경래의 난, (나)는 진주 농민 봉기이다. 두 봉기 모두 세도 정치로 인한 수탈 심화로 인하여 일어난 농민 봉기이다.

실전 문제

본문 50~51쪽

1 ④ **2** ④ **3** ④ **4** ③ **5** ① **6** ⑤
7 ②

서술형 문제 **1** 해설 참고 **2** 해설 참고

1 모내기법은 조선 후기에는 전국으로 확대되었다. 모내기법이 일반화되면서 농업 생산력이 증가하였다.

2 벽란도는 고려 시대 예성강 하구에 있었던 국제 무역항이다.

오답 피하기

① 조선 후기에는 화폐로 조세나 지대를 납부할 수 있게 되면서 상평통보가 활발히 사용되었다.
② 조선 후기에는 민간 수공업이 발달하였다.
③ 조선 후기에는 전국 곳곳에 장시가 개설되었으며, 보부상이 장시를 옮겨 다니며 활동하였다.
⑤ 조선 후기에는 사상들이 대상인으로 성장하였으며, 일본과의 무역을 주도하기도 하였다.

3 자료는 상민과 천민이 양반 행세를 한다는 내용으로 조선 후기 신분제가 동요하고 있는 현상을 나타내고 있다.

4 (가)는 공명첩이다. 공명첩은 양 난 이후 국가 재정 확보를 위해 수시로 발행되었다. 상민층은 납속책이나 공명첩 등을 이용하여 신분을 상승하고자 하였다. 이로 인해 국가 재정을 담당하는 상민의 수가 크게 감소하였다.

5 자료는 삼정 중 군정의 문란과 관련된 내용이다. 조선 후기에는 세도 정치로 정치 기강의 문란과 농민의 몰락이 나타났다. ① 훈민정음을 반포하는 왕은 세종으로 조선 전기와 관련된 내용이다.

6 자료는 진주 농민 봉기에 대한 것이다. 경상도 우병사 백낙신의 수탈로 진주 지방에서 몰락 양반인 유계춘이 중심이 되어 일어났다. 경상도 지역에서 시작된 농민 봉기는 점차 전국적으로 번져나갔다.

오답 피하기

① 홍경래의 난(1811)이 임술 농민 봉기보다 먼저 일어났다.
② 천주교의 교세 확장과는 관련이 없다.
③ 홍경래의 난이 평안도 지방의 차별에 반발하여 일어났다.
④ 동학 농민 운동에 대한 설명이다.

7 삼정이정청은 임술 농민 봉기의 원인이었던 삼정의 문란을 해결하고자 설치된 기구이다.

오답 피하기

ㄴ. 삼정이정청이 설치되었으나 큰 효과는 없었다.
ㄷ. 홍경래의 난은 삼정이정청 설치보다 앞선 시기에 일어났다.

서술형 문제

1 [예시 답안] 붕당 정치가 제대로 운영되지 않고 세도 정치가 출현하면서 소수의 양반만이 관직에 진출하고 향반과 잔반과 같은 몰락한 양반이 늘어났다.

[평가 기준]

상	정치적 상황과 몰락 양반의 증가를 연관시켜 서술한 경우
중	정치적 상황만 서술한 경우
하	몰락 양반의 증가만 서술한 경우

2 [예시 답안] 홍경래의 난, 홍경래의 난은 평안도 지역에 대한 차별과 세도 정치의 폐단으로 일어났다.

[평가 기준]

상	사건을 쓰고 사건이 일어난 배경을 서술한 경우
중	사건이 일어난 배경을 서술한 경우
하	사건만 서술한 경우

03 학문과 예술의 새로운 경향 ~ 생활과 문화의 새로운 양상

기본 문제

본문 54~55쪽

간단 체크

1 (1) ㉢ (2) ㉠ (3) ㉡ **2** (1) 연행사 (2) 에도 막부 (3) 서학 **3** (1) × (2) ○ (3) ○ **4** (1) ㉢ (2) ㉠ (3) ㉡ (4) ㉤ (5) ㉣

기본 문제

1 ① **2** ③ **3** ④ **4** ④ **5** ④ **6** ⑤
7 ③ **8** ⑤

1 해당 인물은 정약용이다. 정약용은 토지의 공동 소유와 공동 경작 및 노동량에 따른 분배를 내용으로 하는 여전론을 내세워 농촌 사회의 안정을 추구하였다.

2 자료는 박제가가 쓴 『북학의』의 내용으로 소비를 통해 생산을 향상시켜야 한다는 주장이다. 박제가는 북학파에 해당하는 실학자로 청의 문물을 수용하고 상공업을 발달시켜야 한다고 주장하였다.

오답 피하기
① 박지원이 『열하일기』를 저술하였다.
② 홍대용은 지전설을 주장하였다.
④ 유형원이 신분에 따라 토지를 재분배하자는 균전론을 주장하였다.
⑤ 박제가는 상공업 발달을 주장하였다.

3 자료는 국학에 대한 설명이다. 중국 중심의 세계관을 비판하는 분위기가 조성되면서 우리 역사, 지리, 언어에 대해 활발히 연구가 진행되었다. ④ 「곤여만국전도」는 중국에서 전래된 세계 지도이다.

오답 피하기
① 『언문지』는 우리 글인 한글을 연구한 책이다.
② 『발해고』는 발해의 역사를 연구한 역사서이다.
③ 『택리지』는 각 지방의 자연환경, 인물, 경제, 풍속 등을 정리해 놓은 인문지리지이다.
⑤ 『훈민정음운해』는 훈민정음을 연구하여 정리해 놓은 책이다.

4 (가)는 통신사, (나)는 연행사에 대한 설명이다. 조선 후기에 연행사와 통신사를 통해 청, 일본과 문화 교류를 실시하였다.

5 자료는 서민의 미적 감각에 맞게 자유로운 표현을 구사한다는 내용을 통해 민화에 대한 설명임을 알 수 있다. ④가 민화이다.

오답 피하기
① 정선의 「인왕제색도」로 진경산수화에 해당한다.
② 신윤복 「단오풍정」으로 풍속화이다.
③ 김홍도의 「씨름도」이다.
⑤ 신윤복의 「월하정인」이다.

6 조선 후기 성리학적 생활 규범의 정착으로 부계 중심의 가족 제도가 강화되었다. 이에 따라 여성의 재혼이 힘들었다.

7 조선 후기에는 서민층의 경제적 성장, 서민 의식 성장으로 서민 문화가 발달하였다. ③ 상감 청자는 고려 시대에 유행하였다.

8 우리나라 산천을 직접 보고 그리는 화풍을 진경산수화라고 한다.

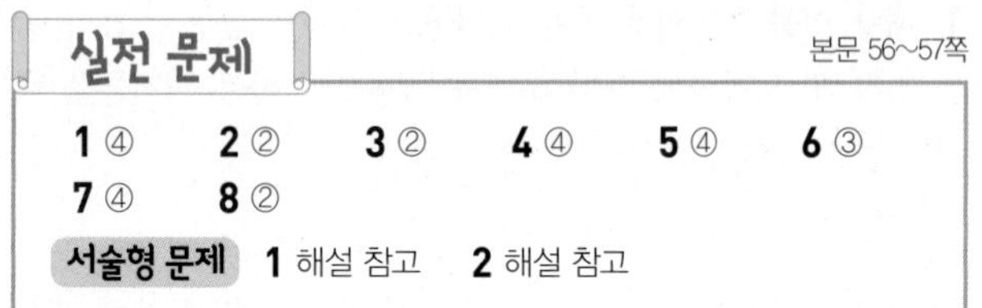

실전 문제

본문 56~57쪽

1 ④ **2** ② **3** ② **4** ④ **5** ④ **6** ③ **7** ④ **8** ②

서술형 문제 **1** 해설 참고 **2** 해설 참고

1 조선 후기에 사회 문제 해결에 대한 성리학의 한계로 실학이 대두되었다. 홍대용은 상공업 중심의 개혁론을 제시한 실학자로, 기술 혁신과 문벌 폐지를 주장하였고 『의산문답』에서 지구 자전을 소개하였다.

오답 피하기

① 정약용, ② 홍대용, ③ 박제가, ⑤ 유형원에 해당한다.

2 (가)는 이익, (나)는 박제가가 주장한 내용이다. 이익은 토지 재분배를 통해 농촌 사회의 안정을 추구하는 농업 중심 개혁론을 주장하였다. 박제가는 상공업 중심의 개혁론을 주장하며 상공업 진흥과 기술 개발을 통한 부국강병을 추구하였다.

오답 피하기

① 박지원, ③ 정약용, ④ 홍대용에 해당하는 설명이다.
⑤ (나) 박제가만 해당한다.

3 실학은 성리학이 이론과 형식에 치우쳐 현실 문제 해결 능력에 한계를 드러내자 등장하게 되었다. ② 훈구 세력은 조선 전기에 집권한 세력으로 조선 후기에 등장한 실학과는 관련이 없다.

오답 피하기

① 실학은 현실의 문제를 해결하기 위한 실용적이며, 실증적인 학문이었다.
③ 북학파가 개화사상에 영향을 주었다.
④ 실학은 국가 정책에 크게 반영되지는 못하였다.
⑤ 양 난 이후 발생한 사회 문제를 성리학이 해결하지 못하자 이를 비판하며 실학이 등장하였다.

4 10리마다 점을 찍어 거리를 나타내고, 각 첩을 접어 휴대할 수 있었다는 내용 등을 통해 (가)에 들어갈 용어가 「대동여지도」임을 알 수 있다. 「대동여지도」는 조선 후기 김정호가 제작한 전국 지도이다.

오답 피하기

① 『택리지』는 이중환이 저술한 지리지로, 각 지방의 산천, 인물, 풍속, 산물 등을 기록하였다.
② 「팔도도」는 조선 전기 제작된 전국 지도이다.
③ 「동국지도」는 정상기가 제작한 전국 지도로 최초로 100리 척을 사용하였다.
⑤ 「곤여만국전도」는 마테오 리치와 명 학자 이지조가 만든 세계 지도로, 조선에 소개되어 조선인의 세계관 확대에 기여하였다.

5 밑줄 친 '사절단'은 연행사이다. 조선 후기에 청에 보내는 연행사와 일본에 보내는 통신사를 통한 학문과 예술의 교류가 이루어졌다.

오답 피하기

① 병자호란 이후 청에 연행사를 파견하였다.
② 에도 막부의 요청으로 일본에 통신사를 파견하였다.
③ 청으로 보내는 사절단은 연행사, 일본에 보내는 사절단을 통신사라고 하였다.
⑤ 통신사는 일본에 조선의 선진 문물을 전하는 역할을 하였다.

6 조선 후기에는 적장자 중심의 상속 제도가 확대되고, 차남 이하의 아들과 딸의 상속분은 점차 감소하였다. 또한 조선 후기에는 성리학적 가족 윤리가 정착하여 여성의 재혼이 제한되었다.

오답 피하기

③ 조선 후기에는 적장자 중심으로 재산 상속이 이루어졌다.

7 조선 후기에는 서민층의 경제적 성장, 서민 의식의 성장으로 서민 문화가 발달하였다.

오답 피하기

ㄱ. 북학파는 개화파에 영향을 주었다.
ㄷ. 서원과 향약은 향촌 사회에 유교 윤리를 보급하는 데 기여를 하였다.

8 ② 김홍도의 「벼타작」이다.

오답 피하기

① 정선의 「금강전도」이다.
③ 강희안의 「고사관수도」이다.
④ 강세황의 「영통동구도」이다.
⑤ 안견의 「몽유도원도」이다.

서술형 문제

1 [예시 답안] 유형원은 신분에 따라 토지를 차등 지급하는 균전론을 주장하였다. 이익은 농가마다 생계에 필요한 최소한의 토지인 영업전을 나눠주고 매매를 금지하는 한전론을 주장하였다. 정약용은 마을에서 공동으로 토지를 소유하고 경작하여, 노동량에 따라 생산물을 분배하는 여전론을 주장하였다.

[평가 기준]

상	실학자 3명의 토지 개혁 방안을 모두 서술한 경우
중	실학자 2명의 토지 개혁 방안을 서술한 경우
하	실학자 1명의 토지 개혁 방안을 서술한 경우

2 (1) [예시 답안] 조선 전기에는 자녀에게 고르게 상속한 반면, 조선 후기에는 적장자 중심의 상속 제도가 확립되었다.

[평가 기준]

상	조선 전기와 조선 후기의 재산 상속 방식의 변화를 바르게 서술한 경우
중	조선 후기의 재산 상속 방식만을 서술한 경우
하	재산 상속 방식의 변화를 제대로 서술하지 못한 경우

(2) [예시 답안] 임진왜란과 병자호란 이후 지배 체제의 동요에 위기의식을 느낀 지배 세력이 성리학적 생활 규범을 정착시켜 사회 질서를 강화하려고 하였다. 이에 따라 부계 중심의 가족 제도가 강화되었다.

[평가 기준]

상	성리학적 사회 질서를 강화하려는 이유와 그에 따른 결과를 바르게 서술한 경우
중	성리학적 사회 질서를 강화하려는 이유를 바르게 서술한 경우
하	성리학적 사회 질서 강화에 따른 결과만을 서술한 경우

대단원 마무리

본문 60~63쪽

1 ②	**2** 해설 참고	**3** ③	**4** ③	**5** ④
6 ④	**7** ③	**8** 해설 참고	**9** ③	**10** ②
11 ④	**12** ②	**13** ①	**14** ①	**15** ②
16 ③	**17** ①	**18** 해설 참고	**19** ③	**20** ②
21 ③				

1 임진왜란 발발 이후에 군사 제도의 정비가 이루어졌다. 중앙에는 훈련도감을 시작으로 어영청, 총융청, 수어청, 금위영이 설치되었고, 지방에는 양반에서 노비까지 모든 신분으로 구성된 속오군이 편성되었다.

오답 피하기

① 비변사는 양 난 이후 국정 총괄 최고 기구이다.
③ 평상시에는 생업에 종사하고, 농한기에 군사 훈련을 받으며 전쟁에 대비하였다.
④ 양반에서 노비까지 모든 신분으로 구성되었다. 그러나 양반들이 노비와 함께 훈련받는 것을 꺼리면서 점차 평민과 노비만 남게 되었다.
⑤ 왜란과 호란을 거치면서 정비된 군사 제도이다.

2 [예시 답안] 일부 부유한 상민이 공명첩을 통해 양반으로 신분이 상승하면서 상민이 줄고, 양반이 증가하였다.

[평가 기준]

상	상민의 신분 상승과 이로 인한 사회 변화를 모두 서술한 경우
하	상민의 신분 상승만 서술한 경우

3 자료는 대동법에 대한 내용이다. 대동법은 양 난 이후 국가 재정을 확보하고 농민의 부담을 덜어주기 위한 공납 개혁 제도이다. 대동법 실시 이후 공인이 등장하였다.

오답 피하기

① 대동법으로 공납의 부담은 줄었으나, 토지 결수에 따라 세금을 거두면서 토지세의 부담은 늘어났다.
② 대동법은 기존의 가호마다 부과하던 공납을 토지 면적을 기준으로 부과하였기에, 토지가 없거나 적은 농민의 부담은 줄었으나 지주들의 부담이 늘어나 반대가 심하였다.
④, ⑤ 대동법 이전의 공납의 문제점이다.

4 예송은 효종과 효종비 사후 계모인 자의 대비의 상복 입는 기간을 두고 일어난 논쟁이다.

오답 피하기

① 기묘사화의 발생과 관련 있다.
② 붕당의 출현과 관련 있다.
④ 환국으로 집권한 서인은 남인을 처리하는 문제를 두고 소론과 노론으로 분화하였다.
⑤ 동인이 북인과 남인으로 분화된 것과 관련 있다.

5 제시된 자료는 환국에 관한 내용이다. 환국은 숙종 대에 발생한 급격한 정권 교체를 말하는데, 숙종은 집권 붕당을 바꾸고 상대 당의 인사들을 정계에서 축출하였다.

6 군포를 1년에 1필로 줄인 균역법을 실시한 왕은 영조이다. 영조는 『경국대전』 이후 변화된 법을 정리하여 『속대전』을 편찬하고, 조선의 문물과 제도를 정리한 『동국문헌비고』를 간행하였다.

오답 피하기

① 정조가 수원 화성을 건설하였다.
② 영정법은 인조가 제정하였다.
③ 정조는 금난전권을 폐지하여 자유로운 상행위를 허용하였다.
⑤ 광해군은 후금과 명 사이에 중립 외교 정책을 실시하였다.

7 자료는 세도 정치에 대한 설명이다. 세도 정치 시기에는 부정부패가 심화되고 삼정의 문란이 심화되었다. 정부는 암행어사를 파견하여 수령의 통치 실태를 점검하였으나 큰 효과를 거두지 못하였다. ③ 세도 정치 시기는 노론의 몇몇 가문이 권력을 독점하였다.

8 [예시 답안] 균역법 실시, 탕평책 실시, 청계천 정비 등의 정책을 실시하였다.

[평가 기준]

상	세 가지 이상 서술한 경우
중	두 가지를 서술한 경우
하	한 가지만 서술한 경우

9 자료는 모내기법과 관련된 내용이다. 모내기법은 남부 지방에서만 실시되다 조선 후기 전국으로 확산되었다. 모내기법의 시행으로 노동력이 절감되고 생산량이 증가했으며, 쌀과 보리 이모작 등이 가능해졌다. 조선 후기에는 혼인 이후 곧장 신랑 집으로 가 생활하는 경우가 일반화되었다.

10 조선 후기에는 국가 주도의 수공업이 쇠퇴하고 민간 수공업이 발달하였다.

오답 피하기

① 조선 후기에는 농업 생산력이 증대되고 상업이 발달하면서 물품을 거래하는 장시가 전국에 크게 증가하고 상품 화폐 경제가 발달하였다.
③ 조선 후기 시전 상인들에게 주어지던 금난전권의 폐지는 사상의 성장에 영향을 주었다.
④ 대동법의 시행으로 왕실과 관청에 물건을 공급하는 공인이 등장하였다.
⑤ 조선 후기 수공업의 발달에 따라 광물 수요가 늘어나 민간 위주의 광산 개발이 본격화되었다.

11 자료에서 설명하는 신분은 중인이다. 특히 기술직 중인은 신분 상승을 위해 대규모 소청 운동을 벌였으나 받아들여지지 않았다.

12 자료는 조선 후기 환곡의 문란을 보여 주고 있다. ② 직전법은 조선 세조 때 처음 실시되었다.

오답 피하기

① 조선 후기 백성들의 생활이 어려워지자 『정감록』과 같은 예언 사상이 확산되었다.
③ 양 난 이후 양반들의 권위가 약화되고, 납속이나 공명첩 등으로 신분 상승이 가능해지자 신분제가 동요하였다.
④ 정조 사후 어린 순조가 즉위하면서 소수의 가문이 권력을 잡는 세도 정치가 발생하였다.
⑤ 가혹한 수취에 불만을 품은 농민들은 세금 납부를 거부하는 등의 방식으로 저항하기도 하였다.

13 동학은 1860년 최제우가 창시하였다. 이 시기는 세도 정치기에 해당한다.

오답 피하기

② 환국과 관련된 내용이다.
③ 훈구 세력의 형성과 관련된 내용이다.
④ 예송과 관련된 내용이다.
⑤ 사림은 성종 때부터 본격적으로 등용되었다.

14 자료와 관련된 봉기는 홍경래의 난이다. 평안도 사람들에 대한 차별과 세도 정치의 폐해 등이 원인이 되어 홍경래의 난이 일어났다.

오답 피하기

② 기묘사화, ③, ④ 진주 농민 봉기, ⑤ 이괄의 난(1624)에 해당한다.

15 자료는 국학의 발달에 대한 설명이다. 국학은 중국 중심의 세계관을 비판하고 우리 역사, 지리, 언어를 연구하였다. 『발해고』와 『동사강목』이 이에 해당하는 역사서이다.

오답 피하기

ㄴ. 『기기도설』은 청에서 전래된 서양의 과학서이다.
ㄹ. 「곤여만국전도」는 마테오 리치가 만든 세계 지도이다.

16 자료는 지구 지전설을 소개하는 홍대용의 글이다. 홍대용은 북학파 실학자로, 청의 선진 문물 수용을 주장하였고, 『의산문답』을 저술하였다.

오답 피하기

ㄱ. 『북학의』는 박제가의 저서이다.
ㄹ. 홍대용은 상공업을 발달시켜야 한다고 주장하였다.

17 왜란 이후 조선은 에도 막부의 요청으로 국교를 재개하여 통신사를 보내 일본과 교류하였다. 한편 조선은 호란 이후 청에 연행사를 보내 조공·책봉의 외교 업무도 수행하고 문물 교류를 실시하였다.

18 [예시 답안] 민화는 서민들의 소박한 소망을 반영하여 다양한 소재를 그린 그림으로 서민들의 생활 공간을 장식하였다. 민화의 작가들은 대개 알려지지 않았다.

[평가 기준]

상	민화의 특징을 세 가지 이상 서술한 경우
중	두 가지만 서술한 경우
하	한 가지만 서술한 경우

19 조선 후기에는 농업과 상업이 발달하면서 경제적으로 여유가 생긴 중인과 상민이 늘었다. 더불어 서당 교육도 확대되어 글을 읽고 쓸 줄 아는 서민이 늘어나면서 서민 의식이 성장하였다. 따라서 조선 후기에는 서민이 문화 활동의 주체가 된 서민 문화가 발달하였다.

20 『금오신화』는 조선 전기에 김시습이 지은 한문 소설집이다.

21 양 난 이후 성리학적 사회 질서가 강화됨에 따라 부계 중심의 가족 제도가 정착되었다.

오답 피하기

① 조선 후기 여성의 지위가 낮아졌다.
② 동학과 서학이 유행하며 평등사상이 확산된 것은 맞으나 제시문과 관련이 없다.
④ 부계 중심의 사회 질서로 바뀌어 갔다.
⑤ 서양 문물의 전래와 관련이 없다.

Ⅵ. 근현대 사회의 전개

01 국민 국가의 수립 (1)

기본 문제

본문 68~69쪽

간단 체크

1 (1) 척화비 (2) 강화도 조약 (3) 갑신정변 (4) 대한국 국제 (5) 헤이그 **2** (1) ㉢ (2) ㉠ (3) ㉣ (4) ㉡ **3** (1) 임오군란 (2) 갑오개혁 (3) 을사늑약 체결 **4** (나) – (라) – (가) – (다)

기본 문제

1 ④ **2** ① **3** ⑤ **4** ② **5** ⑤ **6** ①
7 ④ **8** ① **9** ⑤

1 (가) 사건은 신미양요이다. 미군은 제너럴 셔먼호 사건을 빌미로 강화도를 침범하였다(신미양요, 1871).

오답 피하기

① 운요호 사건이 계기가 되어 강화도 조약이 체결되었다.
② 프랑스 선교사가 피살된 병인박해가 병인양요의 원인이 되었다.
③ 병인양요 때 프랑스가 약탈해 갔다.
⑤ 오페르트는 남연군 묘 도굴을 빌미로 통상을 요구하였다.

2 자료는 강화도 조약의 내용으로, 일본은 강화도 앞바다에서 운요호 사건을 일으켜 조선에 개항을 요구하였다.

3 자료는 갑신정변(1884)에 관한 내용으로, 급진 개화파인 김옥균, 박영효 등은 우정총국 개국 축하연을 이용해 정변을 일으키고 개혁 정강을 발표하였다. 그러나 청군의 개입으로 3일 만에 실패하였다.

오답 피하기

① 대한 제국은 광무개혁을 실시하며 지계를 발급하였다.
② 위정척사 운동은 보수적인 유생들에 의해 전개되었다.
③ 동학 농민군은 집강소를 설치하며 개혁을 추진하였다.
④ 구식 군인들이 별기군과의 차별 대우에 반발하여 임오군란을 일으켰다.

4 밑줄 친 ㉠은 단발령에 대한 것으로, 명성 황후 시해 사건 이후 성립된 내각은 태양력 사용과 단발령 시행 등의 을미개혁을 추진하였다. 많은 보수 유생들은 이에 반발하며 의병을 일으켰다.

오답 피하기

① 집강소는 동학 농민 운동 때 설치된 자치 기구이다.
③ 천주교 신자 박해는 병인양요의 배경이다.
④ 강화도 조약으로 항구를 개항하였다.
⑤ 갑오개혁으로 법적으로 신분제가 폐지되었다.

5 (가)는 군국기무처로, 김홍집 내각이 제1차 갑오개혁을 실시하며 설치한 기구이다. 신분제 철폐와 과거제 폐지, 봉건적인 악습 개선 등의 개혁을 추진하였다.

오답 피하기

①, ③ 광무개혁 때 시행되었다.
② 동학 농민 운동과 관련된 내용이다.
④ 별기군은 개화 정책을 추진하며 설립한 신식 군대이다.

6 독립 협회는 독립문을 건립하고, 각계각층이 참여한 만민 공동회를 열어 러시아의 내정 간섭과 열강의 이권 침탈을 비판하였다.

오답 피하기

② 정변을 일으켜 개화당 정부를 세운 이들은 김옥균, 박영효 등 급진 개화파이다.
③ 독립 협회는 입헌 군주제 실시를 추진하였다.
④ 위정척사 운동에 대한 설명이다.
⑤ 동학 농민군이 집강소를 설치하였다.

7 자료는 대한국 국제로, 대한 제국은 광무개혁을 추진하며 구본신참의 원칙을 개혁 방향으로 제시하고, 대한국 국제를 제정하여 황제권을 강화하였다.

오답 피하기

①, ③ 갑오개혁 때 시행하였다.
② 신민회에 대한 설명이다.
⑤ 통리기무아문은 1880년에 설치되었다.

8 자료는 을사늑약으로, 일제는 고종과 대신들을 위협하여 을사늑약을 체결하고 대한 제국의 외교권을 빼앗았으며, 통감부를 설치하였다.

오답 피하기

② 강화도 조약의 내용이다.
③ 광무개혁과 관련된 내용이다.
④, ⑤ 일제는 고종을 강제로 퇴위시킨 이후 대한 제국 군대를 해산시켰다. 모두 을사늑약 체결 이후의 일이다.

9 자료는 독도와 관련된 내용으로, 대한 제국은 칙령 제41호(1900)를 통해 독도가 대한 제국의 영토임을 대외적으로 공식화하였다.

오답 피하기

① 병인양요는 프랑스가 강화도를 침범하며 일어났다.
② 운요호 사건은 일본이 영종도와 강화도를 침입한 사건이다.
③ 강화도 조약으로 인천, 원산, 부산이 개항되었다.
④ 동학 농민군이 전주성을 점령한 후 정부와 전주 화약을 체결하였다.

실전 문제

본문 70~73쪽

1 ⑤ **2** ④ **3** ⑤ **4** ④ **5** ② **6** ②
7 ③ **8** ⑤ **9** ② **10** ② **11** ⑤ **12** ④
13 ⑤ **14** ⑤

서술형 문제 **1** 해설 참고 **2** 해설 참고 **3** 해설 참고 **4** 해설 참고

1 흥선 대원군은 비변사의 기능을 축소하고, 전국에 척화비를 세워 통상 수교 거부 정책을 확고히 하였다.

오답 피하기

①, ③ 고종에 관한 설명이다.
② 서재필에 관한 설명이다.
④ 이준, 이상설, 이위종이 파견되었다.

2 밑줄 친 '두 차례의 양요'는 병인양요와 신미양요이다. 프랑스 신부의 처형에 항의하며 강화도로 침공한 프랑스군을 물리친 병인양요와 제너럴 셔먼호 사건을 구실로 쳐들어온 미군과 맞서 싸운 신미양요를 겪었다.

오답 피하기

ㄱ. 한일 신협약(1907)의 부속 각서에 의해 군대가 해산되었다.
ㄹ. 임오군란에 대한 설명이다.

3 자료는 운요호 사건을 계기로 체결한 강화도 조약에 반발하여 상소를 올린 최익현의 상소문이다. 최익현은 위정척사 운동을 주도하였다.

오답 피하기

① 별기군과의 차별 대우에 반발하여 구식 군인들이 임오군란을 일으켰다.
② 을사늑약이 체결되어 외교권이 박탈되고, 통감부가 설치되었다.
③ 단발령 시행으로 을미의병이 일어났다.
④ 신미양요에 대한 설명이다.

4 자료는 개화파에 대한 것으로, (가)는 청의 양무운동을 모델로 점진적 개혁을 주장한 온건 개화파, (나)는 일본의 메이지 유신을 모델로 정치 개혁을 주장한 급진 개화파에 대한 것이다.

오답 피하기

① 신민회에 대한 설명이다.
② 동학 농민 운동에 대한 설명이다.
③ 온건 개화파에 대한 설명이다.
⑤ 독립 협회에 대한 설명이다.

5 (가)는 동학 농민 운동(1894)에 대한 것이고, (나)는 아관 파천(1896)에 대한 것이다. 삼국 간섭 이후 조선이 러시아를 끌어들여 일본을 견제하려는 움직임이 나타나자 이를 차단하기 위해 일본은 궁궐로 난입해 명성 황후를 시해하였다(을미사변, 1895). 이에 신변의 위협을 느낀 고종은 러시아 공사관으로 거처를 옮겼다.

오답 피하기
① 러일 전쟁은 1904년에 일어났다.
③ 고종의 강제 퇴위는 1907년에 일어났다.
④ 독립 협회는 1896~1898년에 활동하였다.
⑤ 1897년에 고종은 환구단에서 즉위식을 거행하였다.

6 조선 정부는 개화파 관료들을 중심으로 동학 농민군의 요구를 일부 반영한 갑오개혁(1894)을 추진하였다. 정치적으로는 왕권의 제한, 탁지아문으로 재정 일원화 등의 개혁이 있었고, 사회적으로 신분제가 폐지되어 법적으로 평등 사회가 이루어졌다.

오답 피하기
① 대한국 국제에 대한 설명이다.
③ 갑신정변 때 개혁 정강에 대한 설명이다.
④ 통리기무아문은 1880년에 설치되었다.
⑤ 러일 전쟁은 1904년에 시작되었다.

7 동학 농민군은 전주성을 점령하고 정부와 전주 화약을 체결하였으며, 전라도 각지에 집강소를 설치하여 폐정 개혁안을 실천해 나갔다.

8 자료는 지난번 거처를 옮겼다가 경운궁으로 환궁하였다는 내용을 통해 고종이 아관 파천(1896) 후 경운궁으로 환궁한 내용임을 알 수 있다. 고종은 경운궁으로 환궁한 후 국호를 대한 제국으로 바꾸었다.

오답 피하기
① 을미사변은 1895년에 일어났다.
② 동학 농민 운동은 1894년에 일어났다.
③ 갑신정변은 1884년에 일어났다.
④ 갑오개혁은 1894년에 실시되었다.

9 대성 학교는 안창호가 평양에 세운 교육 기관으로, 민족 교육을 실시하여 인재를 양성하고자 하였다. 안창호는 신민회 해체(1911) 이후 미국으로 건너가 대한인 국민회를 이끌기도 하였고, 상하이에 설립된 대한민국 임시 정부에서도 주도적으로 활동하였다.

10 자료는 헌의 6조로, 독립 협회는 독립문을 건립하였고, 만민 공동회를 열어 열강의 이권 침탈에 반대하였다. 또 정부 대신들이 참여한 관민 공동회에서 헌의 6조를 결의하였다.

11 (가) 단체는 애국 계몽 운동을 전개한 신민회이다. 신민회는 민족의 역량을 강화하기 위한 다양한 활동을 펼쳤으며, 군주제가 아닌 공화정체의 국민 국가 수립을 목적으로 하였다.

오답 피하기
①, ③ 독립 협회에 대한 설명이다.
② 위정척사 운동에 대한 설명이다.
④ 광무개혁에 대한 설명이다.

12 을사늑약 체결에 반발하여 항일 의병이 일어났다. 이때 농민층의 의병 참여가 두드러졌으며 평민 출신 의병장도 등장하였다.

오답 피하기
① 광무개혁에 관한 설명이다.
② 독립 협회의 열강의 이권 침탈 저지 운동에 대한 설명이다.
③ 갑신정변에 대한 설명이다.
⑤ 동학 농민 운동에 대한 설명이다.

13 자료는 정미의병에 대한 것으로, 1907년 이후 의병 운동은 다양한 계층이 참여하여 전국으로 확산되었다. 이때 해산된 군인의 합류로 전투력과 조직력이 강화되었다.

오답 피하기
① 을미의병은 단발령과 을미사변에 반발하여 일어났다.
② 을사의병 때 신돌석 등 평민 의병장들이 등장하였다.
③ 흥선 대원군은 신미양요 이후 척화비를 건립하였다.
④ 임오군란에 대한 설명이다.

14 고종은 일본이 대한 제국의 외교권을 강탈한 을사늑약의 부당성을 국제 사회에 알리고자 네덜란드 헤이그에서 열린 만국 평화 회의에 이준, 이위종, 이상설을 특사로 파견하였다(1907).

오답 피하기
① 헤이그 특사 파견 이후의 결과이다.
② 을미사변 이후 1896년에 일어난 사건이다.
③ 임오군란은 1882년에 일어났다.
④ 강화도 조약은 1876년에 체결되었다.

서술형 문제

1 [예시 답안] 흥선 대원군의 외교 정책은 서양 세력을 일시적으로 저지하였다는 의의가 있지만, 국제 정세에 적극적으로 대응하지 못하여 조선의 근대화를 지연시킨 한계가 있다.

[평가 기준]

상	의의와 한계를 모두 명확히 서술한 경우
중	의의와 한계 중 한 가지를 명확히 서술한 경우
하	의의나 한계와 관련된 내용을 서술한 경우

2 [예시 답안] 강화도 조약은 조선이 외국과 맺은 최초의 근대적 조약이라는 점에서 역사적인 의미가 있지만, 일본에 영사 재판권과 해안 측량권 등을 허용한 불평등한 조약이었다.

[평가 기준]

상	역사적 의미와 불평등한 요소 두 가지를 명확히 서술한 경우
중	역사적 의미와 부정적 측면 중 한 가지를 서술한 경우
하	강화도 조약과 관련된 내용만 서술한 경우

3 (1) 갑신정변

(2) **[예시 답안]** 청의 간섭에서 벗어나 근대 국가 건설을 목표로 한 최초의 정치 개혁 운동이라는 점에서 의의가 있다. 하지만 일본에 의존하여 정변을 일으켰고 민중들이 가장 원하던 토지 제도를 개혁하지 않았다는 한계를 지닌다.

[평가 기준]

상	갑신정변의 의의와 한계를 모두 명확히 서술한 경우
중	갑신정변의 의의와 한계 중 한 가지를 명확히 서술한 경우
하	갑신정변의 의의와 한계를 제대로 서술하지 못한 경우

4 (1) 을사늑약

(2) **[예시 답안]** 대한 제국의 외교권이 박탈되었고, 통감부를 설치하여 대한 제국의 내정에 간섭하였다.

[평가 기준]

상	외교권 박탈, 통감부 설치 두 가지 모두 명확히 서술한 경우
중	외교권 박탈, 통감부 설치 중 한 가지를 명확히 서술한 경우
하	을사늑약과 관련된 내용을 서술한 경우

02 국민 국가의 수립 (2)

기본 문제

본문 76~77쪽

간단 체크

1 (1) 조선 총독부 (2) 대한민국 임시 정부 (3) 신간회 (4) 의열단, 한인 애국단 (5) 한국광복군 (6) 모스크바 3국 외상 회의 **2** (1) ㉣ (2) ㉢ (3) ㉠ (4) ㉡ **3** (1) 물산 장려 운동 (2) 실력 양성 운동 (3) 6·10 만세 운동

기본 문제

1 ② **2** ⑤ **3** ⑤ **4** ⑤ **5** ④ **6** ③
7 ④ **8** ⑤ **9** ②

1 일제는 1910년에 대한 제국을 강제 병합하고 조선 총독부를 설치하였으며, 헌병 경찰을 앞세워 무단 통치를 실시하였다.

2 3·1 운동은 미국의 윌슨 대통령이 주장한 민족 자결주의와 재일 한국인 유학생들의 2·8 독립 선언에 영향을 받아 준비되었다. 1919년 3월 1일에 서울에서 독립 선언서가 발표되었다. 3·1 운동은 전국 각지에서 만세 시위를 전개하였다. 3·1 운동은 국외에까지 퍼져 나간 최대 규모의 만세 시위 운동이었다.

오답 피하기

① 한국광복군은 1940년 충칭에서 창설되었다.
② 6·10 만세 운동에 대한 설명이다.
③ 광주 학생 항일 운동에 대한 설명이다.
④ 3·1 운동의 영향을 받아 임시 정부가 수립되었다.

3 중국 상하이에 수립된 대한민국 임시 정부는 비밀 행정 조직으로 연통제를 실시하고, 연락 기구인 교통국을 운영하였다.

4 자료는 신간회 강령으로, 1920년대 일부 민족주의 세력이 자치론을 주장하자, 이를 반대하던 비타협적 민족주의자들과 사회주의자들이 연합하여 신간회를 창립하였다(1927).

오답 피하기

① 독립 협회에서 만민 공동회를 개최하였다.
② 헌병 경찰 통치는 1910년대 일제의 통치 방식이다.
③ 6·10 만세 운동은 1926년에 일어난 것으로 신간회 창립(1927) 이전의 일이다.
④ 대한민국 임시 정부는 3·1 운동의 영향을 받아 1919년에 수립되었다.

5 1929년 광주에서 민족 차별 중지와 식민지 교육 제도의 철폐 등을 요구하는 광주 학생 항일 운동이 일어나 전국적으로 확산되었다.

6 물산 장려 운동은 국산품 애용 등으로 민족 자본을 육성하여 경제적으로 실력을 양성하는 것을 목표로 전개되었다.

오답 피하기

① 광주 학생 항일 운동에서 차별적인 식민지 교육 제도 철폐를 요구하였다.

② 대한민국 임시 정부가 민주 공화국 체제를 수용하였다.
④ 김구는 대한민국 임시 정부의 활동에 활력을 불어넣기 위해 의열 단체인 한인 애국단을 조직하였다.
⑤ 1920년대 초 민립 대학 설립 운동이 일어났으나, 일제의 방해로 실패하였다.

7 자료는 황국 신민 서사이다. 1930년대에 침략 전쟁을 시작한 일제가 민족 말살 정책을 시행하면서 일본 국왕에게 충성을 맹세하도록 황국 신민 서사 암송을 강요하였고, 한국어 사용을 금지하고, 성과 이름을 일본식으로 바꾸도록 강요하였다.

오답 피하기
① 봉오동 전투는 1920년에 일어났다.
② 조선 태형령은 1912년에 실시되어 1920년에 폐지되었다.
③ 1910년대 헌병 경찰 통치가 시행되었다.
⑤ 3·1 운동은 1919년에 일어났다.

8 (가)는 나석주이다. 나석주는 김원봉이 조직한 의열단에 소속되어 있었다. 일제의 주요 기관을 폭파하고 친일파 처단을 위해 노력한 의열단은 신채호가 쓴 「조선 혁명 선언」을 활동 지침으로 삼았다.

오답 피하기
① 신민회는 1911년 105인 사건으로 와해되었다.
② 대한 독립군, 북로 군정서 등 독립군 연합 부대가 청산리 전투에서 승리하였다.
③ 실력 양성 운동의 일환으로 조만식 등이 물산 장려 운동을 전개하였다.
④ 신민회가 오산 학교와 대성 학교를 설립하였다.

9 자료는 모스크바 3국 외상 회의 결정문으로, 이 내용이 국내에 전해지자 김구 등 우익 세력은 신탁 통치 반대 운동을 전개하였고, 좌익 세력은 회의의 결의를 지지하는 운동을 전개하여 좌우 갈등이 심화되었다.

실전 문제

본문 78~81쪽

1 ①	2 ⑤	3 ⑤	4 ②	5 ④	6 ③
7 ④	8 ⑤	9 ⑤	10 ④	11 ⑤	12 ⑤
13 ⑤					

서술형 문제 1 해설 참고 2 해설 참고 3 해설 참고 4 해설 참고

1 자료는 1910년대 시행된 조선 태형령에 관한 것이다. 일제는 헌병 경찰을 통해 한국인의 일상생활을 감시하고, 태형을 가할 수 있는 법령을 시행하며 강압적인 무단 통치를 실시하였다.

오답 피하기
②, ③, ④, ⑤ 1930년대 이후 민족 말살 통치 시기에 대한 설명이다.

2 1919년에 일어난 3·1 운동은 농민, 학생, 노동자 등 다양한 계층이 참여한 최대 규모의 독립운동이었다. 또한 독립에 대한 한국인의 열망과 의지를 전 세계에 알렸으며, 독립운동의 구심점을 마련하기 위해 대한민국 임시 정부가 수립되었다.

오답 피하기
① 을사늑약은 1905년에 강제로 체결되었다.
② 신간회는 1920년대에 비타협적 민족주의 계열과 사회주의 계열이 연대하여 결성되었다.
③ 무단 통치는 1910년대 일제의 통치 방식이다.
④ 을사늑약의 부당성을 국제 사회에 알리기 위해 고종이 네덜란드 헤이그에 특사를 파견하였다.

3 3·1 운동을 계기로 독립운동의 구심점을 마련하기 위해 중국 상하이에 수립된 대한민국 임시 정부는 대통령 중심제의 헌법을 제정하고, 연통제와 교통국을 운영하였다. 또 독립신문을 펴내 국내외 동포에게 독립운동의 소식을 알렸다.

오답 피하기
① 국채 보상 운동은 정부가 일본에 진 빚을 갚자는 운동으로 대한 제국 시기 전개되었다.
② 1920년대 경제적 민족 운동으로서 물산 장려 운동이 전개되었다.
③ 신민회가 오산 학교와 대성 학교를 설립하였다.
④ 민족 자결주의에 입각하여 일어난 만세 운동은 3·1 운동이다. 3·1 운동의 영향으로 대한민국 임시 정부가 성립되었다.

4 1930년대 일제는 침략 전쟁을 확대하며 국가 총동원법(1938)을 제정하여 인적 자원과 물적 자원을 수탈하였다. 이 시기 일제는 민족 말살 통치를 통해 일본식 성명, 황국 신민 서사 암송 등을 강요하였다.

오답 피하기
①, ③, ④ 1910년대 무단 통치 시기에 대한 설명이다.
⑤ 1926년에 일어난 6·10 만세 운동이다.

5 1929년 한·일 학생 간의 충돌을 계기로 광주 학생 항일 운동이 일어났다. 이후 민족 차별 중지, 식민지 교육 제도 철폐 등을 요구하는 학생 시위가 전국적으로 확산되었다.

오답 피하기
① 1910년 이후에는 조선 총독부가 세워졌다.
② 물산 장려 운동에 대한 설명이다.
③ 조선어 학회에 대한 설명이다.
⑤ 대한민국 임시 정부는 3·1 운동의 영향을 받아 세워졌다.

6 1920년대 평양에서 시작된 물산 장려 운동은 민족 산업을 발전시켜 경제적으로 자립하는 것을 목표로 삼았다. 이 운동은 '내 살림 내 것으로' 등의 구호를 내걸고 국산품 애용, 소비 절약 등을 강조하였다.

오답 피하기
① 국채 보상 운동은 1907년에 시작되었다.
② 신간회에 대한 설명이다.

④ 국채 보상 운동에 대한 설명이다.
⑤ 대한민국 임시 정부에 대한 설명이다.

7 1931년 김구는 한인 애국단을 조직하여 의열 투쟁을 펼쳤다. 1932년 한인 애국단 소속의 이봉창은 도쿄에서 일본 국왕을 향해 폭탄을 던져 암살을 시도하였고, 윤봉길은 상하이 훙커우 공원에서 폭탄을 던져 일제에 커다란 충격을 주었다.

8 1927년 창립한 신간회는 민족의식과 항일 의식을 고취하는 강연회를 열고 일제 식민 통치를 비판하였다. 광주 학생 항일 운동이 일어나자 민중 대회를 열어 전국적으로 확산시키려고 하였으나, 일제의 방해로 중단되었다.

오답 피하기
① 1910년대의 상황이다.
② 1930년대 동아일보가 주도한 것이 대표적이다.
③ 6·10 만세 운동은 1926년에 일어났다.
④ 신민회에 대한 설명이다.

9 3·1 운동을 전후하여 만주와 연해주를 중심으로 무장 독립 투쟁이 활발하게 펼쳐졌는데, 홍범도가 이끄는 대한 독립군이 중심이 된 독립군 연합 부대는 일본군을 봉오동으로 유인하여 크게 물리쳤다.

오답 피하기
① 조선 의용대는 1938년 김원봉이 창설하였다.
② 한인 애국단은 1931년 김구가 조직하였다.
③ 「조선 혁명 선언」은 의열단의 활동 지침으로 신채호가 작성하였다.
④ 한국광복군은 대한민국 임시 정부가 충칭에서 창설하였다.

10 밑줄 친 '이 부대'는 한국광복군이다. 1940년 충칭에서 창설되어 연합군의 일원으로 다양한 공동 작전을 수행하였다. 또 미국과 합동으로 국내 진공 작전을 준비하였으나 일제의 갑작스러운 항복으로 실행에 옮기지는 못하였다.

오답 피하기
① 대한민국 임시 정부가 1923년에 국민 대표 회의를 소집하였다.
② 김원봉은 의열단과 조선 의용대를 조직하였다.
③ 한인 애국단에 대한 설명이다.
⑤ 한국 독립군에 대한 설명이다.

11 광복 이후 정부 수립을 둘러싼 정치 세력 간의 갈등이 심해졌다. 제주도에서는 단독 선거에 반대하는 무장 봉기가 발생하였는데 이를 진압하는 과정에서 제주 4·3 사건이 발생하여 많은 무고한 사람들이 희생되었다.

오답 피하기
① 미국의 애치슨 선언은 6·25 전쟁 발발의 배경이 되었다.
② 반민족 행위 특별 조사 위원회(반민특위)는 친일파 처벌을 위해 설치되었다.
③ 모스크바 3국 외상 회의의 결정문 중 신탁 통치를 둘러싸고 좌익과 우익의 갈등이 고조되었다.
④ 1952년에 통과된 발췌 개헌안, 6월 민주 항쟁 직후 통과된 개헌안 등은 대통령 직선제를 규정하였다.

12 (가)는 1946년 6월 남한만의 단독 정부 수립을 주장한 이승만의 발언이며, (나)는 통일 정부 수립을 위한 1948년 남북 협상에 앞서 김구가 발표한 글이다. 이승만의 정읍 발언 이후 여운형과 김규식 등은 분단을 막기 위해 좌우 합작 운동을 전개하였다.

오답 피하기
① 5·10 총선거는 1948년 5월 10일에 시행되었다.
② 대한민국 정부는 1948년 8월 15일에 수립되었다.
③ 모스크바 3국 외상 회의는 1945년 12월에 개최되었다.
④ 제헌 국회는 제헌 헌법을 제정하고, 친일파를 처리하기 위한 반민족 행위 처벌법을 제정하였다.

13 밑줄 친 '이 선거'는 5·10 총선거이다. 이 선거는 우리나라 최초의 민주주의 선거로 1948년 5월 10일에 실시되었고, 이때 선출된 국회 의원은 국호를 대한민국으로 정하고 헌법을 제정하여 공포하였다.

오답 피하기
ㄱ. 단독 정부 수립에는 참여하지 않았다.
ㄴ. 제헌 의원의 간접 선거로 이승만이 선출되었다.

서술형 문제

1 (1) 국민 대표 회의
(2) [예시 답안] 이승만이 위임 통치 청원서를 제출한 문제로 대한민국 임시 정부 내 갈등이 심화되었고, 독립운동의 방향성을 두고 외교 운동론과 무장 투쟁론 사이에 대립이 발생하였다. 이후 대한민국 임시 정부를 유지하며 개혁하자는 개조파와 새로운 임시 정부를 세우자는 창조파로 분열되어 대립하였다.

[평가 기준]

상	위임 통치 청원서, 외교 운동론과 무장 투쟁론의 갈등을 모두 명확히 서술한 경우
중	한 가지만 명확히 서술한 경우
하	국민 대표 회의와 관련된 내용을 단편적으로 나열한 경우

2 [예시 답안] 1931년 일제가 만주를 침략하자 한국의 독립군은 중국군과 연합하여 일제에 대항하였다. 특히 양세봉의 조선 혁명군과 지청천의 한국 독립군은 중국군과 함께 항일 전쟁에서 여러 차례 승리를 거두었다.

[평가 기준]

상	한국 독립군과 중국군의 연합 투쟁임을 명확히 서술한 경우
하	인물 및 부대 이름만 나열한 경우

3 (1) 광주 학생 항일 운동
(2) [예시 답안] 3·1 운동 이후에 일어난 최대 규모의 항일 민족 운

동이었고, 이 운동을 주도한 학생들은 식민지 교육 철폐, 한일 학생 간의 차별 교육 철폐, 일본 제국주의 타도 등을 내세웠다.

[평가 기준]

상	역사적 의의와 학생들이 요구한 내용 모두를 서술한 경우
중	역사적 의의와 학생들이 요구한 내용 중 한 가지만 서술한 경우
하	서술한 내용이 미흡한 경우

4 [예시 답안] 한반도 문제를 넘겨받은 유엔은 남북한 인구 비례에 의한 총선거 실시를 결정하였으나, 북한과 소련이 반대하여 결국 남한만의 단독 선거를 결정하였다. 이에 김구와 김규식은 통일 정부 수립을 위해 남북 협상을 진행하였으나 성과를 거두지는 못하였다.

[평가 기준]

상	통일 정부 수립 노력, 남한만의 단독 선거 실시 결정 두 가지가 모두 서술된 경우
중	한 가지만 서술한 경우
하	정부 수립 과정과 관련된 내용을 나열한 경우

03 자본주의와 사회 변화

기본 문제

본문 84~85쪽

간단 체크

1 (1) 강화도 조약 (2) 화폐 정리 사업 (3) 국채 보상 운동 (4) 아관 파천 (5) 보안회 **2** (1) ㉡ (2) ㉢ (3) ㉠ **3** (1) 삼백 산업 (2) 외환 위기 **4** (1) ○ (2) ○ (3) ×

기본 문제

1 ⑤ **2** ④ **3** ④ **4** ⑤ **5** ⑤ **6** ⑤ **7** ④ **8** ④ **9** ⑤

1 밑줄 친 '이 조약'은 강화도 조약이다. 운요호 사건을 계기로 조선은 일본과 불평등한 강화도 조약을 맺고 개항하였다. 부산 외에 2개의 항구를 개항하고, 해안 측량권과 영사 재판권을 허용하였다.

오답 피하기

ㄱ. 강화도 조약은 최혜국 대우를 허용하지 않았다.
ㄴ. 을사늑약으로 통감부가 설치되었다.

2 강화도 조약의 부속 조약인 조일 수호 조규 부록, 조일 무역 규칙이 체결되면서 양곡의 무제한 유출이 가능해졌다. 이로 인해 국내의 쌀이 일본으로 대량 유출되어 국내 쌀 가격이 폭등하였다.

3 아관 파천 이후 열강의 이권 침탈이 본격화되자, 이에 대응해 반대 운동도 전개되었다. 특히 독립 협회는 러시아 부산 절영도 조차 요구를 철회시키고, 한러 은행을 폐쇄하는 데 앞장서며 이권 수호 운동을 펼쳤다.

4 대한 제국은 제국주의 열강의 이권 침탈에 대응하기 위해 민족 자본을 성장시키려는 노력을 하였다. 특히 광무개혁을 추진한 대한 제국은 식산흥업 정책으로 근대적 기업을 설립하려 하였다.

5 일제는 근대 시설을 설치한다는 구실로 대한 제국에 차관을 제공하였고, 그 결과 대한 제국이 일제에 큰 빚을 지게 되자, 대구에서 국채 보상 운동(1907)이 시작되었다. 국채 보상 운동은 여러 언론사의 지원을 받으며 전국으로 확산되었다.

오답 피하기

① 조선 총독부는 1910년에 설치되었다.
② 동학 농민 운동 당시 전라도 일대에 집강소가 설치되며 폐정 개혁안이 실시되었다.
③ 물산 장려 운동에 관한 설명이다.
④ 보안회가 일제의 황무지 개간권 요구를 저지하였다.

6 동양 척식 주식회사는 1910년대 토지 조사 사업으로 조선 총독부가 차지한 토지를 넘겨받아 한반도로 이주하는 일본인에게 헐값에 팔아넘겼다.

7 자료는 1910년 일제가 공포한 회사령으로, 한국인의 기업 설립을 억제하기 위해 공포하였다. ④ 일제는 근대적 토지 소유권 확립을 명분으로 1910년대에 토지 조사 사업을 실시하였다.

오답 피하기

① 국가 총동원법은 1938년에 제정되었다.
② 남면북양 정책은 1930년대에 실시되었다.
③ 국채 보상 운동은 1907년에 전개되었다.
⑤ 1905년 체결된 을사늑약의 내용이다.

8 자료는 박정희 정부의 경제 정책과 관련된 것으로, 이 시기에 국가 주도의 경제 성장 정책을 추진하여 고도성장을 이루었다.

오답 피하기

① 1980년대 중후반에 3저 호황을 누렸다.
②, ⑤ 1950년대 이승만 정부 시기의 사실이다.
③ 1990년대 이후 경제 상황에 대한 설명이다.

9 기업들의 무리한 사업 확장, 무역 적자 등으로 1997년 국제 통화 기금(IMF)으로부터 구제 금융을 지원받는 외환 위기를 겪었다. 이에 정부는 부실기업과 금융 기관을 구조 조정하였고, 민간은 금 모으기 운동 등을 벌였다.

오답 피하기

① 1970년대에 두 차례의 석유 파동이 일어났다.
② 일제는 자국의 식량 부족 문제를 해결하기 위해 산미 증식 계획을 실시하였다.
③ 1960년대 박정희 정부 시기에 대한 설명이다.
④ 1970년에 전태일이 노동 환경 개선을 요구하며 분신하였다.

실전 문제

본문 86~89쪽

1 ② **2** ① **3** ② **4** ⑤ **5** ④ **6** ⑤
7 ⑤ **8** ⑤ **9** ④ **10** ④ **11** ③ **12** ②
13 ⑤ **14** ②

서술형 문제 **1** 해설 참고 **2** 해설 참고 **3** 해설 참고 **4** 해설 참고

1 밑줄 친 '이 조약'은 강화도 조약이다. 운요호 사건을 계기로 조선은 일본과 불평등한 강화도 조약을 맺고 개항하였다. 부산 외에 2개의 항구를 개항하고, 해안 측량권과 영사 재판권을 허용하였다.

오답 피하기

① 강화도 조약에는 최혜국 대우를 허용하지 않았다.
③ 1883년 조일 통상 장정 체결 이후부터 진출하였다.
④ 프랑스와의 조약 체결로 허용되었다(1886).
⑤ 화폐 정리 사업에 대한 설명이다.

2 외세의 경제 침탈에 맞서 우리 민족은 경제적 자주권을 지키고자 노력하였다. 일부 지방에서는 지방관이 곡물의 유출을 막는 방곡령을 내렸고, 상인들은 외국 상점의 퇴거를 요구하며 철시 투쟁을 벌이기도 하였다.

오답 피하기

ㄷ. 물산 장려 운동은 1920년대에 전개되었다.
ㄹ. 국가 총동원법은 1938년에 제정되었다.

3 아관 파천은 1896년, 국채 보상 운동은 1907년에 일어난 일이다. 일제는 러일 전쟁 이후 국내 화폐를 일본의 제일 은행에서 발행한 돈으로 교환하게 하는 화폐 정리 사업을 실시하였다.

오답 피하기

① 1876년에 체결된 강화도 조약에 따라 부산이 개항되었다.
③ 회사령은 1910년에 제정되었다.
④ 국가 총동원법은 1938년 제정되었다.
⑤ 산미 증식 계획은 1920년대부터 실시되었다.

4 (가)는 토지 조사 사업으로, 일제는 근대적 토지 소유권 확립을 명분으로 토지 조사 사업을 실시하였다. 그 결과 조선 총독부의 지세 수입이 많이 늘어난 반면, 한국인 소작농은 조상 대대로 인정받던 경작권을 잃었고 불안정한 지위와 높은 소작료에 고통받았다.

5 일제는 자국의 식량 부족 문제를 해결하기 위해 산미 증식 계획을 시행하였다. 그러나 쌀 생산은 증가하였지만 증산량보다 일본으로 유출되는 쌀이 더 많았고, 농민들은 증산에 필요한 각종 비용을 부담하게 되어 삶이 더 피폐해졌다.

오답 피하기

① 방곡령은 일제 강점기 이전에 실시되었다.
② 1920년대에 민족 사업 육성을 위해 물산 장려 운동이 전개되었다.
③ 동양 척식 주식회사는 1908년 설립되었다.
⑤ 1970년에 전태일이 노동 환경 개선을 요구하며 분신하였다.

6 1930년대 일제는 한국을 대륙 침략에 필요한 병참 기지로 만들려고 하였다. 전쟁에 필요한 무기를 만들기 위해 금속과 쌀을 공출하며 물적 자원을 수탈하고, 징용과 징병, 일본군 '위안부' 등으로 인적 자원을 수탈하였다.

오답 피하기

① 1910년대 식민 통치 정책이다.
② 1897년에 시행한 광무개혁의 내용이다.
③ 1920년대에 시행한 이른바 문화 통치 정책이다.
④ 1910년에 회사령이 실시되어 회사 설립 시 조선 총독부의 허가를 받도록 하였다.

7 자료는 1930년대 남면북양 정책에 관한 것으로, 공업 원료를 일본인 회사에 안정적으로 공급하여 일본의 방직 자본가를 보호하기 위해 실시하였다.

오답 피하기

① 아관 파천 이후에 본격화되었다.
② 1920년대 산미 증식 계획에 대한 설명이다.

③ 화폐 정리 사업에 대한 설명이다.
④ 북부에만 군수 공장을 세워 지역 불균형이 심해졌다.

8 1948년 정부 수립 이후 농지 개혁법이 만들어졌고, 이에 따라 농지 개혁이 실시되었다. 이 개혁은 6·25 전쟁으로 잠시 중단되기도 했지만, 자영농이 늘어나고 지주제가 없어지는 성과를 거두었다.

오답 피하기
① 이승만 정부 수립 이후에 시행되었다.
② 반민족 행위 처벌법에 대한 설명이다.
③ 북한의 토지 개혁에 대한 설명이다.
④ 동양 척식 주식회사는 1908년 일제가 세운 기구이다.

9 (가) 정부는 이승만 정부이다. 6·25 전쟁 이후 미국의 원조를 통해 발전한 삼백 산업은 당시 경제 상황에 큰 도움이 되었지만, 원조 농산물로 인해 국내 농산물 가격이 하락하여 농민에게 큰 타격을 주었다.

오답 피하기
① 새마을 운동은 1970년에 시작되었다.
② 1970년대 경제 상황에 대한 설명이다.
③ 박정희 정부의 경제 정책에 대한 설명이다.
⑤ 산미 증식 계획의 결과로 발생하였다.

10 1960년대는 경제 개발 계획이 추진되면서 경제 성장의 발판이 마련되었는데, 외국 자본을 유치하여 경공업 중심으로 수출에 힘썼다.

오답 피하기
① 1980년대 중후반 경제 상황이다.
② 이승만 정부 시기에 농지 개혁법이 만들어졌다.
③ 1970년대의 상황이다.
⑤ 1990년대 후반 외환 위기를 극복하기 위해 금 모으기 운동이 전개되었다.

11 급속한 경제 성장 과정에서 노동자들은 적은 임금을 받으면서 장시간 노동에 시달렸고, 1970년에는 노동자 전태일이 노동 환경의 개선을 요구하며 분신한 사건이 일어났다.

12 (가) 시기에 한국은 경제가 발전하면서 산업화, 도시화가 진행되어 농촌과 도시와의 소득 격차가 커졌고, 이를 해결하기 위해 박정희 정부는 새마을 운동을 전개하였다.

오답 피하기
① 방곡령은 일제 강점기 이전에 실시되었다.
③ 국채 보상 운동은 1907년 시작되어 통감부의 탄압으로 실패하였다.
④ 삼백 산업이 발달한 것은 1950년대이다.
⑤ 2000년대에 칠레와 자유 무역 협정을 체결하였다.

13 기업들의 무리한 사업 확장, 무역 적자 등으로 1997년 외환 위기를 겪었고, 정부는 부실기업과 금융 기관을 구조 조정하고, 민간은 금 모으기 운동 등을 벌여 경제 회복에 힘썼다.

오답 피하기
① 유신 체제는 1972년에 시작되었다.
② 물산 장려 운동은 1920년대에 전개되었다.
③ 미국과 자유 무역 협정을 체결한 것은 2000년대 이후의 경제 상황이다.
④ 1960년대 경제 개발 계획을 추진하며 경공업 위주의 수출 산업을 육성하였다.

14 자료는 2000년대 이후 대중문화의 발달에 대한 것으로, 인터넷의 발달로 대중은 문화를 소비하는 것에만 그치지 않고 스마트폰과 SNS 등으로 문화를 직접 생산하며 소통하고 있다.

오답 피하기
① 서울 올림픽은 1988년에 개최되었다.
③ 프로 스포츠는 1980년대에 출범하였다.
④ 1970년대 일부 대중가요가 금지곡으로 지정되는 등 정부에 의해 대중문화가 통제되었다.
⑤ 1970년대에 청바지와 통기타로 대표되는 청년 문화가 발달하였다.

서술형 문제

1 (1) 회사령
(2) [예시 답안] 한국인의 기업 설립을 억제하기 위한 목적으로 회사령을 실시하였다.

[평가 기준]

상	한국인의 기업 설립 억제를 서술한 경우
하	회사령 실시 목적을 제대로 서술하지 못한 경우

2 (1) 산미 증식 계획
(2) [예시 답안] 산미 증식 계획은 쌀 생산량을 늘리기 위해 새로운 농지를 개간하고 종자를 개량하였으며, 수리 조합을 설치하여 운영하였다. 그러나 이 모든 비용을 농민에게 전가함으로써 농민의 부담이 늘어났고 쌀 증산량에 비해 수탈량이 많아 한국의 식량 사정이 악화되었으며 한국인들은 만주에서 잡곡을 수입하여 먹어야 했다.

[평가 기준]

상	산미 증식 계획의 내용과 결과 모두를 서술한 경우
중	산미 증식 계획의 내용과 결과 중 한 가지만 서술한 경우
하	산미 증식 계획에 대해 제대로 서술하지 못한 경우

3 [예시 답안] 일본은 중일 전쟁(1937)으로 침략 전쟁을 확대하면서 국가 총동원령(1938)을 선포하였고, 조선의 인적 자원과 물적 자원을 수탈하였다. 인적 자원의 수탈은 징용, 징병, 일본군 '위안부' 등이며, 물적 자원의 수탈은 금속류 공출, 쌀 공출 등이다.

[평가 기준]

상	국가 총동원법, 인적 자원 수탈, 물적 자원 수탈 세 가지 모두 서술한 경우
중	위 세 가지 중 두 가지만 서술한 경우
하	위 세 가지 중 한 가지만 서술한 경우

4 [예시 답안] 경제가 발전하면서 교통과 통신이 발달하고, 생활 수준이 향상되어 평균 수명이 늘어났다. 반면 도시의 주택 부족, 공해, 빈곤과 실업, 소득 격차의 확대 등의 문제도 발생하였다.

[평가 기준]

상	경제 성장의 긍정적 영향과 부작용을 모두 서술한 경우
중	경제 성장의 긍정적 영향과 부작용 중 하나만 서술한 경우
하	경제 성장으로 인한 변화를 제대로 서술하지 못한 경우

04 민주주의의 발전

기본 문제

본문 92~93쪽

간단 체크

1 (1) 민주 공화정 (2) 중임 제한 (3) 4·19 혁명 (4) 유신 헌법 (5) 4·13 호헌 조치 **2** (1) ㉠ (2) ㉡ (3) ㉢ **3** (1) 노태우 정부 (2) 김대중 정부 (3) 김영삼 정부

기본 문제

1 ② **2** ④ **3** ① **4** ③ **5** ⑤ **6** ⑤
7 ③ **8** ⑤

1 1948년 5월 10일에 이루어진 총선거에서 뽑힌 국회 의원으로 제헌 국회가 구성되었고, 제헌 국회는 3·1 운동의 독립 정신과 대한민국 임시 정부의 정통성을 계승한 헌법을 제정하여 공포하였다.

2 제시된 자료는 사사오입 개헌(1954)에 관한 내용으로, 초대 대통령에 한해 중임 제한을 없애겠다는 내용의 개헌안을 제출하였으나 찬성표가 부족해 통과되지 못하였다. 하지만 자유당은 사사오입의 논리를 내세워 통과시켰다.

오답 피하기

①, ③ 1960년 4·19 혁명 이후의 설명이다.
② 발췌 개헌(1952), 6월 민주 항쟁(1987) 이후 실시되었다.
⑤ 1972년 제정된 유신 헌법의 내용이다.

3 이승만과 자유당은 1960년 3월 15일에 실시된 정·부통령 선거에서 대대적인 부정 선거를 저질렀다. 이 부정 선거에 항의하며 4·19 혁명이 일어났다.

4 자료는 유신 헌법 시기에 박정희 대통령이 내린 긴급 조치 제1호이다. 유신 체제는 대통령을 통일 주체 국민 회의에서 선출하였고, 대통령이 국회 의원의 3분의 1을 추천할 수 있었으며, 대통령이 긴급 조치를 발동할 수 있는 권한을 가졌다.

오답 피하기

① 1987년에 발표하였다.
② 발췌 개헌(1952), 6월 민주 항쟁 이후에 실시되었다.
④ 4·19 혁명(1960) 이후에 수립된 장면 내각에 대한 설명이다.
⑤ 이승만 정부 시기에 발생하였다.

5 5·18 민주화 운동(1980) 당시 광주에 투입된 계엄군이 계엄령 철폐와 신군부 퇴진을 주장하는 시위를 진압하는 과정에서 많은 학생과 시민들이 희생되었고, 이에 분노한 광주 시민들은 시민군을 조직하여 맞섰다.

오답 피하기

① 이승만 정부에 대한 설명이다.
②, ③ 4·19 혁명에 대한 설명이다.
④ 한일 협정(1965) 체결에 반대하였다.

6 1987년 4·13 호헌 조치에 분노한 학생과 시민들은 정권 퇴진과 대통령 직선제 개헌을 요구하며 대규모 시위를 벌였고, 전두환 정부는 6·29 민주화 선언을 통해 대통령 직선제를 수용하였다.

오답 피하기

① 1965년에 체결되었다.
② 4·19 혁명(1960) 이후에 장면 내각이 수립되었다.
③ 1954년의 사사오입 개헌에 대한 설명이다.
④ 1998년에 김대중 정부가 출범하였다.

7 김영삼 정부는 금융 실명제, 지방 자치제 전면 확대 등을 시행하였으며, 역사 바로 세우기를 통해 전두환, 노태우 두 전직 대통령을 반란 및 내란죄로 구속, 기소하였다.

8 제헌 국회는 반민족 행위 처벌법을 제정하고(1948) 반민족 행위 특별 조사 위원회(반민특위)를 구성하여 친일파 청산을 시도하였으나, 이승만 정부의 소극적인 태도와 친일파의 방해로 친일파에 대한 처벌은 제대로 이루어지지 않았다.

실전 문제

본문 94~97쪽

1 ② **2** ② **3** ② **4** ② **5** ④ **6** ③
7 ⑤ **8** ① **9** ③ **10** ④ **11** ④ **12** ⑤
13 ② **14** ③ **15** ①
서술형 문제 **1** 해설 참고 **2** 해설 참고

1 자료는 1917년에 발표된 대동단결 선언이다. 대동단결 선언은 국민 주권설을 주장하였으며 공화주의 정착에 기여하였다.

오답 피하기

ㄴ. 제헌 국회에서는 제헌 헌법을 제정하였다.
ㄹ. 대통령 직선제 개헌은 2차 개헌(발췌 개헌)과 9차 개헌(1987) 등에서 이루어졌다.

2 1948년 5·10 총선거로 구성된 제헌 국회는 제헌 헌법을 선포하고 대통령 중심제에 기반한 민주 공화정 체제를 채택하였으며, 모든 주권이 국민에게 있음을 밝혔다(주권 재민). 그리고 반민족 행위 처벌법과 농지 개혁법을 제정하였다.

오답 피하기

ㄴ. 유신 헌법에 대한 설명이다.
ㄹ. 내각 책임제에 대한 설명으로, 4·19 혁명 이후 장면 내각이 수립되었다.

3 자료에서 대한민국 임시 정부의 대통령이었으며, 대한민국 초대 대통령이었다는 점을 통해 (가) 인물이 이승만임을 알 수 있다.

4 (가)는 발췌 개헌(1952)이고, (나)는 사사오입 개헌(1954) 내용이다. 1950년 북한의 남침으로 6·25 전쟁이 시작되었고, 1953년 7월에 정전 협정이 체결되었다.

오답 피하기

① 진보당 사건은 1958년에 발생하였다.
③ 1965년 한일 협정 체결 전 한일 회담 반대 시위가 일어났다.
④ 4·19 혁명(1960)의 결과 이승만이 대통령직에서 물러났다.
⑤ 6·25 전쟁은 1950년에 시작되었다.

5 1960년 3월 15일에 실시된 정·부통령 선거에서 대대적인 부정 선거가 발생하여 시위가 일어났다. 시위 도중 실종된 김주열의 시신이 발견되며 시위는 전국적으로 확산되었고(4·19 혁명), 그 결과 이승만 대통령이 하야하고 허정 과도 정부가 수립되었다.

오답 피하기

ㄱ. 5·18 민주화 운동(1980)에 대한 설명이다.
ㄹ. 10·26 사건(1979)에 대한 설명이다.

6 4·19 혁명으로 이승만이 대통령직에서 물러난 후 형성된 허정 과도 정부에서는 개헌을 단행하였다. 새로운 헌법에 따라 윤보선을 대통령으로, 장면을 총리로 하는 새로운 정부가 수립되었다. 장면 내각은 박정희를 중심으로 한 5·16 군사 정변으로 무너졌다.

오답 피하기

① 이승만은 국회 의원을 위협하여 발췌 개헌을 주도하였다.
② 이승만 정부가 사사오입 개헌을 단행하여 초대 대통령의 연임 제한을 철폐하였다.
④ 노태우 정부 때는 서울 올림픽 대회를 개최하였다.
⑤ 윤보선은 국회에서 대통령으로 선출되었다.

7 자료는 대통령을 통일 주체 국민 회의에서 선거하도록 규정한 유신 헌법이다. 유신 헌법은 대통령에게 긴급 조치권을 부여하고, 국회 의원의 1/3을 추천할 수 있도록 하였다.

오답 피하기

① 유신 헌법은 전쟁이 끝난 후인 1972년에 제정되었다.
② 6월 민주 항쟁은 전두환 정부의 4·13 호헌 조치가 원인이 되었다.
③ 전두환이 통일 주체 국민 회의에서 대통령에 당선된 후 개정된 헌법에서 대통령의 임기를 7년 단임으로 규정하였다.
④ 박정희 정부가 장기 집권을 목적으로 유신 헌법을 제정하였다.

8 자료는 3·1 민주 구국 선언의 일부이다. 1976년에 발표되었고, 긴급 조치가 언급된 점을 통해 유신 헌법에 반대하는 사람들이 작성한 것임을 파악할 수 있다.

9 자료는 5·16 군사 정변(1961)에 대한 것으로, 박정희를 중심으로 한 일부 군인들은 국가 재건 최고 회의를 만들어 군정을 실시하고 대통령 중심제로 헌법을 개정하였다.

오답 피하기

① 금융 실명제는 김영삼 정부에서 전면 실시되었다.
② 4·19 혁명(1960) 이후 성립된 장면 내각이 내각 책임제 체제였다.

④ 유신 헌법에서는 통일 주체 국민 회의에서 대통령을 선출하도록 규정하였다.
⑤ 박종철 고문치사 사건은 6월 민주 항쟁(1987)의 배경이 되었던 사건이다.

10 5·18 민주화 운동을 무력으로 진압하고 권력을 장악한 신군부의 전두환은 헌법을 개정하고 대통령에 선출되었다. 이후 삼청 교육대를 운영하는 등 사회 통제를 강화하였다.

오답 피하기

① 12·12 사태는 5·18 민주화 운동 이전에 일어난 사건이다.
② 박정희 정부는 한일 협정을 체결하여 한·일 국교 정상화를 추진하였다.
③ 박정희 정부는 베트남 전쟁에 국군을 파병하였다.
⑤ 이승만 정부 시기 3·15 부정 선거에 항의하여 4·19 혁명이 일어났다.

11 (가)는 전두환을 중심으로 한 신군부가 집권했던 시기에 제정된 헌법의 내용이다. (나)는 전두환 정부 때인 6월 민주 항쟁(1987), (다)는 이승만 정부 때인 3·15 부정 선거(1960), (라)는 5·16 군사 정변(1961)에 대한 내용이다. 따라서 일어난 순서대로 나열하면 (다) - (라) - (가) - (나)이다.

12 6·29 민주화 선언(1987)을 발표한 이후 5년 단임의 대통령 직선제 개헌이 이루어졌고, 개정된 헌법에 따라 진행된 선거로 수립된 노태우 정부는 북방 외교를 추진하여 사회주의 국가들과 수교하였다.

오답 피하기

① 사사오입 개헌은 1954년 이승만 정부 시기에 일어났다.
② 부마 민주 항쟁은 1979년 박정희 정부 시기에 발생하였다.
③ 1998년 평화적으로 여야 정권 교체가 이루어져 김대중 정부가 출범하였다.
④ 야간 통행 금지는 전두환 정부 때 해제되었다.

13 자료는 꽃다운 젊은이를 고문으로 죽였다는 내용, 4·13 폭거 등의 내용을 통해 6월 민주 항쟁(1987)과 관련된 것임을 알 수 있다. 국민의 대통령 직선제 개헌 요구를 받아들이지 않은 4·13 호헌 조치에 반발하여 대규모 시위가 일어났다.

오답 피하기

① 긴급 조치권은 유신 헌법에 규정된 대통령의 권리이다.
③ 1965년을 전후하여 한일 협정 반대 시위가 확산되었다.
④ 마산 앞바다에서 김주열의 시신이 발견되면서 4·19 혁명(1960)이 전국적으로 확산되었다.
⑤ 5·18 민주화 운동(1980)에 대한 설명이다.

14 (가) 정부는 김영삼 정부이다. 김영삼 정부는 금융 실명제를 전면 실시하였다.

오답 피하기

① 제헌 국회에서 공포하였다.
②, ④ 노태우 정부, ⑤ 전두환 정부 때의 일이다.

15 우리나라 최초로 평화적으로 여야가 바뀌었다는 내용을 통해 밑줄 친 '이 정부'가 김대중 정부임을 알 수 있다.

오답 피하기

② 노태우 정부, ③ 이승만 정부, ④ 박정희 정부, ⑤ 박근혜 정부에 대한 설명이다.

서술형 문제

1 [예시 답안] 유신 헌법은 대통령 임기를 6년으로 하고 중임 제한 규정이 없었다. 대통령은 통일 주체 국민 회의라는 기구에서 선출되었고, 국회 의원의 3분의 1을 추천할 수 있었으며, 긴급 조치권과 국회 해산권 등의 권한을 가졌다.

[평가 기준]

상	유신 헌법의 내용 중 세 가지 이상 서술한 경우
중	유신 헌법의 내용 중 두 가지만 서술한 경우
하	유신 헌법의 내용 중 한 가지만 서술한 경우

2 (1) 전두환 정부
(2) [예시 답안] 정권의 폭력성을 감추기 위해 야간 통행금지를 폐지하였고, 학생 교복·두발 자율화 등의 정책을 시행하였다.

[평가 기준]

상	전두환 정부의 유화 정책 중 세 가지 이상 서술한 경우
중	전두환 정부의 유화 정책 중 두 가지만 서술한 경우
하	전두환 정부의 유화 정책 중 한 가지만 서술한 경우

05 평화 통일을 위한 노력

기본 문제

본문 100~101쪽

간단 체크

1 (1) 38도선 (2) 애치슨 선언 (3) 인천 상륙 **2** (1) ㉡ (2) ㉠ (3) ㉢
3 (1) 제주 4·3 사건 (2) 좌우 합작 운동 **4** (나) – (라) – (가) – (다)

기본 문제

1 ⑤ **2** ⑤ **3** ③ **4** ④ **5** ① **6** ⑤
7 ④

1 북한은 1948년 9월 9일 조선 민주주의 인민 공화국 수립을 선포하였다. 8·15 광복은 1945년 8월, 모스크바 3국 외상 회의는 1945년 12월, 제주 4·3 사건은 1948년 4월, 5·10 총선거는 1948년 5월, 대한민국 정부 수립은 1948년 8월, 6·25 전쟁은 1950년 6월에 있었다.

2 (가)는 1945년 8월 15일 광복의 기쁨에 대한 글이며, (나)는 1948년 5월 10일 총선거에 대한 글이다. 이승만이 정읍 발언(1946. 6.)을 통해 단독 정부 수립을 주장하자, 김규식과 여운형 등은 좌우 합작 운동을 전개하였다.

오답 피하기
① 한국광복군은 1940년에 창설되었다.
② 이승만 정부는 1948년 8월에 출범하였다.
③ 반민특위는 1948년에 조직되었다.
④ 조선 민주주의 인민 공화국은 1948년 9월에 수립되었다.

3 1948년 남한만의 단독 선거에 반대하여 제주 4·3 사건이 발생하였다.

4 1948년 5월 10일 남한에서 총선거가 시행되었고, 총선거 결과 구성된 제헌 국회는 국호를 '대한민국'으로 정하고 7월 17일에는 주권 재민과 공화정을 기반으로 하는 헌법을 공포하였다.

오답 피하기
ㄱ. 제헌 국회 의원의 임기는 2년으로 1948~1950년에 활동하였다. 정전 협정은 1953년에 체결되었다.
ㄷ. 1952년 발췌 개헌과 1987년 9차 개헌 등에서 대통령 직선제 개헌이 이루어졌다.

5 미국이 한반도와 타이완을 미국의 태평양 방위선에서 제외한다는 애치슨 선언을 발표하였다. 이는 6·25 전쟁의 배경이 되었다.

6 1950년 6월에 시작된 6·25 전쟁은 1953년 7월 정전 협정이 체결되어 중단되었다. 3년 동안 계속된 전쟁으로 수많은 이산가족이 발생하였고, 군인뿐만 아니라 많은 민간인이 죽거나 다쳤으며, 국토가 황폐해지고 산업 시설이 파괴되었다. 또 남북한 간에 적대감과 불신이 높아졌고 문화적 이질감도 커졌다.

7 미국의 닉슨 독트린(1969) 이후 냉전 체제가 완화되었고, 이후 남북 사이에도 대화를 위한 노력이 시작되었으며, 1972년 서울과 평양에서 7·4 남북 공동 성명이 발표되었다.

실전 문제

본문 102~103쪽

1 ⑤ **2** ① **3** ⑤ **4** ④ **5** ⑤ **6** ⑤
서술형 문제 **1** 해설 참고 **2** 해설 참고

1 1950년 발생한 6·25 전쟁의 과정을 보여주는 지도이다. 1950년 9월 국군이 낙동강 전선까지 후퇴하였으며 이후 유엔군이 참전하여 인천 상륙 작전으로 전세를 역전시켰고, 1950년 11월에는 압록강 전선까지 진출하였다. 그러나 중국군의 참전으로 후퇴를 거듭하다 1951년 1월 서울을 다시 빼앗겼다.

오답 피하기
ㄱ. 1951년 7월부터 정전 회담이 시작되어 1953년 7월 정전 협정이 체결되었다.
ㄴ. 애치슨 선언은 1950년 1월에 발표되었다.

2 정전 협정은 포로 송환 방법과 휴전선의 위치 선정 등을 둘러싼 대립으로 2년여 동안 지속되다 1953년 7월에 체결되었다.

3 박정희 정부 시기인 1972년에 서울과 평양에서 동시에 발표한 7·4 남북 공동 성명에는 자주·평화·민족적 대단결이라는 통일 원칙이 담겨 있었다.

오답 피하기
① 금강산 관광은 1998년부터 시작되었다.
② 1991년 노태우 정부 시기 한반도 비핵화 공동 선언에 합의하였다.
③ 7·4 남북 공동 성명은 박정희 정부 시절에 발표되었다.
④ 최초의 남북 정상 회담은 2000년 평양에서 개최되었고, 이 회담 이후 6·15 남북 공동 선언이 발표되었다.

4 (가)는 박정희 정부 시기에 발표된 7·4 남북 공동 성명(1972)이고, (나)는 노태우 정부 시기에 합의한 남북 기본 합의서(1991)이다. 전두환 정부 시기에 처음으로 이산가족 고향 방문이 이루어졌다(1985).

오답 피하기
① 개성 공단 건설은 6·15 남북 공동 선언으로 추진되었다.
② 10·4 남북 공동 선언은 노무현 정부 시기에 발표되었다.
③ 판문점에서 정상 회담을 연 것은 문재인 정부이다.
⑤ 이명박 정부 시기에 연평도 포격 사건이 발생하였다.

5 (가)는 6·15 남북 공동 선언이다. 2000년 김대중 정부 시기 평양에서 남북 정상 회담이 개최되었고, 6·15 남북 공동 선언 이후 개성 공단 건설, 경의선 복구, 이산가족 상봉 등이 이루어져 남북한 사이의 교류와 협력이 더욱 활발해졌다.

6 자료는 6·15 공동 선언(2000)에 관한 내용이며, 이 선언을 계기로 개성 공단 건설, 경의선 복구, 이산가족 상봉 재개 등이 이루어졌다. 5·18 민주화 운동은 1980년의 일이고, 노무현 정부는 2003년 수립되었다.

서술형 문제

1 (1) 6·15 남북 공동 선언
(2) [예시 답안] 경제 분야에서는 개성 공단을 설치하고 경의선을 복원하는 등의 교류가 진행되었고, 체육 분야에서는 국제대회에서 남북 단일팀 구성이나 올림픽 공동 입장 등이 진행되었다.

[평가 기준]

상	남북 교류의 내용을 세 가지 이상 모두 서술한 경우
중	두 가지만 서술한 경우
하	한 가지만 서술한 경우

2 (1) (가) 7·4 남북 공동 성명 (나) 남북 기본 합의서
(2) [예시 답안] (가)는 1969년 닉슨 독트린을 통해 냉전 체제가 완화되는 과정에서 남북한이 대화를 진행하여 합의한 내용이다. (나)는 독일의 통일, 소련의 해체 등으로 동유럽 사회주의가 붕괴하며 냉전 체제가 해체(종식)되는 과정에서 남북 관계가 크게 진전되어 채택된 합의이다.

[평가 기준]

상	냉전 체제의 완화, 냉전 체제의 해체를 구분하여 2가지를 모두 서술한 경우
중	냉전 체제의 완화, 냉전 체제의 해체 중 1가지만 서술한 경우
하	남북 관계의 변화를 단편적으로 서술한 경우

대단원 마무리

본문 106~109쪽

1 ④ **2** ⑤ **3** ④ **4** ⑤ **5** ⑤ **6** ④
7 ② **8** ⑤ **9** 해설 참고 **10** ②
11 해설 참고 **12** ③ **13** ③ **14** ② **15** ⑤
16 ⑤ **17** ① **18** 해설 참고 **19** ⑤ **20** ⑤
21 ⑤

1 강화도 조약(1876) 체결 이후 개화 정책을 추진하는 과정에서 일어난 임오군란(1882)을 청군이 진압하였다. 임오군란으로 체결된 조청 상민 수륙 무역 장정으로 청 상인은 허가를 받으면 개항장을 벗어나 내지 통상을 할 수 있었고, 이후 조일 통상 장정을 통해 일본 상인도 내륙으로 진출하며 상권 경쟁이 본격화되었다. 임오군란 이후 개화 정책을 둘러싸고 급진 개화파와 온건 개화파의 대립이 심해졌고, 그 결과 급진 개화파가 갑신정변을 일으켰다.

오답 피하기
ㄱ. 척화비는 흥선 대원군이 신미양요(1871) 이후 건립하였다.
ㄹ. 청일 전쟁(1894)은 갑신정변 이후의 사건이다.

2 자료는 갑신정변 당시 발표된 개혁 정강의 일부이다. 급진 개화파는 자주적인 근대 국가 건설을 목표로 정변을 일으켜 개혁을 추진하고자 했으나, 청군의 개입으로 3일 만에 실패하였다.

3 자료에서 만민 공동회를 열었다는 점을 통해 (가) 단체가 독립 협회임을 알 수 있다. 독립 협회는 러시아의 절영도 조차 요구 저지 운동을 전개하는 등 열강의 이권 침탈에 대응하여 이권 수호 운동을 벌였다.

오답 피하기
① 을미개혁으로 단발령이 시행되었다.
② 신민회에 대한 설명이다.
③ 동학 농민군이 전라도 등지에서 집강소를 설치하고 폐정의 개혁을 추진하였다.
⑤ 1907년 일본에 진 빚을 갚자는 국채 보상 운동이 전개되었다.

4 자료에서 의병의 참모 중장이며, 적장을 공격하였다는 내용을 통해 관련된 인물이 안중근임을 알 수 있다. 안중근은 이토 히로부미를 사살하였다.

오답 피하기
① 을사의병 당시 신돌석 등 평민 의병장이 활약하였다.
② 동학 농민군은 전봉준 등이 이끌었다.
③ 정미의병에 대한 설명이다.
④ 서재필이 정부의 지원을 받아 독립신문을 창간하였다.

5 러일 전쟁 이후 체결되었으며, 고종이 헤이그 특사를 파견하였다는 내용을 통해 (가)가 을사늑약임을 알 수 있다. 일본은 을사늑약을 강제로 체결하여 대한 제국의 외교권을 빼고, 통감부를 설치하여 대한 제국의 내정을 간섭하였다.

오답 피하기
① 강화도 조약의 내용이다.

② 한국 병합 조약(1910) 이후 설치되었다.
③ 화폐 정리 사업에 대한 설명이다.
④ 광무개혁에 대한 설명이다.

6 대성 학교와 오산 학교를 설립한 단체는 신민회이다. 신민회는 공화정 체제의 근대 국가 수립을 목표로 하였으며, 학교와 회사를 설립하여 민족의 실력을 키우고자 하였다.

오답 피하기
① 독립 협회가 독립문을 건립하였다.
② 비타협적 민족주의 세력과 사회주의 세력이 연대하여 신간회를 창설하였다.
③ 평양에서 조선 물산 장려회가 설립된 것은 1920년대로, 신민회는 그 이전에 해체되었다.
⑤ 보안회가 일제의 황무지 개간권 요구에 반대하여 이를 저지하였다.

7 자료는 을미의병 당시의 격문으로, 일본이 명성 황후 시해 사건을 일으키고 친일 내각을 통해 단발령 시행, 태양력 사용 등의 개혁을 추진하자, 을미사변과 단발령에 분노한 유생들이 전국에서 의병을 일으켰다.

오답 피하기
① 1905년 체결된 을사늑약에 대한 반발로 을사의병이 일어났다.
③ 동학 농민 운동은 1894년 일어났다.
④ 강화도 조약은 조선이 일본과 체결한 최초의 근대적 조약이다(1876).
⑤ 고종은 을사늑약의 부당성을 국제 사회에 알리기 위해 헤이그에서 열리는 만국 평화 회의에 특사를 파견하였다.

8 자료는 1910년대 헌병 경찰 통치 시기에 시행된 조선 태형령이다. 일제는 1910년에 민족 기업의 성장을 억제하기 위해 회사령을 제정하였다.

오답 피하기
① 화폐 정리 사업은 제1차 한일 협약(1904)으로 파견된 재정 고문 메가타가 주도하였다.
② 국가 총동원법은 1938년에 제정되었다.
③ 국민 대표 회의는 1923년에 개최되었다.
④ 1907년 헤이그 특사 파견이 빌미가 되어 고종이 폐위되었다.

9 **[예시 답안]** (가)는 대한민국 임시 정부이다. 대한민국 임시 정부는 연통제와 교통국을 운영하여 국내와 연락 업무를 담당하게 하였고, 독립신문을 발간하였다.

[평가 기준]

상	(가)가 대한민국 임시 정부임을 밝히고, 활동을 2가지 이상 서술한 경우
중	(가)가 대한민국 임시 정부임을 밝히고, 활동을 1가지만 서술한 경우
하	(가)가 대한민국 임시 정부라는 것만 쓴 경우

10 (가)는 1919년 3·1 운동 이전, (나)는 1927년, (다)는 1919년 3·1 운동 이후, (라)는 1926년 6·10 만세 운동이다.

11 **[예시 답안]** 자료의 내용을 강령으로 삼은 단체는 신간회로, 사회주의 세력과 비타협적 민족주의 세력이 연대하여 형성되었다.

[평가 기준]

상	단체명을 밝히고 특징을 서술한 경우
하	단체명만 밝힌 경우

12 (가)는 1920년에 일어난 청산리 전투에 대한 설명이고, (나) 한국광복군이 창설된 시기는 1940년이다. 일제 강점기 최대 규모의 만세 운동은 3·1 운동(1919)으로 (가) 이전에 일어났다.

오답 피하기
① 조선 의용대는 1938년에 조직되었다.
② 만주로 돌아온 독립군은 신민부, 참의부, 정의부의 3부를 결성하였다.
④ 간도 참변은 1920년 봉오동·청산리 전투에 대한 일제의 보복으로 일어났다.
⑤ 한인 애국단은 1931년 중국 상하이에서 조직되었다.

13 1931년 임시 정부에 활기를 불어 넣기 위해 김구는 한인 애국단을 조직하였다. 단원이었던 이봉창은 일본 국왕에게 폭탄을 던졌고, 윤봉길은 상하이 훙커우 공원에서 일본 장교들을 향해 폭탄을 던졌다.

오답 피하기
① 의열단에 대한 설명이다.
② 정미의병에 대한 설명이다.
④ 청산리 전투는 대한 독립군과 북로 군정서 등 독립군 연합 부대가 주도하였다.
⑤ 1930년대 한중 연합 작전은 한국 독립군, 조선 혁명군 등이 전개하였다.

14 조선 건국 동맹 위원장이었다는 내용을 통해 (가) 인물이 여운형임을 알 수 있다. 여운형은 8·15 광복 직후 조선 건국 준비 위원회를 구성하였다.

오답 피하기
① 여운형은 제헌 국회가 성립되기 전에 암살당하였다.
③ 이승만은 정읍 발언을 통해 단독 정부 수립을 주장하였다.
④ 단독 정부 수립을 막기 위해 김구, 김규식 등은 남북 협상에 참여하였다.
⑤ 김원봉은 조선 의용대 일부를 이끌고 한국광복군에 합류하였다.

15 모스크바 3국 외상 회의는 1945년 12월에 개최되었는데, 이 회의의 결정문에 있는 신탁 통치에 관한 협약 작성 문제로 좌우익 간의 갈등이 확산되었다. 이후 미소 공동 위원회가 결렬되자 이승만은 정읍 발언을 통해 단독 정부 수립을 주장하였다. 이에 김구와 김규식은 1948년 4월에 북한을 방문해 남북 협상을 이끌었다.

오답 피하기
ㄱ. 반민족 행위 처벌법은 1948년 9월에 제정되었다.
ㄴ. 조선 건국 준비 위원회는 1945년 8월에 결성되었다.

16 지도는 개항 이후 열강에 의한 이권 침탈 내용을 나타내고 있다.

17 남부 지방에 면화를 재배하게 하고, 북부 지방에 양을 사육하게 하는 남면북양 정책은 일본의 방직 자본가들에게 공업 원료인 면화와 양털을 제공하기 위해 실시되었다.

오답 피하기

② 1910년대 일제가 실시한 토지 조사 사업으로 많은 토지가 조선 총독부의 소유가 되었다.
③ 1920년대 일제는 일본의 식량 부족 문제를 해결하기 위해 산미 증식 계획을 실시하였다.
④ 일제는 한반도를 군수 물자 보급 기지로 만들기 위해 병참 기지화 정책을 추진하였다.
⑤ 어업·삼림 자원을 수탈하기 위해 어업령, 삼림령 등을 제정하였다.

18 [예시 답안] 이승만 정부는 장기 집권을 위해 발췌 개헌과 사사오입 개헌을 추진하였고, 진보당 사건을 일으켜 조봉암 등을 몰아내었다.

[평가 기준]

상	발췌 개헌, 사사오입 개헌, 진보당 사건 중 두 가지 서술한 경우
중	위 내용 중 한 가지만 서술한 경우
하	제대로 서술하지 못한 경우

19 5·18 민주화 운동 당시 상황을 알려 주는 사진, 문서, 영상 등은 가치를 인정받아 2011년에 유네스코 세계 기록 유산으로 등재되었다.

오답 피하기

①, ③ 4·19 혁명(1960)에 대한 설명이다.
② 3·1 민주 구국 선언 등 유신 헌법에 대한 반대 운동이 일어났다.
④ 1964~1965년에 한일 협정 체결에 반발하여 시위가 전개되었다.

20 제시된 자료는 김영삼 정부의 주요 정책에 대한 것으로, 여러 가지 개혁 정책을 실시하였으나 1997년 외환 위기를 맞았다.

오답 피하기

① 김대중 정부 시기 설치가 시작되었다.
② 박정희 정부, ③ 전두환 정부, ④ 노태우 정부에 대한 설명이다.

21 (가)는 박정희 정부가 합의한 7·4 남북 공동 성명(1972)이며, (나)는 최초의 남북 정상 회담으로 이 회담에서 6·15 남북 공동 선언(2000)이 합의되었다. (가)와 (나) 사이에 노태우 정부는 남북 기본 합의서(1991)를 채택하였다.

Ⅳ. 조선의 성립과 발전

실전모의고사(1회)

본문 2~5쪽

1 ①	2 ⑤	3 ③	4 ③	5 ②	6 ③
7 ①	8 ③	9 ⑤	10 ②	11 ④	12 ⑤
13 ④	14 ③	15 ⑤	16 ⑤	17 ②	18 ①
19 ⑤	20 ①	21 해설 참고		22 해설 참고	

1 자료는 위화도 회군에 관한 내용이다. 위화도 회군을 통해서 이성계와 신진 사대부가 권력을 장악하게 되었다. 호족을 사심관에 임명한 것은 고려 전기의 상황이다.

오답 피하기

②, ③ 위화도 회군 후 권력을 장악한 이성계와 신진 사대부는 권문세족의 토지를 몰수하고 신진 사대부의 경제적 기반을 마련하였다.
④ 위화도 회군으로 이성계를 비롯한 신흥 무인 세력과 신진 사대부가 권력을 장악하였다.
⑤ 고려 말 새 왕조 건국에 대한 의견 대립으로 온건 개혁파 신진 사대부와 급진 개혁파 신진 사대부가 대립하였다.

2 전시과는 고려 때 실시한 제도이다.

3 자료는 3사에 대한 내용이다. 3사는 (가) 사헌부, (나) 사간원, (다) 홍문관으로 구성되어 있다.

4 지도는 조선의 행정 구역을 보여 주고 있다. 조선 전기에는 각 도에 관찰사가 파견되고, 대부분의 군현에 수령이 파견되어 중앙 집권을 강화하였다.

오답 피하기

ㄱ. 각 지방에서 호족이 성장한 것은 통일 신라 말기에 해당된다.
ㄹ. 향리는 그 지방에 토착하면서 중앙에서 파견된 지방관을 보좌하고 실무 담당을 하였으며, 신분은 세습되었다.

5 조선 전기는 양인 남자가 군역을 부담하였다. 중앙에는 5위를 설치하여 궁궐과 한성을 수비하고 각 도에 병영과 수영을 설치하여 지방을 보호하였다. ② 2군 6위는 고려의 중앙 군사 조직이다.

6 조선 전기에는 명에는 조공·책봉 형식의 사대 외교 정책을 실시하고, 여진과 일본 등의 이웃나라에는 강경책과 회유책을 병행하는 교린 정책을 실시하였다.

오답 피하기

① 일본에 이종무를 파견하여 쓰시마섬을 정벌하였다.
② 세종은 압록강 지역에 최윤덕을 파견하여 4군 지역을 개척하였다.
④ 일본과의 외교 정책 내용이다.
⑤ 조선 태조 시기 요동 정벌 추진으로 일시적 갈등 관계가 형성되었다.

7 밑줄 친 '세력'은 사림이다. 사림 세력은 고려 말 정몽주, 길재 등의 학통을 계승하여 지방에서 학문 연구와 후학 양성에 힘썼다. 조선 성종 때 본격적으로 중앙 정계에 진출하였으며, 주로 3사 관리에 임명되어 기존 집권 세력을 견제하였다.

오답 피하기

② 신라 말에 등장한 지방 세력이다.
③ 세조의 집권을 도와 정권을 장악한 세력이다.
④ 고려 원 간섭기에 집권한 세력이다.
⑤ 고려 말 공민왕의 개혁 과정에서 성장한 세력이다.

8 사초에 실린 김종직의 「조의제문」이 문제가 되어 무오사화가 발생하였다. 이로 인해 김종직을 비롯한 사림들이 크게 피해를 입었다.

9 조선 성종이 훈구를 견제하기 위해 사림을 등용하였다. 중종 때 조광조가 위훈 삭제와 소격서 혁파 등의 개혁 정치를 주도하였다. 중종반정으로 연산군이 쫓겨나고 중종이 왕위에 오른 후 조광조가 등용되었다.

오답 피하기

① 『칠정산』은 세종 때 편찬된 역법서이다.
② 경복궁은 태조가 한양으로 천도하면서 건설하였다.
③ 세종이 훈민정음을 반포하였다.
④ 청이 조선을 침략한 병자호란은 인조 때 발발하였다.

10 (가)는 서원이다. 최초의 서원은 주세붕이 세운 백운동 서원으로, 명종 때 이황의 건의로 최초의 사액 서원이 되었다. 서원은 유학자의 제사와 유생의 교육, 지방민의 교화를 위해 설립되었다.

오답 피하기

① 서당은 기초 유학 교육을 실시하였다.
③ 향도는 고려 시기 불교 신앙 단체로 조직되어 마을 공동 의식을 주도하였다.
④ 향약은 사림이 상부상조 풍속에 유교 윤리를 더하여 만든 향촌 자치 규약이다.
⑤ 유향소는 지방 자치 기구로, 수령 보좌 및 향리를 감찰하였다.

11 선조 때 정치의 주도권을 장악한 사림은 이조 전랑 임명 문제 등을 두고 갈등이 심화되어 동인과 서인으로 분화되었다.

오답 피하기

① 훈구와 사림의 대립으로 사화가 발생하였다.
② 소수의 가문이 정치를 주도한 것은 세도 정치 시기이다.
③ 세조의 왕위 찬탈은 붕당을 형성한 사림의 집권 이전에 있었다.
⑤ 효종과 효종비의 사후 상복을 입는 기간 때문에 두 차례의 예송이 발생하였다.

12 조선 태종 시기 제작된 세계 지도로 우리나라에서 현존하는 가장 오래된 세계 지도라는 점에서 (가)는 「혼일강리역대국도지도」임을 알 수 있다.

오답 피하기

① 『동국통감』은 조선 초에 편찬된 역사서이다.
② 「대동여지도」는 조선 후기 김정호가 제작한 지도이다.
③ 『동국여지승람』은 조선 성종 때 편찬된 지리서이다.
④ 「곤여만국전도」는 마테오 리치가 제작한 세계 지도이다.

13 ㄴ. 세종은 우리 풍토에 맞는 농서인 『농사직설』을 간행해서 각 지역에 맞는 농법과 작물을 정리하였다. ㄹ. 세종은 훈민정음을 창제하여 반포하였다.

오답 피하기

ㄱ. 『경국대전』은 세조 때 시작되어 성종 때 완성된 법전이다.
ㄷ. 의학서인 『동의보감』은 광해군 때 완성되어 보급되었다.

14 『국조오례의』는 국가의 주요 의례 절차를 정리한 책으로 조선 성종 때 완성되었다.

오답 피하기

① 『용비어천가』는 조선 건국의 정당성을 노래한 훈민정음으로 지은 최초의 문학 작품이다.
② 『농사직설』은 우리 풍토에 맞는 농서이다.
④ 『의방유취』는 의학 백과사전으로 조선의 의학 체계를 마련하였다.
⑤ 『악학궤범』은 궁중 음악을 그림과 함께 설명한 책이다.

15 제시된 그림은 「몽유도원도」이다. 「몽유도원도」는 안평 대군이 꿈에서 본 이상 세계의 모습을 듣고 안견이 그린 것이다.

오답 피하기

① 문인화에 대한 설명이다.
② 조선 후기 유행한 풍속화에 대한 설명이다.
③ 정선의 「금강전도」가 금강산의 모습을 보고 그린 그림이다.
④ 민화는 다양한 소재를 통해 서민들의 소망을 표현하였다.

16 (가)는 임진왜란이다. 임진왜란은 동아시아 3국에 영향을 준 국제 전쟁이었다. 임진왜란은 일본이 명을 정벌하는 길을 빌려달라는 구실로 조선을 침략하면서 시작되었다.

오답 피하기

① 정묘호란이 발발하자 인조는 강화도로 피신하였다.
② 명은 임진왜란 참전으로 국력이 쇠퇴하였다.
③ 병자호란이 발생하자 인조는 남한산성에 들어가 항전하다 결국 삼전도에서 항복하였다.
④ 후금이 국호를 청으로 바꾸고 조선에 군신 관계를 요구하였으나 조선 정부가 이를 거부하자 병자호란이 발발하였다.

17 자료는 임진왜란(1592)과 관련 있다. 임진왜란 당시 여러 도에서 의병이 자발적으로 일어나 익숙한 지형을 바탕으로 자기 고장을 지켰다. 세조 즉위는 1455년, 중종반정은 1506년, 광해군 즉위는 1608년, 인조반정은 1623년에 일어난 사건이다. 따라서 (나) 시기가 적절하다.

18 임진왜란의 영향으로 동아시아의 정세가 변화하였다. 조선에서는 신분 질서가 동요되고 토지가 황폐화되는 등 많은 어

려움을 겪었고, 많은 문화재가 약탈당하고 포로로 많은 사람이 잡혀가기도 하였다. 일본에서는 도요토미 정권이 무너지고 도쿠가와 이에야스가 에도 막부를 열었다. 중국에서는 명이 왜란 참전으로 막대한 비용을 소모하는 등 국력이 쇠퇴하고 이 틈을 타 후금이 성장하였다. ① 조선이 압록강과 두만강 부근에 4군 6진 지역을 개척한 것은 조선 세종 때이다.

19 국왕을 쫓아내고 인조가 왕위에 올랐다는 내용을 통해 밑줄 친 '국왕'은 광해군임을 알 수 있다.

오답 피하기

ㄱ. 6조 직계제는 태종과 세조 때 시행되었다.
ㄴ. 인조는 서인이 주도한 반정으로 왕위에 올랐다.

20 (가)는 북벌론이다. 명의 멸망 후 청이 중국 전역을 지배하면서 청 중심의 동아시아 국제 질서가 형성되었다. 반면 조선에서는 청에게 당한 치욕을 씻고 명의 원수를 갚자는 북벌 운동이 효종과 서인 세력을 중심으로 전개되었지만, 백성의 생활고 심화, 청의 국력 강성, 효종의 죽음으로 북벌은 중단되었다.

서술형 문제

21 **[예시 답안]** (가)는 태종이다. 태종은 사병을 혁파하고 6조 직계제를 실시하였다.

[평가 기준]

상	태종을 명기하고 정책을 두 가지 이상 서술한 경우
중	태종을 명기하고 한 가지 정책만 쓴 경우
하	태종만 명기한 경우

22 **[예시 답안]** (가) 승정원은 왕명의 출납을 담당하는 왕의 비서 기관, (나) 의금부는 반역과 같은 중죄를 다스리는 사법 기관, (다) 춘추관은 역사를 편찬하는 기관이다.

[평가 기준]

상	세 가지 모두 바르게 서술한 경우
중	두 가지만 바르게 서술한 경우
하	한 가지만 바르게 서술한 경우

실전모의고사(2회)

본문 6~10쪽

1 ④	2 ③	3 ③	4 ③	5 ①	6 ④
7 ④	8 ①	9 ⑤	10 ④	11 ③	12 ④
13 ②	14 ③	15 ③	16 ⑤	17 ④	18 ③
19 ③	20 ②	21 해설 참고		22 해설 참고	

1 조선의 태종과 세조는 강력한 왕권을 강화하기 위해 의정부를 거치지 않고 6조가 직접 업무를 왕에게 보고한 후 집행하는 6조 직계제를 실시하였다. 6조 직계제를 실시함에 따라 의정부의 권한이 약화되었다.

오답 피하기

① 세조는 경연을 폐지하였다.
② 세조에 대한 설명이다.
③ 태종과 세조는 6조의 권한을 강화시켰다.
⑤ 정도전에 해당하는 내용이다.

2 자료는 『훈민정음 해례본』의 서문이다. 훈민정음은 세종 때 창제되어 반포되었다. 이 시기에 학문 연구 기관인 집현전이 설치되었고, 윤리서인 『삼강행실도』가 편찬되었다. 또 이종무가 쓰시마섬을 정벌하였다.

오답 피하기

ㄴ. 경복궁은 태조 때 한양으로 천도하면서 건설되었다.
ㄷ. 현직 관리에게만 수조권을 주는 직전법은 세조 때 실시되었다.

3 (가)는 세종, (나)는 태종, (다)는 세조, (라)는 성종 때의 사실로 (나) - (가) - (다) - (라) 순으로 발생하였다.

4 자료는 수령이 해야 할 일을 규정한 수령 칠사이다. 따라서 (가)는 조선의 수령에 해당한다. 수령은 대부분의 군현에 파견되어 행정·사법·군사의 업무를 담당하였다.

오답 피하기

①, ② 고려의 병마사, 향리에 대한 설명이다.
④ 향리에 대한 설명이다.
⑤ 유향소에 대한 설명이다.

5 조선 전기에 여진과 일본에 대하여 강경책과 회유책을 병행하는 교린 정책을 실시하였다. 세종은 최윤덕을 보내 4군 지역을, 김종서를 보내 6진 지역을 개척하였다.

오답 피하기

② 고려 시대 윤관이 이끄는 별무반이 여진을 몰아내고 동북 9성을 축조하였다.
③ 조선 통신사는 조선이 일본에 보내는 사절단으로, 강경책과는 관련이 없다.
④ 강동 6주는 고려를 침입한 거란의 소손녕과 서희가 담판을 지어 청천강 이북에 확보한 땅이다.
⑤ 조선은 명에 대해서 사대 정책을 실시하여 정기적인 조공 사절을 파견하였다.

6 (가)는 훈구, (나)는 사림에 대한 설명이다. 사림 내에서 척신 정치의 잔재 청산과 이조 전랑 임명 문제를 두고 갈등이 발생하면서 붕당이 형성되었다.

오답 피하기

① 사림에 대한 설명이다.
② 성종이 훈구의 견제를 위해 김종직 등 사림을 등용하였다.
③ 한명회는 세조가 왕이 되는 데 공을 세운 대표적인 훈구이다.
⑤ 훈구와 사림의 대립으로 사화가 발생하였다.

7 조광조는 위훈 삭제, 소격서 폐지, 현량과 실행, 왕도 정치 추진 등의 정책을 펼쳤다. 중종은 연산군을 몰아내고 왕위에 올랐는데, 이러한 중종반정에 큰 역할을 한 훈구의 세력이 강해지자, 이들을 견제하기 위해 사림을 등용하였다.

8 『성학십도』를 지었으며, 제자들이 동인 세력을 형성하였다는 데에서 (가) 인물이 이황임을 알 수 있다.

오답 피하기

② 이이는 『성학집요』를 저술하였으며, 그 제자들이 서인 세력을 형성하였다.
③ 김종서는 세종 때의 문신으로, 6진 지역을 개척하였다.
④ 김종직이 지은 「조의제문」을 빌미로 무오사화가 발생하였다.
⑤ 조광조는 중종 때 등용된 사림으로, 위훈 삭제, 소격서 혁파, 현량과 실시 등의 개혁 정책을 실시하였다.

9 강당(학습 공간), 재(기숙사), 장서각(서적·목판 보관), 사당(제사 공간)으로 구분된 것을 통해 (가)가 서원임을 알 수 있다. 서원은 사림 세력의 여론과 학파를 형성하였다.

오답 피하기

① 서원은 덕망 높은 유학자의 제사를 지냈다.
② 주세붕이 세운 백운동 서원이 최초의 서원이다.
③, ④ 서원은 사림들이 학문을 연구하던 곳으로 붕당의 근거지가 되기도 하였다.

10 선조 때 이조 전랑 임명 문제를 두고 사림들 간에 갈등이 심화되어 동인과 서인으로 나뉘어 붕당이 출현하였다.

오답 피하기

① 임진왜란과 병자호란을 거치면서 비변사의 기능이 강화되었다.
② 훈구의 견제로 사화가 발생하여 사림이 해를 입었다.
③ 환국 과정에서 실각한 남인의 처리 문제를 두고 서인이 노론과 소론으로 나뉘어졌다.
⑤ 붕당 정치가 붕괴된 이후 세도 정치에 대한 설명이다.

11 사림이 동인과 서인으로 나뉘었으며, (가)는 서인이다. 서인은 인조반정을 주도하여 정권을 잡았다. 이후 숙종 때 환국 과정에서 실각한 남인의 처리 문제를 두고 서인이 노론과 소론으로 나뉘었다.

오답 피하기

ㄱ. 동인이 이황과 조식의 학문을 계승하고, 서인이 이이와 성혼의 학문을 계승하였다.
ㄹ. 북인이 광해군 때 집권하였다.

12 세종 때 편찬되었고, 역법서라는 점에서 (가)가 『칠정산』임을 알 수 있다.

오답 피하기

① 세종 때 편찬한 『농사직설』에 대한 설명이다.
② 「혼일강리역대국도지도」에 대한 설명이다.
③ 세종 때 편찬한 『향약집성방』에 해당한다.
⑤ 측우기에 대한 설명이다.

13 왼쪽에 제시된 사진은 앙부일구이고, 오른쪽에 제시된 사진은 측우기이다. 두 기구 모두 세종 시기에 처음 제작되었다.

오답 피하기

①, ④ 앙부일구는 해시계이고, 측우기는 강우량을 측정하는 기구이다.
③, ⑤ 해당 기구와 관련이 없다.

14 강희안의 「고사관수도」는 조선 전기에 그려진 문인화로, 바위에 기대어 물을 바라보는 선비의 여유로운 모습을 보여 주고 있다.

오답 피하기

① 「호랑이와 까치」는 조선 후기에 그려진 작가 미상의 민화이다.
② 「씨름」은 조선 후기 김홍도의 풍속화이다.
④ 「단오풍정」은 조선 후기 신윤복의 풍속화이다.
⑤ 「인왕제색도」는 조선 후기에 그려진 정선의 진경산수화이다.

15 『직지심체요절』은 고려 시대 간행된 금속 활자본이다.

오답 피하기

① 자격루는 조선 세종 때 처음 제작되었다.
② 『의방유취』는 조선 세종 때 편찬된 책이다.
④ 「천상열차분야지도」는 조선 태조 때 돌에 새긴 천문도이다.
⑤ 「몽유도원도」는 조선 전기에 안평 대군의 꿈을 바탕으로 안견이 그린 그림이다.

16 곽재우, 조헌, 고경명, 유정은 임진왜란 시기 의병으로 활약한 인물들이다. 의병은 유생, 농민, 승려 등으로 다양하게 구성되었고, 익숙한 지형을 이용하여 적은 병력으로 일본군에게 큰 타격을 주었다.

오답 피하기

ㄱ. 이순신은 서남해 제해권을 장악하여 왜군의 해상 보급로를 차단하고, 전라도 곡창 지대를 보호하였다.
ㄴ. 의병은 정식 훈련을 받은 군인이 아니라 유생, 농민, 승려 등 다양한 구성으로 각지에서 자발적으로 일어났다.

17 임진왜란은 동아시아 3국에 영향을 준 국제 전쟁이었다. 명은 전쟁에 무리하게 참전하여 국력이 쇠퇴하였고, 그 틈을 타 여진족이 성장하여 후금을 건국하였다. 조선은 토지가 황폐

해지고 토지 대장과 호적이 소실되었다.

오답 피하기
ㄱ. 중국에 해당하는 설명이다.
ㄷ. 조선에서의 왜란 후 변화 모습이다.

18 자료는 임진왜란의 전개 순서도이다. 충주 방어선이 붕괴된 후 선조는 의주로 피란을 가면서 명에 원군을 요청하였다. 이후 조명 연합군이 평양성을 탈환하고, 행주산성에서 권율이 일본군에 승리하는 등 전세가 바뀌었다. 화의 협상에 들어가며 잠시 멈추었던 전쟁은 일본이 재차 침입하며 다시 시작되었다(정유재란). 일본에서 도요토미 히데요시가 사망한 후 일본군이 물러나며 전쟁이 끝났다. ③ 광해군의 중립 외교 정책으로 왜란 이후의 상황이다.

19 인조반정으로 쫓겨났다는 점에서 밑줄 친 '이 왕'은 광해군임을 알 수 있다. 광해군은 선조의 뒤를 이어 왕위에 올라 왜란으로 파괴된 나라를 재건하고자 토지 대장과 호적을 다시 만들고, 성곽과 무기를 수리해 국방을 강화하였다. 또한 명과 후금 사이에서 실리적 중립 외교를 시행하였다.

오답 피하기
①, ② 인조에 대한 설명이다.
④ 효종, ⑤ 중종에 대한 설명이다.

20 자료는 병자호란 당시 주화론과 척화론의 대립과 관련된 것이다. 왼쪽 말풍선은 청과 외교적으로 해결하자는 주화론, 오른쪽 말풍선은 청과 전투를 지속하자는 척화론(주전론)의 입장이다. 병자호란이 일어나자 인조는 남한산성에 들어가 버티다 결국 청에 항복하였다.

오답 피하기
① 정유재란에 대한 설명이다.
③, ⑤ 임진왜란에 대한 설명이다.
④ 왜란 이후 광해군의 전후 복구 정책과 관련된 내용이다.

서술형 문제

21 **[예시 답안]** 『용비어천가』를 편찬하고 유교 윤리서나 병서, 농서 등을 간행하였으며, 하급 관리 선발 시험에 훈민정음을 활용하였다.

[평가 기준]

상	훈민정음 보급을 위한 정책을 세 가지 이상 서술한 경우
중	두 가지만 서술한 경우
하	한 가지만 서술한 경우

22 (1) **[예시 답안]** 후금이 국호를 청으로 바꾸고 조선에 군신 관계를 요구해 오자 조선에서는 주화론과 척화론으로 나뉘어 대립이 발생하였다.

[평가 기준]

상	후금이 군신 관계를 요구해 오자 조선에서 주화론과 척화론이 대립하였다는 내용을 서술한 경우
중	주화론과 척화론이 대립하였다는 내용만 서술한 경우
하	배경을 제대로 서술하지 못한 경우

(2) **[예시 답안]** (가)는 청의 국력이 강해졌으므로 요구를 받아들여 전쟁을 피해야 한다는 주화론이고, (나)는 임진왜란 때 우리를 도왔던 명을 도와 의리와 은혜를 지켜 청에 맞서 싸워야 한다는 척화론에 해당한다.

[평가 기준]

상	주화론과 척화론의 내용을 제대로 서술한 경우
중	주화론과 척화론의 내용 서술이 미흡한 경우
하	대립이 일어났다는 것만 서술하고, 각각의 내용을 서술하지 못한 경우

실전모의고사(3회)

본문 11~14쪽

1 ④	**2** ①	**3** ③	**4** ④	**5** ③	**6** ④
7 ②	**8** ④	**9** ③	**10** ①	**11** ①	**12** ③
13 ⑤	**14** ①	**15** ①	**16** ④	**17** ①	**18** 해설 참고
19 해설 참고					

1 재상 중심의 정치를 추구하였고, 『조선경국전』을 저술하였다는 데에서 밑줄 친 '이 사람'이 정도전임을 알 수 있다.

오답 피하기

①, ②, ⑤ 고려 말 조선의 개창에 반대한 온건파 신진 사대부들이다. 사림은 이들의 학통을 이어받아 지방에서 학문과 교육에 힘썼다.

③ 이황은 『성학십도』를 저술하고 예안 향약을 실시하였다.

2 조선 태종은 국왕 중심의 중앙 집권 체제를 확립하였으며, 공신과 왕족이 거느린 사병을 혁파하여 군사권을 장악하였다. 또한 호구 조사를 통해 호패법을 실시하였다.

오답 피하기

ㄷ. 직전법을 실시한 왕은 세조이다.

ㄹ. 태종은 의정부의 권한을 약화시키고 6조의 권한을 강화시켜 왕권을 강화하고자 하였다.

3 홍문관은 언론을 담당하는 3사의 하나로 국왕의 정치 자문을 담당하였다.

오답 피하기

① 춘추관은 역사서 편찬 및 보관 기구이다.

② 승정원은 국왕 비서 기구이다.

④ 6조에서는 정책 집행을 담당하고, 의정부에서 3정승이 합의하여 정책을 심의·결정한다.

⑤ 3사는 사헌부, 사간원, 홍문관을 합쳐 이르는 말이다.

4 지도의 표시된 지역은 4군과 6진이다. 4군 6진은 세종 때 최윤덕과 김종서를 파견하여 확보한 지역이다. 세종 때 훈민정음을 창제해 반포하였다.

오답 피하기

① 태조가 한양으로 천도하였다.

② 직전법은 세조 때 실시되었다.

③ 『경국대전』은 세조 때 편찬이 시작되어 성종 때 완성되었다.

⑤ 「천상열차분야지도」는 태조 때 돌에 새긴 천문도이다.

5 이 세력은 훈구이다. 훈구는 세조의 집권을 도운 공신 세력이 정치적 실권을 장악한 이후 형성되었으며, 주요 관직을 독점하여 많은 토지와 노비를 소유하였다. 또한 중앙 집권 체제를 강조하였다.

오답 피하기

①, ②, ④, ⑤는 사림과 관련된 내용이다.

6 제시된 자료는 향촌의 자치 규약인 향약의 4대 덕목이다. 향약은 상부상조의 풍속에 유교 윤리를 더한 것으로 사림의 향촌 사회 주도권 강화에 이용되었다.

오답 피하기

①, ③, ⑤는 서원과 관련된 내용이다.

② 향약과 관련 없는 내용이다.

7 붕당에 대한 설명이다. 붕당은 정치적·학문적 입장에 따라 분화된 사림 집단이다. 선조 시기 척신 정치의 잔재 청산과 이조 전랑 임명 문제를 두고 발생하였다.

8 (가)는 『삼강행실도』이다. 『삼강행실도』는 군신, 부자, 부부 삼강의 모범이 되는 사례를 모아 만든 책으로 그림, 한자, 한글로 쓰여 백성들에게 유교 윤리를 쉽게 설명하였다.

오답 피하기

① 『소학』은 유학 교육의 입문서로, 사림은 『소학』을 보급하여 성리학적 질서를 확립하고자 하였다.

② 중국 남송의 주희가 가정에서 지켜야 할 관례, 혼례, 상례, 제례 등에 대한 유교 윤리를 종합하여 만든 책으로 알려져 있다.

③ 국가 행사의 의례를 정리한 의례서이다.

⑤ 『용비어천가』는 훈민정음으로 지은 최초의 문학 작품으로 조선 왕조의 정당성을 강조한 노래이다.

9 (가)는 『농사직설』, (나) 『칠정산』, (다) 『향약집성방』에 해당하는 내용이다.

10 조선에서 성리학이 지배적인 사상으로 자리 잡으면서 중앙에서 유교 윤리와 의례 서적을 간행하여 백성들이 성리학적 생활 규범을 익히도록 하였다. 또한 향촌에서는 서원과 향약이 유교 윤리 확산에 노력하였다. ① 부계 중심의 가족 질서와 의례가 보급되면서 가족과 친족 혈통 관계를 밝혀 주는 족보가 중시되었다.

11 조선 전기에 김시습이 『금오신화』를 저술하였고, 그림에서는 문인화인 사군자화가 많이 그려졌다. 또한 선비의 취향을 반영한 백자가 유행하였다. 조선 전기에는 양반 중심의 문화가 발달하였다.

12 분청사기는 고려 말부터 조선 전기까지 유행하였다. 조선 전기에 궁중 음악인 종묘 제례악이 정리되었다.

오답 피하기

① 민화는 조선 후기에 유행하였다.

② 고려 시대 제작된 상감청자에 대한 설명이다.

④ 풍속화는 조선 후기에 유행하였다.

⑤ 진경산수화에 대한 설명으로 조선 후기에 유행하였다.

13 지도는 임진왜란과 관련된 지도이다. 임진왜란 전 조선에서는 군역 제도의 문란으로 국방력이 약화되었고, 일본에서는 도요토미 히데요시가 전국 시대를 통일하였다.

오답 피하기
ㄱ. 임진왜란 이후 명이 쇠퇴하고, 후금이 성장하였다.
ㄴ. 여진족이 세운 후금이 세력을 키워 조선에 형제 관계를 요구해 왔다. 이를 거부하자 후금이 조선에 침입하여 정묘호란(1627)이 발생하였다.

14 (가) 인물은 이순신이다. 이순신은 해안 지형을 활용한 전술로 수군의 승리를 이끌어 전라도의 곡창 지대를 지켰고, 바다를 통해 무기와 식량을 운반하려던 일본군의 계획을 무너뜨리며 서남해 제해권을 장악하였다.

오답 피하기
ㄷ. 행주산성에서 일본군과 싸운 인물은 권율이다.
ㄹ. 충주 방어선에서 저항한 인물은 신립이다.

15 자료에서 고경명 등의 내용을 통해 임진왜란 당시 의병을 모으는 격문임을 알 수 있다. 따라서 (가)는 임진왜란이다. ① 친명배금 정책으로 발생한 전쟁은 정묘호란이다.

16 광해군은 명의 지원군 요구에 강홍립을 파병하면서 상황을 보아 행동하라고 지시하였다. 강홍립은 명이 후금에 밀리자 후금에 항복하였다.

오답 피하기
① 세종 때 최윤덕이 4군 지역을, 김종서가 6진 지역을 개척하였다.
② 세종 때 이종무가 쓰시마섬을 정벌하였다.
③ 중종반정으로 연산군이 쫓겨나고 중종이 왕위에 올랐다.
⑤ 김시민이 의병과 관군을 이끌어 진주성에서 일본군에 맞서 크게 승리하였다.

17 삼전도비는 병자호란이 끝나고 세워졌다. 병자호란은 후금이 청으로 국호를 변경하고 조선에 군신 관계를 요구하였으나 조선이 거절하여 일어난 전쟁이다. 인조는 남한산성으로 피신하여 항전하였으나, 결국 청에 항복하여 삼전도의 굴욕을 당하였다.

오답 피하기
②, ④, ⑤는 정묘호란(1627)과 관련된 것이다.
③ 중립 외교 정책은 광해군이 명과 후금 사이에서 실리를 추구하며 전개한 외교 정책이다.

서술형 문제

18 (1)『삼강행실도』
(2) [예시 답안] 충신, 효자, 열녀 등의 사례를 그림과 함께 설명한 윤리서로, 한글로도 편찬되었다.

[평가 기준]

상	『삼강행실도』의 특징을 두 가지 서술한 경우
중	『삼강행실도』의 특징을 한 가지만 서술한 경우
하	『삼강행실도』의 특징을 제대로 서술하지 못한 경우

19 [예시 답안] 예안 향약의 처벌 조항에서는 부모에 대한 효, 형제 간 우애, 어른에 대한 공경 등 유교적 윤리를 위반한 사람을 극벌의 대상으로 삼고 있다. 사림 세력은 성리학적 유교 윤리를 보급하여 지방민을 교화하고 통제하기 위해 향약을 보급하였음을 알 수 있다.

[평가 기준]

상	예안 향약의 내용을 통해 향약의 보급 목적을 잘 서술한 경우
중	예안 향약의 내용을 통해 향약의 보급 목적을 서술하였지만 미흡한 경우
하	예안 향약의 내용만 언급한 경우

V. 조선 사회의 변동

실전모의고사(1회)

본문 15~18쪽

1 ②	**2** ①	**3** ②	**4** ③	**5** ③	**6** ③
7 ④	**8** ⑤	**9** ⑤	**10** ①	**11** ⑤	**12** ⑤
13 ②	**14** ①	**15** ③	**16** ⑤	**17** ④	**18** ②
19 해설 참고		**20** 해설 참고			

1 이 기구는 비변사이다. 비변사의 기능이 강화됨에 따라 기존의 의정부와 6조의 기능이 축소되었다.

2 양 난 이후 정부는 국가 재정을 확보하고 민생을 안정시키기 위해 전세를 영정법으로 바꾸고, 공납에서는 대동법, 군역에서는 균역법을 실시하였다.

오답 피하기

정. 공납에서의 개혁은 대동법이다. 균역법은 군역과 관련 있다.
무. 공납에서의 개혁, 즉 대동법의 시행으로 공인이 생겨났다.

3 자료는 효종 사후 자의 대비의 복상 기간에 대해 논쟁한 기해 예송(1차 예송)과 관련된 내용이다. 예송은 현종 시기 의례를 둘러싼 두 차례의 논쟁으로 1차 때는 서인이, 2차 때는 남인의 주장이 받아들여졌다.

오답 피하기

ㄴ. 예송은 현종 때 발생하였다.
ㄷ. 선조 때 붕당과 관련된 내용이다.

4 대화는 환국에 대한 것이다. 환국은 숙종 때 발생한 사건으로 집권 붕당이 급격히 바뀌는 정치 상황을 나타낸다. 중종반정은 1506년, 임진왜란은 선조 때인 1592년, 인조반정은 1623년, 균역법 실시는 영조 때, 장용영 설치는 정조 때, 홍경래의 난은 순조 때의 일이다. 따라서 숙종 시기는 (다)에 해당한다.

5 규장각을 설치하였다는 데에서 (가) 왕은 정조임을 알 수 있다. 정조는 왕권 강화를 위해 친위 부대인 장용영을 설치하였다.

오답 피하기

①, ② 균역법 실시와 청계천 정비는 영조 때의 정책이다.
④ 북벌은 효종 때 추진되었다.
⑤ 숙종 때 발생한 환국에 대한 설명이다.

6 비변사의 고위직을 유력한 가문이 대다수 차지하고 있다는 점에서 (가) 시기는 세도 정치기임을 알 수 있다. 세도 정치는 외척 가문들이 권력의 핵심을 장악하고 그 외 몇몇 주요 가문이 권력에 참여하는 형태로 운영되었다.

7 모내기를 한다는 점에서 (가)는 모내기법(이앙법)임을 알 수 있다. 모내기법이 전국적으로 확산된 시기는 조선 후기이다. 조선 후기에는 상공업의 발달에 따라 상평통보가 전국적으로 유통되었다.

오답 피하기

① 신진 사대부는 고려 말에 등장하였다.
② 양반 지주층과 일부 농민에게 토지가 집중되어, 대다수의 농민이 몰락하였다.
③ 백운동 서원이 현판을 하사받은 것은 조선 전기인 명종 때이다.
⑤ 광물 수요가 늘어나면서 민간인의 광산 채굴을 허용하였다.

8 자료는 박지원의 『허생전』으로 이 작품을 통해 조선 후기의 경제 상황을 알 수 있다. 조선 후기 등장한 독점적 도매 상인은 매점매석(독점)을 통해서 부를 축적하였다. ⑤ 정조 때 시전 상인의 특권인 금난전권이 육의전을 제외하고 폐지되었다. 금난전권 폐지로 인해 사상의 자유로운 상업 활동이 허용되어 사상이 더욱 성장하였다.

오답 피하기

① 허생이 과일을 몽땅 사들인 행위가 매점매석 행위이다.
② 조선 후기 박지원이 저술한 작품이다.
③ 조선 후기에는 전국적으로 장시가 발달하였다.
④ 허생이 도고에 해당한다.

9 조선 후기 양반의 지위는 떨어지고 상품 화폐 경제로 부유한 상민이 증가하게 되었다. 부를 축적한 상민은 공명첩, 족보 구매 등을 통해 양반이 되기도 하는 등 신분제가 동요하였다.

10 세도 정치기 부패한 정치와 자연재해 등으로 백성들의 생활이 어려워지자 나라가 망하고 정씨 왕조가 세워진다는 내용의 『정감록』이 널리 퍼졌다.

오답 피하기

② 『택리지』는 이중환이 저술한 지리지이다.
③ 『동국통감』은 서거정 등이 저술한 고조선부터 고려 말까지의 우리 역사를 다룬 역사책이다.
④ 『목민심서』는 정약용이 저술한 수령의 지침서이다.
⑤ 『용비어천가』는 조선 건국의 정당성을 강조한 책으로, 훈민정음으로 지어졌다.

11 조선 후기에는 세도 정치로 인해 사회 불안과 백성의 고통이 가중되면서 새로운 종교와 사상이 유행하였다.

오답 피하기

① 조선은 유교를 국가 이념으로 삼았고, 불교를 억압하였다.
② 제사를 부정하여 정부의 탄압을 받은 것은 서학(천주교)이다.
③ 천주교가 아닌 동학과 관련된 내용이다.
④ 천주교는 서학이라는 학문으로 전파되다 18세기 후반 일부 남인 계열에 의해 종교로 수용되었다.

12 삼정이정청은 철종 때 농민 봉기를 진정시키기 위해 설치되어 삼정의 폐단을 고치려 하였으나 성과 없이 폐지되었다.

13 제시된 인물들은 상공업 중심의 개혁을 주장하는 실학자들로, 상공업 진흥과 기술 개발을 통한 부국강병을 이루고 청의 선진 문물을 수용해야 한다고 주장하였다. 이들은 북학파라고도 불리며 이후 개화사상에 영향을 주었다. 북학파 실학자들은 화폐 유통의 중요성을 강조하였다.

14 (가)는 정약용의 여전론, (나)는 이익의 한전론과 관련된 내용이다. 정약용과 이익은 토지 재분배를 통해 농촌의 안정을 추구하여 사회 문제를 해결해야 한다고 보았다.

오답 피하기

② 『열하일기』는 박지원이 저술한 책이다.
③ 정약용이 거중기를 만들어 화성 건축에 도움이 되었다.
④ 정약용, 이익 모두 북학파에 속하지 않는다.
⑤ 조광조 등 사림에 대한 설명이다.

15 국학은 조선 후기에 중국 중심의 세계관을 비판하며 우리 역사와 지리, 언어 등을 연구하는 학문이다. 「동국지도」는 정상기가 제작한 지도이며, 최초로 축척을 사용하였다.

오답 피하기

①, ②, ④, ⑤ 조선 전기에 제작되었다.

16 시헌력은 청에서 편찬한 역법으로 서양의 태양력의 원리를 적용한 것이다. 조선 후기 김육 등의 건의로 시행되었다.

오답 피하기

① 간의와 혼천의는 세종 때 제작된 천문 관측 기구이다.
② 「혼일강리역대국도지도」는 조선 전기에 만들어진 세계 지도이다.
③ 『농사직설』은 세종 때 우리 실정에 맞는 농법을 정리하여 편찬되었다.
④ 「천상열차분야지도」는 태조 때 돌에 새긴 천문도이다.

17 (가)는 에도 막부의 요청으로 파견한 사절단인 통신사이다.

오답 피하기

① 1883년 미국에 파견한 외교 사절단이다.
② 개항 이후 일본에 파견한 외교 사절단이다.
③ 조선 후기에 청의 연경(베이징)에 보낸 사절단이다.
⑤ 1881년 개화기 때 중국의 선진 문물(무기 제조)를 배우기 위해 파견된 시찰단이다.

18 조선 후기에는 서민 문화가 발달하여 민화, 풍속화 등이 유행하였다. 또한 정선으로 대표되는 진경산수화도 발달하였다. 조선 후기의 학자이자 서예가인 김정희는 추사체라는 독특한 서체를 개발하였다. 분청사기는 고려 말부터 조선 전기까지 유행한 자기이다.

서술형 문제

19 [예시 답안] 조선은 재정 적자를 해소하기 위해 공명첩을 발급하였다. 공명첩의 발급으로 부유한 상민들이 양반 신분이 되면서 조선 후기 양반 중심의 신분 질서가 크게 동요하였다.

[평가 기준]

상	공명첩의 발행 목적과 사회 변화를 제대로 서술한 경우
중	발행 목적과 사회 변화 중 하나만 서술한 경우
하	공명첩이라는 것만 언급한 경우

20 [예시 답안] 조선 후기 양반의 권위가 떨어지고, 서민들의 사회의식이 성장하면서 양반 사회의 모순을 풍자하는 작품이 등장하였다.

[평가 기준]

상	서민 문화의 발달 배경을 두 가지 서술한 경우
중	한 가지만 서술한 경우
하	서술이 미흡한 경우

실전모의고사(2회)

본문 19~22쪽

1 ②	2 ③	3 ②	4 ⑤	5 ④	6 ⑤
7 ④	8 ②	9 ③	10 ①	11 ②	12 ②
13 ①	14 ③	15 ③	16 ②	17 ②	18 ①
19 해설 참고		20 해설 참고		21 해설 참고	

1 (가)는 비변사이다. 임시 회의 기구로 설치되었던 비변사는 양 난 이후 모든 정책을 결정하는 최고 기구로 성장하였다.

오답 피하기

①, ③ 의정부는 국정을 총괄하는 최고 기구, 6조는 정책 집행을 담당하는 기구이나, 비변사의 기능이 강화되면서 두 기구의 기능이 축소되었다.
④ 왜란 도중에 만들어진 군영이다. 훈련도감 설치를 시작으로 5군영이 설치되었다.
⑤ 임술 농민 봉기 이후 삼정의 문란을 개선하기 위해 설치한 기구이다.

2 훈련도감은 임진왜란 발발 이후인 1593년 조직되었다. 훈련도감을 시작으로 중앙군은 어영청, 총융청, 금위영, 수어청이 설치되어 5군영 체제를 이루었다.

오답 피하기

① 속오군은 지방 방어를 위해 조직되었다.
② 훈련도감은 5군영에 속하였다.
④ 4군 6진 지역은 조선 전기인 세종 때 개척되었다.
⑤ 북벌 운동은 효종 때 추진되었다.

3 서인은 인조반정을 주도한 세력이고, 서인과 남인은 현종 때 예송, 숙종 때 환국을 통해 대립하였다.

오답 피하기

ㄴ. 광해군 때 권력을 독점한 붕당은 북인이다.
ㄷ. 두 차례의 예송으로 1차에는 서인이, 2차에는 남인의 주장이 받아들여졌다.

4 자료에는 붕당 정치의 폐해에 대해 나타나 있다. 현종 시기의 예송과 숙종 시기의 환국으로 인해 붕당 정치는 변질되어 폐해가 극심하였다. 영조는 붕당의 대립을 완화하고 왕권을 강화하기 위해 탕평책을 실시하며, 붕당의 근거지인 서원을 축소하고, 당쟁의 빌미가 되는 이조 전랑의 권한을 약화시켰다.

오답 피하기

① 대동법은 공납의 폐단을 해결하기 위해 광해군 때 처음 실시되었다.
② 호패법은 조선 태종이 시행한 제도이다.
③ 『경국대전』은 세조 때 편찬이 시작되어 성종 때 완성된 법전이다.
④ 삼정이정청은 임술 농민 봉기 이후 삼정의 문란을 해결하기 위해 설치된 기구이다.

5 자료는 정조가 세운 수원 화성으로, (가)는 정조이다. 정조 때 변화된 법을 정리하여 『대전통편』을 편찬하였다. 이외에도 『동문휘고』, 『탁지지』 등이 편찬되었다.

오답 피하기

① 『동국문헌비고』는 영조 때 편찬되었다.
② 『고려사절요』는 조선 전기에 편찬되었다.
③ 『의방유취』는 세종 때 편찬되었다.
⑤ 『동국여지승람』은 조선 성종 때 편찬되었다.

6 밑줄 친 '정치 형태'는 세도 정치이다. 세도 정치는 소수의 가문이 권력을 독점하였다.

오답 피하기

① 환국에 대한 설명이다.
② 정조의 탕평 정치에 대한 설명이다.
③ 환국이 일어나기 전 붕당 정치의 모습이다.
④ 예송과 관련된 설명이다.

7 조선 후기 모내기법이 전국으로 보급되어 노동력은 적게 들고 수확량은 크게 늘어나, 일부 농민들은 경작지를 크게 늘려 부농으로 성장하였다. 한편 경작할 토지를 얻지 못한 대다수의 농민은 머슴살이, 품팔이, 임노동자로 전락하였다.

8 조선 후기 농업 생산이 증가하고 상품 화폐 경제가 발달하면서 부를 축적한 서민들이 공명첩, 납속 등으로 신분 상승이 가능해지면서 양반 중심의 신분 제도가 동요하였다. ② 붕당 정치의 변질로 소수의 양반만이 권력을 장악하여 몰락한 양반(잔반)이 증가하였다.

9 조선 후기에는 시전 상인의 특권이었던 금난전권이 폐지되면서 사상이 성장하고 상업이 발달할 수 있었다.

오답 피하기

① 호패법은 조선 전기 태종 때 실시되었다.
② 조선 전기 일본에 대한 회유책으로 3포를 개항하였다.
④ 세조 때 과전법이 직전법으로 개정되었다.
⑤ 벽란도는 고려 시대의 국제 무역항이다.

10 조선 후기 공인의 등장으로 정부에서 쓸 물품을 대량으로 구입하고, 사상의 자유로운 상업 활동이 허용되자 상업이 발달하였다.

11 정조의 죽음(1800) 이후 순조, 헌종, 철종이 즉위하면서 세도 정치가 실시되었다. ② 균역법은 영조 때 마련되었다.

오답 피하기

① 순조 때 중앙 관서의 공노비를 해방하였다.
③ 삼정의 문란은 세도 정치기에 극심하였다.
④ 홍경래의 난(1811)은 철종 때 발생하였다.
⑤ 임술 농민 봉기(1862)는 철종 때 발생하였다.

12 (가)는 홍경래의 난(1811), (나)는 임술 농민 봉기(1862)이다. 홍경래의 난은 이후 하층민의 저항과 봉기에 영향을 주었

다. 임술 농민 봉기로 정부가 삼정이정청을 설치하며 농민의 조세 부담 완화를 위한 개혁안을 마련했으나 큰 성과가 없었다.

오답 피하기

① 이괄의 난(1624)은 인조반정 이후 공신 책봉과 관련한 불만으로 일어난 사건이다.

13 (가) 인물은 정약용이다. 정약용은 마을에서 공동으로 토지를 소유 및 경작하고 노동량에 따라 생산물을 분배하자는 여전론을 주장하였다.

오답 피하기

②, ④ 박제가에 대한 설명이다.
③ 홍대용, ⑤ 조광조에 대한 설명이다.

14 밑줄 친 '학문'은 실학이다. 실학은 기존의 성리학을 바탕으로 삼되 현실 문제를 해결하는 데 관심을 기울여 농업 중심의 개혁안과 상공업 중심의 개혁안을 제시하였다.

오답 피하기

①, ② 동학, ④, ⑤ 서학에 대한 설명이다.

15 (가)는 통신사로, 왜란 이후 에도 막부의 요청으로 파견되었다. 통신사를 통해 조선과 일본 사이에 다양한 문화적·경제적 교류가 이루어졌다. 통신사는 단순히 외교 사절의 의미를 넘어 일본에 문화를 전파하는 역할을 담당하였으며, 일본의 내부 사정에 대한 정보를 수집하거나 새로운 문물을 도입하기도 하였다.

오답 피하기

① 왜란 이후에 국교가 회복되고 파견되었다.
② 에도 막부의 요청으로 통신사가 파견되었다.
④, ⑤ 연행사에 대한 설명이다.

16 그림은 김홍도의 「씨름」으로, 당시 사람들의 생활상을 생동감 있게 표현한 풍속화이다. 김홍도는 서민의 일상을 소탈하고 익살스럽게 표현하였다.

오답 피하기

① 문인화에 대한 설명이다.
③ 민화에 대한 설명이다.
④, ⑤ 진경산수화에 대한 설명이다.

17 자료는 중국에 온 선교사 마테오 리치가 제작한 지도인 「곤여만국전도」로, 이러한 서구 문물은 조선인이 기존의 중국 중심 세계관에서 벗어나 세계관을 확대하는 데 영향을 주었다.

18 조선 전기의 가족 제도는 부계와 모계가 함께 중시되었으나 양 난 이후 성리학적 사회 질서가 강화됨에 따라 부계 중심의 가족 제도로 바뀌었다.

서술형 문제

19 [예시 답안] 전정에서는 재정 부족을 이유로 잡다한 항목의 세금을 추가하고, 군정에서는 어린아이나 죽은 사람 몫의 군포를 징수하였으며, 환곡에서는 곡식을 억지로 빌려주고 높은 이자를 붙여 곡식을 받아가는 등의 횡포가 심하였다.

[평가 기준]

상	전정, 군정, 환곡의 문란 세 가지의 사례를 모두 서술한 경우
중	전정, 군정, 환곡의 문란 중 두 가지의 사례만을 서술한 경우
하	전정, 군정, 환곡의 문란 중 한 가지의 사례만을 서술한 경우

20 [예시 답안] 혼인하자마자 신부가 바로 신랑 집에 가서 생활하였다.

[평가 기준]

상	혼인 후 신랑 집에서 생활한다는 내용을 바르게 서술한 경우
하	서술이 미흡한 경우

21 [예시 답안] 조선 후기 농업과 상업의 발달로 일부 서민들의 경제력이 향상되었고, 서당 교육이 보급되면서 서민 의식이 성장하였다.

[평가 기준]

상	서민의 경제력 향상과 서당 교육의 보급을 모두 서술한 경우
중	한 가지만 서술한 경우
하	서술이 미흡한 경우

실전모의고사(3회)

본문 23~26쪽

1 ③	2 ③	3 ①	4 ②	5 ④	6 ③
7 ⑤	8 ②	9 ⑤	10 ⑤	11 ④	12 ③
13 ④	14 ③	15 ③	16 ③	17 ⑤	18 ②
19 ⑤	20 해설 참고				

1 (가)는 비변사이다. 비변사는 외적 침입에 대비하기 위해 설치된 임시 회의 기구였으나 임진왜란과 병자호란을 거치면서 그 기능이 강화되었다.

오답 피하기

ㄱ. 훈련도감에 대한 설명이다.
ㄹ. 비변사가 국정을 총괄하면서 의정부의 권한은 약화되었다.

2 집집마다 토산물을 부과하는 대신 토지 면적당 쌀, 옷감, 동전 등을 거두는 공납 제도로 대동법을 나타내고 있다.

오답 피하기

① 고려 말에 실시된 토지 제도이다.
② 군포를 1년에 1필로 줄이는 제도이다.
④ 풍흉에 관계없이 토지 1결당 쌀 4~6두로 고정한 조세 제도이다.
⑤ 환곡(환정)은 춘궁기에 곡식을 빌려주고 가을에 이자를 덧붙여 갚게 하는 빈민 구제책이다.

3 (가)는 예송이다. 예송은 효종의 정통성을 둘러싼 의례 논쟁으로 현종 때 2차례 발생하였다.

오답 피하기

② 사화의 발발 원인이다.
③ 선조 때 이조 전랑의 임명 문제 등으로 갈등이 발생하여 붕당이 나타났다.
④, ⑤ 숙종 때 발생한 환국에 대한 설명이다.

4 (가)는 영조이다. 영조는 노론과 소론의 온건파를 중심으로 붕당에 관계없이 인재를 등용하여 탕평책을 실시하였다. 또한 붕당의 근거지로 변질된 서원을 대폭 정리하고, 붕당 간의 심한 갈등을 불러일으키던 이조 전랑의 권한을 크게 약화시켰다.

오답 피하기

① 훈구를 견제하기 위해 성종 때 김종직 등, 중종 때 조광조 등의 사림을 등용하였다.
③ 숙종 때 환국에 대한 설명이다.
④, ⑤ 장용영과 규장각은 정조가 설치하였다.

5 정조는 자유로운 상업 활동을 위해 시전 상인의 특권인 금난전권을 폐지하였다.

6 정조 사후 순조, 헌종, 철종의 3대에 걸쳐 60여 년 동안 소수의 세도 가문이 정치권력을 독점하는 정치는 세도 정치이다.

7 조선 후기 공인과 사상의 성장으로 상업이 발달하였다. 또한 민간 수공업이 발달하였다. 이러한 상공업의 발달로 상평통보가 18세기 이후 전국적으로 유통되었다.

오답 피하기

ㄱ. 조선 후기에는 민간 수공업이 성장하였다.
ㄴ. 상업의 발달로 전국에 장시가 늘어났다.

8 (가)는 모내기법이다. 모내기법으로 인해 노동력이 절감되고 생산량이 증가하였다. 그러나 이로 인해 양반 지주층과 일부 농민들은 부농으로 성장할 수 있었지만 경작할 토지를 얻지 못한 대다수의 농민은 머슴살이, 품팔이, 임노동자로 전락하였다.

오답 피하기

ㄴ. 전시과는 고려 시대에 실시된 제도이다.
ㄹ. 지주와 일부 농민은 부유해졌으나 대다수의 농민이 몰락하였다.

9 조선 후기 경제 활동으로 부유해진 일부 농민이나 상인들은 공명첩, 납속책, 족보 위조 등으로 양반 신분을 얻어 신분 상승을 이루었다. 이러한 변화로 상민과 천민의 수가 줄고 양반의 수가 크게 증가하였다. ⑤ 일부 양반이 권력을 독점하고, 몰락 양반인 잔반과 향반이 증가하였다.

10 세도 정치기에는 세도 가문이 정치권력을 독점하면서 백성들의 생활이 어려워졌다. ⑤ 균역법에 대한 설명으로 세도 정치 이전인 영조 때 실시되었다.

오답 피하기

① 조선 후기에 지주들이 소작농에게 세금을 전가하는 경우가 많았다.
② 조선 후기에 백성들의 생활이 불안해지자 예언 사상을 담은 『정감록』이 유행하였다.
③ 조선 후기에 부를 축적한 상민이 족보를 구매하여 신분을 상승시킬 수 있었다.
④ 군정의 문란으로 죽은 이의 군포를 징수하기도 하였다.

11 (가)는 홍경래의 난(1811), (나)는 임술 농민 봉기(1862)이다. 홍경래의 난은 평안도에 대한 지역 차별 등을 배경으로 발생하였으며 관군의 진압으로 정주성에서 패배하였다. 임술 농민 봉기는 진주 농민 봉기를 시작으로 삼남 지방을 중심으로 확산되었다. 정부는 민심을 달래기 위해 삼정의 폐단을 해결하기 위한 기구인 삼정이정청을 설치하였다.

오답 피하기

①, ② 임술 농민 봉기와 관련된 내용이다.
③, ⑤ 홍경래의 난과 관련된 내용이다.

12 성리학을 비판하고 실증적 방법으로 사회 문제를 해결하는 방법을 모색하였다는 데에서 실학에 대한 대화임을 알 수 있다.

오답 피하기

① 동학은 최제우가 창시한 종교이다.
② 서학은 조선 후기 청으로부터 전해진 서양의 학문을 이르는 말이다.
④ 성리학은 고려 말 신진 사대부가 조선 건국의 사상적 기반으로 삼은

학문이다.
⑤ 천문학은 천체 현상을 연구하는 학문이다.

13 박지원은 북학파 실학자로서 수레와 선박, 화폐의 사용 등을 통해 상공업을 발전시켜야 한다고 주장하였다.

오답 피하기
① 『목민심서』는 정약용이 저술하였다.
② 박지원은 『열하일기』를 저술하였다.
③ 유수원은 직업의 평등을 주장하였다.
⑤ 정약용은 토지 공동 소유·경작과 노동량에 따른 분배를 주장했다.

14 유득공의 『발해고』는 발해가 고구려를 계승한 나라임을 밝혔고, 이중환은 각 지방의 자연환경과 인물, 풍속 등을 자세히 서술한 『택리지』를 편찬하였다. 신경준은 한글에 대한 연구를 바탕으로 『훈민정음운해』를 저술하였다.

오답 피하기
① 중국 중심의 세계관에서 벗어나려는 움직임으로 국학이 발달하였다.
②, ④ 서학과 관련된 설명이다.
⑤ 실학과 관련된 설명이다.

15 인내천 사상은 동학과 관련 있다.

오답 피하기
① 서학은 인간 평등을 내세우고 제사를 부정하였다.
② 학문적 탐구에서 신앙으로 이어진 학문은 서학이다.
④ 조선 후기 조선이 망하고 새 왕조가 들어선다는 예언 사상을 담은 『정감록』이 유행하였다.
⑤ 국학에 대한 설명이다.

16 (가)는 에도 막부의 요청으로 파견한 통신사에 대한 설명이다. (나)는 청에 파견한 연행사이다.

오답 피하기
① 보빙사는 1883년 미국에 파견한 외교 사절단이다.
② 수신사는 개항 이후 일본에 파견한 외교 사절단이다.
④ 영선사는 1881년 청에 파견되었던 시찰단이다.

17 정선은 진경산수화라는 우리나라의 자연을 사실적으로 그리는 화풍을 개척하였다. 대표적인 작품으로 「인왕제색도」와 「금강전도」가 있다.

오답 피하기
① 「인왕제색도」는 진경산수화이다.
② 서민의 소박한 소망이 담겨있는 것은 민화이다.
③ 진경산수화는 우리의 자연을 사실적으로 표현하였다.
④ 생활상을 표현한 그림은 풍속화이다.

18 조선 후기에는 상품 화폐 경제의 발달로 경제적으로 여유가 생긴 상민이 늘어나고, 서당 교육도 확대되어 글을 읽고 쓸 줄 아는 서민이 늘어나면서 점차 서민이 문화 활동의 주체가 된 서민 문화가 발전하였다. 『삼강행실도』와 『국조오례의』는 조선 전기에 편찬되었다.

오답 피하기
① 조선 후기에는 탈을 쓴 광대들이 벌이는 탈놀이가 유행하였다.
③ 조선 후기에는 서민들의 솔직하게 표현한 사설시조가 유행하였다.
④ 조선 후기에 유행한 민화는 다양한 소재를 그려 생활 공간을 장식한 그림이다.
⑤ 판소리는 고수의 장단에 맞춰 창과 아니리(사설)로 이야기를 풀어내는 극으로 조선 후기에 유행하였다.

19 양 난 이후 성리학적 사회 질서가 강화됨에 따라 부계 중심의 가족 제도가 정착되었다. 조선 전기까지는 남녀, 적서 구분 없이 태어난 순서대로 족보에 기입하였으나 조선 후기에는 딸을 아들보다 뒤에 기재하는 경우가 많았다.

서술형 문제

20 [예시 답안] 첫 번째 그림은 서민들의 일상생활을 기록한 풍속화이고, 두 번째 그림은 서민들이 생활공간을 장식한 민화이다. 둘 다 서민들의 감성을 반영하였다는 특징이 있다.

[평가 기준]

상	공통점을 제대로 서술한 경우
하	공통점에 대한 서술이 미흡한 경우

Ⅵ. 근현대 사회의 전개

실전모의고사(1회)

본문 27~30쪽

1 ③	2 ④	3 ④	4 ⑤	5 ②	6 ⑤
7 ①	8 ④	9 ②	10 ④	11 ③	12 ④
13 ③	14 ③	15 ③	16 ⑤	17 해설 참고	

1 자료에서 '고종의 죽음을 계기로'를 통해 (가) 민족 운동은 3·1 운동(1919)임을 알 수 있다. 3·1 운동은 미국 윌슨 대통령의 민족 자결주의와 도쿄 유학생들의 2·8 독립 선언에 영향을 받아 최대 규모의 민족적 항일 운동으로 일어났고, 그 결과 대한민국 임시 정부가 수립되고 일제가 이른바 문화 통치를 실시하는 계기가 되었다.

오답 피하기

ㄴ. 광주 학생 항일 운동에 대한 설명이다.
ㄷ. 국채 보상 운동은 1907년에 대구에서 시작되었다.

2 강화도 조약(1876)의 부속 조약으로 체결된 (가) 조일 수호 조규 부록으로 개항장에서 일본 화폐 사용이 허용되었고, (나) 조일 무역 규칙을 통해 상선을 제외한 일본국 소속의 선박은 항구세를 면제받았고, 일본으로 무제한 양곡 유출이 가능해졌다. 이에 일부 지역의 지방관들은 곡식 유출을 금지하는 방곡령을 통해 쌀 유출을 막으려 하였다.

오답 피하기

① 조일 무역 규칙에 관한 설명이다.
② 조청 상민 수륙 무역 장정에 관한 설명이다.
③ 화폐 정리 사업에 관한 설명이다.
⑤ 아관 파천은 1896년에 일어났다.

3 자료는 군국기무처를 중심으로 실시된 갑오개혁(1894)에 대한 것이다. 신미양요는 1871년, 강화도 조약 체결은 1876년, 임오군란은 1882년, 갑신정변은 1884년, 을미사변은 1895년, 아관 파천은 1896년의 일이므로, (라) 시기에 갑오개혁이 실시되었다.

4 (가)는 아관 파천 이후 열강의 이권 침탈에 반대 운동을 전개한 독립 협회이다. 독립 협회는 독립문을 건립하고 만민 공동회를 개최하였을 뿐만 아니라 정부 대신들이 참여한 관민 공동회에서 헌의 6조를 결의하였다.

오답 피하기

① 급진 개화파가 갑신정변을 일으켜 개화당 정부를 세웠다.
② 신민회에 대한 설명이다.
③ 항일 의병 운동에 대한 설명이다.
④ 대한국 국제는 광무개혁 시기에 반포되었다.

5 (가)는 메가타가 주도한 화폐 정리 사업으로, 국내 화폐인 백동화 등을 일본의 제일 은행권 화폐로 교환하는 사업을 통해 일본은 대한 제국의 화폐 발행권을 빼앗아 갔고, 일부 상공업자들도 큰 타격을 입었다.

오답 피하기

① 방곡령에 대한 내용이다.
③ 1920년대 산미 증식 계획에 대한 설명이다.
④ 1910년에 시행한 회사령에 대한 설명이다.
⑤ 1907년에 국채 보상 운동이 전개되었다.

6 제시된 자료는 1910년대 헌병 경찰 통치와 관련된 것으로, 국권을 빼앗은 일제는 조선 총독부를 설치하고 한국인의 모든 자유를 빼앗아 갔다. 또한 조선 총독부의 안정적인 지세 확보를 위해 토지 조사 사업을 실시하였다.

오답 피하기

ㄱ. 국가 총동원법은 1938년에 제정되었다.
ㄴ. 남면북양 정책은 1930년대 일본의 방직 자본가 보호를 위해 실시하였다.

7 자료의 독립공채를 발행한 기관은 대한민국 임시 정부이다. 대한민국 임시 정부는 교통국과 연통제를 두어 국내와 연락하였고, 독립신문을 발간하여 국내외에 독립운동과 관련한 소식을 알렸다.

오답 피하기

② 고종은 1907년 헤이그 만국 평화 회의에 이상설, 이준, 이위종을 파견하였다.
③ 신민회에 대한 설명이다.
④ 신간회에 대한 설명이다.
⑤ 1920년 봉오동과 청산리 일대에서 홍범도, 김좌진 등이 이끄는 독립군 연합 부대가 일본군과 싸워 크게 승리하였다.

8 (가)는 6·10 만세 운동(1926)이고, (나)는 광주 학생 항일 운동(1929)이다. 6·10 만세 운동 이후 비타협적 민족주의자와 사회주의자들이 연합하여 신간회를 결성(1927)하였고, 신간회는 광주 학생 항일 운동을 지원하기도 하였다.

오답 피하기

① 제1차 한일 협약(1904)으로 파견된 메가타가 화폐 정리 사업을 주도하였다.
② 대한민국 임시 정부는 1919년에 수립되었다.
③ 안중근은 1909년에 이토 히로부미를 처단하였다.
⑤ 방곡령은 함경도(1889), 황해도(1890)에서 실시되었다.

9 (가) 단체는 중국 관내에서 김원봉을 중심으로 조직된 조선 의용대(1938)로, 일본군에 맞서 중국군과 함께 정보 수집과 포로 심문 등의 활동을 펼쳤고, 이후 일부 병력은 한국광복군에 합류하였다.

오답 피하기

ㄴ. 의열단은 신채호가 작성한 「조선 혁명 선언」을 활동 지침으로 삼았다.
ㄹ. 북로 군정서군을 비롯한 독립군 연합 부대는 청산리 지역에서 일본군에 크게 승리하였다(1920).

10 제시된 자료는 평양에서 시작하여 전국적으로 확대된 물산 장려 운동에 대한 것으로, 민족의 산업을 발전시켜 경제적으로 자립하는 것을 목표로 삼았고, 국산품 애용과 소비 절약 등을 강조하였다.

오답 피하기

ㄱ, ㄹ. 국채 보상 운동은 대한매일신보 등 언론 기관의 적극적인 지원을 받아 전국적으로 확대되었다. 그러나 통감부의 탄압으로 실패하였다.

11 (가) 지역은 청산리 지역으로, 김좌진의 북로 군정서군을 비롯한 독립군 연합 부대는 청산리 전투에서 일본군을 크게 물리쳤다.

오답 피하기

① 신민회는 1907년 국내에서 결성되었다.
② 안중근은 중국 하얼빈에서 을사늑약 체결을 주도한 이토 히로부미를 사살하였다.
④ 조선 의용대는 김원봉이 주도하여 중국 관내 최초의 한인 무장 부대로 창설되었다.
⑤ 한국 독립군은 1930년대에 중국군과 연합하여 쌍성보·대전자령 전투에서 승리하였다.

12 자료는 이승만의 정읍 발언(1946. 6.)으로, 남한만의 단독 정부 수립을 주장하였다.

오답 피하기

① 남북 협상에는 김구, 김규식 등이 참여하였다.
② 신채호가 작성하였다.
③ 여운형, 안재홍 등이 결성하였다.
⑤ 이승만은 신탁 통치에 대해 반대 운동을 펼쳤다.

13 (가)는 1945년 12월 미국, 영국, 소련의 대표가 모인 모스크바 3국 외상 회의로, 한반도에 임시 민주주의 정부를 세우고 최고 5년간의 신탁 통치에 관한 협약 작성을 결의하였다. 이후 국내에서는 신탁 통치를 둘러싼 좌우 갈등이 격화되었다.

오답 피하기

① 1948년 2월 유엔 소총회에서 남한만의 단독 선거를 결정하였다.
② 1923년 개최된 국민 대표 회의에 대한 설명이다.
④ 남북 협상은 김구, 김규식 등이 참여하였다.
⑤ 제헌 국회에서 반민족 행위 처벌법을 제정하였다.

14 통일 주체 국민 회의에서 대통령을 선출한다는 내용과 국회 의원의 1/3을 통일 주체 국민 회의에서 추천하는 내용을 통해 자료가 유신 헌법임을 알 수 있다. 유신 헌법은 처음 시행된 1972년부터 전두환 정부가 7년 단임제로 헌법 개정을 하는 1980년까지 유지되었다. ㄱ. 부마 민주 항쟁은 1979년에 일어났다. ㄹ. 유신 헌법은 대통령에게 긴급 조치권을 부여하였고, 긴급 조치 1호는 1974년에 발동되었다.

오답 피하기

ㄴ. 발췌 개헌은 1952년에 일어났다.
ㄷ. 한일 협정은 1965년에 체결되었다.

15 대한민국 정부는 1948년 8월에 수립되었고, 사사오입 개헌은 1954년에 이루어졌다. 6·25 전쟁 중 국회 의원들을 위협하여 대통령 직선제로 헌법을 바꾼 발췌 개헌은 1952년의 일이다.

오답 피하기

① 한일 협정은 1965년에 체결되었다.
② 장면 내각은 1960년에 수립되었다.
④ 조선 건국 준비 위원회는 1945년 8월에 결성되었다.
⑤ 모스크바 3국 외상 회의는 1945년 12월에 개최되었다.

16 자료는 5·18 민주화 운동(1980) 당시 발표된 궐기문이다. 신군부는 계엄 철회와 민주주의 회복을 요구하는 시위가 일어난 광주에 계엄군을 투입하여 폭력적으로 시위를 진압하고, 광주 시내를 포위하여 다른 지역과의 접촉을 차단하였으며, 시위대를 폭도로 몰았다.

오답 피하기

① 경제 개발 자금 확보를 위해 추진하였다.
② 4·19 혁명의 결과로 일어났다.
③ 3·15 부정 선거로 인해 4·19 혁명이 일어났다.
④ 헌법 개정 요구를 무시한 4·13 호헌 조치에 시민들이 반발하여 6월 민주 항쟁이 일어났다. 6월 민주 항쟁에서는 4·13 호헌 철폐와 대통령 직선제 개헌을 요구하였다.

서술형 문제

17 [예시 답안] 독립신문은 서재필이 창간하였으며, 최초로 민간에서 발행한 근대적 신문이며, 한글판과 영문판으로 발행되었다.

[평가 기준]

상	조건을 모두 포함하여 특징을 서술한 경우
중	조건을 한 가지만 충족한 경우
하	조건을 충족하지 못한 경우

실전모의고사(2회)

본문 31~35쪽

1 ②	2 ⑤	3 ②	4 ④	5 ③	6 ②
7 ⑤	8 ⑤	9 ⑤	10 ⑤	11 ①	12 ⑤
13 ④	14 ⑤	15 ⑤	16 ④	17 ②	18 ⑤
19 ③	20 해설 참고				

1 자료는 동학 농민 운동(1894)에 관한 것으로, 동학 농민군은 전주성을 점령하고 정부와 전주 화약을 체결하였으며, 전라도 각지에 집강소를 설치하여 폐정 개혁안을 실천해 나갔다. 또한 신분제 개혁, 조세 제도 개혁, 외세 배격과 같은 주장을 펼쳤다.

오답 피하기

ㄴ. 독립 협회에 대한 설명이다.
ㄹ. 보안회에 대한 설명이다.

2 자료는 대한국 국제(1899)이다. 러시아 공사관에서 환궁한 고종은 대한 제국의 수립을 선포하고, 구본신참의 원칙에 따라 점진적인 개혁을 추구하였으며, 대한국 국제를 반포하여 황제에게 권력을 집중하였다.

오답 피하기

ㄱ. 신민회에 대한 설명이다.
ㄴ. 갑오개혁에 대한 설명이다.

3 (가)는 동학 농민 운동(1894), (나)는 대한 제국 수립(1897), (다)는 을미사변(1895), (라)는 아관 파천(1896)이다. 따라서 시기순으로 나열하면 (가) – (다) – (라) – (나)이다.

4 (가)는 최초의 근대적 불평등 조약인 강화도 조약(1876)이다. (나)는 외교권을 박탈하고 통감부를 설치한 을사늑약(1905)으로 이 조약에 반발하여 고종은 헤이그 특사를 파견하였다.

오답 피하기

① 화폐 정리 사업에 대한 설명이다.
② 대표적인 의병 활동은 을미의병(1895), 을사의병(1905), 정미의병(1907)이다.
③ 영사 재판권은 강화도 조약의 내용이다.
⑤ 기유각서로 경찰권, 사법권을 박탈한 후 1910년 한국 병합 조약이 체결되었다.

5 (가)는 국채 보상 운동(1907)으로, 러일 전쟁 이후 일본의 강요로 대한 제국이 막대한 빚을 안게 되자, 대구에서 시작되어 전국으로 확대되었다.

오답 피하기

① 독립 협회에 대한 설명이다.
②, ⑤ 물산 장려 운동에 대한 설명이다.
④ 화폐 정리 사업에 대한 설명이다.

6 자료는 일제가 1910년대 실시한 회사령으로, 한국인의 회사 설립을 억제하기 위해 회사 설립 시 조선 총독부의 허가를 받도록 한 법이다. 일제는 1910년대 헌병 경찰이 태형을 가할 수 있도록 하였고, 교사들이 칼을 차고 제복을 입고 다니게 하는 등 무단 통치를 실시하였다.

오답 피하기

ㄴ. 제1차 한일 협약(1904)으로 파견된 메가타가 화폐 정리 사업을 주도하였다.
ㄹ. 1930년대 일제는 민족 말살 정책을 실시하며, 신사 참배와 황국 신민 서사 암송 등을 강요하였다.

7 자료는 기미 독립 선언서로 3·1 운동(1919) 때 발표된 것이다. 3·1 운동은 미국 윌슨 대통령의 민족 자결주의와 도쿄 유학생들의 2·8 독립 선언의 영향을 받아 일어났다.

오답 피하기

ㄱ. 무단 통치 시기에 3·1 운동이 일어났다.
ㄴ. 3·1 운동으로 대한민국 임시 정부가 수립되었다.

8 자료는 외교권 박탈과 관련된 것으로 을사늑약(1905)의 일부이다. 을사늑약 체결에 반발하여 을사의병이 일어났고, 이때 평민 출신 의병장인 신돌석 등이 활약하였다.

오답 피하기

①, ④ 정미의병(1907)에 대한 설명이다.
② 동학 농민 운동(1894)에 대한 설명이다.
③ 을미의병(1895)에 대한 설명이다.

9 자료는 1920년대 무장 독립 투쟁으로, 봉오동 전투와 청산리 전투에서 패배한 일본은 간도 참변을 일으켰고, 이에 독립군은 러시아 지역으로 이동하였지만 자유시에서 많은 독립군이 희생되었다. 다시 만주로 돌아온 독립군은 3부를 조직하며 정비하였다.

오답 피하기

① 한인 애국단은 1931년 조직되었다.
② 조선 의용대는 1938년에 조직되었다.
③ 정미의병은 1907년에 일어났다.
④ 한국광복군은 1940년 충칭에서 창설되었다.

10 자료는 6·10 만세 운동(1926)으로, 사회주의 계열과 민족주의 계열이 연합하여 만세 시위를 계획하였고, 학생층에서도 만세 시위를 추진하였다.

오답 피하기

① 1920년대 국내에서 일어난 물산 장려 운동에서 국산품 사용을 주장하였다.
② 광주 학생 항일 운동(1929)에 대한 설명이다.
③ 1910년에 조선 총독부가 설치되었다.
④ 3·1 운동(1919)에 대한 설명이다.

11 조선어 학회에서는 한글 맞춤법 통일안을 마련하고 표준어를 제정하였으며 우리말 큰 사전의 편찬을 시도하였다.

12 1930년대 일제는 중일 전쟁을 일으키고 국가 총동원법(1938)을 제정해 인적·물적 자원을 수탈하였다. 이 시기에 청

년들이 징용, 징병으로 끌려갔으며, 일부 여성은 일본군 '위안부'로 내몰려 인권을 유린당하였다.

오답 피하기

①, ②, ④ 1910년대 무단 통치 시기에 실시되었다.
③ 광무개혁 시기에 발급되었다.

13 (가)는 한국광복군으로, 태평양 전쟁이 발발하자 일본에 선전 포고하고 연합군의 일원으로 참전하였다. 또한 미국 부대와 함께 특수 훈련을 받은 대원들을 국내에 투입하는 작전을 준비하였다.

오답 피하기

① 한국 독립군, ② 대한 독립군, ③ 조선 의용군, ⑤ 조선 의용대에 대한 설명이다.

14 모스크바 3국 외상 회의(1945. 12.) 결정으로 제1차 미소 공동 위원회가 열렸고, 결렬된 이후 단독 정부를 주장하는 이승만의 정읍 발언(1946. 6.)과 통일 정부 수립을 위한 좌우 합작 운동이 펼쳐졌다. 결국 제2차 미소 공동 위원회가 결렬된 이후 한반도 문제는 유엔으로 이관되었다(1947).

오답 피하기

① 제헌 국회는 1948년에 구성되었다.
② 1948년 7월에 이승만이 대통령으로 선출되었다.
③ 반민족 행위 처벌법은 1948년 9월에 제헌 국회에서 제정되었다.
④ 남북 협상은 1948년 4월에 추진되었다.

15 1950년 6월 25일 북한의 남침으로 시작된 6·25 전쟁으로, 3일 만에 서울을 점령당하고 국군은 낙동강 유역까지 후퇴(1950. 9.)하였다. 이후 국군과 유엔군은 인천 상륙 작전에 성공하여 서울을 되찾고 압록강 유역까지 진출하였다(1950. 11.). 그러나 중국군의 참전으로 후퇴하여 서울을 다시 빼앗겼다(1951. 1.).

오답 피하기

ㄱ. 정전 협정은 1953년 7월에 체결되었다.
ㄴ. 애치슨 선언은 미국의 태평양 방어선에서 한반도와 타이완 등을 제외한 선언으로 1950년 1월에 발표되어 6·25 전쟁의 배경이 되었다.

16 (가)는 박정희 정부로, 경제 성장 과정에서 도시와 농촌의 소득 격차를 해결하기 위해 새마을 운동을 전개하였다. ④ 3저 호황으로 경제가 성장한 것은 전두환 정부 시기이다.

17 자료는 5·10 총선거(1948)와 관련된 것이다. 5·10 총선거에서는 헌법을 제정하기 위해 국회 의원을 선출하였고, 선출된 국회 의원들이 제헌 국회를 구성하여 대통령을 선출하였다.

오답 피하기

① 제헌 국회에서 간접 선거로 대통령을 선출하였다.
③ 1960년에 3·15 부정 선거가 일어났다.
④ 4·19 혁명의 결과이다.
⑤ 5·10 총선거는 남한만의 단독 선거로 진행되었다.

18 자료는 4·19 혁명(1960)과 관련된 것으로, 당시 대학 교수들도 시국 선언을 발표하고 시위에 참여하여 결국 이승만은 대통령직에서 물러났다.

오답 피하기

① 1964년부터 베트남에 파병하였다.
② 1980년에 5·18 민주화 운동이 일어났다.
③ 1987년 6월 민주 항쟁의 배경이 되었다.
④ 박정희 대통령이 긴급 조치를 발동하였다.

19 (가)는 김대중 정부로, 최초로 평화적 여야 정권 교체를 통해 출범하여 외환 위기 극복을 위해 노력하였고, 6·15 남북 공동 선언(2000)을 통해 북한과의 화해 협력 정책을 추진하였다.

오답 피하기

①, ⑤ 전두환 정부에 대한 설명이다.
② 1970년대 박정희 정부에 대한 설명이다.
④ 1960년대 박정희 정부에 대한 설명이다.

서술형 문제

20 (1) 제헌 국회
(2) [예시 답안] 이승만을 대통령으로 선출하였고, 친일파를 처벌하기 위한 반민족 행위 특별법을 제정하였고, 농지 개혁을 위한 농지 개혁법을 공포하였다.

[평가 기준]

상	제헌 국회의 활동을 세 가지 서술한 경우
중	두 가지만 서술한 경우
하	한 가지만 서술한 경우

실전모의고사(3회)

본문 36~40쪽

1 ④	**2** ④	**3** ①	**4** ④	**5** ⑤	**6** ②
7 ①	**8** ⑤	**9** ⑤	**10** ②	**11** ①	**12** ④
13 ⑤	**14** ④	**15** ②	**16** ①	**17** ②	**18** ④
19 ④	**20** 해설 참고				

1 자료는 강화도 조약의 내용으로 청의 지배력을 약화시키기 위해 조선의 자주권을 인정하였다. ④ 러일 전쟁 이후 일본은 독도를 자신의 영토로 편입시켰다.

오답 피하기
① 강화도 조약으로 부산 외에 2곳의 항구를 개항하였는데, 개항에는 일본이 조선을 정치, 경제, 군사적으로 침략하려는 목적이 있었다.
② 강화도 조약은 최초의 근대적 불평등 조약이다.
③ 조선이 자주국이라고 선언하며 조선에 대한 청의 간섭을 배제하고자 하였다.
⑤ 강화도 조약으로 일본은 영사 재판권, 해안 측량권 등을 보장받았다.

2 집강소를 통해 밑줄 친 '이 운동'이 동학 농민 운동임을 알 수 있다. 동학 농민군은 전주성을 점령하고 정부와 전주 화약을 체결하였다. 당시 농민들이 주장한 폐정 개혁안에는 신분제 개혁, 조세 제도 개혁, 외세 배격과 같은 내용이 담겨 있다.

오답 피하기
① 헌의 6조는 독립 협회가 개최한 관민 공동회에서 결의되었다.
② 급진 개화파가 갑신정변을 일으킨 후 개혁 정강을 발표하였다.
③ 대한국 국제는 광무개혁 시기에 반포되었다.
⑤ 구식 군인들이 신식 군대인 별기군과의 차별 대우에 반발하여 임오군란을 일으켰다.

3 (가) 사건은 고종이 을사늑약(1905) 체결에 반발하여 네덜란드 헤이그에 특사를 파견한 사건(1907)이다. 이 사건을 구실로 일본은 고종을 강제 퇴위시키고, 군대를 해산시켰다.

오답 피하기
② 을사늑약 체결에 반발하여 추진하였다.
③ 민족 자결주의와 2·8 독립 선언에 영향을 받았다.
④ 1896년에 아관 파천이 일어났다.
⑤ 신민회는 해외 독립군 기지 건설을 추진하였다.

4 자료와 같이 러일 전쟁 당시 일제가 황무지 개간을 구실로 막대한 국유지를 빼앗으려 하자, 보안회를 중심으로 반대 운동을 벌여 이를 철회시켰다.

오답 피하기
① 신민회에 대한 설명이다.
② 독립 협회에 대한 설명이다.
③ 대한매일신보가 대표적으로 지원하였다.
⑤ 물산 장려 운동에 대한 설명이다.

5 광무개혁 시기의 대한국 국제(1899)는 황제권을 강화하는 것이었고, 공화정체의 근대 국가 건설을 주장한 것은 신민회였다.

오답 피하기
① 갑신정변 당시 발표한 개혁 정강에서 문벌 폐지와 인민 평등권 확립을 주장하였다.
② 동학 농민 운동에서 토지 개혁을 주장하였다.
③ 갑오개혁으로 신분제와 과거제가 폐지되었다.
④ 독립 협회는 의회 설립 운동을 전개하여 의회식 중추원 관제를 마련하였으나 시행되지는 못하였다.

6 대화는 고종이 러시아 공사관으로 거처를 옮긴 아관 파천(1896)에 대한 것이다. 아관 파천 이후 러시아를 비롯한 열강의 이권 침탈이 심화되었고, 독립 협회는 이를 비판하였다.

오답 피하기
① 정미의병에 대한 설명이다.
③ 1905년 을사늑약이 체결되어 대한 제국은 외교권을 빼앗겼고, 통감부가 설치되어 대한 제국의 내정을 간섭하였다.
④ 갑신정변(1884)을 주도한 급진 개화파는 개혁 정강을 발표하였다.
⑤ 국권 피탈 이후 1910년대에 무단 통치가 실시되었다.

7 밑줄 친 '개화당의 실패'는 갑신정변(1884)을 말하는 것으로, 김옥균을 비롯한 급진 개화파들은 우정총국 개국 축하연을 이용해 정변을 일으켰으나 청군의 개입으로 3일 만에 실패하였다.

오답 피하기
② 을미개혁에 대한 설명이다.
③ 헤이그 특사 파견에 대한 설명이다.
④ 갑오개혁에 대한 설명이다.
⑤ 광무개혁에 대한 설명이다.

8 자료의 밑줄 친 '석도'는 독도를 가리킨다. 자료는 고종이 1900년에 공포해 독도를 울릉군의 관할로 명시했던 대한 제국 칙령 제41호이며, 일본은 러일 전쟁 중 시마네현 고시 제40호(1905)를 통해 독도를 자국 영토로 편입하였다.

오답 피하기
① 러시아는 절영도의 조차를 요구하였으나 독립 협회가 주도한 반대 운동으로 실패하였다.
② 병인양요는 프랑스가 강화도를 침범하면서 발생하였다.
③ 국채 보상 운동은 대구에서 시작되었다.
④ 일제는 간도 협약을 통해 간도를 청에 넘겨 주고, 남만주 지역 철도의 이권을 확보하였다.

9 자료는 윤봉길 의거(1932)로, 한인 애국단 소속이었던 윤봉길이 상하이 홍커우 공원에서 개최된 일본의 상하이 사변 승전 축하 기념식장에 폭탄을 던졌다. 이 사건은 중국 국민당이 대한민국 임시 정부를 지원하는 계기가 되었다. 한인 애국단은 김구가 침체된 대한민국 임시 정부에 활기를 불어 넣기 위해 조직하였다.

오답 피하기
①, ②, ③ 의열단에 대한 설명이다.
④ 조선 의용대에 대한 설명이다.

10 (가)는 최대 규모의 민족 운동이었던 3·1 운동(1919)으로, 이 운동의 영향으로 상하이에 대한민국 임시 정부가 수립되었고, 일제는 통치 방식을 이른바 문화 통치로 변경하였다.

오답 피하기

① 국채 보상 운동은 1907년에 일어났다.
③ 고종은 을사늑약의 부당성을 알리기 위해 1907년 헤이그 만국 평화 회의에 특사를 파견하였다.
④ 신민회는 만주 삼원보 지역에 신흥 강습소를 설립하였다. 이후 신흥 강습소는 신흥 무관 학교로 개편되었다. 3·1 운동과 직접적인 관련성은 없다.
⑤ 2·8 독립 선언서는 3·1 운동의 배경이 되었다.

11 (가)는 신간회(1927)로, 사회주의자와 비타협적 민족주의자들이 연합하여 설립하였다. 신간회는 광주 학생 항일 운동을 지원하여 전국적으로 확산시키고자 하였다.

오답 피하기

② 국민 대표 회의는 대한민국 임시 정부가 개최하였다.
③ 민립 대학 설립 운동은 신간회의 활동과는 관련이 없다.
④ 이회영을 비롯한 신민회 회원들은 만주에 신흥 강습소를 세웠다.
⑤ 신민회는 민족 교육을 위해 대성 학교와 오산 학교를 세웠다.

12 (가) 쌍성보 전투, 대전자령 전투에서 활약한 부대는 지청천이 이끄는 한국 독립군, (나) 영릉가 전투, 흥경성 전투에서 활약한 부대는 양세봉이 이끄는 조선 혁명군이다. 일제가 1931년 만주 사변을 일으키자 중국 부대와 함께 한중 연합 작전을 펼쳤다.

오답 피하기

① 조선 의용대에 대한 설명이다.
② 의열단에 대한 설명이다.
③, ⑤ 한국광복군에 대한 설명이다.

13 일제는 국가 총동원법(1938)을 제정하여 인력과 물자를 수탈하였다. 노동력과 병력을 확보하기 위해 한국인을 동원하였고, 군량미를 마련하기 위해 공출제를 실시하였으며 무기를 만들기 위해 쇠붙이를 공출해갔다.

오답 피하기

① 대한 제국의 군대는 1907년에 해산되었다.
② 동양 척식 주식회사는 1908년에 설립되었다.
③ 대한국 국제는 1899년에 제정, 반포되었다.
④ 1910년대 일제는 무단 통치를 실시하였으며, 이 시기 헌병이 일반 경찰 업무를 담당하였다.

14 제시된 인물은 김구로, 광복 이후 통일 정부 수립을 위해 노력하였고, 남북 협상을 추진하였으나 실패하여 5·10 총선거를 비롯한 단독 정부 수립에 참여하지 않았다.

오답 피하기

① 여운형에 대한 설명이다.
② 이승만에 대한 설명이다.
③ 김구는 반탁 운동을 주도하였다.
⑤ 김구는 제헌 국회에 참여하지 않았다.

15 (가) 단체는 조선 건국 동맹으로, 1944년 여운형을 중심으로 결성되어 조선 건국 동맹 강령을 발표하였고, 광복 이후 조선 건국 준비 위원회의 기반이 되었다.

오답 피하기

① 1920년대 만주에서 3부가 결성되었다.
③ 1926년 순종의 국장일에 6·10 만세 운동이 일어났다.
④ 조선 의용대는 1938년에 김원봉이 조직하였다.
⑤ 한인 애국단은 1931년에 김구가 조직하였다.

16 5·10 총선거를 통해 구성된 제헌 국회에 대한 것으로, 헌법을 제정하고, 반민족 행위 처벌법과 농지 개혁법 등을 통과시켰다.

오답 피하기

②, ④ 유신 헌법은 대통령에게 긴급 조치권을 보장하고 국회 의원의 1/3을 추천할 수 있도록 했다.
③ 4·19 혁명의 결과로 추진되었다.
⑤ 1954년에 이루어진 사사오입 개헌이다.

17 5·16 군사 정변은 1961년, 유신 헌법 공포는 1972년으로 이 시기 사이에 한일 협정과 베트남전 파병 등이 있었다.

오답 피하기

① 부마 민주 항쟁은 유신 체제에 반발하여 1979년에 일어났다.
③ 1980년에 5·18 민주화 운동 당시 계엄군이 시위를 폭력적으로 진압하자 시민들은 시민군을 조직하여 이에 맞섰다.
④ 1979년 전두환을 중심으로 한 신군부가 12·12 사태를 통해 권력을 장악하였다.
⑤ 전두환 정부는 해외 여행 자유화, 학생 두발 자율화 등의 유화 정책을 실시하였다.

18 자료는 6월 민주 항쟁(1987)에 관한 것으로, 당시 여당 대통령 후보였던 노태우는 대통령 직선제 수용을 주요 내용으로 하는 6·29 민주화 선언을 발표하였고, 이후 5년 단임의 대통령 직선제를 기초로 하는 헌법 개정이 이루어졌다.

오답 피하기

① 유신 헌법에 반대하여 3·1 민주 구국 선언이 발표되었다.
②, ⑤ 4·19 혁명의 결과 이승만이 대통령직에서 물러났다.
③ 박정희 정부 시기에 한일 협정이 추진되자 이에 대한 반대 시위가 전개되었다.

19 자료는 남북 기본 합의서(1991)로, 노태우 정부 시기 체결되었다. 노태우 정부 시기 남북이 국제 연합(UN) 동시 가입과 한반도 비핵화 선언에 합의하였다.

오답 피하기

① 개성 공단 사업은 6·15 남북 공동 선언을 계기로 추진되었다.
② 남북 적십자 회담은 1972년에 시작되었다.

③ 평창 동계 올림픽 대회는 2018년에 개최되었다.
⑤ 이산가족 상봉은 1985년에 처음 이루어졌다.

서술형 문제

20 (1) 유신 헌법

(2) [예시 답안] 유신 헌법에는 대통령을 통일 주체 국민 회의에서 선출하고 국회 의원의 1/3을 대통령이 추천하고, 대통령에게 긴급 조치권을 부여한다는 내용이 포함되어 있다.

[평가 기준]

상	유신 헌법의 내용을 세 가지 서술한 경우
중	유신 헌법의 내용을 두 가지만 서술한 경우
하	유신 헌법의 내용을 한 가지만 서술한 경우

MEMO

MEMO

MEMO

정답과 해설

중학 역사 ②-2